国家社科基金项目《关怀伦理视野下我国老年人口“精神赡养”的支持系统构建研究（15BZX112）》结项成果

光明社科文库
GUANGMING DAILY PRESS:
A SOCIAL SCIENCE SERIES

·政治与哲学书系·

老年人口“精神赡养”的支持系统构建研究

——基于关怀伦理视角

尤吾兵 | 著

光明日报出版社

图书在版编目（CIP）数据

老年人口“精神赡养”的支持系统构建研究：基于关怀伦理视角 / 尤吾兵著. --北京：光明日报出版社，2022. 1

ISBN 978-7-5194-6438-7

Ⅰ. ①老… Ⅱ. ①尤… Ⅲ. ①老年人—抚养—社会工作—研究—中国 Ⅳ. ①D669. 6

中国版本图书馆 CIP 数据核字（2022）第 006045 号

老年人口“精神赡养”的支持系统构建研究：基于关怀伦理视角

LAONIAN RENKOU “JINGSHEN SHANYANG” DE ZHICHI XITONG GOUJIAN YANJIU：JIYU GUANHUAI LUNLI SHIJIAO

著　　者：尤吾兵

责任编辑：李　倩　　　　责任校对：刘　璐

封面设计：中联华文　　　　责任印制：曹　诤

出版发行：光明日报出版社

地　　址：北京市西城区永安路 106 号，100050

电　　话：010-63169890（咨询），010-63131930（邮购）

传　　真：010-63131930

网　　址：http：//book. gmw. cn

E - mail：gmrbcbs@ gmw. cn

法律顾问：北京市兰台律师事务所龚柳方律师

印　　刷：三河市华东印刷有限公司

装　　订：三河市华东印刷有限公司

本书如有破损、缺页、装订错误，请与本社联系调换，电话：010-63131930

开　　本：170mm×240mm

字　　数：397 千字　　　　印　　张：21. 5

版　　次：2022 年 1 月第 1 版　　　　印　　次：2022 年 1 月第 1 次印刷

书　　号：ISBN 978-7-5194-6438-7

定　　价：99. 00 元

内容提要

“精神赡养”是赡养老人的“高级”要求。没有做到“精神赡养”的“赡养”都不能称为合格的“赡养”。在一个有着“孝老、敬老、尊老”悠久历史文化传统的国度,当前我国老年人口“精神赡养”工作开展得却不尽如人意。本课题选取“关怀伦理”这一全新视角,对“精神赡养”问题进行系统研究,提出聚合“老年人自我、家庭子辈、社会养老机构、国家(政府)”多维主体,形成“关怀合力”,构建“四位一体”伦理支持系统,以期为我国老年人口“精神赡养”工作的开展提供理论遵循和实践指导。课题研究内容主要分为以下几部分。

绪论部分主要从我国养老实情出发,提出“精神赡养”作为主要养老指标步入现代民众“视野”。通过对现实案例的分析,管窥当前我国老年人口“精神赡养”的“痛点”,从而引出本课题研究的主旨——以关怀伦理指导构建老年人口“精神赡养”的支持系统。

第一章探究老年人口“精神赡养”关涉的“基本”问题,着力于老年人口“精神赡养”的理论内涵、思想溯源和推展困境的研究。目前学界对于“精神赡养”概念研究还处于“模糊”阶段,课题采用“解剖法”,沿循“精神”——“赡养”——“精神赡养”顺序安排,层层递进“解剖”概念,最终把“精神赡养”的内涵以“成像”法清晰呈现出来,“精神赡养”是多维主体对老年人口“精神世界”中的“三个部分”——“情感世界、理智世界、意义世界”进行关怀的活动,这是课题对“精神赡养”内涵研究得出的“基本”观点;“精神赡养”在传统文化中是以“色养”命题来表达的。课题“回溯”“色养”思想发展历史,从庞杂的史料中梳理出“色养”包纳的伦理思想资源,为助力当下“精神赡养”的推展提供史料参考;“精神赡养”开展也需要“回视”现实,探寻存在的“典型”问题。课题编制问卷,通过对3000多位民众随机调查,获取了

"精神赡养"开展中的现实"瓶颈","精神赡养"认知"模糊化"、动力机制"孱弱化"和支持系统"脆弱化"是急需破解的难题,这为课题研究指明了探索的"路向"。

第二章探究关怀伦理嵌入老年人口"精神赡养"的"合理性""优越性"以及指导老年人口"精神赡养"支持系统构建问题。传统"孝道"与西方传统伦理理论应用于指导"精神赡养"实践存在诸多困境。课题梳理以诺丁斯、吉利根、弗吉尼亚等为代表学者的关怀伦理思想,发现关怀伦理的"情感性、情境性、关系性"理论要素和"精神赡养"实践要求高度吻合,关怀伦理作为老年人口"精神赡养"新的理论基石具有"合理性"和"优越性",继而鲜明提出关怀伦理学是解决老年人口"精神赡养"问题的"第三条道路"。关怀伦理指导"精神赡养"开展最核心的问题是"支持系统"的构建。本课题依据"关怀伦理"理论要点,对"精神赡养"问题进行关怀伦理学审视和跨学科的综合研究,尝试提出从"老年人自我、家庭子辈、社会养老机构、国家(政府)"四个主体维度形成"合力",构建"精神赡养"支持系统,拓展传统单一向度研究"精神赡养"支持系统的理路。循此主体维度所关涉的"四个子系统"中诸多伦理问题探求,呈现关怀伦理视野下我国老年人口"精神赡养"支持系统的"样态"。

第三章探究老年人口"精神赡养"中自我关怀样态的构建。老年人自我关怀在"精神赡养"支持系统中居于"基础"地位。依据关怀伦理学强调"关系"的搭建,老年人"自我关怀"就是老年人以"自身"为出发点,在"精神赡养"场域中把与其勾连的各种"关系"协调好。以老年人"精神"为辐射点考察,老年人"自我精神"与"自我身体",老年人"自我"与外在"他者",老年人"精神世界"内各要素之间存在"神役于身""神役于境""神役于己"三大"关系性"矛盾,课题在普遍意义上就三大"关系性"矛盾提出解决方案,以此反映出老年人口"精神赡养"中"自我关怀"的"样态"。在老年人"自我精神"与"自我身体"关系的调适中,课题从"身体图式"探究起,发现"身体"对于老年人是为"沉重的肉体",限制着老年人"精神"的提升。老年人"精神"与"身体"需要"和解",课题从"精神"对"身体"顺从、"精神"对"身体"拔升和"精神"与"身体"共振进行了研究;对于老年人"自我"与"他者"关系的"脱落"造成的"矛盾",课题提出老年人要对"脱落"的社会关系进行"反身性"回应,做好"身份认同、价值认同、行动认同",对"自我"在社会关系中"定位",解除各种"关系"的束缚,重构符合老年人的精神生活;老年人自我

“精神世界”“内部”存在情感世界“去情化”、理智世界“去智化”、意义世界“虚无化”,“神”为“己”所役。课题提出此维度的老年人“自我关怀”就是让“精神”中“三个世界”“各自安好”,达致平衡、协调状态。

第四章探究老年人口“精神赡养”中家庭关怀样态的构建。家庭子辈关怀在“精神赡养”支持系统中起到“支撑”作用。传统“孝道”是指导子辈赡养父母的文化动力机制,“孝道”的核心为“色养”,亦即“精神赡养”。梳理养老历史资料,课题研究提出“婉容——顺颜色、察嗜好——养志”为“色养”的具体内容,“以敬孝生、以顺孝老、以忧孝病、以哀孝死和以严孝祭”为“色养”的实践规范以及培养“孝心”为“色养”实践的保障,勾勒了传统“色养”思想体系。传统“色养”思想体系对构建老年人口“精神赡养”中家庭关怀“样态”具有借鉴意义。仿照传统“色养”思想体系构建路向,课题提出老年人口“精神赡养”中家庭关怀的内容体系围绕老年人“精神世界”需求满足来构建:婉容——满足老年人“情感世界”多“快乐”;顺颜色、察嗜好——促使老年人“理智世界”更“睿智”;养志——实现老年人“意义世界”能“释然”。而家庭关怀实践规范可以归纳为“以敬关怀生、以顺关怀老、以忧关怀病、以哀关怀死、以严关怀祭”,最终让老年人“活得开心、老得快乐、病得无忧、逝得无憾”;进而围绕分析“孝心”结构,提出“关怀心”为现代家庭子辈关怀老年人“精神世界”的实现机制。

第五章探究老年人口“精神赡养”中他者关怀样态的构建。社会养老是社会团体或工作人员依托组织机构提供给“陌生”老年人关怀服务,实质是“他者”关怀。“他者”关怀在老年人口“精神赡养”中居于“依托”地位。老年人口“精神赡养”中“他者”关怀样态构建研究主要应回答“他者”关怀在老年人口“精神赡养”中的可能性以及“他者”关怀样态呈现的问题。课题借助现象学“他者”理论研究成果,对社会养老服务人员关怀老年“他者”的可能性进行了论证,为老年人口“精神赡养”中“他者”关怀样态的构建做了理论铺垫。老年人口“精神赡养”中“他者”关怀样态构建实质是研究养老服务人员如何与“陌生”老年人在“精神赡养”过程中搭建良好的关怀“关系”,是对养老服务人员与老年“他者”关怀互动行为的描述性研究,更是实践伦理的研究。基于“他者”关怀伦理把关怀内涵以及实现描述为“相遇、在意、动机移置、回应、共振、成长”等环节,以此来呈现“自身”理论样态的研究路径,课题把老年人口“精神赡养”中“他者”关怀的环节及实践内容厘定为“同情、包容、共在、希望”,继而对各环节内涵及实践“图景”进行描述,勾勒出老年人口“精神赡养”中“他者”关怀伦理的样态。

第六章探究老年人口“精神赡养”中国家(政府)关怀样态的构建。国家(政府)作为保障民众利益实现的伦理实体,在老年人口“精神赡养”中担负着“保障”主责。老年人口“精神赡养”工作中国家(政府)保障主责的担当,是研究国家(政府)公共关怀在“精神赡养”实践中的体现,这种实践主要体现在“意识倡导、制度设计、法律制定”等宏观方面的关怀举措,使其发挥出为老年人口“精神赡养”工作“保驾护航”的作用。课题基于社会公共关怀“道德要素”构成的研究,提出国家(政府)应从“倡导新‘孝道’、实施精准关怀、开展榜样教育”三个基本路向来营造关怀老年人“精神赡养”社会氛围;在制度保障设计上,课题围绕“全生命周期健康”视野下老年人口“精神赡养”的制度设计、公平可及的老年人口“精神赡养”服务体系的制度设计、“医养结合”中“精神赡养”服务体系的制度设计等方面,探求了制度“接入”保障“精神赡养”的实现;“精神赡养”义务比附于道德义务的习惯认识使现行“精神赡养”法律规制处于“虚化”,课题通过对“精神赡养”义务的法律性评析,证实了“精神赡养”义务具有法律义务属性的正当性,并针对“精神赡养”法律义务“虚制”及其带来实施上的问题提出了完善“精神赡养”法律义务的措施,在立法层面对保障“精神赡养”顺利开展进行了考量。

结语部分主要针对课题研究进行了小结,列举出了研究的主要结论和政策建议等。

目 录
CONTENTS

绪 论

“三人行,必有一老”,这可以说是中国老龄化社会现实的形象写照。国家统计局发布最新的人口数据显示,2019 年年底我国 60 周岁及以上人口的数量已达 2.53 亿人,占总人口比重的 18.1%。①《“十三五”国家老龄事业发展和养老体系建设规划》中也指出:“预计到 2020 年,全国 60 岁以上老年人口将增加到 2.55 亿人左右,占总人口比重 17.8% 左右。”②可以这样说,我国已进入严重老龄化社会时期。面对人口老龄化日益严峻的现实,老年人口的良好照护问题越来越受到社会的高度关注。让所有老年人“老有所养、老有所依、老有所乐、老有所安”,关系家庭、社会稳定,也是一个社会和谐文明程度的体现。2012 年修订的《中华人民共和国老年人权益保障法》第 14 条对于“养老内容”进行了细致规定,“赡养人应当履行对老年人经济上供养、生活上照料和精神上慰藉的义务,照顾老年人的特殊需要”③。其中“亮点”是首次提出了赡养人的“精神慰藉”义务,也就是常说的“精神赡养”,从而使“经济供养、生活照料、精神慰藉”成为衡量赡养“品质”的“三大”指标内容。

一、老年人口“精神赡养”的“出场”

党的十九大报告指出,我国经济建设取得了重大成就,“经济保持中高速增长,在世界主要国家中名列前茅,国内生产总值从五十四万亿元增长到八十万亿

① 中华人民共和国 2019 年国民经济与社会发展统计公报[EB/OL].国家统计局,2020-02-28.

② 邹文开,赵红岗,杨根来. 全国健康养老保障政策法规和标准大全[M].北京:化学工业出版社,2017:136.

③ 吴高盛. 中华人民共和国老年人权益保障法释义及实用指南[M].北京:中国民主法制出版社,2014:5.

元,稳居世界第二,对世界经济增长贡献率超过百分之三十"①。我们国家创造了世所罕见的经济发展速度奇迹,同时巨大的经济体量很好地满足了民众生活富足的愿望,增进了人民的福祉。反映在养老上,国务院多次下发文件,要求"各级政府应积极调整和优化财政支出结构,加大社会保障资金投入,确保基本养老金按时足额发放"②。人社部、财政部联合下发的《关于2019年调整退休人员基本养老金的通知》指出,"从2019年1月1日起,为2018年年底前已按规定办理退休手续并按月领取基本养老金的企业和机关事业单位退休人员提高基本养老金水平,总体调整水平为2018年退休人员月人均基本养老金的5%左右。这是我国自2005年以来连续第15年调整企业退休人员基本养老金"③。种种做法使从"经济供给"维度赡养老年人口的要求得到保障,老年人"吃、穿、住、行"问题已不再是"问题",物质层面上的"老有所养"在我们国家业已实现。

随着现代医疗保障水平的大幅度提升,人类应对疾病的能力有了空前的发展。其中一个表现,在医学佑护下,民众平均预期寿命有了很大增加。2020年10月14日,国家卫健委发布统计公报,2019年我国居民人均预期寿命达到77.3岁。新近颁布的《"健康中国2030"规划纲要》则提出:2030年我国人均预期寿命达到79岁,人均健康预期寿命显著提高。④ 我国民众人口预期寿命在不断地提升,反映出一个重要信息,对老年人口的"生活照料",尤其是老年"医疗照护"方面取得了长足进展,"病有所医"基本实现。

可以这样说,现代社会对待养老问题上,在"经济供给""生活照料""医疗照护"等方面,我们已经做了很多有益的工作,这个时代无愧是一个"美好的养老时代"。

一位哲人说过:"如何对待老人,如何养老,它是衡量一个社会文明程度、幸福程度、优越程度的重要标尺。"⑤我们国家有着悠久的尊老敬老传统,从古至今,人们都在思考如何更好赡养老人,让老年人幸福安康。我国传统文化以伦理型文化为特征,家庭伦理最为讲究的是"孝"。何谓"孝"?《说文解字》说:"孝,善事父母者。从老省,从子,子承老也。"⑥把能够做到很好地赡养父母作为"孝"的本质。

---

① 习近平. 决胜全面建成小康社会 夺取新时代中国特色社会主义伟大胜利——在中国共产党第十九次全国代表大会上的报告[M]. 北京:人民出版社,2017:3.

② 邹文开,赵红岗,杨根来. 全国健康养老保障政策法规和标准大全[M]. 北京:化学工业出版社,2017:963.

③ 退休人员养老金迎来15年连涨[J]. 新城乡,2019(4).

④ "健康中国2030"规划纲要[M]. 北京:人民出版社,2016:6.

⑤ 李南屏. 养老是家庭问题,更是政府责任[EB/OL]. 红网,2015-01-29.

⑥ 许慎. 说文解字[M]. 北京:中华书局,2009:313-314.

一般认为,赡养父母就是在衣食住行上给父母很好的照料,满足父母物质需求,传统文化称之为“食养”“养口体”。但只关注“食养”“养口体”能否称为“孝”养?孔子论及“孝”时早已指出,“今之孝者,是谓能养。至于犬马,皆能有养;不敬,何以别乎?”①他对只重“食养”、轻“敬养”的赡养行为进行了严厉批判,然后在与弟子讨论时提出:“色难。有事,弟子服其劳;有酒食,先生馔,曾是以为孝乎?”②从而把孝养亲人的真谛理解为不易完成的“色养”上,即现代人们习惯称谓的“精神赡养”。这样,“色养”被认为是赡养父母的必要组成部分,同时也是赡养父母的最高层面。2012 年,我国修订的《中华人民共和国老年人权益保障法》已有多处规定,“赡养人应当履行对老年人经济上供养、生活上照料和精神上慰藉的义务,照顾老年人的特殊需要”“家庭成员应当关心老年人的精神需求,不得忽视、冷落老年人”“与老年人分开居住的家庭成员,应当经常看望或者问候老年人”③。“精神慰藉”“常陪伴”“常回家看看”开始出现在法律条文中,这些内容信息常被解读为对老年人口“精神赡养”已硬化为法律规定。可见,无论传统社会还是当下,都认识到老年人口赡养包纳的内容除了“食养”“物质赡养”以外,还应包纳“色养”或“精神赡养”重要维度。甚至可以说,“色养”或“精神赡养”方面做得好与坏,反映出对老年人口赡养的完美程度,也是社会文明发展程度的重要表征。

二、老年人口“精神赡养”的“痛点”

当下,我国老年人口“精神赡养”工作开展的状况如何呢?先看几则新闻报道:

案例一:强制探母,暴露精神赡养缺位

2013 年 7 月 23 日,四川省泸州市“精神赡养”首案在江阳区法院开庭。母亲周启芳和女儿赵敏(化名)同住一座城,却互不来往。在亲人和居委会人员多次协调无果后,79 岁的老人周启芳向当地法院递交了诉状,状告女儿虽同住一城却不尽“看望”义务。当日,江阳区法院正式开庭审理此案,并通过法庭调解达成协议:女儿每月至少探望一次(生病时及时探望),给付 200 元生活费等。在法庭上,坐在轮椅上的周启芳喊道:“我告你,其实是我在想念你!”老泪纵横,令人动容。

(来源:《四川日报》2013 年 7 月 25 日 10 版时政新闻)

---

① 孔子. 论语[M]. 杨伯峻,译注. 北京:中华书局,2006:15.
② 孔子. 论语[M]. 杨伯峻,译注. 北京:中华书局,2006:16.
③ 吴高盛. 中华人民共和国老年人权益保障法释义及实用指南[M]. 北京:中国民主法制出版社,2014:6.

案例二：保健品推销员大打亲情牌，骗光退休教授积蓄

当前保健品市场可以说是乱象丛生，老年人常成为被骗的对象。浙江大学退休教授黄秀兰老人，她就曾被“甜言蜜语”的保健品推销员骗光了40万。如今，老人痛定思痛，决定现身说法，还专门著书来揭穿保健品市场的骗局。

黄秀兰老人说，保健品公司推销的“套路”一般是大打“亲情牌”，他们会不定期组织老人免费旅游、免费体检、免费聚餐，也会经常带着苹果、香蕉等水果去看望您，“爷爷、奶奶”喊个不停，甚至到了晚上使出了给老人洗脚这种招数。发动“亲情攻势”，拉近与老年人的距离，让老年人心理防线松动，最终的目的很明显，他们关心的还是老年人兜里的钱。

黄教授总结认为，造成保健品市场混乱的原因，除了有不法之徒的贪婪，也有监管部门的缺失，但更多的是反映出老年人“精神世界”的空虚和寂寞。

（来源：齐鲁网2017年5月9日）

案例三：一年拨打1483次110，只为找人说说话

重庆市渝中区大坪正街71岁的赵大爷独自居住，爱喝酒的他常常酒后拨打110，有时说没带钥匙，有时说摔倒了，其实他是不堪寂寞，就想等民警来了好有人说话。近日，大坪派出所民警介绍，经统计，赵大爷一年来竟拨打了1483次110。

（来源：《重庆商报》2014年8月6日）

案例四：孤独死，终老之痛

“孤独终老”已成为一大社会课题。57岁的老人康健离婚十多年，膝下无子女，独居在成都金牛区抚琴北二巷一座筒子楼里。每月11日是收水费的日子，收费员多次去敲门都无人应答，然后把情况反映给了居委会。社区工作人员和民警叫来开锁工人打开房门后，发现康健仰坐在客厅的小板凳上，只穿了一条裤衩，凳子上还放着一个空酒瓶，老人已去世多日。

（来源：《四川日报》2015年11月19日）

当然，上面所选取的只是代表性案例，“窥一斑而见全豹”，可见我国老年人口“精神赡养”存在着很多让人“揪心疼痛”的地方，“老有所乐、老有所安”的“精神赡养”还远未实现。因此，在这个意义上，我们可以说现代社会又是一个不尽如人意的养老时代。细思可见，我国老年人口“精神赡养”存在的主要“痛点”表现为以下各个方面。

“精神赡养”认知观念“缺位”。当今社会在赡养老人的认知上，重“物质供养”、轻“精神赡养”的观念很是普遍。如案例一强制探母案说明，现代老年人有着强烈的情感慰藉的愿望，老母亲一句“我告你，其实是我在想念你！”反映出子辈在对父母“精神慰藉”上的漠视，不知道赡养内容还重点包括精神情感的关怀。我们课题组最近完成了3000多份社会调查问卷，其中设计的问题有“你是否听说过精神赡养”，子女组有40.1%回答从未听说过，老年组中这一现象高达55%。可见，社会民众对“精神赡养”知晓度还是极低的，这也很好印证了民众的“精神赡养”认知观念“缺位”。

“精神赡养”汲取方向“错位”。马斯洛需求论揭示，人的需求是多层面的，在物质生活基本需求满足的基础上，更高的精神需求会出现。当下我国老年人的物质需求可以说基本得到了满足，这样老年人精神世界的需求越来越强烈。但实际是，我国老年人精神生活简单枯燥，经常可见城区老年人多是在公园、棋牌室娱乐，而农村老年人多把待在家看电视当作打发时间的主要选择，老年人精神世界“荒芜化”十分普遍，“老无所乐”已经成为这个群体的“隐痛”。当老年人正当的情感诉求得不到及时、有效的满足，无法排解内心孤独和寂寞时，老年人常会采取“剑走偏锋”的方式来获取关怀慰藉，表达诉求，案例二、三中，教授被推销员甜言蜜语骗光财产，老年人拨打110求聊天等，都反映出老年人采取“错位”方式汲取精神上的需求，这种错误的方式错得却让人心里“隐痛”不止。

“精神赡养”供给系统“断位”。传统社会在“精神慰藉”供给上，主要是依靠子辈的道德自觉付出，因为传统文化设置了“孝”作为动力机制来促使子辈尽力赡养父母。传统社会尽“孝”的场域主要是在家庭，所以，在传统社会有养儿防老、多子多福的祈求，总希望子女越多越好。但现代社会随着家庭结构的变化，“空巢化家庭”“空心化家庭”以及“少子化家庭”大量出现，家庭养老的功能在逐渐弱化，造成单一依靠子辈进行“精神赡养”的传统管道越来越“狭窄”，出现“精神赡养”供给系统的“断位”。案例四中老年人的“孤独死”现象在现实社会已不是“孤例”，但它却反映出我国老年人口“精神赡养”供给系统发生了“断位”，带来一些老年人终老时“无人问津”的社会之痛。

三、老年人口“精神赡养”的“去痛”

新时代境遇下，面对众多老年人口的养老问题，尤其是老年人口“精神赡养”存在的诸多“痛点”，需要探求“去痛”之法。

当然，做好老年人口“精神赡养”工作，除做好宣传，让民众知晓“精神赡养”的重要性，对民众“精神赡养”认知观念“缺位”状况进行“补位”之外，主要还应通过研究构建一套完善的“精神赡养”理论体系，用来指导老年人口“精神赡养”的顺利开展。缺乏完善的“精神赡养”理论指导体系，不能不说是当前“精神赡养”工作开展艰难的核心因素。

首先，理论体系构建应考虑的是学科“归口”，即问题应主要放在什么学科内探究。目前在对老年人口“精神赡养”的研究上，视野多是从法律保障、制度建设、家庭孝道、社区关怀等单一(或某些)向度出发，虽取得了一定的成果，但一些散乱的思想观点不足以支撑起解决复杂的老年人口“精神赡养”问题。老年人口“精神赡养”关涉哲学、伦理学、法学、社会学、医学等众多学科，需在“科际整合”的理念指导下开展研究，但“精神赡养”本身又具有特殊性，如“精神赡养”主旨是供给老年人“精神”上的需要，使老年人快乐、幸福，“精神”快乐、幸福实现等问题主要属于伦理学学科研究范围。在传统社会里，对老年人精神照护是用“色养”表述的，相当于当下的“精神赡养”，“色养”的实现也主要是在“孝道”伦理规约下进行的。由此可见，在我国，“精神赡养”研究应以伦理学为“主轴”、涉及其他学科为方向。

其次，传统社会里“色养”能够顺利实现，关键在于传统文化梳理出“孝道”为理论基石，探索构建了理论指导体系。值得关注的是，在现代境遇下，“孝”发生了很大流变，如“孝”内涵“去情化”，“孝”输送管道“狭窄化”，“孝”保障体系“脆弱化”等，“孝道”指导现代老年人口“精神赡养”呈现出“动力不足”问题。新时代老年人口“精神赡养”理论体系构建需要探求新的理论基石，才能更好搭建指导体系。新兴学科“关怀伦理学”从“关怀”之于人存在的重要性出发，看到人性的脆弱性和依赖性，道出人类都需要相互“关怀”建立良好“关系”，来缩小距离和消除孤单，从而很好地存续下去。目前，关怀伦理学不仅广泛应用于指导“熟人圈”如家庭成员、朋友之间“关系”的和谐发展，也对诸如社会经济、教育、儿童看护、健康关怀等这些社会实践事务提供了成功的道德建议。其实“关怀伦理”的内涵与老年人口“精神赡养”实践要求有着高度的“契合性”和“优越性”，把“关怀伦理”作为指导“精神赡养”开展的新理论基石，可以帮助老年人获取社会全方位力量的关爱和照护，修正当下老年人口“精神赡养”中出现的“错位”现象。

最后，我国老年人口“精神赡养”关涉主体多样性以及存在“断位”现实，决定了老年人口“精神赡养”品质提升需要各方“关怀力量”的融入，形成伦理“关怀合力”才能完成，构建多元的，覆盖老年人、家庭、社区、社会等多维度的支持系统成为“精神赡养”理论体系构建的“重中之重”。良好的支持系统构建，可以使“断位”的“精神赡养”支持系统“复位”。本课题尝试以关怀伦理为方向，构建“以老年人自我关怀为基础、以家庭子辈关怀为支撑、以社会养老机构关怀为依托、以国家(政府)关怀为保障”的“四位一体”支持系统，呈现关怀伦理视野下我国老年人口“精神赡养”理论体系的“样态”，可看作为实现“老皆有乐”的“美好”养老图景进行的有益探索。

第一章 “精神赡养”的多维考量：内涵、溯源与困境

“经济供养、生活照料、精神慰藉”是赡养老年人口的“三大”内容指标。随着物质生活水平的不断提高，我国老年人口的赡养要求也在不断发生变化，在“经济供养、生活照料”基本满足的基础上，老年人开始追求更多“精神”上的需求，“精神慰藉”跃入平常百姓的眼帘。“精神慰藉”一般指赡养过程中对老年人精神上的需求进行供给，满足老年人精神需求的“缺失”，让老年人晚年生活幸福安康，实现“老有所乐”美好愿景。“精神慰藉”是人有别于纯粹动物而特有的一种特殊需求，在养老需求中，它可以独立存在，也可以渗透于经济供养和生活照料中，是老年人的“高级”需求，目前学界常用“精神赡养”术语来概括这种赡养内容。

做好老年人口“精神赡养”工作有着多重积极意义。在微观上，人步入老年，性情脾气会发生重大变化，常滋生郁闷、悲哀、忧愁等许多不良情绪情感，这些负面不良情绪情感如得不到纾解，常会给老年人带来疾病，如老年抑郁、老年痴呆、谵妄等。做好“精神赡养”可以中和老年人的这些不良情感情绪，起到维护老年人身心健康和生命质量提升的作用；在中观上，家庭成员尽力做好老年人精神世界的照护，让亲人在温暖有爱的家庭里生活，可以帮助老年人克服老年无用论、累赘论等消极思想，积极燃亮老年生命之火，使老年生命的价值得以实现，这样家庭关系在和睦乐融中可以稳固存续；在宏观上，我国有“孝老、敬老、尊老”的养老文化传统，倡导全社会关注老年群体的“精神世界”，在社会上形成充满关爱的氛围，老年人可以在有关爱的社会氛围中诗意栖息，优雅老去，将有助于积极老龄化，实现与社会和谐发展。

老年人口“精神赡养”工作极其重要，作为哲学学术探究，对“精神赡养”关涉的“基本问题”需要爬梳。哲学工作一般来说是提供关于“全域”的观念，不去区分具体事物，也就是所谓的从形而上学层面对作为现实世界和具体事物做出概括性解释——回答“是什么”；哲学是对世界的“惊诧”，也可以理解为哲学不但要回

答“是什么”,更要有“刨根问底”的精神,回答出“为什么是”的问题;当然,哲学要摒弃被称之“玄学”的误读,更要下落到“世俗”中,也就是要立足现实“境遇”来应答以上问题。循此理路,“精神赡养”的“哲学”研究首先需要对其概念进行界定,明晰其内涵、外延及其与相关概念的关系,这是进行研究的理论前提准备;“精神赡养”古已有之,传统文化有着丰富的“精神赡养”文化资源,挖掘、整理传统“精神赡养”优秀资源,不但可以印证“精神赡养”出场的“合宜性”,也可为构建现代“精神赡养”理论体系提供“参照物”;还应看到,“精神赡养”研究需要聚焦现实养老境况,探寻“精神赡养”开展中的“困境”,然后才能提出有针对性的解决方案。

第一节　理论之维考量:“精神赡养”的内涵剖析

老年人口“精神赡养”主要是满足老年人精神上的需求,是赡养的“高级”形式。把握“精神赡养”概念,需要从理解“精神”“赡养”两个核心概念的内涵开始。

一、何谓“精神”

从远古一直到现在,人类对“精神”的探索可谓是“孜孜不倦”。“精神”之谜一直是哲学、心理学、生命科学、精神病学等诸多学科探索的焦点问题之一,然而却很难给出一个全面、准确的答案。对于“精神”含义的理解,可谓“仁者见仁、智者见智”,以至人们把对“精神”的研究形容为文化“黑洞”问题。黑格尔就说:“关于精神的知识是最具体的,因而是最高和最难的。”①丹尼特也认为:“意识或者说精神的起源与本质是最大的科学问题之一,几乎是最后的难解之谜。”②“精神”研究的困难之处在于,它似乎是一种虚无缥缈、神秘莫测的存在,很难被直观把握、精准透视,但它又确实存在着,而且之于人又具有绝对的重要性,是人的本质体现。著名心理学家马斯洛曾深刻指出:“精神生命是人的本质的一部分,从而,它是确定人的本性的特征,没有这一部分,人的本性就不完满。”③人不仅仅是具有肉体的生命体,更是具有“精神”的生命体,“精神”甚至成为人区别于其他动物的唯一标志,也是人成为世界主宰者的根本标志。

“精神”是人的本质,研究人的“精神”,需要给“精神”一个明确的概念,虽然

---

① 黑格尔. 精神哲学——哲学全书·第三部分[M]. 杨祖陶,译. 北京:人民出版社,2006:1.
② 转引自陈定学. 精神的革命[M]. 郑州:郑州大学出版社,2015:11.
③ 马斯洛. 人的潜能和价值[M]. 北京:华夏出版社,1987:394.

“精神”是神秘的、难以把握的，但这不能成为放弃对其“概念化”的理由。清晰的概念可以揭示出事物本质属性，为人们认识事物和研究问题奠定基础。概念的分析主要是哲学学科的任务，而且在哲学研究中是非常重要的，黑格尔就说过：“在哲学中，如果想不用概念立论，那就没有参加谈论的权利。”①

（一）“精神”概念的哲学意蕴

哲学学科中对于“精神”的研究最科学、最理论化的应是马克思主义哲学。马克思主义哲学中常把“精神”“意识”“思维”等看作同义的概念，这从《辞海》中对“精神”的解释可以看出来，“与‘物质’相对。唯物主义常将其当作‘意识’的同义概念。指人的内心世界现象，包括思维、意志、情感等有意识的方面，也包括其他心理活动和无意识的方面”②。其实，马恩经典著作里也常常体现这种思想，如在解释“意识、思维”时，“究竟什么是思维和意识，它们是从哪里来的，那么就会发现，它们都是人脑的产物，而人本身是自然界的产物，是在自己所处的环境中并且和这个环境一起发展起来的”③“一切思维的本质就在于把意识的要素联合为一个统一体”④。这些表述中把“意识和思维”均是当作具有相同意义来使用的。而在解释“精神”时，马恩又把“精神”同“意识、思维”一样都看作是人脑的产物，具有相同性，“而我们的意识和思维，不论它看起来是多么超感觉的，总是物质的、肉体的器官即人脑的产物。物质不是精神的产物，而精神本身只是物质的最高产物”⑤。“物质的最高的精华——思维着的精神”⑥“物质必然在有机体中产生出思维着的精神”⑦。从这些论述中都可以看出马恩思想常把“精神”与“思维、意识”看作是同义概念。因此，以下行文中阐释马克思主义哲学中“精神”的内涵时，会把“意识、思维”等作为替代词，其意义都是限定在同义范围内使用的。

马恩著作里虽没有给“精神”下过明确定义，但不同于以往的哲学，马恩著作里多处对“精神”内涵进行了阐释，深刻揭示了“精神”的本质属性。首先，马克思主义认为“精神”是人的基本属性，是人类在长期社会实践过程中产生的，是人类在改造世界的社会实践中逐渐产生的观念和思想的结晶。马克思说：“意识一开始就是社会的产物，而且只要人们存在着，它就仍然是这种产物。”⑧意思很明显，

① 黑格尔．法哲学原理[M]．范扬，张企泰，译．北京：商务印书馆，2009：162.
② 辞海编辑委员会．辞海[M]．上海：上海辞书出版社，2003：527.
③ 马克思恩格斯文集：第九卷[M]．北京：人民出版社，2009：38－39.
④ 马克思恩格斯文集：第九卷[M]．北京：人民出版社，2009：45.
⑤ 马克思恩格斯文集：第四卷[M]．北京：人民出版社，2009：281.
⑥ 马克思恩格斯文集：第九卷[M]．北京：人民出版社，2009：426.
⑦ 马克思恩格斯文集：第九卷[M]．北京：人民出版社，2009：407.
⑧ 马克思恩格斯选集：第一卷[M]．北京：人民出版社，1995：81.

马克思认为离开了社会,即使是现代人,我们的大脑也产生不出精神意识。"意识在任何时候都只能是被意识到了的存在,而人们的存在就是他们的现实生活过程。"①所以要看到,精神(意识)的产生和发展受到一定社会背景、风俗文化、经济状况以及人的经历等的影响,而不是"天然之物",这些是透视"精神"实质的主要因素。其次,马克思主义认为"精神"是人脑的机能,只有人脑才产生出"精神"。恩格斯说:"而我们的意识和思维,不论它看起来是多么超感觉的,总是物质的、肉体的器官即人脑的产物。物质不是精神的产物,而精神本身只是物质的最高产物。"②这鲜明点出了"精神"的来源——主要是人脑的功能。因为人脑的特殊结构,人脑可以对外在世界反映,进行思考,所以恩格斯曾说人脑可以绽放出地球上最美丽的"花朵"——"精神"。③ 最后,马克思主义认为"精神(意识)"是对客观世界的存在"反映",继而在主观上形成的"映像"。也就是说,"精神"既不是虚无缥缈的,也不是"飞来之物",而是人脑通过对输入的外界信息加工、制作而形成的,是对于外在客观事物"成像"的结果。马克思就指出:"如果在全部意识形态中,人们和它们的关系就像在照相机中一样是倒立成像的,那么这种现象也是从人们生活的历史过程中产生的,正如物体在视网膜上的倒影是直接从人们生活的生理过程中产生的一样。"④列宁也认为:"感觉是客观世界,即世界自身的主观映像。"⑤这些都说明"精神(意识)"在实质上是人脑对于客观事物"反映"而形成的思想结晶,从而科学地回答了"精神"的本质。

(二)"三个世界"——"精神"内质结构的分层

现代医学利用机器检查疾病的手段越来越精密,如 CT 检查方式,它可以深入透视体内,分层扫描病灶成像,较为直观、准确揭示"疾病"的状况。为更深入认识"精神"的本质,我们也可以模仿 CT 检查法,对"精神"进行分层级"透视",清晰展现"精神"内质的结构。

应该看到,对马恩思想"精神"本质的理解中,理解关键词"反映"是认识"精神"本质的"钥匙"。这里"反映"不能简单理解为是人脑对客观存在的"摹写",即对客观世界信息的简单输入而"成像"。依据马克思主义理论精髓讲究的"发展、创新、实践"等可知,"反映"活动应是包括"摹写"和高于"摹写"的"抽象"以及更高的"创造"的统一,如列宁就把"反映"看作是"创立抽象、概念、规律、科学的世

---

① 马克思恩格斯文集:第一卷[M].北京:人民出版社,2009:525.

② 马克思恩格斯文集:第四卷[M].北京:人民出版社,2009:281.

③ 马克思恩格斯全集:第二十卷[M].北京:人民出版社,1979:379.

④ 马克思恩格斯文集:第一卷[M].北京:人民出版社,2009:525.

⑤ 列宁全集:第十八卷[M].北京:人民出版社,1988:118.

界图画等”①一系列的过程。马克思也指出“观念”“意识”的东西不是把外在事物简单地搬挪到大脑,需要在大脑中进一步加工、组合、改造。“观念的东西不外是移入人的头脑并在人的头脑中改造过的物质的东西而已。”②现代心理学在对“意识”的结构分析中,也是把“知(认知理智)、情(情绪情感)、意(意志观念)”作为其主要的构成部分。因此,这里的“反映”至少应包括三个层面的意思:对信息简单感知——“反应”、对信息抽象加工——“反思”以及对信息创新重构——“升华”。

人作为现实存在,在生物学意义上会表现出对外部事物做出需求“应答”,马克思主义认为:“吃、喝、性行为等,固然也是真正的人的机能。”③这种层次的本能感受性主要表征为“反应”,人在这一阶段主要凭借感觉认知世界,人的精神主体性也主要表现为模仿性。即人会凭借感觉去感性地认识外在事物,产生出诸如感应、喜恶、情绪和情感等表现。“人作为对象性的、感性的存在物,是一个受动的存在物;因为它感到自己是受动的,所以是一个有激情的存在物。激情、热情是人强烈追求自己的对象的本质力量。”④马克思主义不是把人对事物的“反应”看作低级层次加以贬斥,而是把这看作是符合现实情况的。“既然人是从感性世界和感性世界中的经验中获得一切知识、感受等的,那就必须这样安排经验的世界,使人在其中能体验到真正合乎人性的东西,使他常常体验到自己是人。”⑤相对于一般存在物,人除了有感性,还是有理性的特殊的存在,人是感性和理性的矛盾统一体。也就是说,人不仅仅会对外在事物做出简单“反应”,还会表现出对其进行抽象和概括化思考——“反思”,以使外在信息的本质变成头脑中的“思想”。“人的意识不仅能够反映客观事物的外部现象,而且能够自觉运用抽象的思维能力,深刻反映客观事物的内在本质和规律。”⑥也正如黑格尔所说:“本质自身中的映象是反思。”⑦可见,“反思”不是停留在简单的对事物“反应”,而是进一步认识世界,探究世界本源,关照自我、改造自我,从而使人体现为具有“理性”的动物存在。正是在这个意义上,马克思对人自身进行反思,深刻地提出:“人的本质不是单个人所固有的抽象物,在其现实性上,它是一切社会关系的总和。”⑧也如康德所说:人

① 列宁全集:第三十八卷[M].北京:人民出版社,1980:421.

② 马克思恩格斯选集:第二卷[M].北京:人民出版社,1995:112.

③ 马克思恩格斯全集:第四十二卷[M].北京:人民出版社,1979:94.

④ 马克思恩格斯文集:第一卷[M].北京:人民出版社,2009:211.

⑤ 马克思恩格斯文集:第二卷[M].北京:人民出版社,2009:334-335.

⑥ 陶富源.马克思主义哲学原理[M].合肥:安徽大学出版社,2003:77.

⑦ 黑格尔.逻辑学:下卷[M].杨一之,译.北京:商务印书馆,1966:8.

⑧ 马克思恩格斯文集:第一卷[M].北京:人民出版社,2009:501.

"可以作为天赋有理性能力的动物而自己把自己改造成为一个有理性的动物"①,从而构建自我存在。另外还应看到,人不仅是一个现实的、理性存在,还应是一个"超越性"存在。即人在接受、反思现实的基础上,还会对现实做出更深层的"反映"——创新、重构信息,可以称为"升华",即对所面临事物的本源进行形而上的追问,追问自身生存终极目的性,马克思就认为,"在社会历史领域内进行活动的,是具有意识的,经过思虑或凭激情行动的,追求某种目的的人。任何事情的发生都不是没有自觉的意图,没有预期的目的的"②。为实现这一终极目的,需要创造一个超越现实的价值意义系统来指导自身解决矛盾。生命的终极价值在马克思看来就是要有追求自由实现为他人、为社会做贡献的信仰,这应是生命的最高追求。以马克思的说法,这时的人才是真正成为"社会自由人"和真正"内在富有人","富有的人同时就是需要有人的生命表现为完整性的人,在这样的人的身上,他自己的实现作为内在的必然性,作为需要而存在"③。这其实就是说明人在面对生命终极目的的意义问题上,需要在现实社会中建构"信念、信仰"系统,来回应自身试图通过自由实现而超越自我矛盾体这一终极期待和希望。

从对"反映"的理解,我们可以看出外在世界的信息存在通过人脑的"反应""反思"和"升华"几个主要流程,"进入"人脑后不断积淀,其实便形成了人的"精神"。这是对"精神"进行的"分层"剖析,也是对"精神"的结构层面以及各个层面包括的内容的展现。当然,此处所说的"精神"多是指称个体性的"精神",而没有过多顾及作为实体的、宏观上的"精神"。因此,我们可以说,"精神"主要是以人对客观世界的"反映"而产生以"情绪情感""理性"和"价值信仰"为代表的"映像",三者构成"精神"的主要内容。这些内容在逻辑关系上由内至外分为三个层面,其中"情绪情感"可看作是"精神"的最外层,第二层是"理性",内核应是"价值信仰"。那么,依据这样的认知,复杂的"精神"结构很明显就可以划分为情感世界、理性世界和意义世界"三个世界"。"三个世界"的划分把所谓的"神秘""虚无""难以把握"的"精神"结构呈现出来。当然,"精神"的"三个层面"或"三个世界"的划分也可得到中外思想家观点印证的。

在西方传统文化里,"精神"的意义多指向"灵魂"。如大哲亚里士多德专门著有《灵魂论》一书,把"灵魂"看作是生命的本源,是"精神"存在的体现,"何谓灵魂(?)的一个通用(普遍)定义:这是凭形式为之表现的本体(实是)。事物之所以

① 康德.实用人类学[M].邓晓芒,译.上海:上海人民出版社,2002:248.
② 马克思恩格斯选集:第四卷[M].北京:人民出版社,1995:247.
③ 马克思恩格斯文集:第一卷[M].北京:人民出版社,2009:194.

成其为一个实是者,就凭它这个怎是”①。亚里士多德的意思很明显,就是说灵魂是生命的“本体”,生命只有凭借“灵魂”才能体现为现实存在。亚里士多德还对“灵魂”进行了分类,他把“灵魂”主要分为“欲望灵魂”“感觉灵魂”和“理智灵魂”三种,其中“理智灵魂”最高级,“感觉灵魂”次之,“欲望灵魂”最低,这种分类很明显是从“灵魂”结构层面来划分的,与前面对“精神”的“三分法”有很大程度上的契合。另外,亚里士多德对“知识”的分类更能看到前面“精神”结构分类的合理性。亚里士多德认为,灵魂是人的“本体”,“人在本性上是求知的”②,所以作为人本体的“灵魂”的呈现要通过追求知识实现。那么可追求的“知识”有哪些呢?亚里士多德把人们对知识的追求进行了等级分类,从低级到高级依次为感觉的、理智的和最高的,其对象分别是个别的、抽象的和普遍的知识,那种最高的、最普遍的知识被亚里士多德称为“第一哲学”和“神学”。“灵魂”通过这三种知识来塑造自我,很明显可以分别称作“感觉灵魂”“理智灵魂”和“信仰灵魂”,这完全契合“精神世界”三分法。

谈论对“精神”的研究,不得不提到德国哲学家黑格尔,黑格尔认为研究“精神”是最高的又是最难的事情,所以在“精神”体系构建上灌注了大量心血,写出被称为“天书”的《精神现象学》以及从哲学视域探究“精神”本质的《精神哲学》。黑格尔认为“精神”不是抽象静态的,它是一个自我运动、辩证发展的理念,精神自身变化是从一个环节到另一个环节、从一个阶段到另一个阶段、从一种形态到另一种形态发展演化的过程,最后精神自身会自我实现,达到自由阶段。黑格尔对“精神”的一个定义:“精神以自然为它的前提,而精神则是自然的真理,因而是自然的绝对第一性的东西……精神的概念:精神是自己本身的现实的理念。”③对于自我运动和发展的“精神”(黑格尔这里的“精神”主要是指向人类“精神”),黑格尔对其进行了分类,将“精神”按发展过程分为主观精神、客观精神和绝对精神三类。主观精神指个人内在的精神,也即是指个人意识,在这里“精神”和“意识”是作为同一含义看待的,其实黑格尔也有很明确的表达,“对意识的陈述就等于是真正的精神科学”④。客观精神则是指主观精神显现于外,与外部产生联系的精神,如法的、道德的、家庭社会的、国家政治制度等。绝对精神是主观精神和客观精神的统一,是在思维的最高阶段上达到了自由境界的地步。绝对精神发展自我认识历程

---

① 亚里士多德. 灵魂论及其他[M]. 吴寿彭,译. 北京:商务印书馆,2007:86.

② 亚里士多德. 灵魂论及其他[M]. 吴寿彭,译. 北京:商务印书馆,2007:48.

③ 黑格尔. 精神哲学[M]. 杨祖陶,译. 北京:人民出版社,2006:10.

④ 黑格尔. 精神现象学:上卷[M]. 贺麟,王玖兴,译. 北京:商务印书馆,1979:62.

有三个阶段:艺术、宗教和哲学。在三种精神的分类中,黑格尔着力对主观精神即个人精神的发展进行了精致的研究,黑格尔的主观精神在很大程度上就是本课题所指的"精神"。他认为个人精神的发展就是"从最初的与动物意识无本质区别的所谓自然灵魂直到成长为具有理论的和实践的能力,企图使外部世界服从自己以实现其自由意志的所谓自由精神的发展过程"①。这样,他把个人精神的自我演变又细分为三个阶段:灵魂阶段、意识阶段和精神阶段。在灵魂阶段,他把灵魂自我发展分为自然灵魂、感觉灵魂和现实灵魂。其中黑格尔花了很大篇幅探讨了感觉灵魂的特点,如感受性、主体性、习惯性等。黑格尔这样做的意图很明显,宣示"感觉"在"精神"的第一个发展阶段的重要性,也可以说黑格尔把"感觉、感性"的东西看作是精神在这个阶段所包含的重要内容。这与前面我们把"精神"结构第一部分称为"情感世界"很容易对应起来。黑格尔把个人精神自我演变的第二个阶段称为"意识"阶段,这一阶段,精神作为意识是"使它的这个现象与本质同一,是把对它自身的确定性提高成为真理"②。意识为了实现这个目标,经历"意识本身""自我意识"和"理性"三个阶段。而理性阶段,黑格尔认为这是意识发展的最后阶段,是意识与自我意识的统一,"理性已意识到它的自身即是它的世界,它的世界即是它的自身时,理性就成了精神"③。理性能够确信自身的规定是事物的本质规定,同时又能认识到这即是自己的思想,理性在精神发展的第二个阶段——意识阶段处于核心地位。这种把理性作为意识核心的说法,也可以印证我们前面对"精神"结构分类的"理性世界"存在的合理性。最后,黑格尔把个人精神发展的第三阶段称为"精神"(这个精神应是狭义的称谓)。这个阶段是精神朝着它自己本身解放的道路,是精神扬弃一切外在性和异己性达到自由发展的境况,这个历程会有三个步骤:理论精神、实践精神和自由精神。理论精神是认识活动,如直观、表象、记忆、思维等。实践精神是克服冲动和任意,追求普遍的满足——幸福的过程。而自由精神是精神发展的最后阶段,是精神能够思维自己、认识到普遍规定——自由的概念,并努力去实现它。这一阶段同样和我们前面把"精神"结构分为"意义世界"是异曲同工的。

中国文化也一直致力于"精神生命"理论体系的构建,用来指导人的精神境界的提升。例如,冯友兰先生在谈论人生境界时,就把人的精神境界分为"本然的'自然境界'、讲求实际利害的'功利境界''正其义,不谋其利'的'道德境界'、超

① 黑格尔. 精神哲学[M]. 杨祖陶,译. 北京:人民出版社,2006:16.

② 黑格尔. 精神哲学[M]. 杨祖陶,译. 北京:人民出版社,2006:260.

③ 黑格尔. 精神现象学:下卷[M]. 贺麟,王玖兴,译. 北京:商务印书馆,1979:1.

越世俗和自同于大全的'天地境界'"①四个层次。自然境界是最低级的存在,功利境界比自然境界稍高一点,更高的是道德境界,最高的是天地境界,这里把人的精神境界从低级向高级划分了清晰的层次,在本质上其实也可以看作是"精神"发展过程的四个阶段。虽然冯先生把精神境界细分为四种,但这四种和前面分析的"精神"结构中的三个"世界"也是可对应起来的。冯先生认为,"在这四种人生的境界中,前两种都是人生的自然状态,后两种是人应有的生命状态"②。也就是说,前两种境界——自然境界和功利境界来自人的天然性,这两种境界中的人,一般都是依自我本能、社会习俗和感情用事,这种境界人的"精神"处于原初发展阶段,也可以称为其"精神世界"处于"情感世界"位置。在后两种境界中,道德境界中的人是指已经脱离了对世俗物质利益过度或不宜的追求,自身的行为已经规范化、理性化,达到较高完满境界,这个阶段的实现需要一定的"觉解","觉解"就是能够理性认识自我,脱离感性、世俗的约束。按冯先生的意思就是,"哲学家必须从感觉世界的'洞穴'里上升到'智性的世界'。哲学家如果在智性世界中生活,他也就是超越于人间世"③。而天地境界中的人,是那种对人生能够彻底"觉解",能够认识自己不再是社会中的"小我",自觉把自己融入了一个大全整体中的"大人"。一个人懂得自己所做的事情的意义,并且自觉地这样做,这样使他处于在精神上超越人间世的境界,用冯先生的话说就是达到"天地境界"。很明显,冯先生把人生境界的高级阶段划分为"道德境界""天地境界",也和前面我们厘定的"精神"结构中"理智世界""意义世界"相对应。

(三)"精神"中"三个世界"包纳的内容

"精神"内质结构分为"三个世界"能够得到印证,那么,"三个世界"里具体包括哪些内容呢?

"情感世界"是人的"精神世界"的最基本层面,是"精神"直接表现在外的层面,"情感世界"的流露反映出一定的"精神"面貌。一个人情感丰富,多愁善感,"感时花溅泪",我们常会说这个人"精神"柔弱,意思就是如此。情感是人的一种基本的精神意识,是生命自然原初表现和存在方式。"讲人的存在问题,就不能没有情感。因为情感,且只有情感,才是人的最首要最基本的存在方式。"④

中国传统文化认为"情"是外感于物而产生的,是由外在事物、事件而引发的。

---

① 冯友兰. 中国哲学简史[M]. 北京:新世界出版社,2004:298.
② 冯友兰. 中国哲学简史[M]. 北京:新世界出版社,2004:299.
③ 冯友兰. 中国哲学简史[M]. 北京:新世界出版社,2004:300.
④ 蒙培元. 情感与理性[M]. 北京:中国社会出版社,2002:4.

《汉书》有"情者,见物而动者也"的观点,《荀子·儒孝》有"情为……外物所感者也"的说法。到清代,对"情"的本质认识产生了飞跃,《康熙字典》注解"情,心之动也",把情感描述为人的内心的体验。在对"情感"包含的内容上,《礼记·礼运》最早提出"七情"说,"何谓人情? 喜、怒、哀、惧、爱、恶、欲,七者不学而能。"《荀子·正名》中提出"六情"说:"性之好、恶、喜、怒、哀、乐之为情。"《白虎通·性情》中也有"六情"说:指"喜、怒、哀、乐、爱、恶"。中医传统文化也有"喜、怒、忧、思、悲、恐、惊""七情"说。在西方,对"情感"的分类比较细致,如亚里士多德把"情感"认为是"精神"的感受性,可以表现为多种,"灵魂(精神)的诸感受(感应)大概全都结合于身体的——愤怒、温和、恐惧、怜悯、奋励与快乐,以及友爱与仇恨"①。休谟则把"情感"看作是人性的一个很强有力的原则,可以分为"直接情感"和"间接情感"两类,"我只能概括地说,我把骄傲、谦卑、野心、虚荣、爱、恨、嫉妒、怜悯、恶意、慷慨和它们的附属情感都包括在间接情感之下。而在直接情感之下,则包括了欲望、厌恶、悲伤、喜悦、希望、恐惧、绝望、安心"②。现代心理学认为"情感"是人对客观事物是否满足自己的需要而产生的态度体验。哲学学科里把"需求、需要"看作是一种价值判断,由此,在哲学视域里,情感的实质被理解为是人脑对于客观事物进行价值评价产生的反应。价值有"正、负"效应之说,这样在哲学视域里情感其实就可以分为"正性情感"和"负性情感"。"正性情感"是指当客观事物能够满足人的需要时,人们就会对其做出积极评判的反映,从而引起热爱、尊敬、满意、愉快、欢乐等内心体验;反之,人就会产生否定的态度,心里会引起仇恨、痛苦、沮丧、恐惧、羞耻、嫉妒等体验,这些称为"负性情感"。情感是人对客观事物的内心体验和态度趋向,在一定意义上并不反映事物本身的属性,但反映出客观事物与主体需要之间的关系,彰显出人的真实存在性。正如英国教授 Chris Low 说:"思维具有透彻、客观的冷静品质;感觉提供了有形的物质世界,是冷性的;知觉引导对事物的理解;但它们都没有提供价值。只有情感为人类提供了尊严和价值。"③

上面种种分类虽有不同,但应该看到分类中都对"快乐、愤怒、悲伤、恐惧"等情感用了不同形式来表达,这与心理学的认知也是吻合的。心理学在对"情感"的分类上也有众多观点,有六种、七种、八种、十一种说不等。"然而把快乐、愤怒、悲

① 亚里士多德. 灵魂论及其他[M]. 吴寿彭,译. 北京:商务印书馆,2007:48.
② 休谟. 人性论:下册[M]. 关文运,译. 北京:商务印书馆,1980:310.
③ 乔明琦等. 中医情志学[M]. 北京:人民卫生出版社,2009:38.

伤、恐惧四种具体情绪确定为基本情绪则是各种分类方法的共性。”①这样“精神”的“情感世界”可以认为包括“快乐、愤怒、悲伤、恐惧”四种基本内容。

“理性世界”是“精神”在现实世界的核心反映,“精神”在现实意义上多指向人的“理性”的表达。我们常常会说,某个人“泰山崩于前而面不改色”,就是说此人遇事不慌,面临重大紧急事情也能冷静处理,反映出的是“理性”精神。人是感性动物,更是具有理性的存在。亚里士多德就坚持认为:“理智在我们中是最高贵的,理智所关涉的事物具有最大的可知性。”②“如若人以理智为主宰,那么,理智的生命就是最高的幸福。”③高扬人的尊贵就在于人的“理性”的康德也认为:“我们把有理性的称为人,因为他的本性就证明他就是目的,不能只当作工具。”④马克思更认为人有意识、有目的,在理性指导下通过实践来创造性活动。也就是说人在现实中会以考量自身以及自身与他者、与世界的关系来反映自身的主体性,“理性”在一定意义上体现出个体“精神”的本质属性。

中国传统文化以伦理“情感”文化为主要特征,但也有对“理性”的探究,反映出较强的“理性”思维精神,只不过没有像西方文化那样,专门明确给出“理性”的名称。司马迁“究天人之际,通古今之变”是很好的例证。世俗文化“这个人很通情理”,也很好地说明这点,所谓“情理”,是指人既有情感,又讲道理。道理之“理”,是需要理性思辨才能把握。宋明理学家对这些从哲学高度思考,提出世界万物“所当然之则和所以然之则”的“天理”说,“理”当然也是人应遵循的规范(即“道”),也是人的本性(“理性”),这是理性思维的结果。宋儒在看到“理(理性)”是人的本质属性时,更看到了“理(理性)”的能动性,这在宋儒命题“理欲之辩”中可以清晰地看到。“存天理、灭人欲”的合理解释应是主张发挥理性的能动性,制约“过欲”,使人的情欲“理性”地体现。对于“理性”的形成,宋儒认为求知可获取“理性”精神。根据来源方式不同,人的“理性”可由“见闻之知”和“德性之知”获得。“见闻之知”是指要从闻见开始,类似于感性认知,下学上达,达到对“理(理性)”的认识。而“德性之知”不是指先天的,是指形成于具体实践过程,所谓“尊德性而道问学”,正是说明作为理性之知的“德性之知”,通过问学进德修为,意识自身的尊严,使主体精神品格提升。“见闻之知”和“德性之知”可以看作是中国传统文化对“理性”包含内容的分类。而这种分类与康德对“理性”的认知有很大

① 乔明琦等. 中医情志学[M]. 北京:人民卫生出版社,2009:38.
② 亚里士多德. 尼各马科伦理学[M]. 北京:中国人民大学出版社,2003:224.
③ 亚里士多德. 尼各马科伦理学[M]. 北京:中国人民大学出版社,2003:225.
④ 康德. 实践理性批判[M]. 邓晓芒,译. 北京:商务印书馆,1999:62.

程度的相通。康德认为人类"理性"有两种功能,一是认识功能,一是意识功能,康德把前者称为"理论理性",后者称为"实践理性"。"理论理性"只处理认识能力,是人类运用逻辑思维能力,依据所获得的认识原理进行活动的意志和能力,它的任务是发现和抽取实体事物内部的真理,探讨客观必然性。"理论理性"往往依据于直观经验,感性、知性、思辨理性都从属于"理论理性"。而"实践理性"处理的是人的意志问题(欲求能力),意志本身就是自己实现对象的能力,所以"实践理性"是指人们运用理性来判断在特定情势下行动的正当性,它的任务是回答世界应当如何、人应当如何行动的问题,指向人的现实实践活动。实践智慧、价值理性、推算理性和选择理性都从属于实践理性。康德对"理性"关注以及对其精细的分类,其用意很明显,主要是看到了理性是指导人的行为的能力和创造自身生存的依据,康德高呼"人为自然立法",正是凸显"理性"在高扬人的尊严中可以起到的重要作用。

理性能力是人区别于动物的各种能力之母,"理性"精神的功能是可以认识自己,洞察世界,理智来行事。"精神生活本质上是现实的个人从内心对客观现实在认知基础上形成的体验、反思和诠释。"①依据前面的分析,我们有理由把"认知、思维、判断和实践"等纳入"理性"范畴,架构起"精神"的"理性世界"。

"意义世界"是"精神"超越"现实"之境而形成的"精神"之维,它是指人类在现实世界中需要找寻一个能够支撑起生命存续的具有方向性的目的系统,以此来肯定当下生命存在的价值和意义。"追寻作为世界统一性的终极存在,这是人类实践和人类思维作为对象化活动所无法逃避的终极指向性。"②现实生命是短暂的,每个人不可避免地都会走向生命的终点,伟大精神导师恩格斯就说过:"一切产生出来的东西,都一定要灭亡。"③因此,在人生"此在"的图景中,总是交织着对生的"焦虑"和对死的"恐惧"。按照蒂里希的理解,"焦虑"和"恐惧"都是"有限的自我对自己有限性的意识"④。当"精神"意识到有限性而又不能陷溺于有限性时,一种关切生与死的终极指向的意识系统就需要形成,这种意识系统必须解释生的无限性存在的可能性,使有限走向无限,来指导解决生与死之间的紧张。

中西文化都看到了人的存在过程与生死问题的关联,重点从现实生命价值的实现上来构建指导超越生命有限性的意义系统。中国传统文化的主流是儒家文

---

① 王秀敏. 现代人精神生活质量内涵的理性诠释[J]. 福州党校学报,2008(2).
② 孙正聿. 人的精神家园[M]. 南京:江苏人民出版社,2014:36.
③ 马克思恩格斯选集:第三卷[M]. 北京:人民出版社,1976:460.
④ 杨国荣. 存在之维[M]. 北京:人民出版社,2005:276.

化,儒家学说是生命之学,儒家也清楚认识到人的生命特质决定了任何由肉体上达到永生的企图都是注定要失败的,任何人是无法改变由生过渡到死的必然性。儒家文化思想智慧就在于它看到了这点,然后对生命进行了巧妙的分类,“生命”分为现实生命(生理生命、肉体生命)和精神生命(道德生命)。现实生命就是生理肉体,儒家承认它是会被时光毁灭的,但精神生命是不会毁灭的,尤其是以道德充塞的精神生命更不会消亡,它会永存不朽的。所谓道德生命就是现实生命在“当下”时曾造福他人和社会,这种生命会因其造福了他人和社会而超越时空被人铭记,逝去时表现出积极价值,从而把有限的生命转化为不朽的存在。儒家“道德生命”的提出,超出个人的生活层面,把生命的现实与生命价值统一起来,追求精神生命的长存,超越现实生命的短暂性。所以人一旦确信道德生命的存在,把此作为坚定的精神信仰,就会对摆脱死亡的恐惧有所帮助。西方生死终极关怀文化多是以宗教形态展现,宗教的具体形态又呈现出多样化的特点,但它们都有一个相近的特征:预设一个无限美好、理想化和永恒性的彼岸世界,淡化现实生命存在的意义,让生命在对彼岸世界的追求中超越有限性。

可见,“意义世界”是支撑人在现实世界中安身立命和生活实践的价值理念系统,成为“精神世界”的内核,“对自我的超越、对意义的求索和与他人联结的需要等(是)精神最核心的元素”①。这个系统的搭建常常是由“价值、信念、信仰”的确立来完成的,它们也相应构成了“精神”结构中“意义世界”的内容。

二、何谓“赡养”

世俗观念中,“赡养”一词常指子女、晚辈给予父母、长辈亲人等“吃、穿、住、行”上的生活照料,满足他们物质生活需求的行为。很明显,“赡养”是作为一种行为活动来看待的。在哲学上,一种“行为活动”的结构应主要包括“主体、客体和内容”等部分,所以,“赡养”行为的实践主体指向“子辈”,“客体”是“父母、亲人”,“内容”可以看作是“子辈”给予“父母、亲人”的“物质资料”等,这样,子辈给予父母长辈“物质”帮助就是“赡养”,“赡养父母”“赡养亲人”“赡养老人”等俗语的内涵大都包括这层意思。其实,这种定式理解是长期文化宣教、熏陶影响的结果。《辞海》中“赡养”条解释:“成年子女对父母或晚辈对长辈在物质上帮助与生活上的照料。”②百度词条对“赡养”的解释:“主要是指在经济上为父母提供必需的生

① 凯瑟琳·麦金尼斯-迪特里克. 老年社会工作(第二版)[M]. 隋玉杰,译. 北京:中国人民大学出版社,2008:245.

② 辞海编辑委员会. 辞海[M]. 上海:上海辞书出版社,2003:929.

活用品和费用的行为，即承担一定的经济责任，提供必要的经济帮助，给予物质上的合理要求。”我国《婚姻法》也规定：“成年子女对父母有赡养扶助的义务；子女不履行赡养义务时，无劳动能力或生活有困难的父母，有要求子女给付赡养费的权利。”①这些解释具有一些显著的共同特点：一是把“赡养”行为实施主体仅仅指向子女或晚辈，把赡养行为定位为家庭子辈需要履行的义务；二是把“赡养”对象限定为与实施主体有血缘关系的亲人，如父母、家庭长辈等，没有血缘关系的人谈不上“赡养”；三是把“赡养”行为包含的内容理解为“物质金钱”“生活用品”等“实物”型供给。在这些观念影响下，“赡养”主要是指子辈对亲人进行“物质供养”的理念顺理成章形成了。

当然，这种对“赡养”概念的理解，在一定程度上对引导家庭子女孝养父母，积极付出实践，让亲人“老有所养”曾起到过作用。但应看到，随着时代的变化，这种理解已远远不能适应时代的要求，尤其是“老有所乐、老有所安”等更高的养老要求出现时，这种理念是不能很好“匹配”现代养老事业发展的。因此，在新的历史境遇下，“赡养”概念需要随着时代变化而做“扩展”性理解。

首先，“赡养”实施主体需要扩大。传统观点把“赡养”实施主体限定为子辈，是因为传统社会家庭场所比较固定，家庭结构一般都是大家庭聚居，子辈在父母年老时可以在他们跟前尽孝行赡养义务，“父母在，不远游”，不远距离走动目的之一就是要“赡养”父母，可以让父母得到很好照护。现代社会家庭结构发生了巨大变化，“四二一”家庭、“空巢家庭”“独居家庭”已很常见，单一靠家庭子女赡养父母的要求已不现实，因此需要把赡养供给主体扩大。这种扩大要突破“赡养”行为仅仅指向家庭子辈的狭窄观念。对“赡养”一词做词源追溯可见，“赡养”实施主体扩大是有理由支撑的。《说文》对“赡”的解释是，“赡，给也。从贝詹声”②。《辞海》对“赡”的基本含义解释也是“供给、供养”，都是把“赡”作为动词用，对于“主体”也没有限定仅指向“子辈”。而传统文化里对“赡”的实施主体在很多情况指向也是很宽泛的，《晋书·羊祜传》：“祜立身清俭，被服率素，禄俸所资，皆以赡给九族，赏赐军士，家无余财。”《魏书·食货志》：“行者十五六，道路给粮禀，至所在，三长赡养之。”宋司马光在《乞不添屯军马奏章》：“今来关中饥馑，仓库空虚，赡养旧兵，犹恐不足，更添新者，何以支吾?”《元史·卷四·世祖本纪一》：“河南民王四妻靳氏一产三男，命有司量给赡养。”……可见，这些论说中，“赡养”实施主体都不是指向子辈的。现代也常有类似使用的情况，如周恩来在《现阶段青年运

① 中华人民共和国婚姻法[M]. 北京：中国法制出版社，2018：2.

② 许慎. 说文解字[M]. 杭州：浙江古籍出版社，2012：131.

动的性质和任务》一文中有：“让乡下有钱而不愿当兵的人切实负责赡养抗日军人的家属，使他们没有后顾之忧。”①因此，“赡养”行为的实施主体扩展到“子辈”之外是有道理的。依据现实情况，当下扩大“赡养”供给主体可从多个维度来考量，如老人自我、家庭子辈、社会养老机构和政府组织等，都应当作是“赡养”的实施主体，并且在学理上也是说得通的。

其次，“赡养”对象需要扩大。当“赡养”实施主体可以扩展时，那么“赡养”对象也有理由可以扩大，赡养对象在当下既可指父母，也应该包括没有血缘关系的需要照护的社会老年人口。传统文化中早已提出“老吾老以及人之老”的“大同”社会愿景，其实是“赡养”对象可以扩大的最好支撑。“赡养”对象在理论上可以扩大后，在现实实践上，像对养老机构中的老人、空巢家庭中的老人、独居家庭中的老人等进行照护，对他们“照护”，就是对他们“赡养”也就可以说得通了。“赡养”对象应当扩大也是社会发展的使然。社会人口老龄化快速发展，我国目前60岁以上老年人口已达2.5亿之多，“赡养”对象如只是对有血缘关系的老人而言，那么，在当下家庭“赡养”功能逐渐弱化情况下，社会对众多老年人口进行“赡养”就难以得到理论支撑，社会“赡养”工作的开展也就没有合理性。

再次，最为关键的是“赡养”内容需要扩展。赡养老人即是供给老人所需所求，传统社会和时下很多情况下是把“赡养”的内容限定为“物质需求”“生活照料”“低级”层面。这是有一定原因的，我们知道物质经济需求是人的最基本需求，历史上人们有组织进行渔猎、牧畜、耕种、工业以及营造纷繁的其他生产活动，很大程度上都是为了防止饥饿，这样人类才能繁衍下去。中国传统文化有“食、色，性也”的说法，把追求物质满足当作人的本性看待。马克思主义也认为生产活动是人类最基本的实践活动，人们只有通过生产活动谋取所必需的物质资料才能生存和发展，“任何一个民族，如果停止劳动，不用说一年，就是几个星期，也要灭亡”②。所以老年人在年老时，首先要从“物质需求、生活照料”上供养他们，才能让他们生存，这点很容易理解。另外，传统社会长时期生产力处于极不发达状态，物质产品不丰富，在赡养父母上，人们首先考虑的应是满足父母的温饱问题，这也是符合历史发展状况的。传统文化谈到“孝养”父母时，很多也是要求从满足父母“物质需要”做起，如《尚书》的“肇牵车牛，远服贾，用孝养厥父母”③，就是讲子女要耕种、经商，获取食物、经济财富，以此来赡养父母。《孝经》：“用天之道，分地之

① 周恩来选集：上卷[M]. 北京：人民出版社，1980：90－91.
② 马克思恩格斯选集：第四卷[M]. 北京：人民出版社，1976：368.
③ 尚书[M]. 王世舜，王翠叶，译注. 北京：中华书局，2012：199.

利,谨身节用,以养父母。"①都是论说要从食物、物质方面满足来赡养父母。但是,还要看到,作为生物体和精神体集合的"人","衣、食、住、行"等物质方面的需求只能满足"生物体"的存续,人的"精神体"体现更多是在物质需求满足基础上,对"文化、思想、娱乐、追求"需求的满足来实现的。马斯洛需求论也告诉我们,当人们的物质需求得以满足后,更高级的精神需求就会出现。事实也证明,只有高层次的精神生活的满足,才容易给人带来强烈的幸福愉悦感。所以,老年人在当下物质生活需求满足的基础上,"精神需求"会越来越强烈,这样从"精神"上进行赡养老人,满足老年人多种"精神需求"应纳入赡养的要求之内。

基于以上分析,我们可以这样总结"赡养"的定义:所谓"赡养"是指一种包括老年人自我、家庭子辈、养老机构、政府组织等在内的多维度主体提供给老年人在"物质经济""生活照护""精神慰藉"等方面帮助的奉养行为,其中,"精神慰藉",即"精神赡养",应是"赡养"的重点内容。

三、何谓"精神赡养"

在理论探求维度上,目前学界还没有给"精神赡养"一个确切的定义,甚至还有关于概念存立的"合理性"之争——"精神"上能否说"赡养"?上文之所以用墨对"精神""赡养"概念详细分析,其原因之一即试图解释"赡养"本义就是供给老人各种所需,从而达到良好的养老目的。老年人"物质"需求上有"缺口",供给"物质"可以说"物质赡养";那么老年人"精神"需求上出现"缺口",当然也可以说"精神赡养"。

(一)"精神赡养"概念研究述评

因自身文化的特性,国外很少有对应着我国老年人口"精神赡养"概念的相关研究,因此本课题对"精神赡养"概念研究梳理较少关涉国外研究情况。

"精神赡养"在世俗语境和国内学界其实并非一个"新词"。中国知网检索显示,学者黄继胜 1987 年在《法学杂志》发表了《精神赡养初探》一文,当属国内学界最早提出"精神赡养"概念的。截至 2020 年 3 月底,30 多年来,共有 156 篇论文专门就"精神赡养"问题进行探讨。百篇学术论文对"精神赡养"问题进行多维度、多学科探讨,在一定意义上促进了"精神赡养"理论问题研究的发展,当然也包括对概念的研究。在对"精神赡养"概念界定上,自然的理路应把"精神赡养"行为主体、对象以及内容包纳进去,尤其要把"精神"及"赡养"的内涵揭示出来。遗憾的是,目前的研究均不令人满意,主要缺憾表现为以下几点。

---

① 孔子孝经[M]. 吴茹芝,编译. 西安:三秦出版社,2008:28.

第一，“精神赡养”概念界定“散乱化”。所谓“散乱化”，是指在对“精神赡养”概念研究上，还没有一个让学界能达成共识的定义，相关论文中对“精神赡养”界定可谓多姿多彩，有从法律规定角度进行定义的，有从伦理义务进行释义的，也有从心理学方面切入阐释的，等等。但一个共性问题是随意定义现象比较普遍，不能聚焦实质问题，游离于对核心内涵解释之外。如学者米秋花解释道，所谓精神赡养，是指赡养人对被赡养人在感情、心理等方面给予关心，使被赡养人能够得到精神上的慰藉①。释义时明显存在着同义反复现象，对“精神”“赡养”的内涵理解均未涉及。学者李瑞芬、童春林认为，“所谓‘精神赡养’，就是家庭、单位、社会乃至政府共同关注老年人心理和精神上的各种需求”②。定义中虽把“精神赡养”主体扩大了，但也没能对核心词语“精神”“赡养”进行解释。另外，在研究中还存在着甚至不予定义，直接把“精神赡养”看作一个约定俗成的概念现象，相关论文中有数十篇存在这种情况，这些都可看作“散乱”定义的表现。如梁巧慧《国际老年“精神赡养”保障借鉴与启示》、李纤滢《城市老年人精神赡养的社区模式探索》、李娜《老年人精神赡养之现状思考》等学者的论文，通篇未见对“精神赡养”概念进行阐释。

第二，“精神赡养”内容归纳“片面化”。“精神赡养”实质是满足老年人“精神”需求上的“缺口”，老年人“精神”需求“缺口”有哪些，即是“精神赡养”内容指向，这是概念核心，同时老年人“精神”需求应是复杂的、多维度的，在对概念的阐释时要清晰表达出来，这对透视“精神赡养”实质具有重要意义。但当下研究很多情况下都是泛泛而谈，把不属于“精神赡养”维度的内容包含进来，或者没能把“精神赡养”包纳的内容全面揭示出来，对“精神赡养”内容的归纳研究呈现“片面化”情况。如上文提及李瑞芬对“精神赡养”的定义，只是说“共同关注老年人心理和精神上的各种需求”，至于老年人“精神”需求是什么，定义中没有体现，给人有概念“空泛”之感。李欣指出：“‘精神赡养’，是指在家庭生活中，赡养人理解、尊重、关心、体贴老年人的精神生活，在精神上给予其慰藉，满足其精神生活的需要，使其愉悦、舒心。”③定义中虽然提到关注老年人“精神生活”，但对“精神生活”包纳哪些内容，同样也存在着没有提及的缺憾。丁芳等也指出，“精神赡养，指赡养人为照顾被赡养人在情感、心理等方面给予他们的关心和帮助，使被赡养人能够得

① 米秋花．对精神赡养的法律思考[J]．中共郑州市委党校学报，2006(6)．

② 李瑞芬，童春林．中国老年人精神赡养问题[J]．中国老年学杂志，2006(12)．

③ 李欣．“家庭养老”保障论[J]．河北法学，2011(8)．

到更多的温暖,感情上得到尊重等”①。定义中只是点出赡养时要关注老年人“情感世界”的满足,忽略了老年人精神需求还有诸如“理智世界”“意义世界”等方面的满足,因此,类似定义都是片面归纳“精神赡养”内容的体现。

第三,“精神赡养”形式排列“无序化”。全面理解“精神赡养”包含的内容其实是揭示“精神赡养”的实质,这对指导现实实践具有重要意义。“精神赡养”内容的“外化”即是“精神赡养”在现实中体现出来的具体形式。对“精神赡养”内容和形式都进行关注,才能准确、全面揭示“精神赡养”的内涵。也可以说,一个全面的“精神赡养”定义应该既有内容的探讨,也有形式的论述。目前学界对“精神赡养”定义接受度较高的是著名学者穆光宗提出的,“精神赡养的实质是满足老年人精神需求。……老年精神需求包括三个维度的‘需求’,即自尊的需求、期待的需求和亲情的需求;与之对应的‘满足’是人格的尊重、成就的安心和情感的慰藉”②。此观点是穆光宗在2004年发表的《老龄人口的精神赡养问题》一文中提出的,知网显示,目前该文下载频率为5533次,单篇他引率566次,在“精神赡养”研究论文中占据“双高”。该论文观点之所以有这么高的下载率和他引率,主要是对“精神赡养”给出了代表性的定义,定义中既厘定了“精神赡养”的实质,也对“精神赡养”的内容进行了较为全面的概括,即“自尊的需求、期待的需求和亲情的需求”,更为重要的是,针对这三个内容维度,提出“人格的尊重、成就的安心和情感的慰藉”三方面,是在实践上进行了回应,可以看作是对“精神赡养”实践形式的概括,这对指导现实实践具有重要意义。但深究可见,无论定义中提出的三维度内容,还是对应的三种实践形式,在维度划分以及顺序排列上都没能给出理论根据,略显“随意性”“无序化”,因此导致定义的合理性还有待商榷。

(二)“精神赡养”概念的厘定

“精神赡养”概念的界定需要既有理论依据,也要结合现实来进行,即把理论的“应然”和现实的“实然”综合起来考察。

“精神赡养”是一种特殊的针对老年人精神需求供给的养老行为,这种行为构成在哲学视域需要包含三个要素:行为主体、行为客体、行为内容。

根据前文对“赡养”的分析,在传统社会,家庭养老为主的养老模式决定了“精神赡养”行为主体指向子辈。所以,当提起赡养问题,人们习惯上把赡养主体仅指向子辈,即是这种思维惯性作用的结果表现。在现代社会,各种境遇的变化,只有

---

① 丁芳,唐芳.再探我国老年人精神赡养的立法完善[J].长春理工大学学报(社会科学版),2014(6).

② 穆光宗.老龄人口的精神赡养问题[J].中国人民大学学报,2004(4).

把凡是能够提供给老年人精神照护的主体都应纳入进来,才能做好“精神赡养”工作。因此,现代“精神赡养”的主体应包括老年人自我、家庭子辈、养老机构和政府组织等,这种“合力”形成才能适应现代老年人要求。赡养客体很明显也应由传统社会认为的只能是有血缘关系的亲人,扩大到社会上的所有老人,他们都应是“精神”上需要被关照的对象。

关键是对“精神赡养”内容的理解,“精神赡养”是对老年人精神缺失进行供给,是老年人精神需求供给的研究。这需要抓住“精神”“老年人精神”“老年人精神需求”关键词来进行“解剖”式探究。根据前文分析,“三个世界”的划分是对“精神世界”结构进行的一种普适性分类,同样可以帮助我们理解老年人“精神世界”结构,即老年人“精神世界”其实也可以划分为“情感世界”“理性世界”和“意义世界”,老年人“精神”的“三个世界”的划分是本课题展开研究的“立基”观点。

我们应该看到,老年期作为“人”的发展中特殊的阶段,“三个世界”包括的具体内容是不同于“人”的发展中的其他阶段的,对它们的“特殊性”研究是揭示老年人“精神赡养”内容的关键点。

在老年人“情感世界”里,因为老年期生理退化、心理变化和社会关系弱化等的影响,老年人不可能再像青少年那样有热情,像中青年那样有激情,所以老年人情感中的积极因素如“快乐”因子是很少的,而“悲伤、愤怒、恐惧”等消极因子占据大部分空间,多个研究成果结论基本支持这一观点。如倪红刚等认为“焦虑、抑郁、孤独、自卑、失落、多疑”是老年人常见的消极情感。① 陈美好通过调查,也发现“焦虑恐惧、孤独抑郁、暴躁偏执、自卑自弃”等消极情感同样是老年人具有的主要的特征。② 所以老年人“情感世界”内容的排序应是消极情感打头阵,如按“七情”说,顺序可以是“悲、怒、忧、恐、惊、思、喜”。具有较多的消极情感对老年人是灾难性的。医学已经揭示:情绪情感方面的暴怒、大喜、大悲、急躁等,会对人的机体产生影响,造成人的免疫功能紊乱或降低,此时人极易罹患疾病。

而在“理性世界”里,由于老年人饱经磨砺,知识经验丰富,理智具有成为老年人的重要特征。西塞罗说:“童年的幼稚、青年的激情、中年的稳健、老年的睿智——都有某种自然的优势。”③老年人的理智也可以看作是一种能力,它可以帮助老年人从事很多工作以及给予年轻人经验上的指导,成为年轻人的道德榜样和精神导师。理性的完满也可以说是老年人美好的品德,是安享晚年幸福的条件。

---

① 倪红刚. 老年人沟通技巧[M]. 北京:北京师范大学出版社,2015:66.

② 转引自于运英. 老年心理护理[M]. 北京:机械工业出版社,2017:3.

③ 西塞罗. 论老年 论友谊 论责任[M]. 徐奕春,译. 北京:商务印书馆,2004:18.

“完成人生伟大的事业靠的不是体力、活动或身体的灵活性,而是深思熟虑、性格、意见的表达。关于这些品质和能力,老年人不但没有丧失,而且益发增强了。”①联合国前秘书长安南曾经在《联合国第二届世界老龄大会开幕式上讲话》中这样形容过老年人的价值,一位老年人的去世,似一座图书馆的销毁。这样,“知识、智慧、美德”是老年人“理性世界”的主要内容。

老年人“精神世界”痛楚的深层因素有很多:未竟的事业、子孙的成功与否、自身价值实现与否等。这些精神深处的问题处理不好,老年人晚年幸福质量会大打折扣。而最现实的问题应是老年阶段是接近自然死亡的时期,死亡恐惧程度会加剧,这和人生其他阶段面临的最现实的问题是不同的。死亡常被认为是对生命的彻底毁灭,是人生最大的恶。所以需要一种对生命意义价值的终极认识即“意义世界”的构建来消解老年人对死亡的恐惧。心理学家埃里克森认为,生命全程可分为八个阶段,最后一个阶段即晚年期最重要的任务是要获得自我整合。自我整合就是对自己的一生进行意义评价并加以接纳,对生命获得意义感,以此来接受死亡,这是一种“面临即将凋亡的生命抱持一种知生命和超然的态度”②。社会学家迪特里克在老年社会工作研究中也提出,在帮助老年人面对死亡问题的时候常常会讨论生命的意义和宗教问题,“精神问题涉及的并不仅仅是准备后事或者解决关于来世的信念。精神问题还涉及活着的时候要处理的事宜,找到当下生命的意义以及探索和表达对生命的信念的方法”③。其中谈到的宗教、信念、信仰等问题都是为寻求解决死亡恐惧问题而做出的努力。因此,对于老年人来说,“精神世界”中“意义世界”的主要内容可以概括为“价值、信念、信仰”。

综上所述,本课题把“精神赡养”概念界定为“精神赡养”是指通过“老年人自我、家庭子辈、养老机构以及国家政府”等赡养主体形成“合力”,共同关注老年人口“情感世界、理智世界与意义世界”的需求,继而给予有效需求“供给”,使老年人“精神世界”快乐幸福,从而提升生存“品质”的奉养行为活动。

(三)“精神赡养”与相关概念的关联和区别

在表达对老年人“精神”进行关护这一含义时,与“精神赡养”使用较相近的概念还有“精神慰藉”“精神养老”等,在现实中它们有时被交错使用,很容易造成概念上的混乱。甚至有学者认为“三者”意义相同,可以相互替代使用。如孟蕊在

---

① 西塞罗. 论老年 论友谊 论责任[M]. 徐奕春,译. 北京:商务印书馆,2004:11.

② 戴安娜·帕帕拉,萨莉·奥尔茨,露丝·费尔德曼. 发展心理学[M]. 李西营,等译. 北京:人民邮电出版社,2013:237.

③ 凯瑟琳·麦金尼斯-迪特里克:老年社会工作[M]. 隋玉杰,译. 北京:中国人民大学出版社,2008:230.

《关注精神养老》一文中,三个词语就是被等同意义使用的;宫焕勤、徐蓉等在一些相关论文的行文中,也都有把三个概念不做区分使用的情况。不做“尽精微”的区分,不对它们的内涵和使用场域进行限定,这也是造成对“精神赡养”概念存立的“合理性”产生疑问的重要原因。

知网检索显示,截至2020年3月,以“精神赡养”“精神慰藉”“精神养老”为研究题目的论文分别为156篇、80篇、51篇,这说明在表达从“精神”上关注老年人口需求问题时,人们经常使用的概念还是“精神赡养”,但还有使用其他概念的情况存在。从目前研究状况来看,三者之间是存在着一定差异的。

第一,研究切入学科视角的区别。一般来说,不同的学科研究同一问题会有学科专属视角,提出的概念也会有所不同,这些不同概念常称为“术语”。对老年人精神照护研究来说,“精神慰藉”应看作主要是以心理学学科为主切入而形成的概念,是心理学“术语”。因为“慰藉”是“安慰、抚慰”意思,主要指对人的“情感世界”进行抚慰与关怀,化解人的消极心理情绪情感。“精神养老”应看作主要是从社会学视角研究提出的概念。养老是人类基本行为,养老起源于原始社会末期,夏商两代继承之,但西周才在制度上臻于完善。《礼记》记载,“凡养老,有虞氏以燕礼,夏后氏以飨礼,殷人以食礼,周人修而兼用之。五十养于乡,六十养于国,七十养于学。达于诸侯”①。说明养老一开始就是一个家庭社会关注的问题。在社会物质财富发展到一定阶段,更要关注老年人“精神”问题,“精神养老”成为一种社会养老模式被提倡。而“精神赡养”概念更多是在法学、伦理学科里使用,法学、伦理学在一定意义上就是研究规范、规定的学问,“精神赡养”概念具有“规范性”,可以验证这一点。目前156篇以“精神赡养”为题的研究论文中,80%的论文也多是从法学、伦理学角度探讨的,如对精神赡养主体、精神赡养义务责任、精神赡养行为规范等的探讨,这在数量上说明了“精神赡养”是法学和伦理学学科研究的视角。

第二,概念内涵及侧重点的差异。百度词条对“精神慰藉”的解释:“所谓精神慰藉就是在精神层面给予安慰,在思想上给予鼓励。一般是指语言上的,就是默默地给你内心的力量,让你心里产生一种满足感。”一般可以理解“精神慰藉”是通过语言方式的沟通,给予对方情感抚慰,使“情感世界”需求得到满足,让其内心释然,产生愉悦感。这种“慰藉”主要指向精神的情绪情感方面,与精神包含“三个世界”内涵相比较,指向较为狭窄。

对“精神赡养”概念的认知,还是要提及穆光宗的观点,穆先生的《老龄人口的

---

① 戴德,戴圣. 礼记[M]. 南昌:江西美术出版社,2012:237.

精神赡养问题》一文,目前下载频次和单篇他引率均是最高,可见穆先生的观点具有一定的权威性,也说明穆先生对"精神赡养"概念的理解得到学界认同。穆光宗对"精神赡养"的定义:"精神赡养的实质是满足老年人精神需求。……老年精神需求包括三个维度的'需求',即自尊的需求、期待的需求和亲情的需求;与之对应的'满足'是人格的尊重、成就的安心和情感的慰藉。"①穆先生的定义紧贴老年人精神需求三个维度研究,提出满足三个维度的三种供给内容,对精神赡养内容给出了清晰的界定。因此,"精神赡养"比"精神慰藉"应包含更多的内容,用"精神赡养"符合老年人多种需求的现实。

"精神养老"作为一个固定概念,很多指向是一种养老模式的表达,如申喜连在《农村精神养老困境与对策》一文中对"精神养老"概念的理解是,"(精神)养老服务提供主体通过制度化和非制度化的服务方式为服务对象提供满足其精神需求的一种养老服务模式"②。陈昫也主张把"精神养老"作为一种养老模式,"'精神养老'不仅包含了精神服务的接受者与提供者之间的关系,精神服务的提供方式、精神服务的构建模式等狭义层面的内容,同时还在宏观层面包括了老年人精神需求与满足问题"③。很明显,"精神养老"用作表达对老年人"精神照护"含义时,与其他两者相比,是十分宽泛的,有导致概念"虚化"的倾向。

第三,使用场域的区别。应该说,在特定场域,如专门指向对老年人精神照护时,"精神慰藉""精神赡养""精神养老"三者或许在宽泛意义上可以表达同一意义。如老年人、父母亲等年迈时常会表现出不开心,在简单描述对老年人情感上进行关爱时,可以说子辈对他们要"精神慰藉",也可以说这样做是"精神赡养",也可以说做到了这些是对父母做到了"精神养老"。但如果脱离这种语境,三者使用还是应该有所区别的。如一个小孩子受到别人的欺负,或者考试没有发挥好,表现出痛苦或悲伤时,大人对小孩子进行安慰的行为可以用"精神慰藉""精神抚慰"等表达,很明显就不能说这是"精神赡养"或者"精神养老"行为。

总之,"精神慰藉""精神赡养""精神养老"三者在学科研究切入、内容和使用场域上都存在一定的区别。通过分析可见,"精神赡养"可以涵盖"精神慰藉"所指的内容,也比使用"精神养老"更具有表达形式的准确性、规范性,也更符合民众的习惯思维,是一个易于接受的概念。鉴于本课题主要是从哲学伦理学研究老年人"精神照护"问题,因此,本课题主张用"精神赡养"表述"老年精神照护"这一问

① 穆光宗.老龄人口的精神赡养问题[J].中国人民大学学报,2004(4).

② 申喜连.农村精神养老困境与对策[J].中国行政管理,2017(1).

③ 陈昫.城市老年人精神养老研究[J].武汉大学学报(哲学社会科学版),2014(4).

题更为恰当。

第二节 历史之维考量:“精神赡养”的思想溯源

我国传统文化中没有“精神赡养”这一术语,但这并不意味着古人不重视老年人的精神需求满足问题。在赡养老人问题上,古人很早就认识到这主要是由家庭成员行“孝”来提供养老资源,这种资源除了包括满足老年人基本的物质需求外,更包括满足老年人精神上的需求,供给老年人各种精神需求的“养分”,让老年人心情愉快,快乐度过晚年。关于对老年人精神上的照护,古人是以“色养”来指陈的,也就是现代所讲的“精神赡养”。关于“色养”问题,古人主要是以“孝道”文化为载体而展开讨论的,从而形成了丰富的“色养”伦理思想资源。探求传统文化中“色养”思想,管窥“色养”思想发展历史,可以从中吸纳和传承古人的优秀思想和实践智慧,助力当下“精神赡养”的推展。

一、传统文化中“色难”命题的提出

百善孝为先。在一个重视血缘关系,重视家庭、家族观念的国度里,家庭伦理关系在我国传统社会是比较看重的,尤其是“孝”养长辈被看作维持家庭和睦的伦理行为,同时也被看作是家庭子辈的最高美德。“孝”为赡养父母之义的表达最早见于《尚书·酒诰》,“肇牵车牛远服贾,用孝养厥父母”。意思是说,人们忙完农事,赶着牛车出外经商,然后用赚来的钱物养活自己的父母,这种行为可以称为“孝”。很明显,早期孝养父母行为主要指“物质经济”供给上,或者称为“食养”“养口体”,这与当时社会经济发展水平低下有关。把物质赡养父母作为“孝”的内涵在其他古代典籍中也多有所见,《诗经》里有这样的论述:“父兮生我,母兮鞠我。拊我蓄我,长我育我。顾我复我,出入腹我。欲报之德,昊天罔极。”①其意是父母生我、养我长大,我反过来也要学会报答父母,子女也对父母进行生活照料来赡养父母。《孝经》中也有这样的论述:“用天之道、分地之利。谨身节用,以养父母。”②意思也是教导人们根据自然规律和土地肥沃情况,按时耕种,节衣缩食,用节省的财物供养父母。

通过对文字记载的分析来看,可以这样说,在孔子之前,对“孝”养父母的理

---

① 诗经[M].王秀梅,译注.北京:中华书局,2015:474-475.

② 孔子孝经[M].吴茹芝,编译.西安:三秦出版社,2008:28.

解,大都停留在“物质供养”层面的认识上。当孔子进行了“色难”命题时,改变了对“孝”的内涵认识的路向,第一次明确把“孝”的实质内涵厘定为“色养”。针对当时社会上把“孝”实质认为是“能养”的事实,即主要关注“食养”,孔子提出了抨击和批判,表现出了对这种认识的强烈不满。“今之孝者,是谓能养。至于犬马,皆能有养;不敬,何以别乎?”①孔子的意思很明显,认为孝养父母时,提供给父母衣食住行上的需要,还不能称为做到了“孝”。继而孔子提出真正的“孝”应是在“色养”上,《论语》说:“子夏问孝。子曰:‘色难。有事,弟子服其劳;有酒食,先生馔,曾是以为孝乎?’”②意思是“孝”绝不仅仅是对亲人物质生活方面的关心和满足,而应是发自内心、和颜悦色关心和满足老人的精神需求,从情感上敬顺父母,关注和满足父母精神上的各种愿望,即做到了“色养”才算是做到了“孝”。

孔子以后,在论“孝”养父母的内涵时,论调基本是相同的。如孟子在论“孝”义时,也是看重“色养”在“孝”中的地位,如“孝子之至,莫大乎尊亲”③。他认为孝子做到极致之处,应该是尊重父母,让父母快乐。但孟子又把“色养”的内涵提升了一个层次——提出了“养志”说。所谓“养志”,就是赡养父母不仅要使父母精神表面上快乐,更要顺从父母的志趣,实现父母的心底愿望,使父母精神深处达到快乐,这才能算是“孝”。孟子举了一个例子,“曾子养曾皙,必有酒肉;将彻,必请所与;问有余,必曰有。曾皙死,曾元养曾子,必有酒肉;将彻,不请所与;问有余,曰亡矣,将以复进也。此所谓养口体者也。若曾子,则可谓养志也”④。这个例子其实说明了孟子把赡养父母分为“养口体”(物质赡养)和“养志”(精神赡养)之养,但孟子认为只有顺从父母志向的“养志”,才是“孝”的真谛。而在论述“孝”的集成著作《孝经》里,则把孝子对父母的“生、老、病、死、祭”关照的行为标准都进行了说明,“孝子之事亲也,居则致其敬,养则致其乐,病则致其忧,丧则致其哀,祭则致其严。五者备矣,然后能事亲”⑤。在这里,“敬、顺、忧、哀、思”都是描述子女对父母赡养时应具有的情感的词语,就是说只有做到情感付出,才是孝子行为,很明显,这也反映出《孝经》里也是把“色养”理解为“孝”的核心。

在文化学研究向度上,孔子第一次明确把“孝”的实质厘定为“色养”,但同时也提出,做到“色养”是十分困难的事情,因为它的要求远比“食养”复杂,即所谓的“色难”。什么是“色难”,历来众说纷纭,焦点是指向“色”的主词的争论。代表

① 孔子. 论语[M]. 杨伯峻,译注. 北京:中华书局,2006:15.
② 孔子. 论语[M]. 杨伯峻,译注. 北京:中华书局,2006:16.
③ 孟子[M]. 方勇,译注. 北京:中华书局,2010:180.
④ 孟子[M]. 方勇,译注. 北京:中华书局,2010:143.
⑤ 礼记孝经[M]. 胡平生,陈美兰,译注. 北京:中华书局,2007:254.

性观点有两种,一种认为是让父母有愉悦的脸色难。经学家包咸、马融,史学家司马光等都持如此说。如包咸:“谓承顺父母颜色乃为难。”①另一种认为是子辈侍奉父母时表现出和颜悦色比较难。这种认识是被普遍接受的观点。如颜延之:“夫气色和则情志通。善养亲之志者,必先和其色,故曰难也。”②朱熹也有这样的论述:“盖孝子之有深爱者,必有和气;有和气者,必有愉色;有愉色者,必有婉容。故事亲之际,惟色为难耳,服劳奉养未足为孝也。”③今人如杨伯峻、任继愈等大都持有与颜延之、朱熹相同的观点。

姑且放置争论不论,“色难”命题提出主旨就是要求从精神上关怀父母。应该看到,争论中无论“色”的主词指向父母还是子辈,“色难”命题的提出和后来久长的争论均反映了前人在养老时对“色养”的极其重视,围绕争论相应产生了很多关于“色养”的思想。“色养”为何之难?管窥传统文化思想,对其原因阐释主要表现为三个维度:“色养”的内容实现之难,“色养”的过程持续之难和“色养”的评判标准之难。

(一)“色养”的内容实现之难

孔子提出“色难”命题,是基于当时社会存在着看重从“物质供给”上赡养亲人倾向,所谓重“养口体”“食养”等低层面的尽“孝”行为。然后孔子对此行为进行了严厉批判,提醒民众要从“敬”上着手赡养亲人,但“敬养”又是困难的事情,所以有“色难”命题。至于做到“色养”为什么困难,孔子没有给出直接的回答,这给后人留下了无尽的解释空间。前文在说明“色难”主词指向的争论,也是这一问题的反映。客观地讲,用现代的眼光来审视,争论中的两种观点均有合理之处,在赡养父母时,做什么才能让父母有悦色以及让子辈表现出悦色其实都是困难的,这可以看作是古人认为“色养”包纳的内容实现之难。

我们知道,人本身就是一个复杂的动物,人的精神愉快很多指向情感表现。中国传统文化认为,“情者,性之动也”④,把情感描述为人的本能体验。在具体内容上,《礼记》有“喜、怒、哀、惧、爱、恶、欲,七者弗学而能”⑤的说法,中医情志学也有“喜、怒、忧、思、悲、恐、惊”“七情”说,传统文化都把情感看作具有极其复杂的内容。老年人同样具有这些复杂多样的情绪情感,因此,赡养老人时要想满足老年人这些情绪情感,使他们精神快乐确实是件难事。更为主要的是,人步入老年,

---

① 何晏. 论语注疏[M]. 北京:北京大学出版社,1999:50.
② 何晏. 论语集解义疏[M]. 北京:中华书局,1985:17.
③ 朱熹. 四书集注[M]. 长沙:岳麓书社,2004:64.
④ 陈淳. 北溪字义[M]. 北京:中华书局,1986:14.
⑤ 戴德,戴圣. 礼记[M]. 南昌:江西美术出版社,2012:342.

性情脾气会有重大变化,还会滋生很多特殊的不良情绪情感,这是生命自然规律所使。唐代孙思邈在《千金翼方·养老大例》中说:“人年五十以上,心力渐退,忘前失后,兴居怠惰,计授皆不称心……万事零落,心无聊赖,健忘嗔怒,性情变异,饮食无味,寝处不安。”①老年人情感除易于愤怒、多变外,还易生郁闷、悲哀、忧愁等不良之情。宋代陈直在《养老奉亲书》中说:“缘老人孤僻,易于伤感,才觉孤寂,便生郁闷。”②这些都会使老年人丧失快乐状态,老年人常被形容为“老态龙钟”“暮气沉沉”等。针对这些情况需要从精神上关怀老人,正如陈直说:“全在承顺颜色,随其所欲,严戒婢使子孙,不令违背。”③但化解老年人多种消极情绪情感,做到“色养”绝非易事。

消除老年人的消极情绪已经不易,但这样做还不能真正使老年人从内心里感到快乐,因为人的精神表现除了含有情感因子外,还有很多更高的内容要求。按照现代心理学家马斯洛的观点,人除了生理需求、安全需求、社交需求、尊重需求外,还有最高级的需求——自我实现需求。④ 自我实现在老年人身上是指老年人的很多愿望得以实现。在传统社会里,老年人的主要愿望表现为希望子嗣延续并有成就,这可以说是人在老年期间最大的寄托,正如传统伦理文化中“孝”义所讲“不孝有三,无后为大”。古人把子辈帮助父母的志愿实现称为“养志”。曾子说:“孝子之养老也,乐其心,不违其志。”⑤《中庸》说:“夫孝者,善继人之志,善述人之事者也。”⑥所谓“养志”即子辈积极奋进完善自我,“立功、立德、立言”,并以此展现父母的德行,完成父母的愿望,博得父母的欢喜,才能真正做到符合“色养”的要求。但应看到,子辈要想做到“养志”,以此迎合老年人精神上的深层次的需求,满足父母的心底愿望,并不是人人都轻易可以完成的事情。前文叙述的孟子举的“曾子侍父”故事,其实也说明“养志”是一些仁人圣者容易做到的。

(二)“色养”的过程持续之难

俗语说“床头百日验孝子”。此语是说检验子辈“孝”不是在几天内对父母赡养让其幸福就算“孝”了,能够长久坚持赡养父母,让他们晚年一直幸福快乐才可称为“孝”,但这往往鲜有人可以做到,所以民间也有“床头百日无孝子”的说法。这些关于“孝”的说法其实主要暗含着人们看到了坚持“色养”的困难性,也就是

---

① 孙思邈. 千金翼方[M]. 太原:山西科学技术出版社,2010:272.
② 陈直. 养老奉亲书[M]. 北京:北京大学医学出版社,2014:257.
③ 陈直. 养老奉亲书[M]. 北京:北京大学医学出版社,2014:256.
④ 马斯洛. 动机与人格[M]. 许金声,等译. 北京:华夏出版社,1987:40-53.
⑤ 戴德,戴圣. 礼记[M]. 南昌:江西美术出版社,2012:412.
⑥ 朱熹. 四书集注[M]. 长沙:岳麓书社,2004:31.

“色养”的过程持续是困难的。

人是有七情六欲的,不良情绪在老年人身上会时时产生,而且老年人情绪波动也较大,子辈要想长久维持老年人一直处于快乐之中,不是件容易做到的事。陈直在《养老奉亲书》中指出:“眉寿之人……多咨煎背执,等闲喜怒,性气不定,止如小儿。”①“若天葵数穷,则精血耗竭,神气浮弱,返同小儿。”②也就是说人进入老年期,性情脾气一般不会稳定,甚至一天之内都会有多种变化,很多举动与小孩子等同,让常人很难理解和琢磨,我们常讲“老如小”即是此意。面对父母这样的情况,子女在护理时短期内表现出不厌烦情绪很容易,但要想一直不发脾气、不急躁、不抱怨,保持好的情绪对待父母,怕是很难有人能坚持下去。正如约翰·弥尔顿所说:“一个人如果能控制住自己的情绪,那他就胜过国王。”③

还应该看到,人的衰老是一个长期的过程,对父母衰老全过程进行“敬养”才可算做到“色养”,这也是困难的。人的一生无非包括“生、老、病、死”四种状况,这样对应“色养”父母就是要关注父母健康时期、步入暮年、老年生病期和临终期,每个时期都要让父母幸福。而在传统社会里,对这些过程中子辈的行为又有严格的要求,在《孝经》里是这样规定的:“孝子之事亲也,居则致其敬,养则致其乐,病则致其忧,丧则致其哀,祭则致其严。五者备矣,然后能事亲。”④就是说在父母健康时要有“敬”的情感来对待父母,奉养年龄大了的父母时一定要想方设法让其快乐,在父母生病时要用心去服侍,父母去世时还要永怀哀痛之情,祭祀父母时要严遵礼法。显而易见,“一以贯之”做到这些不是件容易的事。古人为引导社会形成“色养”的风尚,便树立了很多典型人物,如古代“二十四孝”里,老莱子七十多岁,还一直想办法“着彩衣,作婴儿状游戏”娱亲;汉文帝三年内“目不变睫、衣不解带,汤药非口亲尝弗进”,没有一丝厌烦,没有一丝松懈来服侍生病的母亲等。树立这些典型的目的就是古人看到了“色养”的要求不是一朝一夕表现出和颜悦色,而是发自内心无怨无悔的,长期都能做到用“敬”来赡养父母的艰辛过程。而能够持续这样做,不是常人都能做到的,所以需要树立此方面的榜样来让普通人效仿,让人们在这些典型的感召下做好“色养”。

(三)“色养”的评判标准之难

“色养”主要是满足老年人精神上的需求。“精神”一般被认为是人的本质体

---

① 陈直. 养老奉亲书[M]. 北京:北京大学医学出版社,2014:256.

② 陈直. 养老奉亲书[M]. 北京:北京大学医学出版社,2014:267.

③ 转引自李娟娟. 心理学与情绪控制[M]. 北京:中国法制出版社,2014:1.

④ 礼记孝经[M]. 胡平生,陈美兰,译注. 北京:中华书局,2007:254.

现,传统文化中说:"主身者神,养气者精,益精者气。"①但"精神"究竟是什么?因为它难以被直观把握和精准透视,所以描绘和评价"精神"是很难的事情。相应地,对"色养"问题而言,是不是做到了"色养","色养"程度如何,它的评判标准在古人看来也是很难的。

"色养"在传统社会里有很多要求,管子在谈到养老时,有"劝子弟精膳食,问所欲,求所嗜。此之谓老老"②的说法。曾子:"孝子之养老也,乐其心,不违其志,乐其耳目,安其寝处,处其饮食忠养之,孝子之身终。"③这都是谈到在"色养"老人时,关键要了解他们的爱好,投其所好,顺其所需,才能使他们精神上愉快。但老人的爱好又是多种多样,各不相同的,有时候老人的爱好在不同阶段也会发生很大变化。陈直在《养老奉亲书》中说:"养老之法,凡人平生为性,各有好嗜之事,见即喜之。有好书画者,有好琴棋者,有好赌樸者,有好珍奇者,有好禽鸟者,有好古物者,有好佛事者,有好丹灶者。"④"若只令守家孤坐,自成滞闷。今见所好之物,自然用心物上,日日看承戏玩,自以为乐,虽有劳倦,咨煎性气,自然减可。"⑤就是说古人已经看到老年人的爱好所需其实是各种各样的,在养老时,需要了解老年人的爱好,投其所好才能让其快乐。但应该看到,这些因人而异、因时而异的老年人的爱好,却是很难用一个标准来限定的,亦即"色养"老年人时,是否满足了他们的爱好很难用统一的尺度来衡量。

传统社会是一个物质资料不丰富的社会,又加之传统社会也是一个等级森严的礼法社会,所以对处于不同家庭境遇情况、不同社会地位的人们的行为要求也有所不同,相应地在"色养"程度上的要求也是因人、因情而异的,或者说"色养"的行为也是有不同规定的,可以用"因'地位'而行孝、因'家境'而行孝"来表达此一含义。这在《孝经》里有着明显的体现,如《孝经》行文章节的安排:天子章第二、诸侯章第三、卿大夫章第四、士章第五、庶人章第六……把从高高在上的帝王到普普通通的百姓应该怎么行"孝",当然也包括"色养",都分门别类做了不同的规定。宋代陈直也看到这点,认为在普通百姓中间,由于各自的家境不同,行"孝"程度也不能做统一的规定,"其温厚之家,不可慢于老者,尽依养老之方,励力行之。其贫下阙乏之家,养老之法,虽有奉行之心,而无奉行之力者,但随家丰俭,竭

① 陈直. 养老奉亲书[M]. 北京:北京大学医学出版社,2014:196.
② 管子[M]. 李山,译注. 北京:中华书局,2009:305.
③ 戴德,戴圣. 礼记[M]. 南昌:江西美术出版社,2012:412.
④ 陈直. 养老奉亲书[M]. 北京:北京大学医学出版社,2014:257.
⑤ 陈直. 养老奉亲书[M]. 北京:北京大学医学出版社,2014:258.

力于亲，约礼设具，使老者知其罄力侍奉而止”①。因此，面对复杂的“色养”、敬养父母的情况，明儒方孝孺感慨道：“养亲之道难矣！”②他继而阐释道：“以具滑脆甘美可以为养矣，则饶财者皆可尽孝……以备彩色声音可以养耳目，车马衣服可以养身体，则崇于位者皆可尽孝……以先意承志可尽乎孝，则敏慧者可为之；以愉色婉容可尽乎孝，则笃厚者可以为之……然则岂非父母之恩为至大，故报之为甚难也耶！”③方孝孺的感慨缘由所在，应是他看到了在传统社会里，因处在不同地位、不同家境的子辈，有的人会用甘甜肥美的食物满足父母的口腹之欲，有的人会用各种美丽的颜色去欢娱父母的耳目，有的人会承顺父母的意愿来做实现他们志节之事等，虽然行为各不相同，只要目的指向通过敬养使父母享受到天伦之乐，都算做到了“色养”，但是，“色养”程度却是很难用一个标准来评判的。

二、传统文化中“色养”思想的伦理内蕴

古人看到了“色养”的重要性及艰难性，但为了达到更好的养老目的，使天下老人都能得到好的精神慰藉，积极探求“色养”思想规范，并付出实践，形成了丰富的“色养”伦理思想资源。

（一）以“婉容——顺颜色、察嗜好——承志”为内容格序

所谓“格序”，可以理解为位格和排列顺序，即把组成事物的内容厘定出来并按照它们的重要性给予顺序上的排列。传统伦理文化在“色养”内容格序上可以用“婉容——顺颜色、察嗜好——承志”来概括，这一内容格序的形成，经历了一个较长的发展过程。

传统伦理文化认为“色养”的实现其实应看作是子辈和父母的行为互动，即子辈的“色”影响着父母的“色”，父母的“色”反映和要求着子辈的“色”的呈现，“色养”既是子辈“给予”问题，也有父母的“接收”过程，所以“色养”的维度应包括子辈和颜悦色和父母显悦色两者。传统文化思想也是按照这两个向度展开“色养”内容格序探求的。

孔子是最早提出“色养”问题的，他看到精神赡养对于老年人的重要性，鲜明提出孝养老人需用“敬”。“敬”是指一种发自内心的情感，是主动自愿付出去赡养老人的动力。孔子提出的用“敬”奉养老人，奠定了以后探求“色养”内容的基本基调，是一条贯穿传统养老文化的“红线”。但“敬”毕竟只是一种情感东西，是

---

① 陈直．养老奉亲书［M］．北京：北京大学医学出版社，2014：258.

② 转引自骆明．历代养老礼、乡饮酒礼辑释［M］．北京：光明日报出版社，2016：178.

③ 转引自骆明．历代养老礼、乡饮酒礼辑释［M］．北京：光明日报出版社，2016：178.

很难把握的,因此,孔子对"色难"内容的厘定较笼统和模糊。

"敬"究竟怎么表现?《礼记》中给出了具有代表性的描述,"孝子之有深爱者,必有和气;有和气者,必有愉色;有愉色者,必有婉容"①。意思是孝敬的子女要想表现出深深爱戴父母之情,心中必然要充满和顺之气;心中充满和顺之气,脸上就会一定显露出和颜悦色的神色;脸上有悦色,就一定会在父母面前表现出曲意承欢的样子。《礼记》里通过用"和气""愉色""婉容"等描绘孝子"色养"父母时的感官表现,把"敬"的具体内容递进式表达出来,也是首次使用"婉容"把"色养"内容进行了高度概括。

"婉容"是从子辈单方面角度言说的,"色养"还牵涉到父母对子辈行为的"接收"问题,子辈的服侍需要顺从、迎合父辈的爱好,和父母的喜好一致,才能完成"色养"过程。古人也注意到了这种"输出"和"接收"要保持"一致性"的问题,提出了"顺颜色、察嗜好"来实践"色养"的主张。孟子在论孝老时提出,"不得乎亲,不可以为人;不顺乎亲,不可以为人子"②。管子也说:"劝子弟精膳食,问所欲,求所嗜。此之谓老老。"③这都是提出"顺老"对赡养老人让其快乐的重要性。在《吕氏春秋》里更提出"孝养"父母要遵守"五道"说,"养有五道:修宫室,安床笫,节饮食,养体之道也;树五色,施五彩,列文章,养目之道也;正六律,和五声,杂八音,养耳之道也;熟五谷,烹六畜,和煎调,养口之道也;和颜色,说言语,敬进退,养志之道也。此五者,代进而序用之,可谓善养矣"④。这"五道"其实也是要求子辈洞察父母的爱好,顺从父母的喜好,满足父母"耳、目、体、口、心""五官"感受的要求,不做违背老人意愿的事情,这样做才可以使父母精神快乐。

"婉容""顺颜色、察嗜好"虽是体现了"色养"的一些内容,但在传统伦理文化中被认为只是"色养"格序的较低层次,而"承志"是一个更高的指向,这在传统伦理文化中有很多表达。孟子最早提出了"养志"说,并把"养志"看作是"色养"的主要内容,"曾子养曾皙,必有酒肉。将彻,必请所与,问有余,必曰有。曾皙死,曾元养曾子,必有酒肉。将彻,不请所与,问有余,曰亡矣,将以复进也。此所谓养口体者也。若曾子,则可谓养志也"⑤。《觉非斋遗稿》里也说:"孝子事亲,养则致其乐,苟非其志乐,不可致也。"⑥这都是把"养志"看作"色养"应包含的层面。明朝

---

① 戴德,戴圣. 礼记[M]. 南昌:江西美术出版社,2012:606.
② 孟子[M]. 方勇,译注. 北京:中华书局,2010:148.
③ 管子[M]. 李山,译注. 北京:中华书局,2009:305.
④ 吕氏春秋[M]. 张双棣,张万杉,陈涛,等注译. 北京:大学出版社,2000:326.
⑤ 孟子[M]. 方勇,译注. 北京:中华书局,2010:143.
⑥ 转引自骆明. 历代养老礼、乡饮酒礼辑释[M]. 北京:光明日报出版社,2016:187.

大儒方孝孺更直接表达道:"故养口体、顺颜色、察嗜好,孝之末也,而非其至者也。必也致其身为圣贤,而喻父母以道,使德之在己者,无可憾。"①方孝孺把遵父母之道,完善自我,也就是"承志"明确看作"色养"的最高格序。"承志"可以理解为子辈承顺父母的意愿,通过自身努力发挥出才能,使父母的意愿在子辈成人成圣的事实中得以体现。众所周知,中国传统社会是一个非常看重家庭血脉延续的社会,如有"香火延续""人丁兴旺""望子成龙"等说法,把此也上升到"孝"的要求,如常说的"不孝有三",其具体所指是"阿义屈从,陷亲不义,一也。家贫亲老,不为禄仁,二也。不娶无子,绝先祖祀,三也。三者之中,无后为大"②。受此影响,父母在年老时,往往终极心愿就是希望子孙满堂,并且都有成就,这样就可以做到终而无憾,精神真正达到快乐状态,所以传统文化中"承志"成为"色养"的最高格序,这是有一定社会文化意蕴的。

(二)以"敬、乐、忧、哀、严"情感贯注"色养"全过程

在传统伦理文化看来,"色养"主要是通过子辈积极付出情感完成的,这种情感需要贯注父母整个老年期间。《孝经》有"孝子之事亲也,居则致其敬,养则致其乐,病则致其忧,丧则致其哀,祭则致其严。五者备矣,然后能事亲"③的说法,提出用"敬、乐、忧、哀、严"对应贯注到父母"生、老、病、死、祭"的照护过程中,把如何"用情"奉养父母一生给出了规范性的概括,从而保障父母在老年期间可以持续得到"色养"。

传统伦理文化认为,从父母步入老年期开始,子辈在赡养上不仅要考虑到物质孝养,还要为父母精神上方方面面的需求考虑,表现出"敬"养。孔子论"孝"时指出:"今之孝者,是谓能养。至于犬马,皆能有养;不敬,何以别乎?"④明确提出用"敬"贯穿到奉养父母的日常生活起居中,"食养"是底线义务,"敬养"是更高的情感要求,两者是不可或缺的。《盐铁论》记载着一个故事,"周襄王之母非无酒肉也,衣食非不如曾皙也,然而被不孝之名,以其不能事其父母也。君子重其礼,小人贪其养。夫嗟来而招之,投而与之,乞者由不取也"⑤。周襄王之所以被认为不孝,其实就是他只做到了"食养",没有做到"敬养"。《礼记》则把在日常起居中"敬"对父母进行了描述,"出入则或先或后,而敬扶持之。……问所欲而敬进之,

① 转引自骆明. 历代养老礼、乡饮酒礼辑释[M]. 北京:光明日报出版社,2016:178.
② 朱熹. 四书集注[M]. 长沙:岳麓书社,2004:319.
③ 礼记孝经[M]. 胡平生,陈美兰,译注. 北京:中华书局,2007:254.
④ 孔子. 论语[M]. 杨伯峻,译注. 北京:中华书局,2006:15.
⑤ 桓宽(汉):盐铁论[M]. 陈桐生,译注. 北京:中华书局,2017:185.

柔色以温之……有命之,应唯敬对”①。可见,“敬”是传统伦理文化提倡的贯穿在对父母日常起居中的要求,它要求子女怀有真情去尊敬父母,这样可以使父母得到精神上的慰藉。

传统伦理文化在“色养”上认为,“敬”情感倾注在父母身上,主要目的是使老年人快乐,孔子很早就提出“老则安之”,用现代话语解释就是注意让老年人晚年安心快乐问题。使老年人晚年快乐是一种孝养的目标追求,对于如何达到的问题,传统文化里提出了子辈通过“顺”的情感倾注可以使父母快乐的观点。孟子在论孝老时提出:“不得乎亲,不可以为人;不顺乎亲,不可以为人子。”②很明显,孟子认为孝亲是人之为人的体现,只有孝亲才可以算为人。但孝养老人虽然是一种人的本性,还要有所要求,孟子认为为人子必须学会使老人快乐,提出了要“顺”老,可见“顺”不仅是老人达到“乐”的途径,其实也是“色养”的实践要求,所以世俗常把“孝”与“顺”连用来形容晚辈对长辈的关系。曾子也有关于“顺”亲“耳目、心志”,可以使亲“快乐”的观点,“孝子之养老也,乐其心,不违其志,乐其耳目,安其寝处,以其饮食忠养之”③。

在对“色养”的认识上,传统伦理文化认为在生命关键阶段,尤其当父母生病时,更是考察子辈能否做到“色养”的时候。因为传统社会生产力发展水平较低,加之当时医学科学技术也是低下的,这样对人的生存造成了极大影响,疾病常会轻而易举夺取人的生命。朱熹在对“疾”进行注释时说:“疾又吾身之所以死生有亡者,皆不可以不谨也。”④所以面对父母的疾患,要有谨慎忧愁之情,才能抚慰父母的精神。据此,传统伦理文化提出在父母生病时,子女是否做到“忧”来体现“色养”问题。那么何谓“忧”?《曲礼》中说“父母有疾,冠者不栉,行不翔,言不惰,琴瑟不御,食肉不至变味,饮酒不至变貌,笑不至矧,怒不至詈”⑤,也就是在父母罹患疾病时,子女要在容、言、行各方面表现出为父母的担忧,以至“衣不整、言不顺,食不知味、寝不遑安”。《弟子规》里也有这样的描述“亲有疾,药先尝。昼夜侍,不离床”⑥。这种思想和《礼记》中的“亲有疾,饮药,子先尝之。医不三世,不服其药”⑦,《颜氏家训》中的“父母疾笃,医虽贱虽少,则涕泣而拜之,以求哀也”⑧是相

① 戴德,戴圣. 礼记[M]. 南昌:江西美术出版社,2012:398.
② 孟子[M]. 方勇,译注. 北京:中华书局,2010:148.
③ 戴德,戴圣. 礼记[M]. 南昌:江西美术出版社,2012:412.
④ 朱熹. 四书集注[M]. 长沙:岳麓书社,2004:109.
⑤ 戴德,戴圣. 礼记[M]. 南昌:江西美术出版社,2012:28.
⑥ 弟子规[M]. 房春草,编注. 杭州:浙江古籍出版社,2013:28.
⑦ 戴德,戴圣. 礼记[M]. 南昌:江西美术出版社,2012:64.
⑧ 颜氏家训[M]. 檀作文,译注. 北京:中华书局,2011:82.

同的。这些都表达了子辈要担忧父母的疾患，但从中可以看出，传统文化提倡的“忧”不仅仅表现在子女的脸色和心里，更多是子女要付出行动，积极救治，全面周到照护父母，以示真正“忧”父母之疾。

死亡是自然规律，也是人生的最终阶段，是每个人都不能躲避开的。传统伦理文化在看待亲人死亡问题上，提倡慎重对待它，如在《中庸》中对“孝”的理解把“孝”分为事生和事死两部分，“事死如事生，事亡如事存，孝之至也”①，把对待亲人的“死亡”问题看得很重。孟子也有“养生者不足以当大事，惟送死可以当大事”②的说法，提出把对待亲人死亡看作是事亲中最大的事情，奠定了传统伦理文化中要重视亲人逝去的基调。如何实践“事死”，传统伦理文化提出了“哀”作为子女情感表达体现的观点。这在《论语》中有多处的表达，如“丧致乎哀而止”③“祭思敬，丧思哀”④等，都是表达当亲人去世时，家人要以“哀”的情感来表现。可见，在传统文化里提出在父母人生的最后阶段，子辈以“哀”的心情对待父母，其内涵就是子辈尽心表现出对父母的尊敬，做好父母的丧葬事务，让父母走完人生的最后一段路，安心离世，不留下遗憾，这是做好“色养”父母最后生存阶段的体现。

中华民族有祭祀逝去亲人的传统，而且形成了大量的祭祀之礼。传统伦理文化把祭祀亲人与“孝”联系起来，认为严格遵从礼节祭祀亲人的行为是“孝”的表现，《礼记·祭统》对“祭”的解释为“祭者，所以追养继孝也”⑤。因此，“祭祀”可以理解为是现实事亲之“孝”的延续，那么，子辈严肃谨慎、循礼祭祀亲人也可以看作是“色养”亲人的延续，这种“色养”内涵不是指直面父母亲人的赡养行为，其实是一种对子辈在亲人去世后继承亲人遗愿的要求，使子辈守住自身的操节，完善自身不能辱没父母的声誉，从而实现一种延续形式的“色养”。荀子说：“祭者，志意思慕之情也。”⑥《中庸》也有“夫孝者，善继人之志，善述人之事者也”⑦的说法。所以，传统文化中“志意、思慕”都是表达子辈在亲人去世后通过祭祀形式体现“色养”的要求，即希冀子女成为有价值的人，使“生生不息”精神体现出来。这种要求的隐性意义还在于，即使在父母亲人逝去后，它还能继续起到监管子女行为的作用。

---

① 朱熹. 四书集注[M]. 长沙：岳麓书社，2004：31.
② 孟子[M]. 方勇，译注. 北京：中华书局，2010：155.
③ 孔子. 论语[M]. 杨伯峻，译注. 北京：中华书局，2006：227.
④ 孔子. 论语[M]. 杨伯峻，译注. 北京：中华书局，2006：224.
⑤ 戴德，戴圣. 礼记[M]. 南昌：江西美术出版社，2012：625.
⑥ 荀子[M]. 安小兰，译注. 北京：中华书局，2007：192.
⑦ 朱熹. 四书集注[M]. 长沙：岳麓书社，2004：31.

（三）以“孝心”为评判“色养”的标准

“色养”是子辈通过情感持续加入赡养父母的行为中，但情感是一种很难评判的东西，这给评判“色养”行为带来了困难。古人在探求“色养”过程中，提出了判断子辈是否做到“色养”与做到程度的标准——“孝心”。

“孝心”是指子辈出于报恩义务，从心底油然发出的对父母以种种“反哺”式行为对待的强烈情感，也可以理解为“心中自然有孝”。即赡养父母要有情感加入行动中，在心里装着父母，对父母常怀感恩之心，常念哺育之情，自然会流露出愉色对待父母。是不是“色养”行为，主要看是不是从心底发出的真实情感，“孝心”成为判断“色养”的标准，具有一定的合理性。

“孝心”作为评价“色养”的标准具有两个维度的含义。一是“孝心”指称一种真心从心底发出来的情感，不能掺杂其他功利成分，只有是“孝心”生发出的情感，不自觉流露才符合“色养”内涵要求，否则其他表现即使有情感加入，也是伪“色养”。《礼记》说：“孝子之有深爱者，必有和气；有和气者，必有愉色；有愉色者，必有婉容。”①其含义就是能做到“色养”父母的孝子，这个人必然是内心怀着深深爱戴父母的情感的人，也就是只有心中怀有孝心的人，才能做出符合“色养”要求的各种行为，如和气对待父母、承顺父母脸色等。还有前文列举故事中提到的周襄王，他不是没有供养父母，但却背着不孝的恶名，原因在于周襄王虽然给父母山珍海味吃，但没有注意遵从礼仪和自然关怀情感的加入，或许只是做出样子给其他人看，即没有从内心生发出敬顺父母的情感，虽然做出了一些赡养行为，也是伪“色养”。二是“孝心”作为评判标准，是指一种行为只要是出于“孝心”情感的表达，即使在赡养方式上有所差别，都符合“色养”要求。《盐铁论》说：“善养者不必刍豢也，善供服者不必锦绣也。以己之所有尽事其亲，孝之至也。”②“事亲孝者，非谓鲜肴也，亦和颜色、承意尽礼义而已矣。”③这些话表达的意思都是指在赡养父母时，每个人可能在“吃、穿、住、行”做法上会有所不同，这些其实都不重要，只要尽己所能，做到让父母幸福，都算是做到了“色养”。《养老奉亲书》也有相同的意思，“其温厚之家，不可慢于老者，尽依养老之方，励力行之。其贫下阙乏之家，养老之法，虽有奉行之心，而无奉行之力者，但随家丰俭，竭力于亲，约礼设具，使老者知其罄力侍奉而止”④。即贫贱家庭有贫贱家庭的“色养”行为，富贵家庭有

① 戴德，戴圣．礼记［M］．南昌：江西美术出版社，2012，606.
② 桓宽（汉）：盐铁论［M］．陈桐生，译注．北京：中华书局，2017：181.
③ 桓宽（汉）：盐铁论［M］．陈桐生，译注．北京：中华书局，2017：182.
④ 陈直．养老奉亲书［M］．北京：北京大学医学出版社，2014：385.

富贵家庭的"色养"方式,虽不能用统一标准来衡量,但只要是真正从"孝心"出发,认识到让父母精神满足、使其快乐的行为都算是做到了"色养"。

"孝心"的提出有一定的传统文化基础。传统文化认为,"心"是人的最主要器官,它是产生和控制思想的,人的一切行为都是"心"指导的结果,孟子就有"心之官则思"①的说法。宋儒提出了"心统性情"②观点,也是认为"心"为主要器官,认为人的秉性是由"心"决定的,人的情感也是由"心"生发出来的。因此,"色养"表现出的"和颜悦色""顺敬"等这些情感的东西在古人看来也应是"心"控制的。另外,赡养是"孝"行为,从而"孝心"概念的提出是有合理性的。其实孔子早就已经有了这样的设计,《论语》的"父母之年,不可不知也。一则以喜,一则以惧"③,就是作为子女要有这样的一种心情,对父母包括他们年龄在内的一切都要记住,从而时刻警醒自我对父母要尽快尽孝,这其实就是提出的一种"孝心"文化设计。这种"孝心"不是强调行为,而是强调要时刻了解亲人的状况,内心生发一种对父母亲人的挂念和尊重情感,做好"色养"父母的事情。佛教文化在对"孝"的认识上也有如此观点,仁焕法师在《佛法大意、伦常道德与社会和谐》文中就把世俗"孝"分为三种层次:理孝、身孝和心孝。其中就包括"孝心"在内,"理孝是于道理上接受,心孝是于心中感恩,身孝是要在行动上做到位"。对于"孝心",民间广为流传的《百孝经》也有很多这样的阐述,如"孝道不独讲吃穿,孝道贵在心中孝""孝在心孝不在貌,孝贵实行不在言"等。

三、传统文化中"色养"思想的借鉴意义

传统伦理文化中有着丰富的"色养"思想,古人在这些思想的指导下,养成了很好的"善事父母"行为。同样,传统"色养"伦理文化中积极的思想,也可为现代社会开展"精神赡养"工作提供借鉴意义。

(一)弥合民众"精神赡养"观念的缺失

我国《老年人权益保障法》第十四条规定:"赡养人应当履行对老年人经济上供养、生活上照料和精神上慰藉的义务,照顾老年人的特殊需要。"④这条常被人解读为"精神赡养"已明确入法,"精神慰藉"成为赡养行为的主要内容。但近期多项调查研究表明,现代社会对老年人赡养内容的认知上,物质供给和生活照料

---

① 孟子[M].方勇,译注.北京:中华书局,2010:229.

② 黎靖德.朱子语类[M].北京:中华书局,1986:93.

③ 孔子.论语[M].杨伯峻,译注.北京:中华书局,2006:44.

④ 吴高盛.中华人民共和国老年人权益保障法释义及实用指南[M].北京:中国民主法制出版社,2014:5.

上多有重视,关注"精神慰藉"方面是远远不够的,或者可以说"精神赡养"缺位成为现代赡养事业良好发展的瓶颈。造成这种现象的原因:一是随着社会物质财富的丰富,当下经济理性的膨胀影响着人们的道德理性观念,物质供养满足代替精神诉求满足,被看作是"赡养"的主要内涵;二是社会的发展带来家庭结构的巨大变化,与父母"聚居"一起生活不太现实,子辈近距离与父母情感交流产生难度;三是独生子女一代是当下主要赡养人,由于这代人大多数在家庭中是被宠着、惯着成长起来的,很多人根本不知道如何"用情"来照护亲人。

我们知道,人步入老年之后,可能会面临丧偶、丧亲的哀痛,面临疾病缠身的痛楚,面临朋友圈、社会联系的骤然减少带来的失落。而面对身边现今时代的快速发展和生活的困境,老年人常常会产生被社会、家庭、亲人、朋友抛弃的感觉,"离群之感、无用之感"使老年人性格常显示出怨天尤人、孤独自卑、喜怒无常等怪癖,为此老年人很容易陷入伤感、焦虑、苦恼之中。医学已经揭示:暴怒、焦虑、悲观、急躁等负面消极情绪会影响人的神经、内分泌以及免疫系统等,使机体功能紊乱或低下,从而人会产生疾病。因此,不能够给予老年人精神上足够的关注,亦即"精神慰藉"做不到位,老年人精神上的负面情绪无法纾解,会给老年人健康带来重大的危害。老年人"精神赡养"除了老年人自我供给外,更多的是由子辈来供给。而当下子辈对"精神赡养"存在着观念认知缺位,即子辈很少认识到精神慰藉的重要性以及不知道如何慰藉等,这种观念可以通过吸纳优良的传统思想资源来改变。

上文已经详述,传统伦理文化关于养老问题的探求,其发展主线是围绕着从重"食养"转向重"色养"而展开的。早期把"食养"作为重点关注是符合历史的,这与当时社会生产力发展落后有关系,试想在一个不能满足温饱问题的社会里,提出"色养"问题几乎就是空谈。《尚书》有"肇牵车牛远服贾,用孝养厥父母"①的观点。《孝经》说:"用天之道,分地之利,谨身节用,以养父母。此庶人之孝也。"②这都是论说在食物、物质方面满足来奉养父母。到孔子时期,在谈论孝养父母时,孔子提出"色难"命题,认为没有"敬"的加入不算"奉养"父母,世俗存在的只有物质供给赡养父母与"犬马能养"行为是雷同的,这样孔子把"色养"作为赡养的核心内容奠定下来,开创了重"色养"的先河,同时也开启了"色养"内容之争的大门。当然,在以后社会发展的过程中,关于"色养"问题的争论,不但丰富了"色养"的内容,更多的是引领了一种社会风尚的形成,那就是在赡养老人时,重点要关注对老年人"精神"上的供养。确实,由于这种理念的指引,古人重视"色养"

① 尚书[M].慕平,译注.北京:中华书局,2009:182.

② 礼记孝经[M].胡平生,陈美兰,译注.北京:中华书局,2007:237.

亲人，在一定程度上实现了预设的“老吾老以及人之老”“老有所养”的社会图景。因此传统文化中重“色养”的观念可以为现代人所用，学习古人重视“色养”思想，可以从观念上改变当下重“物质赡养”、轻“精神赡养”的养老发展态势。

（二）为构建“精神赡养”理论体系提供指导

“精神赡养”之于赡养老年人的重要性越来越被认识。但现实还存在着一个重要问题，老年人的“精神赡养”如何做，缺少完善的思想体系的指导，这是开展“精神赡养”的理论瓶颈。没有成熟的思想理论的指导，行为实践很难顺利推进，甚至会走弯路。其实，纵观传统伦理文化中关于“色养”问题的探求，已经形成了较为完备的思想体系。

思想体系是思维的产物，它是对重大问题聚焦而形成一套系统的理论成果。思想体系组成部分一般应包括核心理念、具体内容、主要原则规范、行为评价等。对于“色养”问题，古人很早就开始关注，然后展开激烈的探讨、争论和思索，可以说，在古人看来“色养”可以成为“问题”关注，从孔子提出“色难”命题开始引起的争论足以说明，“色养”是一个真命题。孔子提出“色难”命题，其隐含义还在于，他提出了赡养亲人的过程中应重视除了“食养”外，还应有一个重要的维度要关注——“色养”，缺少“色养”的赡养不能称为奉养，是有残缺的赡养。孔子以后的时期，关注赡养亲人问题时，大都会提出“色养”来讨论。这样，“色养”成为赡养父母的核心理念具有合理性。孔子提出用“敬”来“色养”父母，“敬”是“色养”的标志。“敬”是一种情感，也就是要“用情”赡养父母，可以这样认为，“用情”是“色养”实践的指导思想，“用情”成为古人总结的“色养”实践的总指导原则。“色养”怎么实践，其实是关于内容和规范的探求，前文已经很详细地论述了，古人把“色养”内容格序用“婉容——顺颜色、察嗜好——承志”来概括，清晰厘定了“色养”包纳的内容。具体在实践中如何“用情”，古人给出了“用情”规范，即在赡养父母“生、老、病、死、祭”时要有“敬、乐、忧、哀、严”情感贯注。而对于“色养”程度如何评价，古人提出“心孝”问题，对“色养”成效给出了一条可操作的对照标准，保障了“色养”实践的完成，也可以说是传统文化中“色养”思想体系的最终形成。

应当看到，传统文化中“色养”思想体系对现代社会推行“精神赡养”具有重要参考价值，例如，重视“精神”照护的理念、积极“用情”原则等都可为构建“精神赡养”思想体系提供理论指导。但随着社会境遇的变化，也不能直接把传统文化中“色养”思想体系照搬过来，有些内容应做出一些调整和变化，以应对现实社会发展情况。如关于“承志”问题，古人认为的“承志”其中一个重要维度就是“子嗣延续”，把“无后为大”作为践行“孝”的关键，认为通过家庭“子孙满堂”可以使父母精神快乐。而现代社会由于人们家庭、生育观念已经表现为多样化，“丁克家庭""单身贵族"已不是少数现象,所以一味要求通过"子嗣延续"来满足父母精神愉悦的做法是不符合当下情境的。

(三)为现代"精神赡养"开展提供实践模式参照

"色难"命题提出主要是看到了"色养"实践之难。古人为克服"色养"之难,进行了艰辛的探索,用现代话语概括,"全人、全程、全家"——"三全"模式是古人探索的结晶。

所谓"全人",是指古人认为对老年人"孝养"时,需要照顾到老年人的全部需求。提出不但要有"养口体"(或称为食养)赡养形式,还要关注老年人"精神"的需求,力求做到"全人"照护。古人也看到作为人的组成,除了肉体之身,还有更重要的组成部分——"精神",对于"精神"理解,古人和现代的理解稍有不同。古人是把"精"和"神"分开理解,认为"精"是构成人体与营养人体的物质基础,是维持人体生命活动的东西,"养气者精,益精者气"①。而"神"是人生命活动的主宰,"主身者神",它来源于先天之精,又依赖于对后天之精的调养。"神"是人的核心,居于首要地位,唯有"神"的存在,人才能有生命活动,《素问·移精变气论》有"得神者昌,失神者亡"②的说法。古人还认为平常讨论有关构成"人"的一些概念,如"魂、魄、意、志、思、虑、智"等,都是人的"神"的显露。因此,古人认为赡养老人,更多要关注老年人这些"神"的表现,也就是现代所谓的"精神",提出包括"婉容、顺颜色、察嗜好、养志"为内容的"色养"说。前文分析,"精神"需求有高低层次之分,如"情感""理智"等需求属于基本需求,"价值观、信仰"需求则属于深层次的。古人提出"色养"父母时要"和气""愉色""婉容""察嗜好"等,满足的应是父母"情感""理智"需求;提出"承志"是"色养"的最高层面,"承志"是让父母的意愿在子辈成人成圣的事实中得以体现,关注的是满足父母生命意义追求的终极价值指向。可以说古人提出这些"色养"实践,保障了对老年人"精神"全方位照护,是一种"全人"照护方式。

"全程"是指做到"善"地"色养"父母一生。人的一生无非包括"生、老、病、死、祭"五种基本状况,这样对父母一生可以展开为"父母健康时期(生)、步入老年期(老)、老年生病期(病)、临终时期(死)和追思怀念期(祭)",相应对这五个时期都做好"色养",才能真正算是"善事父母"一生。前文已经分析了,《孝经》中"孝子之事亲也,居则致其敬,养则致其乐,病则致其忧,丧则致其哀,祭则致其严。五者备矣,然后能事亲"③,提出用"敬、乐、忧、哀、严"贯注到父母"生、老、病、死、

① 陈直. 养老奉亲书[M]. 北京:北京大学医学出版社,2014:196.
② 黄帝内经[M]. 姚春鹏,译注. 北京:中华书局,2010:124.
③ 孔子孝经[M]. 吴茹芝,编译. 西安:三秦出版社,2008:39.

祭”一生的照护过程,把如何“用情”到“色养”父母一生给出了规范性上的概括,这些不但是对子辈在情感付出上的提示,更成为一种孝行为的规定,从而保障父母在老年时期可以全程得到“色养”。

所谓“全家”,是指在古代社会“色养”父母被认为是家庭事件,需要子辈集体行动参与。这与传统文化对“家庭”的功能理解有关。中国是一个十分重视家庭作用的国度,在传统社会,按照血缘关系建构起来的家庭在维系社会发展中起到重要作用,讲究家庭作用、看重家庭关系、竭力为家庭服务的理念成为支撑民众的心理定式。这样家庭中每个成员往往不是把自己看作是一个独立在家庭之外的单子,而是与家庭息息相关不可分离的一种关系,其实就是“伦理关系”。所以家庭成员在其行动上尤其当关涉家庭的行动上更多会是考虑整个家庭利益的完整性,个人活动的事件变成整个家庭的事件,在一些重大的关涉整个家庭利益关系的事件处理上更会如此。在家庭里面最大的现实问题莫过于家庭成员的“生、老、病、死”问题,这些问题本来是个人的事情,但在中国常常演变为是整个家庭的事件,即对这些问题的处理决定和安排往往是家庭成员集体意志的反映。因此,对于有着复杂内容的“色养”,在中国家庭里面成为重大的需要处理的伦理事件之一,相应家庭成员都要集体参与其中来。把“色养”放到家庭背景里,让全家成员共同来对待,古人认为才能更好地做好“色养”行为,让“老有所养、老有所乐”真正实现。

“三全”模式,作为一种保障以“色养”为核心的“孝”的实现方式具有很多优势。在照护老年人时空上,既关注到了老年人精神赡养的内容全面性要求,也由重视赡养亲人某一阶段转向老年人生全过程,实现对老年人生阶段的全覆盖。过程的全覆盖,更贴合传统社会实际,可以很好起到对老年人的精神赡养;在照护指向上较为明确,把赡养老人的重心明确厘定为“色养”,一切都以满足老年人的“精神”快乐为指向。尤其把“色养”最高层面规划为“养志”上,引导赡养向更高更积极合理的方向发展,这种提倡,不仅大众乐于接受,促使民众积极在社会中奋进有所成就,更为社会统治阶层所满意,因为孝能起到稳定社会功能是他们所期望的;在保障上更为有力。重视家庭成员的合力形成,力求赡养力量的全供给,发挥家庭作用,全家齐努力,可以很好地实现对老年人“精神”照护。纵观之,传统“色养”模式,既关注到了老年人精神赡养的内容全面性要求,也由重视赡养亲人某一阶段转向老年人生全过程,实现家庭亲人对老年人生阶段全照护,可以很好起到对老年人进行“色养”实践的作用。当然,传统“色养”模式不可照搬过来指导当下“精神赡养”,例如,“全家”作为赡养主体已明显不能胜任现代社会“精神赡养”工作,但传统模式的核心理念,对老年人“进行全身心照护,实行过程全覆盖,力求赡养力量的全供给”,可为当下做好“精神赡养”实践工作提供较好的指导。

第三节 现实之维考量:“精神赡养”的推展困境

回溯历史,传统社会在重视“色养”理论建构和实践基础上,很好完成了老年人的“精神赡养”,历史积淀的思想理论资源也为现代社会“精神赡养”开展提供了很好的参考。但现代社会已经发生了很多变化,“精神赡养”开展还需要回视现实,探寻存在的典型问题,贴合现实才能给出有“针对性”的解决思路。

为全面、真实了解当前我国老年人口“精神赡养”开展情况,我们课题组根据研究需要专门编制了“精神赡养”调查问卷。问卷设计分为A、B卷,A卷主要针对60岁以下对象,B卷主要针对60岁以上对象。设置A、B问卷,主要考虑“年轻人”(子辈)和“老年人”(长辈)两个人群对“精神赡养”看法会有不同,这样从“供给”和“需求”不同视角进行对比研究,可以全面揭示出我们所需要的“精神赡养”的信息。

问卷内容主要包括五个模块:被调查者基本情况(A、B卷第1~7题);精神赡养知晓度(A、B卷第8题);精神赡养内涵理解(A卷第9~18题、B卷9~17题);精神赡养实践保障等问题(A卷第19~23题、B卷18~23题);开放式问题,填写个人对“精神赡养”的想法或建议(A、B卷第24题)。课题组调查员经过专门培训后,选取我国不同区域、不同层面的人群开展了个案跟踪、访谈,进社区养老院、街道、公园、车站等随机发放问卷以及利用网络等形式的调查。调研历时3年之多,共发放问卷3500份(其中A卷2300份,B卷1200份),回收有效问卷3236份(其中A卷2169份,B卷1067份),共有来自全国20多个省、市的3000多位民众参与了纸质或网络问卷调查。采用SPSS23.0软件对A卷和B卷数据进行分析,获取了有关“精神赡养”问题的第一手信息资料(调查问卷及统计分析附于文后),为研究老年人口“精神赡养”存在的问题提供了佐证资料,本课题很多结论都是基于此调查数据而来的。

根据调查情况,本课题研究得出的总体结论是,目前开展老年人口“精神赡养”的基础较好。例如,在老年人对象的问卷中,“您的生活来源主要依靠”一项,60.1%的老人回答有“退休金”做保障;在“您觉得您与家庭成员之间的感情”问题项中,回答“非常和睦”和“比较和睦”的老人分别有511人和495人,计1006人,占总人数的94.5%,老年人基本认同家庭关系比较好;在“您对老年生活的意义和价值的看法”问题中,选择一直认为很有意义和价值的为671人,占总人数的

62.9%,说明老年人的生活态度大部分为积极向上,对生命价值认同感较高。老年人经济供给基本有保障、家庭关系较为和睦、老年人生活幸福感强、晚年生命价值认同感较高等,均说明我国目前推展老年人“精神赡养”具有了坚实的基础,同时也说明了本课题研究具有“可行性”。但调查问卷中也反映出我国老年人口“精神赡养”存在着一些“典型”问题,如观念认知“模糊化”、动力机制“孱弱化”和支持系统“脆弱化”等急需破解的难题。

一、民众对“精神赡养”认知“模糊化”

“精神赡养”既包括复杂的内容,又具有实践上的“艰难性”。调研结果显示,民众在“精神赡养”认知上,存在着概念知晓度低、内容理解不全面、实践方式不清晰等问题,呈现“模糊化”状况。

做好“赡养”工作,首先要认识到赡养父母、亲人中包括对他们“精神慰藉”这一重要维度,意识到才可能付出实践。当问及“您是否听说过老年人精神赡养问题”时,有40.4%子女从未听说过“精神赡养”概念,老年组中这一现象高达55.9%,说明民众对“精神赡养”认知程度较低。(参见表1-1、1-2)

是否听说过老年人口精神赡养问题分析表

		频率	有效百分比
有效	是	1280	59.6
	否	869	40.4
	总计	2149	100.0
缺失	系统	20	
总计		2169	

表1-1(A卷第8题)

是否听说过老年人口精神赡养问题分析表

		频率	有效百分比
有效	是	464	44.1
	否	587	55.9
	总计	1051	100.0
缺失	系统	16	
总计		1067	

表1-2(B卷第8题)

民众知晓度较低反映出社会对“精神赡养”知识教育和宣传力度还远远不够。老年人与子辈相比，知晓度更低了15%，应与我国当下老年群体受教育程度普遍偏低有关。问卷反映目前69.4%的受访老人教育程度为中小学以下，而受访年轻人的学历在本科及以上的为1198人，占55.2%。另外，这组数据也间接说明，即便接受过高等教育的年轻人也有很多没听过“精神赡养”概念，“精神赡养”在社会上的知晓度较低是符合现实的。

“精神赡养”在养老中占据重要位置，同时也包括复杂的内容。一般来说，做好“精神赡养”应“供给”老年人“情感、理智和信仰”多层面的“需求”，它包含的内容是不同于“物质供给、生活照料”等基础方面要求的。但目前存在着重“物质供给”“生活照料”轻“精神赡养”，或只注重“精神赡养”某一个方面等情形，说明民众对“精神赡养”内容理解不全面，相应在赡养老年人时就会出现“供给”不足，不能提升“精神赡养”的“品质”。

在对A卷“您认为赡养老年人时最重要的应是什么”的问答中，年轻人有41.7%认为“平时生活照料”最重要，只有28.7%人选择了“给予精神慰藉”（参见表1-3），说明在年轻人中重视“精神赡养”的观念不强。而在B卷中设置相应问题的回答数据统计显示，却有40.9%老年人选择了子女最应关注“给予精神慰藉”（参见表1-4），这种差别很容易理解，说明只有老年人本人最知道自己想要什么，年轻人对老年群体精神需求内容的理解发生了偏差。

子女赡养老年人最需要关注因素分析表

		频率	有效百分比
有效	物质金钱给予	170	7.9
	平常生活照料	902	41.7
	身体健康看护	471	21.8
	给予精神慰藉	621	28.7
	总计	2164	100.0
缺失	系统	5	
总计		2169	

表1-3（A卷第9题）

老年人认为子女赡养时最需要关注因素分析表

		频率	有效百分比
有效	物质金钱给予	133	12.5
	平常生活照料	271	25.4
	身体健康看护	225	21.1
	给予精神慰藉	436	40.9
	总计	1065	100.0
缺失	系统	2	
总计		1067	

表1-4(B卷第9题)

在涉及“精神赡养”具体内容的调查中,选择“常陪伴”和“常交流沟通”的子辈人数为1052人和792人,占调查总人数的85%,186人和57人分别选择了“子女事业成功”和“子女家庭后代的延续”,占调查总人数的11.2%。(参见表1-5)

精神赡养需要情况分析表

		频率	有效百分比
有效	经常陪伴	1052	48.6
	沟通交流	792	36.6
	事业成功	186	8.6
	后代延续	57	2.6
	其他	78	3.6
	总计	2165	100.0
缺失	系统	4	
总计		2169	

表1-5(A卷第16题)

这组数据反映的问题是很多子辈把“精神赡养”内容简单理解为仅是能陪在父母身边说说话即可,没能认识到父母希望的不仅仅是陪伴聊天这些简单的事情,还有很多真正能使父母快乐的东西——如藏在心底的终极愿望等,这个愿望反映在现代老人身上是希望子辈工作事业有成就,自我生命价值有体现等。在同样的问题调查中,老年人组有31.7%的人认为“精神赡养”中子辈最需要做的是“沟通交流”,23.9%的人认为是“子女经常陪伴”,而30.1%的人认为“子女工作事业成功”可以让自己内心真正快乐。(参见表1-6)老年组调查数据比较客观反映出了"精神赡养"应包含的内容。

子女对父母精神赡养最需要因素分析表

		频率	有效百分比
有效	经常陪伴	255	23.9
	沟通交流	338	31.7
	工作事业成功	321	30.1
	家庭后代延续	102	9.6
	其他	50	4.7
	总计	1066	100.0
缺失	系统	1	
总计		1067	

表1-6(B卷第16题)

对"精神赡养"认知不仅表现在对其包含的内容的了解,更主要的是要知晓在实践中如何落实,即知晓如何去做。"精神赡养"需要把"情感"倾注于行动中,通俗地讲,就是常说的"陪伴"老人,多和老人聊聊天、唠唠嗑、谈谈心等,使老年人的"情感世界"快乐。但调查数据反映出目前子辈与亲人在"情感"交流方面较少,甚至很多人不知道怎么去交流(参见表1-7、1-8),均反映出"精神赡养"难以"落地"。当然,调查数据还反映一个现实问题,就是年轻人工作比较繁忙,接近三分之一受访者认为没时间和亲人交流,接近一半的年轻人一月或几月才能看望亲人一次,而一半多的老年人对此表现出理解。但"精神赡养"要想做好,还是需要子女尽量平衡工作和赡养之间的关系,工作忙不能作为不去"陪伴"亲人的理由。

子女不愿进行情感交流原因分析表

		频率	有效百分比
有效	没有时间	644	29.8
	没有必要	374	17.3
	父母不理解	658	30.4
	不知道交流方式	486	22.5
	总计	2162	100.0
缺失	系统	7	
总计		2169	

表1-7(A卷第13题)

子女不愿与父母情感交流原因分析表

		频率	有效百分比
有效	没有时间	562	54.2
	没有必要	185	17.8
	父母不理解	159	15.3
	不知道交流方式	131	12.6
	总计	1037	100.0
缺失	系统	30	
总计		1067	

表1-8(B卷第13题)

“精神赡养”还要关注老年人“理智世界”的提升,比如,常说的“活到老、学到老”,帮助老年人接受新鲜事物,了解新变化,对提升他们的“智慧”、丰富“理智世界”都会有所帮助,从而实现快乐。在问题“您最想让父母精神快乐的做法/您最希望子女让自己精神快乐的做法”回答中,有41.9%的子女选择每年陪父母外出旅游一次,而对比如参加老年大学等方式的选择人数几乎可以忽略不计(参见表1-9),老年卷数据统计反映情况和子女卷基本吻合(参见表1-10),都说明“精神赡养”过程中对老年“理智世界”是缺少照护的。

让父母精神快乐做法情况分析表

		频率	有效百分比
有效	外出旅游	908	41.9
	教会聊天工具	251	11.6
	培养爱好	652	30.1
	参加老年大学	68	3.1
	其他	289	13.3
	总计	2168	100.0
缺失	系统	1	
总计		2169	

表1-9(A卷第17题)

子女使亲人精神快乐做法分析表

		频率	有效百分比
有效	陪伴外出旅游	540	50.7
	教会聊天工具	148	13.9
	培养长期爱好	146	13.7
	参加老年大学	64	6.0
	其他	167	15.7
	总计	1065	100.0
缺失	系统	2	
总计		1067	

表1-10(B卷第17题)

“精神赡养”在传统文化里是用“色养”表达的,“色养”最高格序是“养志”,“养父母之志”是使父母达到终极快乐的做法。现代“养志”内涵应多指向子辈尽量在工作事业上有所成就,实现父母心愿,让他们从内心感到快乐,也就是“意义世界”快乐。针对此问题,子辈能够认识到的比例是极低的,仅占8.6%。(参见上表1-5所示)

总之,根据调查数据,当下民众对“精神赡养”的认知无论在内容上还是现实行动实践上,都是有缺陷的,反映出民众对“精神赡养”问题认知存在“模糊化”状态,这就需要在“精神赡养”理论研究上继续“详化”其内涵,在宣教上继续加大力度,让民众对“精神赡养”有更全面、更清晰、更深刻的认识。

二、“精神赡养”文化动力机制“孱弱化”

传统社会里,“孝”可以说是约束家庭子辈进行赡养老人的文化动力机制。“孝”的立意宗旨就是要求子辈通过激发“反馈式情感”,继而凝固成观念上的“义务感”来赡养好父母。当下,家庭子辈赡养功能还是起到至关重要的作用,这就要求大力激活传统“孝”的规约子辈行为的功能,让“孝”继续发挥其指导家庭子辈做好对父母亲人的“精神赡养”工作的作用。

然而,调查中发现,47.2%的子女经常不与父母进行情感沟通(参见表1-11),显然子女与父母情感交流频率较少。针对“孝道”一项特殊要求——要知晓父母年龄,问卷设计了问题“您是否记得父母生日和年龄”,在对其问答中,有26%的子女不记得父母的生日和当下的年龄,可以想象,用传统“孝”文化规约这些子辈去时刻付出真情来对待父母的困难性有多大,与当下子女不忘恋人、配偶的生日的比较中可见,子辈对父母的精神需要是不够重视的。调查数据还反映,“一月或几个月”“一年及以上”看望父母的子辈分别为972人和99人,也就是说有49.5%的子女做不到经常看望父母。(参见表1-12)

与父母情感沟通频率分析表

		频率	有效百分比
有效	经常	1144	52.8
	有时	673	31.1
	偶尔	317	14.6
	从不	31	1.4
	总计	2165	100.0
缺失	系统	4	
总计		2169	

表1-11(A卷第12题)

看望父母间隔时间分析表

		频率	有效百分比
有效	每天	455	21.0
	一周或几周	641	29.6
	一月或几月	972	44.9
	一年及以上	99	4.6
	总计	2167	100.0
缺失	系统	2	
总计		2169	

表1-12(B卷第11题)

根据行为主义心理学创始人约翰·沃森的“刺激—反应”原理,长时间、远距离地与父母分离,一方面使得老人情感的需求倾诉内敛,与此同时,子女对父母的“精神需求”也自然而然由敏感变成淡化。因此,也可以说作为传统“色养”(精神赡养)的文化动力机制——“孝”,在遭遇到发生巨变的现代社会情况下,已慢慢显示出其约束力的“孱弱化”倾向。当然,约束力的式微是由我国特定的社会背景导致的。

随着我国社会老年群体人口的剧增,2019年年底60岁及以上人口已突破2.5亿人,带给以家庭为单位的养老方式的影响是需要赡养的老人也在变多:A卷显示被调查的2169人当中,需赡养两位及以上老人的占75.2%。(参见表1-13)

赡养老人数量分析表

		频率	有效百分比
有效	1位	535	24.8
	2位	1020	47.2
	3位	253	11.7
	4位及以上	351	16.3
	总计	2159	100.0
缺失	系统	10	
总计		2169	

表1-13(A卷第6题)

众多需要赡养的老人碰到了现实瓶颈,即是我国传统家庭结构发生了变化:农村青年很多离家务工,城市青年很多离家工作、学习,家庭子辈由于种种原因不能与父母“聚居”生活,空巢家庭在现代社会较为严重,子辈尽“孝”可能性减少。调查数据显示,在问及老人居住方式时,回答“单身居住”和“夫妇俩居住”的分别为80人和471人,占调查对象的51.8%(参见表1-14),亦即空巢家庭目前确实已占一半以上,这与众多调查报告是相符合的。“空巢家庭”老人往往身体状况差,患病率高,行为不便,由于缺乏子女的关爱,更容易生活无趣,行为退缩,对自己的存在价值表示怀疑,常陷入无欲无望、无趣无助的状态,情况严重的还容易引发老年痴呆症。所以,要清醒看到,漠视老年人精神关怀很可能带来严重的后果。

老年人居住方式分析表

		频率	有效百分比
有效	单身居住	80	7.5
	夫妇俩居住	471	44.3
	单身与子女同住	142	13.3
	夫妇俩与子女同住	371	34.9
	总计	1064	100.0
缺失	系统	3	
总计		1067	

表1-14(B卷第5题)

多个研究理论在对“精神赡养”解释时,对于供给主体都是限定为“家庭子辈”,这给我们造成了习惯思维定式:“精神赡养”的主体是“单一”的。上述调查数据均说明,子女自身承受着工作与家庭的双重压力,常常无法与父母“聚居”生活,子辈“精神赡养”老人的管道“狭窄化”,甚至被“阻塞”掉了。因此,目前仅靠子辈行“孝”来输送赡养“养分”远远满足不了老年人精神需要,“孝”作为文化动力机制式微,要求探索新的理论来指导新时期老年人口的“精神赡养”工作。

三、“精神赡养”支持系统“脆弱化”

随着“四二一”家庭结构的形成和大量空巢家庭的出现,家庭养老功能越来越面临着巨大的挑战,强化或激活家庭养老的同时,必须探寻多维主体参与的“精神赡养”支持系统。

依据“精神赡养”的特殊性,“老年人”自我、家庭子辈、社会养老机构及服务人员应作为主要赡养主体参与“精神赡养”中来,构建多维主体参与的老年人口“精神赡养”支持系统。调查反映,这样的支持系统还远没有构建起来,或者客观地说,“精神赡养”的支持系统是十分“脆弱的”。

A、B 卷对赡养主体专门设置了问题:“您认为目前我国老年人的精神赡养主要靠:A 老年人自我;B 子女;C 社区养老院;D 国家社会;E 老年人自我、子女、养老机构、社会的合力。”此题就是试图了解民众对各种赡养主体地位的认知。A 卷调查数据反映,被调查的子女对象中,44.2% 的人认为要靠“老人、子女、社区、社会的合力”(参见表 1 – 15),说明子女组认识到“精神赡养”要靠合力来完成,建立起多维主体参与的支持系统是能够得到年轻群体认同的。但 B 卷数据反映的情况却大相径庭,老年组认为要靠合力完成的人数占调查对象却不足 24%,认为靠“自养”的人数占到 43.9%(参见表 1 – 16),分析原因可知,老年人是最了解“精神赡养”特殊性的,所以把“自养”地位提升,对“合力”持有怀疑态度,也反映出现实中“合力”形成支持“精神赡养”的系统没有构建或者运行不佳。

老年人精神赡养主要依靠对象分析表(子女组)

		频率	有效百分比
有效	老年自我	380	17.5
	子女	680	31.4
	社区养老院	88	4.1
	国家和社会	61	2.8
	老年、子女、社区、国家合力	957	44.2
	总计	2166	100.0

续表

		频率	有效百分比
缺失	系统	3	
总计		2169	

表 1-15(A 卷第 23 题)

老年人精神赡养主要依靠对象分析表(老年组)

		频率	有效百分比
有效	老人自我	468	43.9
	子女	175	16.4
	社区养老机构	48	4.5
	国家和社会	124	11.6
	老人、子女、社区、国家合力	252	23.6
	总计	1067	100.0

表 1-16(B 卷第 23 题)

所谓“系统”,必须各个组成部分充分发挥作用,方显“系统”的成效。问卷调查反映,应该参与“精神赡养”过程中的多个主体效力发挥并不让人满意。如关于机构养老问题,A 问卷专门设置问题“您认为目前养老院能否实现对老年人的精神赡养”,结果 60.1% 的受访年轻人选择“不可以”(参见表 1-17),说明目前养老机构、社会养老院等没能担负起对老年人“精神赡养”的重任。而 B 卷中,回答依靠“社区养老机构”可以实现“精神赡养”的人数仅有 48 人,占调查人数的 4.5%。(参见表 1-16)

另外,现代老年人精神需要不断增强,更多关注健康需求,“医养结合”是发展大趋势。在“您当下最关心又放不下的事情”问题调查中,有 550 位老年人回答“身体健康问题”,占调查对象的 51.5%。身体健康需求是老年人的心病,做好保障老年人身心健康工作,也是“精神赡养”包括的重要维度。对此设置了“对通过医养结合形式实现精神赡养”问题,A 卷中选择“不太了解”和“不了解”的分别为 1431 人和 447 人,分别占 66.5% 和 20.8%(参见表 1-18),说明受访年轻人对养老机构做到对老年人的“精神赡养”持怀疑和不信任态度,间接反映的信息是机构养老服务水平不高,不能发挥出其应起的作用。

养老院能否实现精神赡养情况分析表

		频率	有效百分比
有效	可以	348	16.2
	不可以	1292	60.1
	没思考过	510	23.7
	总计	2150	100.0
缺失	系统	19	
总计		2169	

表 1-17(A 卷第 21 题)

了解“医养结合”帮助精神赡养情况分析表

		频率	有效百分比
有效	了解	273	12.7
	不太了解	1431	66.5
	不了解	447	20.8
	总计	2151	100.0
缺失	系统	18	
总计		2169	

表 1-18(A 卷第 22 题)

面临可能出现的繁杂“赡养”纠纷,建立完善的法律来保障“精神赡养”的开展也是支持系统应关注的。但目前保障“精神赡养”实施的法律难以发挥作用,2013 年修订的《老年人权益保障法》,就已经把“常回家看看”写入其中,“精神赡养”正式入法。但是“精神赡养”立法能否落到实处,争议较大。在如何解决子女做不到“常回家看看”的社会问题调查上,仅有 8.9% 的父母和 13.0% 的子女认为需要通过法律的制裁,36.0% 的父母和 49.2% 子女认为应通过孝道约束(参见表 1-19、1-20),反映出法律保障“精神赡养”实施的民众接受度不足,大部分民众还是认为“精神赡养”问题属于伦理调解范畴,总之,“精神赡养”的法律保障体系也需要继续完善。

解决途径情况分析表

		频率	有效百分比
有效	孝道的约束	1052	49.2
	舆论的谴责	288	13.5
	父母的叮嘱	520	24.3
	法律的制裁	277	13.0
	总计	2137	100.0
缺失	系统	32	
总计		2169	

表 1－19（A 卷第 19 题）

解决途径情况分析表

		频率	有效百分比
有效	孝道的约束	380	36.0
	舆论的谴责	109	10.3
	父母的叮嘱	474	44.8
	法律的制裁	94	8.9
	总计	1057	100.0
缺失	系统	10	
总计		1067	

表 1－20（B 卷第 18 题）

第二章　关怀伦理与老年人口“精神赡养”的支持系统构建

“精神赡养”是一种“高级”赡养形式。“精神赡养”实质是对老年人“精神”需求的“缺口”进行填补，也就是对老年人不但要关注身体“补钙”，更要关注精神“补钙”，使老年人“身、心”方面都健康，从而快乐幸福生活。因“精神”内涵理解上的艰涩性和老年人内心世界的复杂性等，“精神赡养”推展其实是一件艰辛的事情，以至古人早已提出“色难”命题。而面对老龄化加剧的实情和传统“孝”道“式微”等问题，按照“理论先行”的基本实践理念，做好老年人口“精神赡养”推展工作，需要探索指导“精神赡养”的适宜理论。

第一节　传统道德理论应用于老年人口“精神赡养”的困境

“精神赡养”在我国传统文化里表述为“色养”，用来指导“色养”（精神赡养）的主要理论是家庭“孝道”文化。但随着时代境遇的变化，传统“孝道”应用于指导“精神赡养”表现出理论上的困境。另外一种路径，可以采用“拿来主义”，考察西方传统伦理理论的应用，其实也存在同样的困境。

一、传统“孝道”理论应用困境

赡养老人是我们民族的传统美德，而注重从精神上给予老年人帮助更是赡养的内涵要求。“精神赡养”的实现在传统社会里主要是依靠家庭子女的道德自觉，通过践行家庭“孝道”来体现的，如《孝经》里就有“大孝尊亲，其次弗辱，其下能养”①

① 礼记孝经[M]. 胡平生，陈美兰，译注. 北京：中华书局，2007：171.

“孝子事亲也,居则致其敬,养则致其乐”①的观点,《论语》也有“今之孝者,是谓能养。至于犬马,皆能有养;不敬,何以别乎?”②的论述。这些关于“孝”的思想主要是指赡养父母一定要尊重、顺从父母,满足父母精神需求,只有关护到了父母的“精神”才是真正达到了“孝”的要求。“孝”可以说是实现老年人口“精神赡养”的传统动力机制。在新的境遇下,随着我国经济快速发展、家庭结构的变化以及“空巢”“空心”家庭大量出现,当下对“孝”的认识和实践产生了很大变化,“孝”作为老年人口“精神赡养”的动力机制显示出式微状态。

(一)“孝”观念内涵的“去情化”

“孝”的本质内涵在中国传统文化里常被理解为是一种子女对父母自然的情感性行为付出。因为父母亲“生、养、育”我们艰辛万苦,子女对父母亲要有知恩图报之情和反哺之意,这种亲情付出和流露就是“孝”。《小雅·蓼莪》说:“父兮生我,母兮鞠我。拊我畜我,长我育我。顾我复我,出入腹我。欲报之德,昊天罔报。”③“孝”的立意宗旨就是倡导在赡养父母行为上要具有“情感性”,当然这种“孝”的情感倾注主要指“精神”上的交流。“孝”具有“情感性”的倡导,目的是使人们要学会对父母的感恩,认识到自己应尽的道德义务,从而在赡养父母时要心生“孝情”来对待父母。但现代社会由于种种特殊原因,孝的“情感性”内涵被丢失了很多,表现为“去情化”状态。“去情化”就是在“行孝”过程中缺失了对长辈亲情情感的倾注与流露,把“行孝”的要求降低为就是简单生活照料或者给予长辈物质利益的满足等,使“孝”行为缺失了“情感”因子。“孝”观念内涵“去情化”主要是经济的发展改变了一些社会价值观造成的。我们知道,在市场经济推行条件下,追求物质利益满足的观念根植人心,经济理性的膨胀影响着人们的道德理性观念,这样在对父母尽孝赡养事情上,满足物质需求代替情感倾注就很容易被认为是合理的。现代社会“孝”的“去情化”致使“孝”作为一种促进“精神赡养”的动力失去了内涵,从而在支持“精神赡养”的功能上显示出式微状态。

(二)“孝”输送管道的“狭窄化”

传统社会是一个有着强烈家庭、家族观念的社会,非常看重家庭、家族的续存,家庭里“子孙满堂、子孙绕膝”是天伦之乐的享受,因为在家庭里有了众多的子女,才可实现当父母年老时有人给予供养的厚望,“家庭养老”成为一种主要的模式。家庭养老是儒家文化“孝”驱使的结果。按照费孝通先生的理解,家庭养老在

① 礼记孝经[M]. 胡平生,陈美兰,译注. 北京:中华书局,2007:254.
② 孔子. 论语[M]. 杨伯峻,译注. 北京:中华书局,2006:15.
③ 礼记孝经[M]. 胡平生,陈美兰,译注. 北京:中华书局,2007:171.

我国是一种"反馈模式","是甲代抚育乙代,乙代赡养甲代,乙代抚育丙代,丙代又赡养乙代……即下一代对上一代都要给以反馈的模式,简称'反馈模式',这种模式的世俗表述就是'养儿防老'"①。可见在传统社会中"孝行"的付出场所主要是在家庭、家族,家庭里子女的尽"孝"成为输送"孝行"的主要"管道"。但现实情况是,我们传统家庭结构已经或者正在发生变化,传统很多子女聚合的大家庭结构形式很少存在,代之的是"四二一""八四二一"家庭结构形式的大量出现。这种家庭结构带来的现实状况是,家庭规模小型化,老年人口数量倍增,子女"行孝"的压力陡增。另外还应看到一个社会现实,现代人的流动性增大,家庭里的子女很难与父母"聚居"生活。最新全国样本调查数据显示,目前我国空巢老年人占老年总人口比例为51.3%,其中农村空巢老人占51.7%。② "出门一把锁,进门一盏灯"是很多空巢老人生活的写照。远距离、长时间地不能和父母居住,这冲淡了子女的家庭观念,使子辈对父母情感陪护和情感倾诉的可能性降低,这样期望家庭子女"行孝"赡养老人的"管道"显现为"狭窄化",远远不能满足老年人的要求。养老社会化的发展大趋势让人们应看到,子女在家庭"行孝"的压力剧增的情况下,当下"精神赡养"需要社会各方力量作为"主体"融入,构建多维主体参与的支持体系。传统"孝"在规范家庭子女行为上,其作用都已丧失了很多,那么扩大到用来调节没有血亲关系的"他者",规约他们积极"用情"来赡养老年人,显然传统"孝"道理论的适用性、实践可行性均显现为"力不从心"。

(三)"孝"实践保障的"脆弱化"

在传统文化里"孝"是最主要的道德德目,主要应用于调节家庭伦理关系,表现为赡养父母维度,《孝经》有"夫孝,始于事亲"③的说法,《尔雅》有"善父母为孝"④的说法,《说文解字》里对"孝"的阐释为"善事父母者。从老省,从子,子承老也"⑤。"孝"更是一种实践德性、一种基本行为规范,所以有"孝道"说。"道"在传统文化里常指人们在实践中应遵循的行为准则,朱熹有"道者,人之所共由"⑥的观点,"孝道"就是大家在赡养父母时要共同遵守的规范和准则。朱熹更把"孝"等同为"天理","能事父孝,则事天之理自然明;能事母孝,则事地之理自

① 费孝通. 家庭结构变动中的老年赡养问题——再论中国家庭结构的变动[J]. 天津社会科学,1982(3).

② 第四次中国城乡老年人生活状况抽样调查——中国空巢老年人的比例占到一半[EB/OL]. 人民网,2016-10-10.

③ 孔子孝经[M]. 吴茹芝,编译. 西安:三秦出版社,2008:20.

④ 尔雅[M]. 管锡华,译注. 北京:中华书局,2014:317.

⑤ 许慎. 说文解字[M]. 北京:中华书局,2009,313-314.

⑥ 黎靖德. 朱子语类[M]. 北京:中华书局,1986:101.

然察”①。传统文化把“孝”规范化、制度化，目的就是为“孝”找到本然存在的合理性，使人们把赡养父母的“孝行”看作天经地义的事情，这种文化设计使“孝”的落实有了充分的保障。时至今日，“孝”作为赡养父母应遵循的制度化的强制性规范意义却随着时代的变化丧失了很多，违背“孝”的行为在现实社会中时有发生，尤其是老年人口“精神赡养”方面大都被忽略掉了。原因之一在于现代社会是一个追求法治的社会，“孝”的规范作用在很多场合转化为“法律”来体现，而法律是一种追求“公平正义”的理性表达，情感常被排斥在外。虽然当下我们在老年人赡养上做到了有法可依，如2012年修订的《老年人权益保障法》里，在赡养老年人的“精神慰藉”方面，把子女“常回家看看”入法，但这种立法形式缺乏细致，比如，“精神慰藉”的“量化”标准和缺失“精神慰藉”行为的惩罚等在现实社会里都很难操作，症结是把属于情感范畴的“孝行”上升为“法律”层面，在实践中会出现举步维艰的窘况，因此，用传统“孝道”来指导以情感付出为主要要求的“精神赡养”，凸显了实践保障上的“脆弱性”。

二、西方传统道德理论应用困境

在伦理学视域里，伦理理论的形成是对行为规范化和道德性审视的结果，而这种思考所形成的理论类型在伦理学领域是颇有争议的。在西方，围绕“情感、理性”主轴进行思考而形成众多理论“阵营”，“德性”道德理论和“唯理性”道德理论的分野在争论中始终占有主要优势。其实，考量这两种代表性的理论类型应用于老年人口“精神赡养”，同样也会存在一些困境。

德性伦理是以具有德性品质或动机的道德主体为立场来思考道德问题的伦理学，西方伦理学鼻祖亚里士多德创立的伦理学派就是德性伦理。德性伦理在伦理学发展史上可谓“命运多舛”且颇有“微词”，主要根源于其理论本身存在过多关注空泛理论而对实践性探索较少的趋向。

亚里士多德以讨论德性为核心建构起德性伦理学，他创立的德性伦理学是把“关于不同的善目(Goods)作为人类实践的不同目的……关于所有其他的善目相对于至善而有序排列的思想”②。而对于德性的功能，亚里士多德说：“人的德性就是使人成为善良，并获得其优秀成果的品质。”③可见，德性伦理主要是关注人

---

① 黎靖德．朱子语类[M]．北京：中华书局，1986：101.

② 阿拉斯代尔·麦金泰尔．伦理学简史[M]．龚群，译．北京：商务印书馆，2003：19.

③ 亚里士多德．尼各马科伦理学[M]．苗力田，译．北京：中国人民大学出版社，2003：14－15.

的品质、秉性的研究,关怀伦理代表人物弗吉尼亚·赫尔德在评价德性伦理学特点时就说:“美德理论的标准解释,美德作为个人的意向。”①推动德性理论发展的代表人物麦金泰尔也是如此认为:“德性是一种获得性品质。”②也就是说传统德性伦理学主要是研究个体的品格状态,把德性聚焦为性格的倾向和意向。“美德伦理学把注意力集中在存在而非行为上,这意味着它的追随者无法明确说出任何道德规范、责任和权利。”③很明显,德性伦理在保障这种品格的塑成和实践上的研究是不足的,亚里士多德在这一问题上的主张就是很明显的体现,如回答德性之人实现幸福的问题上,他把实现途径归为“思辨活动”,“它是思辨活动……如若一个人能终生都这样生活,这就是人所能得到的完满幸福”④。这一理论上的弱点被后来的学者察悉,并深受指摘,“这种幻想认为只有通过哲学研究一个人才能变得有德(或者真正有德),并且一旦明确地表达出来,我们就能发现这是个不折不扣的幻想并且应该遭到坚决抵制”⑤。

“精神赡养”是一种“高级”赡养老年人的活动,它主要是指赡养人通过情感化的行为实践来满足老年人深层精神上的缺口,从而增加老年人精神愉悦感,提升赡养的“品质”。这种活动不仅需要有高尚“品性”的人参与,更需要具有察悉老年人“精神需求”的能力,并懂得如何把“情感”很好地传递出去,让老年人对这些供给的“养分”有效地“吸收”。老年人的心理活动是极其复杂的,也是经常变动的,不了解老年人的具体精神需求,不懂得情感“输送”的技巧,是很难完成对老年人“精神赡养”的,古人发出“色难”感慨是有道理的。可见,“精神赡养”主要是指向一种艰辛的行为实践活动。“德性”伦理主要是关注个人品性倾向性,它的理论“品性”使它很难提供一套对行为实践规范性的道德建议。因此,“德性”伦理应用于指导老年人“精神赡养”时,对呐喊具有“德性”品质的人加入会起到一定作用,但在保障“精神赡养”活动顺利完成上,却很难提供可操作的实践指导。“德性”理论用于指导“精神赡养”也显现为“空乏无力”。

近代以来,随着“人”是作为“自足、独立、有尊严”个体的意识张扬,重视普遍法则、尊重他人存在、诉求效益最大化等的道德思考占据伦理学争论的“中心”。可以说,依靠理性来思考人类行为形成的“唯理性”道德理论已经成功地在世界文

---

① 弗吉尼亚·赫尔德. 关怀伦理学[M]. 苑莉均,译. 北京:商务印书馆,2014:80.

② 阿拉斯代尔·麦金泰尔. 德性之后[M]. 龚群,戴扬毅,译. 北京:中国社会科学出版社,1995:241.

③ 唐纳德·帕尔玛. 伦理学导论[M]. 黄少婷,译. 上海:社会科学院出版社,2011:268.

④ 亚里士多德. 尼各马科伦理学[M]. 苗力田,译. 北京:中国人民大学出版社,2003:225.

⑤ 唐纳德·帕尔玛. 伦理学导论[M]. 黄少婷,译. 上海:社会科学院出版社,2011:247.

化区域内获得支持,"唯理性"道德理论成为一种主导性道德,强势地主导着人们的道德思维和道德生活。义务论、功利论以及公正论等,在道德认识上都可以纳入"唯理性"道德理论类型。

"唯理性"道德理论张扬人的理性,认为人的理性有能力构造法则,指导人们理性生活,康德就说:"自然界中的万物按照法则运作。只有理性的生物有能力按照法则的概念生活,换句话说,按照原则生活。"①当然,在康德看来,在所有的生物中,只有人类才有理性能力。"唯理性"道德理论使人的自由、自主、自尊得以彰显,极大调动了人的能动性。但也应看到,"唯理性"道德理论也是有很大的"罅隙"。一是"唯理性"道德理论通常拒斥"情感"在道德行为发生、维持以及判断中的重要意义,"感情会损害普遍的道德规范,是干扰公正的偏爱,也是道德上加以限制的侵犯和复仇的冲动"②。其实,摒弃"情感"在道德中的作用也是有偏颇的,应该看到,"情感"在选择道德推荐的内容和落实理性的指导原则上会有很大帮助,休谟甚至主张道德不是"理性"的对象,而是激情和情感的对象,"道德的区别是由道德感得来的"③。二是"唯理性"道德理论是以人是"独立、自主、理性"的为基点的道德学说,不是把"人"放在"社会关系"中来考察,这样就"忽略了人们相互依赖的实际生活和实际所召唤的道德性"④,关怀伦理学家对它的"罅隙"批评道:"完全靠理性和唯理推论或计算的道德探究是有缺陷的。"⑤

现代老年人口"精神赡养"品质提升,主要考评要素是多维主体"情感关怀""合力"的形成。多维"情感"倾注才能满足老年人"精神需求",这种"合力"形成主要得益于合宜的理论指导多维主体凝聚协作,把"关系"良好搭建起来。"唯理性"道德理论强调"理性"而贬斥"情感",淡化了道德情感在道德行为选择中的价值,并且"唯理性"道德理论多重视个人的"独立性",用来指导"精神赡养"问题,融洽的良好"关系"很难搭建。例如,在家庭层面上来考察公正论、功利论、契约伦理等在"精神赡养"上的运用可见一斑。家庭关系往往建立在拥有很不平等权力的亲人之中,这些关系也是非契约的,而如把家庭关系概括为契约性的,家人的"赡养"关系就很容易会建立在利益的权衡和理性的算计之上。相应地,"精神赡养"所要求的情感付出一旦与利益获取关联上,这样极易破坏"含情脉脉"的家庭"私人"领域内的道德"关系","精神赡养"品质很难提升。传统"唯理性"道德理

① 唐纳德·帕尔玛. 伦理学导论[M]. 黄少婷,译. 上海:社会科学院出版社,2011:123.
② 弗吉尼亚·赫尔德. 关怀伦理学[M]. 苑莉均,译. 北京:商务印书馆,2014:13.
③ 休谟. 人性论[M]. 关文运,译. 北京:商务印书馆,1980:510.
④ 弗吉尼亚·赫尔德. 关怀伦理学[M]. 苑莉均,译. 北京:商务印书馆,2014:12.
⑤ 弗吉尼亚·赫尔德. 关怀伦理学[M]. 苑莉均,译. 北京:商务印书馆,2014:13.

论本身具有的“罅隙”阻断了其应用于指导“精神赡养”的“通路”。

第二节　关怀伦理学的出场及其理论品性

在西方，面对传统道德理论的“缺陷”，尤其是作为“强势理论”的“唯理性”道德理论可能造就“冷漠”的社会图景，20 世纪 80 年代以来，一种全新的理论——关怀伦理学开始兴起，它以富有成效的方式挑战着传统理论并影响着人们的道德思考和生活实践。

一、关怀伦理学的出场

关怀伦理最早是由美国哈佛大学卡罗尔·吉利根教授提出的，她在研究道德发展问题时观察到，男女性别不同在道德判断和选择上表现出不同，男性强调的是人的权利、自主性和独立性，认为道德选择应以理性和社会契约为基础，从普遍抽象的道德原则出发，经过逻辑推理和分析，然后做出决定；而女性看重的是人与人之间的相互关爱关系，进行道德判断和选择时强调的是依据具体的情景，依靠自身对伦理的体验和感受，综合多方面的因素做出抉择。吉利根认为男性主义伦理观发展为传统的占统治地位的公正伦理观，公正原则在强调个人权利实现和个人独立空间的享有时，却忽视了人的关系性和情感融入的价值，无形之中拉大了人们之间的距离，反而可能会使“冷漠、功利”充斥世界。而女性的道德发展不同于男性，它则以关怀为特点，看重于具体关系中的人以及人类情感的维系，因而人与人、人与自然是彼此依赖、相互和谐的。吉利根把自己从女性不同的“声音”中得到的道德称为“关怀伦理”。

正式提出关怀伦理学的是美国斯坦福大学的内尔·诺丁斯教授，她同样对占统治地位的传统公正观进行了批评，因为她认为传统公正观贬低女性在道德思考中所具有的独特的“关怀情愫”因子。诺丁斯对关怀研究的主要“亮点”在于把关怀分为“自然关怀和伦理关怀”两种类型。自然关怀可以看作是一种人的原初的本然的感觉反映，是一种不需要伦理努力参与和激发的关怀形式。“自然关怀的现象学特征是无须诉诸伦理努力。”①而伦理关怀是从自然关怀积累发展来的，伦理关怀就是对自然感情的回忆，或者称为在一定时空中不求助于逻辑性的绝对的

① 内尔·诺丁斯．始于家庭：关怀与社会政策［M］．侯晶晶，译．北京：教育科学出版社，2006：26.

命令,而是依赖被唤醒的道德感,这种感受使人产生“我必须”对他人所遭受的不幸负起责任的感觉,“它源于对自然关怀的记忆,需要做出伦理努力来担负‘我应当’的责任”①。与自然关怀相比,伦理关怀的发生需要更多的道德努力,这是伦理关怀区别与自然关怀的显著特征。那么是什么力量起作用促使人们付出伦理关怀呢?诺丁斯认为是每个人都会具有的像女性特有的道德情感和道德责任意识。因为女性具有的伦理特征体现为“善良、温和、关爱”,以及注重关系上的融洽,而这些恰是促使伦理关怀完成的因素。

还应注意一个重要的文化时代背景,关怀伦理学是在女权主义者对社会“强势”道德哲学质疑的氛围中出场的。因为传统道德哲学在女权主义者审视下存在着根本的缺陷,“对超过半数人类存在不公的缺陷,换句话说,传统意义上的道德哲学存在男性中心主义(以男性为中心)的缺陷”②。女权主义者认为以男性自我为中心者在思考道德问题时,往往强调的是个人的权利、自主性和独立性,习惯运用理性思维,从普遍的道德原则出发,经过逻辑推理和分析做出道德判断。他们忽视了人是情感动物的存在,也忽略了道德情感共鸣和“即时即景”(处在真实境况)做出的分析在形成道德判断中的基础性地位。更为重要的是,应看到人一出生就是处在相互依赖的社会关系中的,人不是“单子”概念,那么,伦理学的根本任务就是要考虑融洽“关系”的缔结,这些恰是女性道德体验所关注的,而男性中心主义思维主导形成的道德理论如康德伦理学、功利主义、公正论等都忽略了这一根本问题。在这样的背景下,女权主义者倡导的关怀伦理学开始走向伦理学的“大舞台”。关怀伦理学主要基于人在道德认识论上都是相互关联和相互依赖的,看到了义务论、公正原则等“唯理性”道德理论忽略情感的作用而造成“冷漠、隔离”的社会事实,主张尊重情感在道德选择中的作用,并依据具体的事实情境,寻求恰当的道德行为,然后在人与人之间构建一种令人钦佩的道德“关系”,发展成一个充满关爱的社会实体。

总之,关怀伦理主要是基于关爱视角,试图找出一种解决由于强调义务论、公正观而忽略情感关怀造成冷漠、隔离社会窘境的理论努力,以求弥补强势义务论、公正论等的不足,使关爱价值适当地扩展到社会各个方面,和义务、公正等同在。从关怀伦理学关注的主要视域来考察,关怀伦理的内蕴主要包含三个特征:情感性向度、情境性向度以及关系性向度。

“情感性向度”是关怀伦理“首要”特征。情感在西方文化中常被解读为非理

① NEL N. Educating Moral People[M]. New York:Teachers College Press,2002:13.

② 唐纳德·帕尔玛. 伦理学导论[M]. 黄少婷,译. 上海:社会科学院出版社,2011:26.

性的，所以在以理性主义盛行的西方社会是被排斥的，尤其是在行为实践过程中面对伦理困境选择时。理性主义在做道德行为选择或实践时，是去情化的，因而也是冷冰冰的，这往往在很多状况下是不利于问题的解决的。关怀伦理看到了理性主义的缺陷，极力提倡道德情感关爱在行为付出中的作用。道德情感是人们基于一定的道德认识，对现实生活中的道德关系和道德行为所产生的内心体验与情绪态度，关爱情感加入行为中是关怀伦理一贯主张的，被关怀伦理看作是价值体系的关键要素。关怀伦理在一定意义上也可以说就是关注关爱如何付出的伦理，关怀伦理内涵具有很明显的道德情感向度。这主要是基于关怀伦理看到人是感情动物，有情感、需要、欲望和思想，而人又是具有依赖性和脆弱性的特质，行为中只有关爱情感的加入才能满足对象的需要，才可以通过关爱情感付出来缩小或消除人们之间的冷漠和隔离，也就是说恰是关爱情感的注入，和谐关系往往才容易实现。如诺丁斯就是把人际关系和谐理解为需要通过情感交融、以情来启动的。弗吉尼亚·赫尔德也认为：“人的一生中多年来是依赖别人的，而要求我们满足那些依赖者所需要的关怀之道德声明是迫切的，发展这一使人类生存和进步的关怀关系在道德方面具有高度意义。”①当然关怀伦理并不是排斥道德理性和道德原则在行为判断和实践中的作用，只是认为关爱情感具有相对的重要性。

“情境性向度”是关怀伦理的“标志”特征。关怀伦理主张在考虑关怀行为付出时需要考虑关怀的情境，而不是随意抛出关怀。关怀伦理认识到传统伦理理论体系，尤其是目的论、义务论等注重的是对普遍理论体系的推理形式的论证，不注意事件发生的情境，因此它们太抽象、太空洞，很难得出正确结论。关怀伦理学从人的认识论出发，强调正确的行为选择存在于与道德行为有关的具体情境中，因此把情境的考量作为行为实践的重要依据。吉利根就说：“道德问题来自冲突着的责任而不是竞争着的权利，解决道德问题需要一种联系情境以及描述性的思考方式，而不是一种形式的和抽象的思考方式。”②情境性讲求对情境关系进行细致分析，“联系情境而不是概念做出回答，强调‘依情况而定’，指出选择如何受当事人以及情况变化的影响”③。诺丁斯更用公式形式描绘了关怀实现需要考虑的情境，例如，A、B 要想形成关怀关系（或相遇），需要 A 关注对象 B，然后 A 做出合适的关注行为，而且 B 必须承认 A 的关怀行为。可见关怀行为的完成需要注意到具

---

① 弗吉尼亚·赫尔德．关怀伦理学[M]．苑莉均，译．北京：商务印书馆，2014：12.

② 卡罗尔·吉利根．不同的声音——心理学理论与妇女发展[M]．肖巍，译．北京：中央编译出版社，1999：17.

③ 卡罗尔·吉利根．不同的声音——心理学理论与妇女发展[M]．肖巍，译．北京：中央编译出版社，1999：37.

体情境中的双方和双方的具体意图目的，这样才可以说这个关系或相遇经历是“关怀性”的。因此关怀伦理“情境性”的内涵主要指向是在考虑和兼顾各方实际利益的具体情况下，从而寻求获得一个不同于其他传统伦理观的道德行为选择，这也是关怀伦理区别其他理论的显著标志。

“关系性向度”是关怀伦理的“关键”特征。关怀伦理从生活体验出发，把人们看成相互联系的，重视人与人之间“关系”的缔结，提出“关系”是人存在的本质基础，注重关怀关系的形成、维持和修补。关怀伦理学特别关注关怀“关系”，“关系”可以说是关怀的最核心价值，关怀伦理学在很多场合被称为“关系伦理学”。迪姆特·布贝克对“关怀”有个精确的定义，“关怀是一个人达到了另一个人的需求，在这里关怀人和被关怀人进行面对面的互动，这一关系是双方之间整体活动的一个关键因素”①。内尔·诺丁斯在理解“关系”时认为人们在这种存在中彼此都需要他人的理解、接纳、尊重和认同，因此关怀他人和被他人关怀就是人的基本需要，关怀的本质不仅仅被看作是德性，而且应从“关系”上来认识。对于“关系”内涵的认识，关怀伦理认为它首先是一个互动过程，即关怀者要了解被关怀者有某种需要，并做出相应的关怀反应，而被关怀者向关怀者的关怀行为表示认可和接纳，这样的关怀关系才是有效的。另外，关怀关系也是一个互惠过程，关怀关系并不是一方怜悯施舍，而另一方被动接受的单向度关系，而是双方都有付出，也都有收获的这样一种关系。按照米尔顿·梅洛夫所认为的：“关怀一个人，就其最重要的意义来说，就是帮助他人成长并且实现自我。”②可见，这种互惠不是源自对弱者的怜悯、施舍和恩赐，那样反而造成对对方的伤害。应把对方当作是与我共生的存在，双方在这样一种平等互惠的关怀过程中体验到人与人之间存在的美好“关怀”情感。

二、关怀伦理理论的品性

关怀伦理是一种具有很强实践性的伦理范式，关怀伦理的应用凸显出其具有不同于传统道德理论的“理论品性”。

（一）关怀伦理是一种“聚合”伦理

关怀伦理从社会生活体验出发，把每个人都看作是相互依赖才能生存的个体，人从一出生就需要得到亲人的关怀，长大后需要别人的帮助才能发展，而晚年后会患病，身心更需要得到别人的关怀。“人类的繁荣和进步之展望从根本上较

① 迪姆特·布贝克．关怀、性别和正义[M]．牛津：牛津大学出版社，1995：129.

② 米尔顿·梅洛夫．关怀的力量[M]．陈正芬，译．台北：经济新潮社，2011：25.

链了关怀和被关怀，而关怀伦理学强调的正是满足依赖者需要的道德责任力度。”①因此，关怀伦理学所理解的“关怀”是一种基于人的相互依赖天性提出的，它是把人看作一种在“本质”上是“关系”的存在，人是处在一个复杂的社会因素包裹下的集合体，包括种族、阶级、性别、族群、家庭联系和社区等，“无论女性主义伦理学（关怀伦理早期形态形式）最终形态如何，她将包括一个以关系为模型的道德代理。也就是说，该代理人敏锐的洞察力是一种‘背负重担的自我’，已经植根于与血肉他人的关系中并且部分是由这些关系所构成，并将继续存在下去”②。“关系”是“自我”的核心体现，人的内在“关系”属性规定了“人”是不可孤立存在的，需要“抱团取暖”，关怀伦理给自己打上了“聚合”作用的烙印，从而区别于传统道德理论的功能。

关怀伦理认为作为“关系”集合的“人”在社会中展现，这种良好“关系”的缔结、维持和修复，“关怀”在其中具有“铰链”的作用和高度的道德意义。不同于唯理性道德理论理性的“算计”，关怀伦理视角更注意人们的需要，为满足周围人的需要，我们彼此都负有“关怀”的道德责任，无论是熟人和陌生人，在理解、接纳、信任中促进人们在实际生活中的互动，真实情感的付出会缩小或消除人们之间的冷漠和隔离。当这种良好的关怀“关系”在个人和社会环境中流行，人们之间的隔阂和分离状态将会消逝，我们的相互“关怀”将会使社会“聚合”为一个美好的实体。贝伦斯·费舍尔对“关怀”的定义就是“关怀为一种活动，其中包括维持和修复我们的‘世界’的一切活动，从而使我们尽可能更好地在此世界里生活下去”③。可见，“关怀伦理”注重人们之间的实际关怀“关系”状态以及怎样维持和修补，并且尊重当做出道德判断时对所在境况的讲述和敏感性，这些对凝聚社会关系和培育社会协作精神都会起到重要作用。

（二）关怀伦理是一种“柔性”伦理

关怀伦理主张道德情感在构建良好“关系”中具有重要作用，是“道德情感”维系着关怀的发展。关怀伦理代表人物诺丁斯就认为，是人们具有的像女性特有的道德情感认识和道德意志促使人们勇于付出伦理关怀，因为女性具有的伦理特征体现为善良、温和、关爱，以及注重关系上的融洽，而这些恰是促使伦理关怀完成的因素。但关怀伦理者反对把这些情感标定为仅是女性的伦理特征，她们认为关怀的道德情感取向是不限于一个领域或个别性别的，男性也会有这种情感的付

① 弗吉尼亚·赫尔德．关怀伦理学［M］．苑莉均，译．北京：商务印书馆，2014：12．
② 弗吉尼亚·赫尔德．关怀伦理学［M］．苑莉均，译．北京：商务印书馆，2014：73－74．
③ 转引自弗吉尼亚·赫尔德．关怀伦理学［M］．苑莉均，译．北京：商务印书馆，2014：47．

出，只不过他们不善于像女性利用情感进行道德思维而已。关怀伦理看重情感的作用，其源头可以追溯为深受休谟思想的影响，因为在休谟看来，道德的最终审判是情感，是情感将“道德变为真实的、行动的美德，而情感在所有人的人性中都具有普遍性”①。然而，情感在西方传统文化中常被解读为非理性的，所以在以理性主义盛行的西方社会常被排斥。我们应看到，关怀伦理主要是基于关爱视角，在行为实践过程中面对伦理困境选择时，试图找出一种解决由于义务论、公正观等主导性道德理论忽略情感关怀，会造成冷漠、隔离社会窘境的理论努力，以求弥补“去情化”的义务论、公正论等的不足，使关爱价值适当地扩展到社会各个方面，这种道德努力使关怀伦理具有“柔情万千”的初衷。

关怀伦理强调情感在道德行为选择或实践中的重要性，但不是说“情感”在付出时是没有规范的，关怀伦理提出在考虑情感付出时需要考虑到具体的细节情境，强调正确的关怀行动存在于与行为相关的具体情境关系中，而不是目的论、义务论等看重的推理形式的论证，关怀实践“因情境而异，因对象而异”。关怀伦理学始创者吉利根就说：“道德问题来自冲突着的责任而不是竞争着的权利，解决道德问题需要一种联系情境以及描述性的思考方式，而不是一种形式的和抽象的思考方式。”②情感付出中对这些细节情境的关注，也使得关怀伦理学呈现为“柔性”伦理的特征，中国传统文化中“己所不欲，勿施于人”表达的也是相同的含义。所谓“情境性”讲求对情境关系要进行细致分析，“联系情境而不是概念做出回答，强调‘依情况而定’，指出选择如何受当事人以及情况变化的影响”③。可见关怀行为的完成需要注意到具体情境中的双方和双方的具体意图目的，这样才可以说这个关系或相遇经历是“关怀性”的。而那种不考虑具体对象、具体情境进行的“强势”关怀行为，诺丁斯认为可能演变为“病态”的关怀，比如，“种种自以为是的、固执的、严格的、残酷的‘关怀’”④，这种以强力方式看似正当的行为使得结果成为伤害性的，以“柔性”为特征的关怀伦理对此提出了强烈的反对。

（三）关怀伦理是一种“过程”伦理

关怀伦理很多情况下被认为与“德性”伦理很相近。关怀伦理主张者不否认

---

① HUME D. An Enquiry Concerning the Principles of Morals[M]. Indianapolis: Hackett, 1983: 15.

② 卡罗尔·吉利根. 不同的声音——心理学理论与妇女发展[M]. 肖巍，译. 北京：中央编译出版社，1999：17.

③ 卡罗尔·吉利根. 不同的声音——心理学理论与妇女发展[M]. 肖巍，译. 北京：中央编译出版社，1999：37.

④ 内尔·诺丁斯. 始于家庭：关怀与社会政策[M]. 侯晶晶，译. 北京：教育科学出版社，2006：22.

“关怀”是一种“美德”,在价值论上,给予他人尤其是陌生人以关怀,这种行为本身就是高尚的。但她们认为关怀伦理更具有实践性意义,正如赫尔德所说“关怀伦理学特别关注关怀关系。关怀的关系具有首要的价值”①。可见,关怀伦理的核心内容是关怀“关系”的缔结、维持和修复,关怀伦理更看重的是“关系”形成、发展的“过程”,关怀伦理学家米尔顿·梅洛夫也有相同的主张:“关怀最重过程而非结果,因为我唯有在当下才能照料对方。”②关怀伦理凸显出一种“过程”伦理品性。

实施“关怀”,建立一个让人向往的“关系”属性,在关怀伦理学代表人物诺丁斯看来是一个复杂的“过程”,这个“过程”至少包括“相遇—在意—回应—共振”等要素。“关怀”的出发点在于“相遇”,两个对象首先应表现为相遇关系,一方对另一方有着特定的依赖性需求,才能使“关怀”成为可能。相遇关系出现了,关怀者需要透彻了解对方,“包括清楚和隐约的了解,知其然和知其何以然的了解,以及亲身与间接的了解”③,这样做是为了以合适的方式与被关怀者产生“关联”,“关联”通道建立起来,然后可以“投入”关怀。关怀者的关怀能否在被关怀者身上起到作用,还要关注一个关键环节,被关怀者能否“回应”,“对于关怀的回应是关怀伦理的一个核心内容”④。被关怀者的“回应”关键在于关怀者如何培育对象的道德情感(共情、关切、喜悦等)以及领会关怀的能力,这也是对关怀者实践关怀能力技巧方面的评估,比如,具有敏感性、关注能力,这样可以很好帮助洞察被关怀者的需求。有了“回应”还不能算关怀“关系”真实建立起来,被关怀者还要对“关怀”在内心产生“化学反应”,真正接纳“关怀”并使自我需求得以满足,从而标志着“关系”的最后完成,诺丁斯称这个环节为“共振(或共情)”。

审视关怀实践的“过程”,关怀“过程”还有更高的道德意义。关怀伦理认为这个“过程”是要达至一个互惠的目标,也就是都有收获的这样一种关系面向。关怀关系的意义并不是在于一方的施舍,另一方被动接受的关系,而是双方都有多方面的付出,双方“在交往中随时准备修正自身,这个基础必然由于智性的、情感的和精神的素质共同构成的整合力量而得到提升”⑤,用米尔顿·梅洛夫的话来

---

① 弗吉尼亚·赫尔德. 关怀伦理学[M]. 苑莉均,译. 北京:商务印书馆,2014:28.

② 米尔顿·梅洛夫. 关怀的力量[M]. 陈正芬,译. 台北:经济新潮社,2011:65.

③ 米尔顿·梅洛夫. 关怀的力量[M]. 陈正芬,译. 台北:经济新潮社,2011:42.

④ 内尔·诺丁斯. 始于家庭:关怀与社会政策[M]. 侯晶晶,译. 北京:教育科学出版社,2006:207.

⑤ 内尔·诺丁斯. 始于家庭:关怀与社会政策[M]. 侯晶晶,译. 北京:教育科学出版社,2006:216.

说就是"关怀一个人,就其最重要的意义来说,就是帮助他人成长并且实现自我"①。可见,关怀的"互惠"就是指双方在这样一种平等的关怀中都将会实现自我生命价值的"过程"。

第三节 关怀伦理嵌入老年人口"精神赡养"的合理性与优越性

关怀伦理发展到现在可以说是相当成熟的理论体系,正如推动关怀伦理学发展的重要人物弗吉尼亚·赫尔德所说的,作为一种新兴的理论,关怀伦理学已经发展成为很有前途的理论。"关怀伦理提出新的理论来发展新的实践,并且可能提供更大的潜力来推动比传统道德理论观点中包含的有所不同的道德进步。"②它不仅应用于指导"熟人圈"如家庭成员、朋友之间"关系"的和谐发展,也对诸如社会经济、教育、儿童看护、健康关怀等社会实践事务提供了成功的道德建议。和传统道德理论相比较,关怀伦理学应用于指导老年人口"精神赡养"开展具有诸多合理性和优越性。

一、关怀伦理嵌入老年人口"精神赡养"的合理性

关怀伦理从人的存在性出发,看到了人的脆弱性和依赖性,道出人类都需要相互之间通过真情付出,相互"关怀"来缩小距离和消除孤单的观点,从而很好存续下去。关怀伦理的内涵及品性与老年人口"精神赡养"的实践要求其实有诸多契合,关怀伦理嵌入老年人口"精神赡养"具有合理性。

(一)解决老年人口身体和精神的双重"脆弱性"是关怀伦理嵌入的本然要求

自然界中,人类可谓是渺小和脆弱的,但与其他动物最本质的区别是人类是有思想的,人类会思索如何将自身的脆弱变成强大。早在原始社会,人类就发现单个自身是不足以和自然抗衡发展的,继而开始群居生活。群居生活的目的之一就是可以做到相互关怀,团结一起生存下去。因此,人类本性中就蕴藏着"关怀"。现代社会的快速发展,不但在时空上拉开了人们的距离,而且在心灵上把人类造成了"孤独"的存在,此时人们更需要发挥出人类本性中具有的"关怀"精神来打破彼此间的"隔阂"。"关怀"可以看作是人类彼此生存下去的要求和力量。

---

① 米尔顿·梅洛夫. 关怀的力量[M]. 陈正芬,译. 台北:经济新潮社,2011:25.

② 弗吉尼亚·赫尔德. 关怀伦理学[M]. 苑莉均,译. 北京:商务印书馆,2014:42.

人进入老年期后,身体一般会发生老化现象,出现一些典型的生理变化,如皮肤苍白、头发脱落、肌肉萎缩、脊背佝偻等,给人“暮气沉沉”之感。伴随这些外在现象,老年人体力、活力、记忆力、身体灵活性都会急剧下降。还有,老年后,各种疾病问题会缠绕着身心,研究表明,70 岁以上老年人一般平均罹患一种慢性疾病,80 岁以上老人一般平均会罹患上两种慢性疾病。与其他年龄段人相比,老年人身体是“脆弱”的,尤其当身体产生疾病时,老年人不能很好从事以前的事情,甚至一些基本日常生活活动(如洗澡、穿衣、如厕、吃饭等)都会有障碍,老年人常会感到“心有余而力不足”。这时,需要一种外在力量帮助老年人克服身体的“脆弱性”,关怀伦理主旨是通过帮助给人以力量,关怀的嵌入可以佑护老年人,使其晚年生活质量得以提升。

人进入老年期,精神上也会发生重大变化,出现一些负面情绪情感。唐代孙思邈在《千金翼方·养老大例》中说:“人年五十以上,心力减退,忘前失后,兴居怠情,计授皆不称心……万事零落,心无聊赖,健忘嗔怒,性情变异,饮食无味,寝处不安。”①宋代陈直在《养老奉亲书》中也指出:“眉寿之人,多咨煎背执,等闲喜怒,性气不定,止如小儿。”②也就是说老年人性情普遍是多变不居,易生郁闷、悲哀、忧愁等不良之情,精神上会产生“无用”“累赘”感。医学已经揭示:情绪情感方面的暴怒、焦虑、悲观、急躁等不良消极情绪,会影响机体的神经、内分泌、免疫系统等,使其功能紊乱或低下,从而使人生病。还有老年阶段时刻面临死亡问题,死亡恐惧是人类的一种本能,老年阶段会更为强烈,死亡恐惧成为老年阶段最为主要的精神负担。总之,老年人这些负面情绪情感如不能很好得以排解和消除,很容易对老年人健康产生巨大影响,使本来就容易受到伤害的老年人精神世界变得更加“脆弱”。慰藉老年人的精神深处,中和老年人常有的负面精神情绪,仅有物质给予是完成不了的,“精神”出现的问题需要通过“精神给予”方式来解决。关怀伦理从人的本性出发,强调积极通过“情感供给”和“依境而为”来搭建良好的“关系”系统。在“孝”动力机制弱化的现当下,关怀伦理嵌入老年人口“精神赡养”可以帮助老年人重构起强大的“精神世界”,这不仅是老年人口“精神赡养”的本然要求,更具有实践合理性。

(二)弥合老年人口精神赡养中的“情感缺口”是关怀伦理嵌入的实然要求

“精神赡养”主要是指通过情感化行为的付出来满足老年人口精神上的“缺口”,使老年人快乐生活下去,增加老年人精神上的愉悦感。积极“用情”对待年迈

① 孙思邈. 千金翼方[M]. 太原:山西科学技术出版社,2010:272.

② 陈直. 养老奉亲书[M]. 北京:北京大学医学出版社,2014:256.

父母是"精神赡养"的要求,情感的倾注可以给予老年人心灵、精神上的安慰,这些"天伦之乐"是老年人最想得到的。这在传统社会里是通过"孝"来约束完成的,"孝"的实践场域主要是家庭,传统"孝"的情感性提倡目的是使子女要学会对父母的感恩,认识到自己应尽的道德义务,从而心生孝情来赡养父母。而在当下,"孝"的"情感性"要素已经丧失了很多,造成在现代赡养行为中,以物质供给代替情感给予被认为是"孝"的内质,孝的标准被降低了,"去情化"的"精神赡养"使现代"赡养"行为失去了"精神",或者说"孝"在当下约束人们赡养父母要重视"精神慰藉"的功能降低了。

关怀伦理主要特征之一就是"情感性",在关怀伦理看来,关怀动机是建立在情感基础之上的,因为人都是有情感和情感需要的,情感认识到关怀义务的必要性,在情感的促使和真实行为付出下,伦理性的关怀得以实践,关怀情感的注入,情感相互的交融,使得和谐关系建立起来。老年人口"精神赡养"在当下需要关注的就是"情感性"赡养行为实践,以关怀伦理为理论指导,可以很好地让人们认识到"精神赡养"应以"情感"性关怀付出为标准,真情实意地去关照老年人的精神需求,这样才能满足老年人精神需求的"缺口"。另外,关怀伦理还强调关怀行为不能随意付出,要考虑到关怀的情境性问题,主张要根据不同对象、不同境遇来实施,不能采取统一的操作模式。如萨拉·特朗托指出,"关怀视角需要在不破坏既定关系的情况下解决冲突,道德问题可以通过调节自我和他人之间的需要,平衡竞争和合作,维系关系的社会网络来表示"①。这对解决当下老年人口"精神赡养"现实问题很有启示性。我们知道,老年人一般都饱经沧桑,阅历十分丰富,由于文化背景、家庭背景、生活经历的不同,老年人的精神世界是千差万别的,有的老年人可能比较开朗,容易交流;有的老年人可能比较保守,不喜欢他者的关注;而有的甚至固执,不愿展示内心想法等。即使同一位老人,在老年期不同阶段,性情也会有很大变化。这样就需要考虑根据不同性情的老年人、不同的境况来采取不同的关怀方式,搭建起关怀老年人的"关系"桥梁。关怀伦理强调随境遇变化而做出不同关怀行为,在现实中应用于老年人口"精神赡养"上,可以用来指导根据不同老年人和老年人的不同阶段做出不同的关怀行为,远比以"孝"为行为机制要"精致"得多。

(三)扩展老年人口"精神赡养"的主体是关怀伦理嵌入的应然要求

传统社会老年人的赡养是通过"孝"道来约束,"孝"在传统社会里具有"礼法"化的特点,尽"孝"的场域也主要是在家庭里,以"孝"指导家庭子女进行"精神

① 范伟伟. 儒家"仁"之伦理与关怀伦理可否兼容?[J]. 伦理学研究,2009(3).

赡养”具有很强的规范作用。也可以说，在传统社会里，“精神赡养”的实施主体仅仅指向的是——家庭子辈，一旦家庭子辈孝的情感不能付出，“精神赡养”就会成为问题，所以在传统社会里有“养儿防老”“多子多福”的祈求，总希望家庭里子女越多越好。而随着社会的变革、家庭结构的变化以及“孝”的礼法化的弱化等情况，现代社会“孝”的输送管道变得狭窄化，以“孝”来约束越来越多的“少子化”家庭对待父母的要求很难实现。这就需要在现代社会“精神赡养”过程中探寻主体的扩展，以求更多力量加入“精神赡养”中来。关怀伦理嵌入老年人口“精神赡养”符合老年人口“精神赡养”主体需要扩展的应然要求。

关怀伦理在施与关怀的主体指向上更广泛，这种主体指称可以指向“自我”和“他者”两个维度，“自我”即是自己可以对自己实施关怀——自我关怀，“他者”可以指包括家庭子女、朋友、亲属、同事、机构、国家社会等一切可以施与关怀的主体在内，即是广义上的“他者”关怀。关怀伦理指导“精神赡养”在主体上的扩大，比传统“孝”中单一的子女主体指向可以尽可能地满足老年人口“精神赡养”的要求。首先，是大量“空巢、空心”家庭的存在，决定了现代社会老年人需要进行自我关怀，比如，老年人自我价值实现、死亡恐惧的去除等往往只能由老年人自己来帮助自己完成。其次，“少子化”家庭状况，需要考虑把社区、养老机构、国家社会等作为关怀主体纳入“精神赡养”中，关怀伦理把这些看作是广义的“他者”关怀，这些主体可以很好形成“合力”完成对老年人口“精神赡养”。另外，关怀伦理在“关系”构建上强调行为的“互动、互惠性”，这样在指导“精神赡养”时，就把关怀主体和客体都纳入关怀系统里，关怀主体在关怀老人中获取很多知识和成就，老年人也会在被关怀中获取支持，按照关怀伦理所意味的就是“关怀过程中相互都得以成长”。关怀伦理用于指导“精神赡养”比“孝”要求子女单方面奉献更具有实践意义。

二、关怀伦理嵌入老年人口“精神赡养”的优越性

关怀伦理嵌入老年人口“精神赡养”不仅具有实践上的合理性，在同传统“孝道”伦理和西方传统道德理论相比较过程中，更具有理论上的优越性。

（一）有效聚合“关系”，关怀伦理在功能发挥上具有优越性

马斯洛需求论揭示，人的需求是多层面的，在物质生活基本需求满足的基础上，更高的精神需求会出现。当下我国老年人的物质需求可以说基本得到了满足，这样老年人精神世界的需求越来越强烈。但实际是，我国老年人精神“荒芜化”十分普遍，“老无所乐”已经成为这个群体的隐痛。曾报道重庆市一位独居老人一年拨打了1483次110，原因竟是因为自己不堪独居的孤独，希望民警陪他聊

天,老年人以“错位”方式汲取精神上的需求反映出我国养老存在着很多问题。其中一个问题是,“精神需求”对老年人来说是最重要的“需求”,但在当下由于民众观念认知不足和社会实际情况的约束,单一依靠家庭子女来实施老年人“精神赡养”是不能胜任的。其实,“精神赡养”是通过满足老年人“精神”上的多种“需求”来实现的,老年人“精神需求”特殊性决定了有些是可以通过“外索”获得,靠他人的“给予”来完成,也有些需要只能通过“内求”获得,依靠自己获取精神上的安慰,如老年人去除对“死亡”的恐惧等。可见,当下老年人的“精神赡养”应是一个“系统工程”,子女的道德自觉付出固然重要,更应看到老年人积极“自养”、社会机构主动融入的意义,也就是,“老年人自身、家庭子女、养老机构、政府”等多维主体均需加入赡养过程中来,形成赡养“合力”,才能真正完成当下老年人口“精神赡养”。

多维主体形成赡养“合力”其实就是把多维主体“关系”如何协调和凝聚的问题。以强调“关系”缔结、维护和修复的“关怀伦理”应用于此,“关怀伦理”在功能发挥上具有先天的理论优越性。首先,关怀伦理在关怀供给的主体指向上可以更广泛,这种主体指称既可以指向“自我”,也可以指向“他者”,“自我”即是自己可以对自己实施关怀——自我关怀,“他者”可以指包括家庭子女、朋友、亲属、同事、社会机构等一切可以施予关怀的主体在内,即是范围较广的他者关怀。“精神赡养”在现代社会需要多维主体的加入,用“关怀伦理”指导“精神赡养”,可以把多维主体纳入其理论视野下,比传统“孝”道用于指导“精神赡养”,无论在理论上和实践上都具有合理性,因为“孝”是不能用来指陈和规约无血缘关系的“他者”行为的。其次,“关怀伦理”是“聚合”伦理,它把“人”看作是彼此具有依赖“关系”的集合体,认为人天生都需要他人关怀,尤其是人人都会有老的时候,而很多人晚年会生病,特别是垂暮之年,有些人终身残疾,每个人都需要被他人关怀,关怀伦理从人的“依赖性”出发,把“关怀”看作是拉近人与人“关系”的主要方式,“关怀”使人认识到彼此的不可分离,要聚合而生。因此,关怀伦理应用于指导“精神赡养”,在理论层面,可以深入内层来观照各个赡养主体的地位属性和指导形成实施关怀的原则、内容、作用机制等,起到很好指导“精神赡养”的作用。在实践层面,可以有力、高效地把多维赡养主体“关系”协调好,共同“发力”指向老年人的精神关爱。而当下“唯理性”道德理论等虽占主导性地位,但这些理论本身具有的“分离”性内质极易致使关系造成“割裂”和“分离”,关怀伦理应用于“精神赡养”在功能上比它们更具有道德实践意义。

(二)精准倾注“情感”,关怀伦理在内容关照上具有优越性

评论“精神赡养”品质高低主要是看老年人是否实现了“快乐”,“快乐”是老

年人生活质量良好的根本体现。“快乐”其实是精神上的感觉反映，它包括两种：感官的快乐和内心的愉悦。感官快乐通过饮食、性等生理属性的满足可以实现，属于低级的快乐，西塞罗在《论老年》一书中就认为感官快乐的享受是危险的，“感官上的快乐是自然赋予人类最致命的祸根；为了寻求感官上的快乐，人们往往会萌生各种放荡不羁的欲念”①。老年人由于自身生理特点，感官快乐会随年龄增大越发迟钝，因此属于老年人追求的快乐应是内心的愉悦。但老年人会常常因为外在条件和内在因素的影响，在性格上常显示出怨天尤人、孤独自卑、喜怒无常等怪癖，为此内心很容易陷入伤感、焦虑、苦恼之中。实现老年人内心愉悦主要靠积极情感的支持，“情感方面的支持满足能够帮助老年人，尤其是高龄老年人，使其在面对诸如丧偶、丧子、病重或事故等压力和创伤的时候维持生活满意度”②。

对于指导“情感”付出的理论，前文已有提及，传统“孝”道可以规范子女通过情感付出实现对亲人的“赡养”。但随着时代境遇的变化，以物质供给代替情感给予的“孝”行为实践使“孝”呈现为“去情化”状态，传统“孝”道很难“担当”起指导现代“精神赡养”的任务。而传统“唯理性”道德理论也因其具有排斥“情感”因子的理论本性，也不适宜作为“精神赡养”的指导理论。

应该看到，关怀伦理主要特征之一就是看重“情感”付出，把是否有“情感”内容加入的行为看作是评价道德性行为的关键要素。在一定意义上，关怀伦理就是关爱“情感”如何付出实践的伦理。这主要是基于关怀伦理看到了人是有丰富情感的高级动物，把“情感”看作是人类生命活动中的一种基本表现形式，情感的倾注和交融可以使得人与人之间和谐“关系”缔结。老年人“精神赡养”在当下需要关注的重要问题就是多个维度的主体“情感”关爱行为的付出，以关怀伦理为指导理论，就很容易让人们认识到老年人在当下精神上缺少的是“情感关护”，“精神赡养”推行中应以“情感关怀”为主要内容，从而倾注“真情实意”去关怀老年人各种精神需求。另外，还要注意的是，“精神赡养”实际推行中还应关注老年人的差异性问题。由于文化背景、家庭环境和生活经历等的不同，人进入老年期，精神世界会千差万别，精神需求也各不相同。即使同一个老人，在不同时间段情绪情感也会有很大变化。这样，就需要考虑根据不同性格、不同境况的老年人给予不同的“情感”关爱，“精准”供给才能起到效果。关怀伦理着重强调“依据境遇”考虑“情感”的给予，关怀伦理应用于当下“精神赡养”，可以很好根据老年人的不同情况精准实施“关怀”。

---

① 西塞罗．论老年 论友谊 论责任[M].徐奕春，译.北京：商务印书馆，2004：21.

② 戴安娜·帕帕拉．发展心理学[M].李西营，等译.北京：人民邮电出版社，2013：261.

(三)涵盖行为“过程”,关怀伦理在实践保障上具有优越性

道德理论经常用来对行为进行判断和规约,以期保障行为的“正当性”。一个完整行为的表达其实包括“始端、过程和结果”,行为的道德性判断也应该是对三部分的综合审视。在传统道德理论中,义务论、德性论等对行为始端可以起到规范,康德提出“善良意志”的旨趣就在于此,而以“满足最大多数人最大幸福”的结果论、功利论等对行为目标和结果会起到导引作用,但它们往往缺少对行为中间“过程”的辩护,很难保证行为“向善”目的。而注重“过程”规范的关怀伦理出场,它可以对行为“关系”在缔结、维护和修复上提出较好的道德建议,在一定意义上可以规范和保障行为的道德性。

一般意义上会认为,老年期本身就是一个“庸长无味”阶段,尤其在“精神”上会产生“空虚、无聊”感,惧怕老年期的到来是人之常情。“精神”的形成变化是一个长期的过程,不是一朝一夕可以实现的。因此老年人口“精神赡养”是一个漫长的“精神”上的“付出—流动—接收”过程,它不像“经济供养、生活照料”等形式在短时期内或一次性可以完成。这个过程除了漫长之外,它还是相当复杂的过程。每个老年人都有不同的情感需求,同一个老年人在不同阶段也会有不同的情感需求,选择给予老年人所需的“情感”本身就是一项艰难的事项,不能“精准”给予,很难保障“赡养”行为的延续。我们知道,古人是用“善事父母”表述这一意义的,“事”是“对待”的意思,如何“对待”关涉一种“选择”问题,古人提出“孝子之事亲也,居则致其敬,养则致其乐,病则致其忧,丧则致其哀,祭则致其严”的说法,就是说,在亲人健康时可以选择“敬”的情感对待;赡养年龄大了的父母要顺从父母让其快乐;在父母生病时要谨慎用心去服侍;父母去世了要怀有悲哀情感;祭祀时要严循礼法。这样古人选择“敬、乐、忧、哀、严”情感分别对应贯穿到亲人“生、老、病、死、祭”全过程,实现了“善”的要求。遗憾的是,指导这些行为规范的传统“孝”道文化在当下已失去了它的很多功能,很难担负起指导现代“精神赡养”任务。而欣慰的是,关怀伦理重视行为“情境过程”,强调培育“敏感性”来体察被关怀者的“需求”,这样用来指导“精神赡养”,可以帮助人们敏锐发现老年人在不同阶段精神上的“空缺”,选择合适的“情感”倾注来实施关怀,从而保障赡养过程能顺利实现,提升老年人“精神赡养”品质。更为有意义的是,关怀伦理把关怀实施看作是“帮助他人成长同时实现自己”的“互惠”过程,这样应用指导“精神赡养”,就可以让人们认识到关怀老年人,不但帮助了老年人安度晚年,这是一项高尚的行为,而在帮助老年人过程中,与老年人结成良好的“关系”,自己也会从老年人那里学到丰富的知识和人生经验,获得了发展和成就感。关怀伦理应用于老年人“精神赡养”,很容易引导人们去积极从事并坚持对老年人付出“情感”关怀,这种

理论在保障“精神赡养”实施上所起的作用是其他传统道德理论不可企及的。

第四节 关怀伦理指导下老年人口“精神赡养”支持系统构建理路

关怀伦理指导老年人口“精神赡养”具有理论合理性和优越性,关怀伦理可以说是尝试解决老年人口“精神赡养”的“第三条道路”。具体到实践中,需要研究关怀伦理指导老年人口“精神赡养”如何推展。“精神赡养”实践实质是研究“精神”供给问题,即针对老年人“精神需求”来供给“关怀产品”,填充老年人口“精神缺口”,从而帮助老年人快乐幸福。因此,“哪些主体参与供给关怀”以及“主体如何协作来完成关怀”成为关怀伦理嵌入“精神赡养”实践的两大基本问题,仿用麦金泰尔的话,即是“谁之关怀,何以完成”两大基本问题。

对于“谁之关怀”,所要回答的问题是现代社会老年人口“精神赡养”实施关怀的“主体”问题。这在前面已有详细分析,得出的结论是,现代社会老年人口“精神赡养”应是多维“主体”参与供给才能实现,这些主体在现代社会可以包括“老年人自我、家庭子辈、养老机构人员、国家(政府)”四个维度,他们都应参与到现实社会老年人口精神赡养过程中,担负关怀行为实践的“主体”来共同填补老年人口精神需求的缺口。在现实中,我们课题组3000多份问卷调查结果也是如此。如A卷中有44.1%的调查对象认为需要多维主体形成“合力”来完成对老年人的精神关怀。

关怀“何以完成”回答的是关怀行为嵌入老年人口精神赡养过程的良好实现问题,这是课题要解决的最核心问题。提出“老年人自我、家庭子辈、养老机构人员、国家(政府)”作为赡养主体,虽然拓展了传统单一向度研究“精神赡养”主体问题,很明显,他们参与到赡养中来,需要深入内层观照各个关怀主体的地位属性和实施关怀的原则、内容、作用机制等。更为主要的是,这些主体在一定意义上是分割开来的,它们作为组成要素需要形成关怀“合力”才能发挥出最大化效果。关怀伦理强调的就是良好“关系”的缔结,这些主体“耦合”形成一体,才能建构关怀伦理在“精神赡养”实践中的应用理论体系。这其实关涉“社会支持系统”理论问题,“社会支持系统”理论是解决此问题的方法论。

一、“社会支持系统”的含义

人是处在各种紧密联系中的社会存在,当个体面对困境和威胁时,都有需要从社会他处寻求支持的愿望,“社会支持”理念由此而来。“社会支持”作为明确概念是在精神病学中最先提出来的,20 世纪 70 年代初,精神病学研究者发现,良好的社会支持与身心健康有着重要关系。如伯克曼和塞姆在加利福尼亚进行调查研究得出结论,“那种缺乏社区关系的人较之与人有更紧密接触的人在以后的时期里更可能死亡”①。此后,“社会支持”概念被引入心理学、社会学、政治学等研究领域,并取得诸多成果。

如何定义“社会支持”的概念,目前可谓是“百家争鸣”,不同学科从自身学科特征都提出独到的观点。如有研究者认为,“从笼统的含义上,我们可以把社会支持表述为各种社会形态对社会脆弱群体即社会生活有困难者所提供的无偿救助和服务”②。也有研究者认为,“社会支持应该被界定为一个人通过社会联系所获得的能减轻心理应激反应、缓解精神紧张状态、提高社会适应能力的影响”③。这些社会联系包括来自家庭成员、亲友、同事、团体、组织和社区的精神上和物质上的支持和帮助。也有学者认为,社会支持是多种社会关系互动交换的过程,包括正式与非正式支持,“广义而言,社会支持既涉及家庭内外的供养与维系,也涉及各种正式与非正式的支持与帮助”④。由此可见,对于社会支持概念理解虽然见仁见智,但无论国内还是国外,研究者有个基本共识——认为社会支持应是指“一定社会网络运用一定的物质和精神手段对社会弱者进行无偿帮助的一种选择性社会行为”⑤。这个行为过程应是复杂的社会多维主体参与,通过有效手段的运用,给予需要支持的对象以物质和精神上的帮助,从而实现支持效果,即社会支持应是一个“系统”在学界和世俗中基本得到承认。因此,社会支持如果作为“系统”看待,一般来说,这个“系统”包括主体、客体、内容、运行机制等几部分。

社会支持的主体即社会支持的提供者。能够作为提供支持的力量一般认为是个体的人,如在张文宏等看来,社会支持的主体是与客体有着一定关系的个体,“个人的社会支持网是由具有相当密切关系和一定信任程度的人所组成的。……从一般意义上说,社会支持指人们从社会中得到的、来自他人的各种帮助”⑥。这

① 贺寨平. 国外社会支持网研究综述[J]. 国外社会科学,2001(1).

② 郑杭生. 转型中的中国社会和中国社会的转型——中国社会主义现代化进程的社会学研究[M]. 北京:首都师范大学出版社,1996:319.

③ 李强. 社会支持与个体心理健康[J]. 天津社会科学,1998(1).

④ 蔡禾,叶保强. 城市居民与郊区农村居民寻求社会支援的社会关系意向比较[J]. 社会学研究,1997(6).

⑤ 陈成文. 社会弱者论——体制转换时期社会弱者的生活状况与社会支持[M]. 北京:时事出版社,1999:157-158.

⑥ 张文宏,阮丹青. 城乡居民的社会支持网[J]. 社会学研究,1999(3).

可以说是从狭义上来定义社会支持的主体。其实,社会支持的主体还可以从广义上来分析,它可以是个体,也可以是由个体放大或有效聚合的社会组织,社会组织同样可以起到供给作用。如郑杭生等认为,广义的社会支持分为国家支持(主体是国家)、经济领域支持(主体是企业)和狭义的社会支持(主体是社团和个人)三个层次。① 因此,社会支持主体的广义理解更能全面涵盖提供支持力量的范围。社会支持的客体即指接受社会支持的人。对于接受者包括哪些人主要有两种不同的意见。一种观点认为社会支持的客体应是指向特定的对象,主要是指社会中的脆弱群体等。“社会支持不具备普遍性,它的支持对象并非全体社会成员而仅限于社会脆弱群体。”②另有观点认为,社会支持对象应是具有普遍性的,社会中每个个体都会碰到困难,因此人人都可能成为支持的客体对象。一般而言,国内外大多数学者是将社会支持的客体界定为所有需要提供支持的个体或群体。社会支持在内容上的划分较为复杂,考伯将社会支持“区分为情感性支持、网络支持、信息性支持、物质性支持、工具性支持和抚育性支持等”③。陈成文等将社会支持分为客观支持和主观支持两大类,“一是指客观上的支持,包括物质上的直接援助和社会网络、团体关系的存在与参与,是人们赖以满足他们社会、生理和心理需求的家庭、朋友和社会机构的汇总。二是主观上的支持,即个人所体验到情感上的支持”④。目前共识度比较高的一种分类方法,是将社会支持内容分为“物质性、精神性、工具性和信息性”四种。运行机制应是指使社会支持成为“系统”可能性的保障,对于运行机制可以理解为是保障支持系统正常运转的有效方式方法,它起到很好联结和黏合社会支持主体与客体的作用,也是在社会支持主体与客体之间架设的桥梁,使社会支持内容正常传输与反馈。运行机制是社会支持呈现为一个良好运行系统的关键。运行机制既可以指向宏观的促使整个系统良好运转的机制,也可以指向微观的使各个“子系统”运转的机制。

社会支持系统提出的重要意义在于看到人的本身的脆弱性以及很多自身无法获取到的需求,而人是处在复杂社会关系中的,只有从他处获取物质的、信息的、精神上的多重支持,尤其是精神上的支持,才能摆脱困境的束缚,从苦痛的深

---

① 郑杭生. 转型中的中国社会与中国社会的转型[M]. 北京:首都师范大学出版社,1996:319.

② 郑杭生. 转型中的中国社会与中国社会的转型[M]. 北京:首都师范大学出版社,1996:359.

③ 周林刚,冯建华. 社会支持理论——一个文献的回顾[J]. 广西师范学院学报(哲学社会科学版),2005(3).

④ 陈成文,潘泽泉. 论社会支持的社会学意义[J]. 湖南师范大学社会科学学报,2000(6).

渊中走出来。社会支持理论还主张,社会支持系统的良好运转还需要构建一个良好的机制,这样让能力不足的社会个体获得足够多的温暖、爱、归属感和安全感,使他们有获得感、满足感从而幸福生活,社会也才能处于良性运行状态。

二、老年人口"精神赡养"支持系统研究概述

老年人口"精神赡养"社会化趋势越来越明显,需要多方力量参与才能完成,其"支持系统"的构建问题成为紧迫的"事件"。遗憾的是,目前鲜有关于老年人口"精神赡养"支持系统研究的著作成果出版。

在国外,关于老年人口"精神赡养"支持系统问题研究取得了一定的成就。主要特征表现为三个方面。一是对"精神赡养"支持主体研究多强调"社会"层面支持功能的作用,这与国外轻视家庭养老功能的文化背景有重大关系。如有学者指出,我国养老是"反哺型"的,"你养我小,我养你老,相互对应"。而国外是"接力式"形式,"你养我,我养我的儿子,我儿子养他的儿子"①。也就是说,国外把父母养儿子看作是义务,是应该的,至于儿子养不养父母是没有苛刻要求的。因此,国外学者认为家庭子女提供的精神支持是不完善的,老年人口"精神赡养"的供给应以"社区、政府"为主体,所以关于社会支持研究理论较丰富。如卡伦认为社会支持指(老年)个体"由社区、社会网络以及可信任的他人所实际或想象中可能提供的物质和精神上的帮助"②。瓦格纳等学者认为提升老年人精神关怀的支持力度关键在于政府应加强针对社区的支持。在美国则把老年人的社会支持项目分为包括社安退休金、医护保障、医疗保障等 11 大类。1997 年美国出台《平衡预算法案》,提出 PACE(全面医疗照顾)计划,为老年人提供所有的医疗相关服务。③ 对需要精神支持的老年人,可以从医疗保障项目中获得来自政府的帮助,使他们过上独立、有尊严、有质量的生活。二是对"精神赡养"支持内容多重视"灵性"研究。Coyle、Lambert 等人认为老年人的精神需求是多样、复杂的,包括自我价值感实现、倾诉需求、亲人陪伴需求等,其中着力关注点应是老年人"灵性"的需求。"精神赡养"中关注"灵性"需求是深受西方宗教文化影响的结果,美国学者威廉·詹姆斯最早对"灵性"进行了定义,他说:"灵性是人类超越自身的过程。对于信仰上帝的人,灵性是他们与上帝的关系的体验。对于人道主义者来说,灵性是

---

① 孟绍群. 精神赡养:说来简单做来难[N]. 法制日报,2003-11-04.

② CULLEN F T, WRIGHT J P, CHAMLIN M B. Social support and social reform: A progressive crime control agenda. Crime and Delinquency[J]. 1999(45).

③ 周玉萍. 政府购买社区养老服务研究[M]. 北京:中国社会科学出版社,2019:234.

与他人相处的自我超越体验。对某些人,它可能是与自然或宇宙(无论怎样描述它们)的和谐或同一的体验。它引导我们进入一个王国,在那儿我们可以体验到与某种大于自身的事物的联合,并由此找到自己最大的安宁。”①“灵性”在西方文化里可以说是“精神”的“代名词”,它所指陈的相当于我们前文分析“精神世界”中的“意义世界”。20 世纪 70 年代,被称为世界“临终关怀之母”的桑德斯女生也提出重视临终老人的“灵性”需求,并把临终关怀的主旨界定为对患者“身、心、灵”的关怀。三是对“精神赡养”支持系统运行重视立法保障研究。家庭赡养功能的孱弱强化了国外立法保障“精神赡养”实施的意识,许多国家和地区都制定了关涉“精神赡养”推行的法律制度。如新加坡于 1994 年制定了《赡养父母法》,是世界上第一个为“精神赡养”立法的国家,其中规定如果发现子女不能履行赡养义务,法院可对子女进行罚款甚至判刑。韩国建设交通部 2006 年发布了《住房认购制度改革方案》,提出对那些在赡养亲人方面做得好的家庭给予购房优先权,在申购住房时最高可以增加 3 分,鼓励社会形成赡养老人的良好风气。日本是目前老龄化最严重的国家,日本出台了《老年福利法》《国民年金法》《老人保健法》等法律法规来保障老年人的权益,其中包含倡导子女与亲人同住的规定。针对十分普遍的“空巢”家庭现象,日本学者还提出了带有温情的照护概念——“一碗汤距离”,其内涵是要求子女不能与父母远距离居住,最好的测算标准是“送给亲人一碗汤不能凉掉”。这种提倡和规定既照顾了子女希望有单独空间的想法,又可以使老人得到便利的照顾。老年人晚年“精神孤独”同样也是西方国家面临的社会难题。法国政府为保障老年人在家庭中得到很好照护,甚至修订相关法律,“要求子女给老人更多的精神关怀,其中包括子女必须随时告知父母自己的行踪,随时掌握父母的身体状况等。”②而在瑞典、芬兰等北欧一些福利国家的老年人权益保障法,也都有对“精神赡养”的具体要求,这些要求甚至以量化的方式体现,如细致到规定子女每年、每月看望父母的次数和时间,沟通的方式和说话的语气等,以法律形式保障“精神赡养”品质的实现。

随着我国社会老龄化的加剧、家庭结构的变化和经济水平的提高,我国老年人口“精神赡养”问题于2000 年后受到了更多的关注。在对“精神赡养”支持系统中主要关注“供给内容”的研究,其中以穆光宗先生的“三分法”为代表。穆先生提出,“对‘精神赡养’范畴的把握应从人格尊重、成就安心和情感慰藉三个维度来

---

① TRAUTMANN R L. Psychotherapy and Spirituality,Transactional Analysis [J]. 2003,33(1):32 -36.

② 陈实. 国外也规定“常回家看看”[J]. 四川党的建设(城市版),2013(8).

展开，换言之，全方位的精神赡养必须同时满足老年人的自尊需求、期待需求和亲情需求”①。明艳则提出了城市老年人精神需求呈同心圆的“差序格局”状况，“……它包括感情需求、娱乐需求、求知需求、交往需求和价值需求五个方面，它们之间存在一种由中心向外推，越推越远的‘差序格局’。其中感情需求居于中心位置，娱乐需求、求知需求和交往需求居于向外推的第二层，价值需求居于第三层”②。这些研究都为“精神赡养”实践在“供给内容”方面认知上提供了指导。而在关于老年人口“精神赡养”供给保障机制上，多是从亲情“孝道”机制或家庭、社区、社会支持等较为“单调”的主体维度考量。如王泽淮等认为：精神赡养就是家庭晚辈对老年人从情感、心理等方面给予关心和帮助，满足老人的精神需要。③徐小美提出作为老年人生活与活动中心的社区理应利用自身优势，为老年人的精神养老提供平台、创造条件。④ 在立法保障上，虽然“精神慰藉”已入法，但“经常看望”等行为规定模糊不清，对那些“忽视、冷落”父母的子女也没有提出处罚措施，难以产生震慑作用，因此目前相关的法律规定是缺乏执行性的。值得关注的是，在国内，刘同昌是最早提出精神赡养“社会支持系统”概念的学者，在《论老年人精神赡养的社会支持系统》一文中，刘同昌认为老年群体精神需求的满足和政府、社区、家庭以及老年个体这些因素有着密切联系，因此“有必要探讨在老年这一边缘群体中构建富含社会资本的社会支持体系对满足老年养老需求的可能性和现实性”⑤。杜鹏则最早认为老年人的精神赡养是一个“系统工程”，需要社会多个组织的参与来构建一个立体的、多层次的支持系统。⑥ 这些学者提出的观点和思想都为我国开展老年人口“精神赡养”提供了很好的思路。

但总体来说，目前国内外老年人口“精神赡养”支持系统问题研究多是关注社区关怀、法律保障、制度建设、家庭孝道传承、文化环境改变等单一（或某些）向度，虽取得了一定的成果，但缺失还是很突出的。首先，研究视角多是从表象描述现状和提出相关支持建议，缺少形而上层面的、系统的探究，构建的老年人口“精神赡养”支持系统缺乏“出场”的理论根基。其次，研究进路上，没有找准“入口”。尤其在我们这样一个深受伦理型文化浸润的国度，“伦理视野”研究的关注度不

① 穆光宗．老龄人口的精神赡养问题[J]．中国人民大学学报，2004(4)．

② 明艳．老年人精神需求“差序格局”[J]．南方人口，2000(4)．

③ 王泽淮．老年人精神赡养方法探微[J]．长沙民政职业技术学院学报，2004(2)．

④ 徐小美．浅议社区在老年人精神赡养中的作用[J]．乌鲁木齐职业大学学报，2010(3)．

⑤ 刘同昌．论老年人精神赡养的社会支持系统[J]．中共青岛市委党校（青岛行政学院学报），2008(9)．

⑥ 李永杰．专家呼吁构筑老年人精神赡养系统工程[EB/OL]．中国社会科学网，2014－5－3．

够，特别是没有发现“关怀伦理”在解决老年人口“精神赡养”问题中具有关键的学术价值和实践指导意义，缺乏老年人口“精神赡养”的关怀主体、关怀原则、道德实践等方面相应成熟的理论构建，显示学术界在这方面研究的不足。国外研究也存在着同样的缺失。应该看到，支持系统理论强调构建的系统良好运行，需要有良好的机制保障，而中国传统“孝道”文化的“式微”以及传统西方道德理论的“无奈”等，指导“精神赡养”均出现“心有余力不足”的状况，所以探寻新的理论作为指导老年人口精神赡养运行机制具有重大价值。最后，老年人口“精神赡养”的特殊性决定了老年人口“精神赡养”品质提升需要各方“关怀力量”的融入，形成伦理关怀“合力”才能完成。虽然有学者意识到构建老年人口“精神赡养”支持系统的意义，而对强化以血缘关系、地缘关系为基础的非正式支持以及增强农村老年人的自养能力有所关注，但以更为宏观的视角探寻构建多元的、覆盖“老年人自我、家庭、社会机构、国家（政府）”等多维度的支持系统模式，以及各方在这一系统中的地位、关系与整合方式研究是缺失的。简言之，就是关于支持“系统”研究的“系统性”研究不足，这不能不说是当前“精神赡养”支持系统研究存在的重大“问题”。

三、关怀伦理与“四位一体”支持系统构建的理路

老年群体是社会的弱势群体，在他们走向暮年的过程中，需要得到来自社会全方位的帮助，尤其是在“精神慰藉”上，需要打破传统“碎片化”的支持状况，构建一个良好的“支持系统”，完成对老年人口“精神赡养”的工作。根据社会支持系统理论，构建我国老年人口“精神赡养”支持系统也应从支持“主体、客体、内容和机制”来考虑。

在认识论意义上，主体与客体是一对相对的哲学范畴。马克思主义认为主体主要是指处于一定社会关系中的从事有目的活动的实践者。在此意义上，主体具有两项基本规定：一是主体指向有目的意识的人；二是主体必须是实践活动的承担者。所以马克思主义认为，人在认识自然和改造自然的实践过程中形成了自我“主体性”。马克思在解释作为实践主体“人”的本质时说过：“人的本质并不是单个人所固有的抽象物。在其现实性上，它是一切社会关系的总和。”①从“关系”向度对于主体的这种解释常被认为是主体的主要意义内涵，也就是在多种“关系”交织过程中人的主体性才得以体现。因此，在“精神赡养”主体维度认知上，需要考虑把与老年群体相关的一切参与到老年人“精神赡养”中来的“人”纳入“主体”范

① 马克思恩格斯选集：第一卷[M]．北京：人民出版社，1995：56.

围。社会学家布尔迪厄曾提出“场域理论”,他认为“场域”具有自身特定的特征,“独立性,即场域是一个相对独立自主的社会空间,遵循着自身的逻辑和游戏规则。关系性,即场域不是一个可见的物质实体系统,而是一个关系系统,是各种位置之间存在的客观关系的一个网络,或一个构架”①。据此,影响老年人精神生活“场域”最关键的是那些与其晚年生活“相关”的人或组织,这些“关系”互动的频率、深度会深深影响着老年个体的精神生活质量。这些力量按照社会支持系统理论应包括与老年人自身以及老年人可能接触到的他人、团体和组织等,因此,“老年人自我、家庭子辈(围绕家庭有关的人如子女、亲人、朋友、邻居等)、养老机构及其中的服务人员(如社区养老机构、养老院、“医养结合”医院及其服务人员等)、国家(政府)”等应是“精神赡养”的主体,这在前面多处均有提及。关键是在“支持系统”中,它们所处的地位还需进一步厘清。

老年人“精神赡养”推展是各个主体与老年人“关系”搭建的过程,费孝通先生曾用“差序格局”来描绘过传统中国社会关系格局的建构,这对研究当下老年人“精神赡养”主体关系地位仍具有重要参考价值。依据与老年人亲疏远近关系,各个主体在“赡养”中承担的权利和义务应是以某个主体为“圆心”,然后呈散开状态的。这个“圆心”应是“老年人自我”,往外展开顺序应先是家庭子辈,然后是社会其他人员,他们在赡养老年人权利和义务的色彩是越来越淡化,也就是费孝通所说的“差序格局”状态。我们课题组在对老年人问卷调查中,关于主体地位调查数据也从现实层面大致印证了这种排列顺序的正确性,在1067位受访老人中,有468位老人认为老年人自我是主体,175位认为子女可以作为主体,124人认为国家和社会应作为主体,而只有48位认为社区机构等可以作为主体,顺序很明显,依次是老年人自我、家庭子辈、国家和社会、社会养老服务人员(参见问卷B第23题)。

由于种种原因以及“精神赡养”特殊性,老年人自养被提出来,老年人自我应作为主体被纳入支持系统里,老年人是“圆心”。所谓“圆心”,很明显就是在系统中是核心基础,老年人自我在支持系统中应处于“基础地位”,老年人发挥出主体能动性,才能建构起精神供给大厦的根基。从情感供给关系上来看,“圆心”之外最近的关系圈是老年人的家庭成员,如配偶、子女、子孙等,基于血缘关系的家人是影响老年个体精神生活的关键因素,支撑起来大厦的存续,子辈可以看作处于支持系统的“支撑地位”。再往外推是老年人的朋友、邻居和可能接触到的社区各类养老机构服务人员等,他们因为地缘、趣缘、机缘等与老年人发生精神关联,对

① 叶飞.“场域”压迫与教师的职业倦怠[J].思想理论教育,2006(3).

老年人精神生活产生影响,对老年人来说发挥着“寄托”作用,相关社会人员应处于“依托地位”。当然,国家(政府)作为主体,其“保障地位”也是应该被认知的。支持系统理论告诉我们,这四个主体一般来说是分离的,需要形成一体产生“合力”,共同发力才是支持系统内涵应有之义。因此,老年人口“精神赡养”应以“老年人自我为基础——家庭子辈为支撑——社会机构养老服务人员为依托——国家(政府)为保障”的“四位一体”支持系统被提及出来。

对于“精神赡养”客体很明显指向“老年人”,内容也很容易理解,指向老年人“精神需求”的“满足”。对主体、客体、内容有所认识后,作为关于“系统理论”研究,关键问题是需要提出保障老年人口“精神赡养”运行机制。前文重点分析过,“孝”道是传统社会“色养”的动力和保障机制,在“孝”道规约下,传统社会里人们很好地进行了对亲人“色养”。而随着时代的变化,“孝”道的“式微”,本课题提出以“关怀伦理”为主轴研究老年人“精神赡养”应是理性的选择,前文也已经做了充分论证。“关怀伦理”作为赡养的动力机制,推动“精神赡养”支持系统构建很明显就是“老年人自我关怀、家庭子辈关怀、城乡社区机构关怀以及国家(政府)关怀”的恰当展现,亦即系统中“四个子系统”形成关怀“合力”来完成对老年人口的“精神赡养”。而循此四个主体维度所关涉的“四个子系统”中诸多伦理问题探求,所架构起的就是关怀伦理视野下我国老年人口“精神赡养”支持系统的“样态”。

第三章　老年人口“精神赡养”中自我关怀样态的构建

老年人口“精神赡养”是对老年人精神“缺口”进行深层关怀行为。“解铃还须系铃人”，现实境遇以及精神关怀的特殊性决定了“精神赡养”中老年人是完成照护行为的主要实施者和承担者。构建老年自我关怀伦理样态是老年人居于“精神赡养”系统中“基础”地位的反映。

第一节　自我关怀在老年人口“精神赡养”中的基础地位确证

在养老模式的探求中，家庭养老和社会养老一直是最为熟知的两种模式。从养老资源的提供者或从养老支持力来源来看，这两种模式侧重外部供给来帮助改善老年人的现实状况，属于“他养”范畴。而随着我国家庭结构变化的冲击、民众生育观念的转变以及劳动力大量流动的影响，“少子化”“空巢化”家庭大量出现，家庭承载养老的功能在弱化。同时，受财力、物力以及人们传统观念的影响，社会养老作为养老的主要支持也仍存在很多困境。有鉴于此，一种新型的“自我养老”模式被提出并被广泛认同。如学者陈芳、陈建立指出，“家庭养老与社会养老是最为熟知的两种养老模式，除此之外还有‘第三条道路’，那就是自我养老模式”①。对于“自我养老”或简称为“自养”的界定，目前还存在着争议。但比较全面的认知是将“自养”理解为一种新的养老实践模式，它是在看到传统“他养”模式的不足，倡导老年人增强自我养老意识，在经济来源上“自主”、生活料理上“自助”以及精神慰藉上“自足”，从而实现良好的自我全方位供养。“如穆光宗、于景、崔恩

① 陈芳，陈建立．我国“自我养老”模式研究综述[J]．学术论坛，2013(1)．

红等学者都是把‘自养’看作一种新的研究取向,对应着一种新的实践模式。”①“自养”模式的核心是实现老年人的“自立”,这与当下倡导的“积极老龄化”的老年发展理念有着巨大的吻合度。积极老龄化不是将老龄与衰老、消极和颓废等陈旧观念相连,而是肯定老年人晚年生存的价值和意义,以“独立、参与、尊严、照料、自我实现”为目标指导老年人自我积极参与社会生活活动,在各种活动中不但能够实现身心健康诉求,更主要是体现出自我价值。

值得关注的是,无论是对“自养”的内涵研究还是积极老龄化的倡导中,都在经济独立和生活自理之外提出了重视“精神”关照的维度。老年人“自养”包含“精神慰藉”维度,说明“精神赡养”中需要有老年人自我关怀的参与。而对于老年人“自我关怀”在整个“精神赡养”系统中应居于的位置,本课题把它放于“基础”地位来对待,这其实是有理论依据和现实缘由的。

一、关怀场域下情感付出的规律性

“精神赡养”是由多维度主体形成关怀合力完成的,这些主体实施关怀行为必定是在一定场域境遇中通过情感付出进行,关怀伦理特征之一即是强调“场域或境遇”。场域是情感付出的外在环境,但主体活动总要在场域中生成,场域是考量多维主体所处位置的重要因素。“精神赡养”场域其实也是一个复杂的关系网络,这些网络中除了老年人自我,还有与老年人直接关联的人,包括家庭成员、邻里、亲戚朋友等,还有间接相连的人员和组织机构等,如社区养老机构及其成员、政府管理组织等。“这些关系或远或近,或深或浅,纵横交错地组成了一个与老年人精神生活息息相关的关系网络”②,深刻地影响着老年人“精神赡养”实践。

在这个场域中,众多关怀主体在付出情感关怀时,付出的强度、深度遵循着一定的规律,从而在影响老年个体精神生活质量的程度上决定了各自的地位,形成的是以老年个体为中心的关怀场域。中国传统文化“爱有等差”的伦理思想对此具有很好的解释力。孔子在论“仁”时说:“仁者,爱人,爱有等差”。“爱有等差”为传统儒家关于人性的主张,在儒家文化看来,爱是人性的一部分,是每个人与生俱来的。但“仁爱”付出是一个推己及人的过程,是由亲及疏、由近及远的有等差的释放过程,这也是人生而固有的普遍本性。费孝通在描述中国社会中这种亲疏远近的人际关系时提出“差序格局”说,他把传统社会中以血缘关系、亲属关系、地缘关系等结成的社会网格比喻成平静水面丢下的石子形成的同心圆波纹状。人

① 徐连明. 精神养老研究取向及其实践逻辑分析[J]. 中州学刊,2016(12).
② 徐连明. 精神养老研究取向及其实践逻辑分析[J]. 中州学刊,2016(12).

们的情感浓度和付出程度是以"己"为中心,像石子一般投入水中形成的波纹一圈圈推出去,愈推愈远,也愈推愈薄。"爱有等差"抑或"差序格局"与精神赡养场域中把老年"自我关怀"作为基础地位具有同构性。老年个体在整个支持体系中就是落在水面的石子,老年个体是"圆心",以"圆心"向外推开有着众多的关系对象,老年个己在这个圆中发挥着最为明显的自主性和能动性的作用,而基于"血缘、地缘、趣缘"等结成的其他关系群体在"精神慰藉"中的情感付出会越推越"稀薄",他们与老年个己"自我关怀"所发挥的"基础性"作用是不可相比的。

二、幸福的自我感觉性与实践性

"精神赡养"目标是通过多维主体关怀使老年人达到幸福快乐。人是社会存在,每个人在社会中都希望生活得幸福完美,亚里士多德认为快乐幸福甚至可以说是一切有理性的和无理性的生物所追求的终极目的。按照功利主义的思想来分析,这是人的"趋利避害"本能,老年人在老年期追求幸福是符合人性的使然。而对于幸福的理解,可以说是众说纷纭。幸福的诠释可以说涉及了哲学、心理学、社会学、经济学、文化学等多个学科。如在心理学视域里,幸福被认为是人的精神(意识)对自我进行觉知时的满意状态,是一个人实现愿望而产生的喜悦,并期望能够一直保持这种状态的心理情绪,幸福可以说是一种自我感受性。在社会学视野里,幸福又常被定义为在生存基础上存在,在良好社会生态环境下发展,在各幸福体内实现的相互满足和相互认同的生活状态。

理解幸福"真谛"其实应从伦理哲学视域来把握。关于幸福,亚里士多德在《尼各马科伦理学》中给出了经典定义。"幸福生活可以说是合乎德性的生活。幸福生活离不开勤劳,但却不在游戏之中。"①具体来说,它应该包含三层含义。一是幸福不是人的品质德性,而是人追求的一种生活现实状态,这种状态是一种完美情况,是一种完全的"善",幸福是一种以自身为目的,其他目标因之而被追求的目标。正如亚氏所言:"幸福显然应该算作以其自身而被选择的东西,而不是为了他物而被选择。因为幸福就是自足,无所短缺。"②但是,由于每个人的生活经历不同,对幸福的理解和阐释是不一样的,其实也可以说幸福是实践追求最高目标中的自我感受性问题。西方谚语"驴子宁选草料而不取金银,因为对驴子来说,草料比金银更使它快乐",是最好的比喻。二是幸福是一种现实实践活动。幸福的实现靠"一生勤勤恳恳,含辛茹苦",幸福不可能在一般的娱乐消遣中获得,它离不

① 亚里士多德. 尼各马科伦理学[M]. 苗力田,译. 北京:中国人民大学出版社,2003:223.

② 亚里士多德. 尼各马科伦理学[M]. 苗力田,译. 北京:中国人民大学出版社,2003:222.

开辛勤劳作,“幸福生活离不开勤劳,但却不在游戏之中”①,时下所说“幸福是奋斗出来的”正是此意最好的表达。三是幸福是一种合乎德性行为产生的结果。行为活动有善恶之分,而只有那种合乎德性的行为才能带来幸福,因为它们是美好的行为,高尚的行为,由自身而被选择的行为。“可以说合于本己德性的现实活动就是完满的幸福了。”②亚里士多德还转借梭伦思想给出了幸福的三个实践标准:“幸福就是具有中等的外部供应,而做着高尚的事情,过着节俭的生活。”③在这个定义中,明显可见“实践”应是幸福的核心。而马克思对幸福的理解与此是异曲同工的,“一个人只有选择为人民服务的职业,只有为人类最大多数人的幸福而工作,才是高尚的人,才能得到真正的幸福”④。因此,在马克思看来,幸福其实也是一个人通过为大众服务进行高尚实践活动中才能追求到的。既然幸福是一种自我感受性,更需要通过社会实践来实现,那么老年人要获得幸福,这种幸福感只能是由老年人自己来体验,并且更要靠老年人自己去进行实践活动来获取,老年自我关怀在“精神赡养”支持系统中处于“基础”地位显而易见是合理的。

三、死亡恐惧的自我纾解性

生命发展规律性告诉我们,人进入老年期时精神上会出现很多属于老年特有的心理特征,其中对死亡的恐惧是老年人的一种普遍心理状态。心理科学揭示“恐惧”是人遇到危险或回想、想象危险时所产生的情绪。由于缺乏应付或摆脱可怕境界的力量或能力,往往易造成恐惧。因此,恐惧心理是人来自对危险的认识和无法应对和摆脱的一种情绪。而对人类来说,最大的恐惧莫过于对死亡的恐惧,因为死亡是客观存在物,它是人人都会面对的最后的生命“舞蹈”;死亡又具有神秘性,它总是以狰狞的面孔浮现于人的脑海中,而人又无法通过经验来认知和体悟它的真实面目;最主要的是它具有终极毁灭性,可以对现实的一切彻底摧毁而人们又无法摆脱,因此死亡对任何人都会造成恐惧心理。但因为老年人比其他年龄阶段的人更近地与死亡相连,死亡恐惧成为老年人的普遍心态,也是他们对抗死亡的本能心理反应。死亡恐惧虽然是人的本能,但从其产生原因上分析,它更与人的社会体属性有关。按照马克思对人的本质的理解,“人是一切社会关系的总和”,可以知道,死亡恐惧更多是受社会、经济、文化等多种原因影响的结果,

---

① 亚里士多德. 尼各马科伦理学[M]. 苗力田,译. 北京:中国人民大学出版社,2003:223.
② 亚里士多德. 尼各马科伦理学[M]. 苗力田,译. 北京:中国人民大学出版社,2003:233.
③ 亚里士多德. 尼各马科伦理学[M]. 苗力田,译. 北京:中国人民大学出版社,2003:228.
④ 萧灼基. 马克思传[M]. 北京:中国社会科学出版社,2008:10.

也正如斯宾格勒所说:“死亡,是每个诞生在光线之中的人的共同命运……在面对死亡的认知中,乃产生了一种文化的世界观,由于我们具有这种景观,便使我们成为人类,而有别于禽兽。”①这样可以理解为是社会现实实践尤其是文化塑造了人,使人成为社会中具有了理性、具有了思想的存在,这种具有区别于其他动物的文化特征使人类自身给予死亡多种更深的价值意义上的理解,人在精神上产生了不同于动物对死亡的强烈的恐惧,正如思想家叔本华认为的,“人类因为具备理性,必然产生对死亡的恐惧。……由于对死亡的认识所带来的反省致使人类获得形而上的见解,并由此得到一种慰藉”②。

死亡恐惧是根植于老年人精神深处的持久“隐痛”,死亡恐惧不能纾解,老年人生命质量很难提升。在生死哲学视域里,对死亡恐惧的纾解,不能简单从现实角度来认识死亡现象,驻足在现实角度上,人们只能看到死亡是对人拥有的现实一切的终结,是任何人都不能逃离的必然悲怆结局,仅看到死亡的现实必然性认识只会带给人对生的眷恋和对死的恐惧。所以纾解人的死亡恐惧,应该从对死亡现实现象认识之外来认识死亡,这就关涉对死亡内涵和价值的认识,这种价值认识是超越现实基础之上的一种对死亡现实认识的提升,或称为超越死亡现象的认识。所谓“超越死亡”,是一种对死亡进行理悟达到的至高的精神境界。其实质不是指在现实中追求把死亡从人存在的过程去除掉,达到人肉体的永恒和不朽,而是指人们能够以积极态度对死亡的各种问题进行认识,尤其从死亡具有积极价值上来认识死亡,从而树立起正确的死亡观,在死亡来临时能接纳死亡、直面死亡,达到不会恐惧死亡的一种境界。按照郑晓江教授所认为的,这种精神境界具有“把对死亡的认识转化为人之生活过程与生命进程动力,将死亡观转化为规划人生资源和促进人生发展的动力机制”③功能。那么,对老年人来说,死亡恐惧的纾解就是老年人自我树立起正确的死亡观,在精神上认识到死亡的积极意义,从而在精神深处坦然接受死亡。因此,死亡恐惧是寓于老年人自身之中的,也主要依靠老年人自我树立起正确的死亡观来纾解,这也决定了“精神赡养”支持体系中老年自我关怀的“基础”地位。

---

① 斯宾格勒. 西方的没落[M]. 陈晓林,译. 台北:华新出版有限公司,1976:305.

② 叔本华. 爱与生的苦恼[M]. 陈晓南,译. 哈尔滨:哈尔滨出版社,2015:151.

③ 郑晓江. 关于生死问题的几点思考[M]. 哲学研究,2007:9.

第二节　老年人口“精神赡养”中自我关怀的实践困境

依据关怀伦理学强调搭建“关系”的重要性可知,老年“精神赡养”中“自我关怀”就是老年人以“个己”为主体,以“自身”为出发点,在“精神赡养”场域中把与其勾连的各种“关系”协调好,使“自我”精神需求实现“自足”。精神“自足”实现就是处理好与“自我”相连的各种“关系”。在这些相关联的众多“关系”中,可以看到,以老年人“精神”为辐射点,首要需要处理的是老年人“自我精神”与“自我身体”的关系,亦即老年人自我“身心关系”和谐的问题;老年人是社会的特殊群体,虽然在人际交往上会产生很多“关系”的“脱落”,但老年人也会与社会“他者”结成特殊的人际关系,以“自我”为出发点协调好与“他者”关系也是老年人自我关怀的重要维度;同时,还应看到,深入老年人“精神世界”内层,构成老年人“精神世界”要素之间的关系更要理顺,这不但是从微观考量精神的需要,更是老年人“精神赡养”中自我关怀的关键所在。但在现实中,进入老年期时,不同于其他生存阶段,老年人精神发展特殊性使上述三大“关系”均存在着诸多问题,造成老年人处在各种紧张的“关系”之中,在很大程度上制约着老年人自我关怀的实践。

一、神役于身:身心关系的失衡

与老年人“自我精神”勾连的第一个对象是“自我身体”。老年人进行自我精神关怀需要认识“自我精神”与“自我身体”的“关系”及现实状态。

认识老年人“自我精神”与“自我身体”的“关系”,需从哲学千古论题“人是什么以及怎么组成”的问题开始。在完整意义上,“人”主要是由“身体”和“精神”构成的,这在关于“人”构成的论争史上一直是得到认同的。如洛克认为,“人的同一性一定是由同一的连续的身体,和同一的非物质的精神,共同合成的”①。舍弃其中一维,就不能称为真实的人。哲学大师舍勒也认为,“人”这个词,这个概念,“就包含着一种扑朔迷离而且不易察觉的二重意义。”②第一层意义上,“人”作为脊柱—哺乳动物纲的一个种类,从属于动物的概念,是含有肉体的身体存在。然而,“人”之为“人”在于他具有超越动物的本质性含义,那就是还具有“精神”。舍勒认为,正是“精神”,明示了“人”在宇宙中的突出地位。马克思主义也承认“人”除

① 洛克. 人类理解论上册[M]. 关文运,译. 北京:商务印书馆,1959:316.

② 马克斯·舍勒. 人在宇宙中的地位[M]. 李伯杰,译. 贵阳:贵州人民出版社,1989:15.

了是具有肉体的存在,更多意义上是“社会关系的总和”,或者称为是“精神体、思想体”的存在。承认了“人”是由“身体”和“精神”构成,那么作为“人”的这两部分之间又是什么关系呢?这牵出了哲学史中的经典问题之一——“身心关系”问题。正确回答“身”与“心”的关系,也就理解了老年人“自我精神”与“自我身体”的“应然”关系。

西方早期哲学思想中关于“身心关系”讨论主要展现为“身体(躯体、肉体)”与“精神(灵魂、心理)”关系的讨论。从一开始,西方哲学就把作为肉体的“身体”放于被贬低的位置,把“身体”看作是“死亡、是坟墓、是洞穴之中的遮蔽物”。认为肉体是“黑暗的牢房,是行动着的死亡,是丧失了感觉的僵尸,是你与生俱来的坟墓,是你背负的十字架,是你盗贼般的朋友,他佯作爱你,暗中却妒恨你”①,并且把肉体当作是囚禁精神灵魂的地方,柏拉图在《克拉底鲁篇》就说:“有些人说肉体是灵魂的坟墓,可以把灵魂看作今生就被埋葬的……肉体是圈养或囚禁灵魂的地方。”②亚里士多德虽然把现实的个体看作是实存物,但依据其“形式”与“质料”的认识论,他是把“灵魂”归诸“形式”(或称为“理性实体”),而将“身体”归于可分解的“质料”,即“非实体”,对“身体”的贬抑是显而易见的。可见,早期讨论的基本趋势是囫囵“身心关系”,用理所当然的自然主义眼光模糊两者之间的关系,不去正视“身心关系”,也正如伯格森所说:“这个问题在柏拉图主义者、亚里士多德主义者、新柏拉图主义者都不成其为问题。对于他们的理论而言,把身体嵌入心灵或者将心灵嵌入身体,并不是什么困难的事情。”③但对于“身心”之于“人”的重要性问题,却明显表现出贬抑自然的世界和人的躯体,看不到“身体”的价值意义,片面地推崇“精神、思想、灵魂”之类的作用。不能正确认识“身体”,很容易被对“身体”的无知困扰,精神自身相应也难以伸展。

到了笛卡儿时代,人们才真正明确把“身心关系”问题提出来。近代哲学鼻祖笛卡儿提出“我思故我在”的命题,肯定了实体“我”的主体性地位,第一次把人们从“身心”混沌关系的认识论中拖拉出来。但笛卡儿所说的“我”仅是一个纯思维的主体,是不包含肉身在内的,是一个赤裸裸的思维存在。诚如他自己所直言的,“我”是一个在思维的东西,也即“一个精神、一个理智,或者一个理性”④。这样,笛卡儿在关于人的认识论上同时也开启了观念论与实在论割裂的大门,把现代人

① R. D. 莱恩. 分裂的自我[M]. 林和生,译. 贵阳:贵州人民出版社,1994:57.

② 柏拉图. 柏拉图全集:第二卷,王晓韩,译. 北京:人民出版社,2017:81.

③ 邓刚. 身心与绵延[M]. 北京:人民出版社,2014:6.

④ 笛卡儿. 第一哲学沉思集[M]. 庞景仁,译. 北京:商务印书馆,1986:26.

推进认识论上物质与精神、身体与灵魂所划开的难以逾越的鸿沟之中，“身心”二元割裂关系的争论由此展开。为弥合鸿沟，斯宾诺莎、莱布尼茨等也曾提出了“身心”平行论，在斯宾诺莎那里，可以看到对“身心”平行论最经典的表述：“观念的秩序和连接，与事物的秩序和连接，二者是相同的。”①身心平行论把“身心”看作是实体人的两种属性，是齐头并进关系，但这只是一种试图对“身心”二元关系困境的折中处理。

理解“身心关系”的真谛，还需回到原点考虑。“精神”和“身体”既然都是人的组成部分，离开两者中的任何一维，人将不复存在，亦即人的“生命”将消逝。因此，“身心关系”应该在生命理论之中得到构想。现代生命哲学、存在论哲学等为人们认识“身心关系”提供了一种“新思想”。其中高扬生命生存意义价值的生命哲学家伯格森思想不得不提。伯格森一反传统“身心关系”认知中轻视“身体”的价值意义，不再把“身体”看作是一副臭皮囊，不再是“一个沉重而令人倍感尴尬的外壳”，相反，“身体”对于灵魂是一件合身的衣服，是把灵魂装饰起来的必需品，而灵魂需要对外界有一种灵巧和精确的适应，这样灵魂和“身体”之间就会形成一种完美的和谐。这种和谐状态，伯格森提出用“绵延”来表达，所谓的“绵延”就是一种“身心关系”的和谐，使生命得以延续。“我们的身体就是把我们的精神固定下来的东西，给予精神以重力和平衡的东西，这并不意味着精神被身体规定，而是意味着必须保持精神与身体二者之间紧密接触及和谐，从而使得观念能够为精神所重复，进而展现为身体的行动，否则，一旦失去这种平衡，失去了这种生命活动，心灵生活就会进入不正常的状态。”②伯格森对“身心关系”理解是从生命论意义上来认知，试图在生命现实存在与意义存在之间紧张中探出平衡点，把人们的意识拉回到生命意义的认知上，也就是说既要看到“身体”是“安宅”，也要看到“精神”的主宰，两者相互联系彼此依存，“身心”和谐平衡，生命才能健康绵延。这种关系的认知对于理解老年人的“自我精神”与“自我身体”关系同样具有重要意义，老年人只有自觉处理好“自我精神”与“自我身体”关系，使之处于平衡状态，才能幸福健康生活。但人到老年，自然衰老规律导致生理“身体”的退化，“自我精神”常受制于“自我身体”，“身心”平衡关系常被打破。

世间有生命的万物都有特定的生命周期，人也是一样，经过一定的生命周期进入老年，然后必至死亡，“老化”是描述这一特定发展规律的语词。所谓“老化”常指个体在成熟期后的生命过程中所表现出来的一系列形态以及生理、心理功能

---

① 邓刚．身心与绵延[M]．北京：人民出版社，2014：20－21．

② 邓刚．身心与绵延[M]．北京：人民出版社，2014：64．

方面的退行性变化,是一切生命体发展的必经阶段和必然结果。人的生命“老化”最为直观的表现是身体外观上的一系列变化,皮肤松弛、牙齿脱落、毛发花白,美丽、健壮外貌将不复存在;腿脚不灵便、视力听力下降、记忆力减退,生命的活力已成过去等。衰老虽是在身体外观上表现变化,但发生的这一切变化都会直接影响“精神”。美貌的丧失会让人产生失落感,行动不便需要别人照护会让人产生累赘感,身体机能的衰退让老年人想做事而不能完成,产生老而无用感等。总之,“身体”在老年期时成了“沉重的肉身”。由于这种“沉重肉身”的存在,老年人自我精神会对“身体”产生无限的“焦虑”,精神受制于“身体”退行性变化而无法舒展。另外,老化过程中的有害性最明显的表现是随着个体生理功能的下降,最后作为“身体”的“肉身”会走向死亡,“肉身”决定了人在生存时间上的当前性与有限性,“肉身”终究会走向消亡,不可能具有超越性。这种事实使“精神”认识到“身体”的短暂易逝性,自身将会无安放之处。“身体”易逝、死亡恐惧的事实时刻在老年期存在,“精神”对“身体”死亡的“恐惧”造成了挥之不去的紧张,使“身心”两者之间的“关系”难以平衡。垂暮老年人常常表现为“无精打采”“闷闷不乐”,这就是老年人“失神”状态的直观显现。

二、神役于境:社会关系的蜕变

人是社会性存在,社会关系织构起来现实的人,一个人的发展取决于和他直接或间接交往的一切人的发展,正是在这些关系交往中,人与人在心理、情感、信息等诸方面得到交流,受到启发,从而丰富自我、完善自我。“关系”织构起现实人的不是指向肉体的东西,而是精神上的东西,正是这些关系影响着“精神”的形成。马克思就认为,“个人的全面性不是想象的或设想的全面性,而是他的现实关系和观念关系的全面性”①。然而人类在改造自然和社会的实践活动中,历史地形成了多层次、复杂的社会关系。因此,在聚焦“精神”时,要关注到社会关系在影响“精神”形成中的决定性作用。

对于社会关系的具体分类,社会学做了较为深入的研究。从社会关系建立的基础出发,社会学把其划分为“血缘关系、地缘关系、业缘关系、趣缘关系”等,这对研究老年人的社会关系很有启发意义。血缘关系是指以婚姻或生育为基础而形成的人际关系,如父母与子女关系、兄弟姐妹关系等。它是人类最原始而又不断被赋予新内容的关系,纵观历史发展的不同阶段,比较重要的血缘关系有种族关系、氏族关系、家族关系、亲属关系、家庭关系。这些群体关系中在当下中国仍起

---

① 马克思恩格斯全集:第四十六卷(下册)[M].北京:人民出版社,1980:36.

到很大作用的是家庭关系、亲属关系等，它们通过血亲性把彼此关联的人联系起来，增强关系内部的聚合力。地缘关系是指以地理位置为纽带，人们在一定空间与地理范围内共同生活、活动而产生的社会关系，如邻里关系、老乡关系。相对稳固的地缘关系能保障人们生产与生活的正常秩序。早期地缘关系性相对来说比较稳定，人们被限制在较小的地域范围内，很多人终生只在某一个村庄或小镇里生活。工业社会和科技社会的发展，人们的空间、地理位置关系转变得更为开放性，尤其是现代交通工具的发展使人们远距离的和较快的流动成为可能，地缘关系稳定性被破坏。而业缘关系是指以人们广泛的社会分工为基础而形成的社会关系。真正独立的业缘关系的建立，是在广泛社会分工基础上形成和发展起来的。在现代社会中，分工体系越来越庞大和精细化，业缘关系分类由过去的简单化和非正式转变为复杂化和规范化，同时其变迁速度也由缓慢转变为迅速，但业缘关系还在一定意义上发挥着稳定人们之间的相互关系的作用。趣缘关系则是指人们以相同或相近的兴趣爱好为纽带结成的人际关系。趣缘关系主要是人们为了满足精神需要而结成的社会关系。社会的发展和物质财富的增多满足了人们基本的物质生活需求，在此基础上，人们会产生越来越多的精神需求，为此，人们会结成各种各样的趣缘关系。如孩子的游戏，玩耍关系，年轻人结成的“驴友”关系，老年人因喜欢下棋、打牌、跳舞而形成的棋友、牌友、舞友关系等。趣缘关系的特点是结构松散化，因为人们的兴趣爱好是多样化，同时交往时间也较分散，一般都会选择在闲暇或者假期周末。因趣缘关系而进行的各种娱乐性的社会活动，它对保护人们的身心健康、维系人们的友情关系以及愉快地度过闲暇时间都有着重要意义。

在这些关系分类中，从亲疏远近来看，血缘关系可以看作是人的内部关系，地缘、业缘、趣缘则可以看作是相对疏远些的外部关系。对于老年人来说，他们的身体虽然发生了退行性变化，但仍然会处在这些关系的包裹之中，精神上仍希望通过良好的内外部关系互动来获得各种信息支持，满足与他人沟通、交流、宣泄情感的需求。研究表明，老年人得到社会关系支持的水平越高，心理健康水平就会越高，心理疾病症状就会减轻。然而，随着年龄的增长，老年人所处的各种关系会发生蜕变，变得越来越“窄化”，老年人甚至被“边缘化”。对于老年期关系环境产生的剧烈变化，老年人在对待周围环境的态度和方式上，则表现出逐渐由积极向消极、主动向被动、由向外部世界扩展退为向内部世界收敛的明显特征。老年人常常不能调试自我来适应这些关系环境的蜕变，也就是老年人“神”困于“境”，这样易产生“孤独、焦虑、郁闷”等各种负面情绪，对精神带来强烈的冲击影响，不利于身心健康。

具体来看，在内部关系上，影响老年人自我精神变化的因素主要指向家庭关系方面，老年人不能随着自我在家庭中角色的蜕变而进行自我调适，认识不到自我开始由一切处于主动地位向被动地位的转换,精神常会受制于这种“家庭关系”的蜕变。传统家庭中父母长辈一般都是处于绝对支配地位,他们是家庭的中心,主宰着家庭重大事件的决定权,这是传统家庭伦理观念影响的结果。老年人不仅是因为年龄长应该受到尊重,更重要的是,我们知道,中国传统社会是农耕社会,长辈一般都具有丰富的耕作知识经验,在传授子辈经验的过程中,长辈的权威也很容易树立。但现实是,随着年龄的增大,老年人行动不便,思维的迟钝,疾病风险大大增加,老年人被迫退出劳动领域,由以“我”为中心转向以“子辈”为中心,再也不能主宰家庭重大事件。自主决断权的能力的减弱,破坏了老年人自主权,对其心理产生严重损害。除了老年人自身原因外,还应看到,现代社会发展对传统以老年为中心的权威的挑战,“知识作为老年人权力的基础因西方的技术和科学专门知识的传入而在许多社会里受到了挑战。例如,向孩子们传授耕作方法的老农可能沮丧地发现,子女们已不再听从这些劝导,转而依靠新的耕作方法和农产品了。传统知识的重要性由于现代化而下降的例子可以在许多领域里大量地看到,这些领域包括农业、渔业、建筑业、管理家务、甚至抚养孩子”①。在这些因素影响下,老年人晚年生活中出现了失衡,老年人对家庭赋予他的“标签”出现了冲突,这些都使老年人自我与家庭的关系产生割裂,成为老年人“精神”上难以跨越的“沟坎”。

在外部关系上,主要是受地缘关系、业缘关系、趣缘关系变化影响。例如,现代很多老年人常会跟随外出工作的子辈离开长久居住的地方,在陌生的地方老年人与外部关系发生“脱落”,造成“精神自我”由朝向外部世界拓展而朝向内心世界收敛。外部关系“脱落”论主要是指老年人随着劳作环境的变化,与社会距离感增大,社会交往资源、频率以及可能性都减少,同事圈、朋友圈明显变窄,老年人与社会之间隔有厚厚的交往之“墙”,这样老年人很容易把自己封闭起来,从而心理上产生强烈的失落感。老年人的“退休综合征”就是明显的表现。老年人从工作岗位上退下来后,身份地位也会发生相应变化。尤其是一些在企业里当过干部或是技术人才的老年人,以往扮演的是“众星捧月”的社会角色,一下子回归家庭,面临着社会关系的脱落,成就感、价值感减少,就容易感觉焦虑与失落,有些人甚至因此抑郁,这种不良心态会给老年人带来相当大的心理压力。其实,老年人退休后,虽然生活重心从以职业为中心转向以家庭为中心,但在他们内心还是存在着“退而不能休”的情结,即他们不愿意赋闲在家,仍然希望了解现实社会的发展和

---

① N.R.霍曼,H.A.基亚克.社会老年学——多学科展望[M].冯韵文,屠敏珠,译.北京:社会科学文献出版社,1992:55-56.

进步,为社会做出贡献,想得到社会的认同和尊重。同时也希望参加较为丰富的文化娱乐活动,寻找到老年时代独特的幸福快乐感。但当面临外部关系发生重大变化时,老年人不能很好调试来适应,“神”役于“境”问题时常存在。

三、神役于己:精神世界的失落

在老年人自我关怀中,考察“自我精神”与“自我身体”“精神”与“社会境遇”之间可能存在的问题,这些可以看作是从外围视角来考察,还需要深入老年“精神自我”内层探究。老年人精神“自我关怀”最终要回归内在的“精神”如何“自我”关照。依据前面理论主张,“精神”内质在结构上可以分为“情感世界、理智世界和意义世界”,那么我们有理由说,探究老年人“精神世界”中各部分在老年期出现的不同于其他年龄期特殊的问题,是解决“自我关怀”的关键。老年人在此期间,“三个世界”存在着典型问题,这些问题叠加,造成老年人内在精神世界的失落,使老年人“精神自我”为“己”所困。

其一,“情感世界”里“去情化”。情感是人类生命活动中的一种基本表现形式,一位西哲说过:“人类如果没有情绪,将变得黯淡和空虚。”①情感的状态对老年人的精神生活影响其实更深,良好的情感可以使老年人快乐度完余生。但人步入老年,不像我们所期望的那样,快乐会伴随左右,相反,老年人性情脾气会有重大变化,不良情感会滋生起来,这是生命自然规律所使。唐代孙思邈在《千金翼方·养老大例》中说:“人年五十以上,心力减退,忘前失后,兴居怠情,计授皆不称心,……万事零落,心无聊赖,健忘嗔怒,性情变异,饮食无味,寝处不安。”②宋代陈直在《养老奉亲书》中也指出:“眉寿之人,多咨煎背执,等闲喜怒,性气不定,止如小儿。”③老年人情感除易于愤怒、多变外,还易生郁闷、悲哀、忧愁等不良之情。这些都会使老年人丧失快乐状态,老年人常被形容为“老态龙钟”“暮气沉沉”等。老年人“情感世界”里失去积极良性的“情感”,表征为“去情化”状态。这种状况在现代社会表现得更为强烈。首先是因为社会家庭状况发生了巨大的变化。近些年随着社会变革步伐加大,传统家庭结构发生了变化,而许多年轻人常需要离家工作、学习和生活,空巢老年家庭大量出现,“出门一把锁,进门一盏灯”是很多空巢老人生活的写照。这样家庭子女很难关注到的父母精神世界,老年人对儿孙绕膝承欢、老伴相濡以沫的那种天伦之乐的渴望就很难实现,促成他们孤独、寂寞

---

① 乔明琦等. 中医情志学[M]. 北京:人民卫生出版社,2009:1.
② 孙思邈. 千金翼方[M]. 太原:山西科学技术出版社,2010:272.
③ 陈直. 养老奉亲书[M]. 北京:北京大学医学出版社,2014:256.

不良情绪情感的形成。其次是受到现代社会不良价值观的影响。改革开放后,在市场经济推行的条件下,崇尚物质利益深植于一些人的价值观念里。反映到对老年人的赡养问题上,一些人也习惯把物质供养看作是赡养老人的全部内容,认为只要给老年人吃好、喝好、穿好就行了,忽视了给予老年人"精神"上的慰藉可能带来的众多益处。当下老年人很难从子女那里获取"情感"上的抚慰,"情感世界"常常会处于"空白地带"。另外,老年人"情感世界"里"去情化"原因还与老年人自身有着密切的关联。人年老之后,可能会面临丧偶、丧亲的哀痛,面临疾病缠身的痛楚,面临朋友圈、社会联系的骤然减少带来的失落。而面对身边现今时代的快速发展和生活的困境,老年人常常会产生被社会、家庭、亲人、朋友抛弃的感觉,"离群之感、无用之感"使老年性格常显示出怨天尤人、孤独自卑、喜怒无常等怪癖,为此很容易陷入伤感、焦虑、苦恼之中。

其二,"理性世界"里"去智化"。大哲西塞罗曾说:"理智是自然或上帝赐予人类最好的礼物。""关于这些品质和能力,老年人不但没有丧失,而且益发增强了。"①所以老年人应是"智慧"的化身、美好精神的代表。老年人能够成为人类宝贵财富的化身,受到人们的尊重,主要应是老年人"理性世界"充满着智慧、知识、美德这些美好的品质和能力。但在新的社会情况下,老年人"理性世界"里的这些优秀品质和能力常常被淹没或发挥不佳,"理性世界"呈现"去智化"状况。主要表现有三种。一是智慧利用不足。老年人常常有意识封闭自己,不愿意接收新信息、接触新事物,回避、抵触甚至恐惧对新事物的接纳。例如,智能手机、电脑网络等应是这个现代化时代的符号标志,但现实中老年人会使用它们的数量较少。最新22万份社会养老问卷调查数据显示,目前我国只有5%的老年人会常上互联网络。② 老年人不是学不会这些新事物,老年人本应是智慧的化身,实际情况是老年人往往陷溺于过去的认知,自囚自身,习惯了被快速发展社会的车轮抛在后面。二是求知欲、上进心减弱。人步入老年,很多人会因为视力衰退、两耳失聪、行动迟缓、记忆力减弱等老化现象出现而自暴自弃,尤其是面临生命的终点,老年人会产生"船到码头车到站"的感觉,生活上得过且过,对于新知识的学习,认为那是年轻人的事,与自己没有关系,不愿进取。这样求知欲、上进心减弱,老年人会变得模样古板、思维迟钝。三是美德培养和发挥不力。美德的具有是老年"理性世界"完满的最好体现。因为老年人已经能够摆脱物欲、感官上的奴役,所要追求的应

① 西塞罗. 论老年 论友谊 论责任[M]. 徐奕春,译. 北京:商务印书馆,2004:11.

② 第四次中国城乡老年人生活状况抽样调查——中国5%老年人经常上网,八成以上看电视或听广播[EB/OL]. 人民网,2016-10-10.

是一种更高的完美的精神需求和享受——美德的培养,西塞罗就认为:“最适宜于老年的武器就是美德的培养和修炼。”“它们(美德)必然能使我们安度晚年,而且还因为意识到自己一生并未虚度,并回想起自己的许多善行,就会感到无比欣慰。”①但现今时代一些老年人在美德培养和发挥上没有很多表现,不能很好规划余下的时光,不愿通过不断的学习来锻炼心智;在余热发挥上不能够找到很好的“衔接口”,往往把老年角色定位为在家庭里做做饭、管好子孙后代的吃喝拉撒,把引导和教育好年轻人、传授知识经验、做好榜样示范等这些老年人的高尚美德忽视掉了。

其三,“意义世界”里“虚无化”。老年阶段时刻面临死亡问题,死亡恐惧是人类的一种本能,老年阶段会更为强烈。所以老年阶段需要对生命的意义做出解答,在“精神世界”中寻求出生命的终极意义和价值,以信念、信仰或对宗教的虔诚为强大的支撑来消解死亡恐惧和超越死亡,这也是老年“精神世界”需要构建“意义世界”的根由所在。而现代社会老年人“意义世界”出现“虚无化”状况。所谓“虚无化”,就是老年人精神深处普遍存在着生命价值观虚无化、死亡认知单面化、信仰虚无化等认知,“意义世界”里一片“空白”。主要表现以下几点:一是老年人常持有生命无价值论认知,使“意义世界”“虚无化”。面对垂老生命,死亡的逼近,对生命存在的积极认同可以减少老年人对死亡的恐惧程度,例如,中国传统文化里就把人的生命看作是由“肉体生命和道德生命”组成的,预设“道德生命”,不仅是看到了生命应该具有的价值,也可以使人很坦然面对死亡。而现今时代老年人常常把生命仅仅看作肉体组合,“肉体生命”会很容易消亡的,垂老生命无多大价值思想在很多老年人观念里根深蒂固。缺少“道德生命”等生命价值观的认同,老年人“意义世界”易出现空白。二是对生命中的死亡认知“单面化”,“意义世界”里呈现“虚无化”。死亡是生命的必要组成部分,死亡既具有消极意义,也具有积极意义。一些老年人受到“活在当下,享受现实”影响,把死亡简单理解为是对现实的彻底毁灭,忽略或不愿去思考死亡具有的价值意义一面。老年人“意义世界”里缺少对死亡积极性的认知,片面理解死亡,没有一个支撑对死亡“和解”的思想系统,从而带来强烈的死亡恐惧。三是克服死亡恐惧的信仰机制缺少。西方社会文化中宗教的存在、灵魂的预设,在很大程度上的意图是让人能够积极投入精神活动中,并寻求解答生命发展的最后阶段——离世死亡时出现的深层次问题。灵魂论持有者把灵魂看作是构成人“精神世界”的实有,灵魂是不朽或者可以轮回的,这样在面对死亡时,人们就会由于有灵魂论信仰而对死亡带来的恐惧形成缓冲,可以很好地直面死亡。而现代我们习惯认为人是由“肉体和精神”组成,对生

① 西塞罗. 论老年 论友谊 论责任[M]. 徐奕春,译. 北京:商务印书馆,2004:7.

命中灵魂的存在则是排斥的,在生命的构成中是不给“灵魂”存在的空间的。当然,“灵魂”问题是否真正能起到稀释死亡恐惧的作用,有待争论。但要看到,至少国人包括许多老年人目前“意义世界”里在应对死亡这个终极问题上的机制是有缺失的,这应是造成“意义世界”“虚无化”的文化原因所在。

第三节 老年人口“精神赡养”中自我关怀样态构建的路向

“样态”是指事物存在的一种形态,它是用来揭示存在反映的概念。样态也可以理解为一种样式或体系,对解决问题提出的一套思想体系。构建样态不能简单理解可以随意制定,它的合宜性应在于是针对一定行为事实,为解决行为实践中存在的矛盾或困境形成的方案反映。这个方案体系应对解决问题的理论指导思想以及实践规范等给出回答。其中指导思想在样态中居于核心地位,它是对行为实践提出最高的要求和精神规则;规范是指把指导思想原则细化到实践中的具体要求和反映。指导思想是样态构建的一根“红线”,一切实践规范都是在其指导下生成的,它们相互制约、相互依存而形成有机整体。

老年人口“精神赡养”中自我关怀样态构建就是从老年人自我角度出发,构建一套指导老年人进行关怀自我精神的体系。很明显,这个样态的构建就是依据前文提及的自我精神关怀中存在的“三对关系”困境,提出解决这“三对关系”问题遵循的指导思想和实践规范,为切实指导老年人进行自我精神关怀服务。

关怀伦理学一直不主张建构一套规范性的指导关怀实践的体系,关怀伦理学“是在经验、对经验的反省和关于经验论说的基础上,发展一种对最基本的也是最全面的价值观的了解”①。关怀伦理主张“因情境、因对象的变化而变化”,不强调提出具体的原则规范,那么在老年人精神自我关怀中,因“精神”的不确定性以及遵从关怀伦理宣称的思想主旨,因此本课题的研究不是试图提出一套适用于一切老年人自我关怀的具体规范系统,而是在普遍意义上就“三大关系”存在的问题提出解决的方案思路,以此来反映出老年人口“精神赡养”过程中“自我关怀”的伦理思想体系概貌。

一、老年人“身心关系”的自我调适

在哲学意义上,所谓的“人”被认为是由身体(躯体、肉体)和精神(灵魂)构成

---

① 弗吉尼亚·赫尔德. 关怀伦理学[M]. 苑莉均,译. 北京:商务印书馆,2014:6.

的，两者统整为现实的“人”。无身体的人是“游荡的幽灵”，而无精神的人是“行尸走肉”，那个负载着精神的身体是人之为人的基础。因此，“精神自我”关照，需要处理的首要的“关系”是与其密切关联的身体之间的关系。我们从对现代“生物—心理—社会”医学模式的认知上更能看到这一关系性。现代医学模式从整体、系统的角度来认识人类健康和疾病，把影响人类健康的主要因素规定为生物因素、心理因素、社会行为和生活方式等，它们影响着人的“躯体、心理和精神”上的健康，继而以此为依据来探求维护健康的全方位技术手段。现代医学模式是以系统论为概念框架，把“身、心”统整为“人”指导认识健康和疾病，即认识疾病时既要考虑患者的生物体发病因素，也要充分考虑心理和社会因素对患者的影响，更要考虑它们之间相互联系和相互作用共同影响着患者的健康。这同样也是看到了“身体”“精神”对于人的重要作用及其它们之间存在的关系性。因此，老年人自我精神关怀中解决“身心关系”的失衡，需要从关照“身体”开始。

（一）“身体图式”：现实身体的觉醒

传统身体观影响着人们对身体的认知，身体对于老年人来说一般被形容为“沉重的肉体”，加之老年阶段身体的退化，老年人身体的价值意义常被冷落，限制着老年人精神的提升。老年人精神自我关怀需要从改变对身体的传统认知开始。

“身体”，或者称为“躯体”“肉体”的“身体”，传统认知中一直对它存在着偏颇认识，它“或隐或现”，以“无身体的器官”和“无器官的身体”两个“极端”认识形式展现于人的视野。两个极端中一是把身体看作一堆肉体、器官的集合体，“身体更多是某种神圣力量的现实展现，身体的独立性与本源性特征被抽空了。由此身体并不被认为是思想导向与经验反思的根本点”①，甚至成了限制“精神”发展的囚笼，如古希腊智者文化、传统宗教文化、佛教文化等，认为身体没有积极价值意义的，在彰显精神过程中无用的身体应该被掩藏。这一认识可以借用哈维·费古生所说的“无身体的器官”来概述。另一个极端是过度看重身体，把身体意义价值抬高到高于一切地位，其中也包括高于精神，身体永在就是一切的存在，这在道家文化、神仙文化思想中可以明显看到。这一认识与吉尔·德勒兹所说的“无器官的身体”有很大相通之处，“身体就是身体，它是独一的，而且不需要器官。身体永远也不是一个有机组织，有机组织是身体的敌人”②。过低或过高拉降身体应有的地位，不能给予身体以合宜的“位格”，都会导致“身心”关系的紧张。

① 欧阳灿灿．当代欧美身体研究批判［M］．北京：中国社会科学出版社，2015：36.
② 吉尔·德勒兹．弗朗西斯·培根：感觉的逻辑［M］．董强，译．桂林：广西师范大学出版社，2017：47.

关照身体，就是在现实世界中认识身体的意义，给予身体合理的“定位”，这个定位在两个极端认识中取其“中道”，揭示身体的本质内涵。在现实中究竟给予身体如何“定位”，现象学里对身体研究的“身体图式”理论可以给我们很多启示。我们知道，现象学是一种通过直接认识描述“现象”，揭示事物存在的本质的学说，现象学所理解的现象就是事物本身。现象学中的身体论是对传统身体观念的反思和挑战，也可以说反映了身体的觉醒。它一反两个传统极端认识，把身体置于现实世界关系连接之中进行考察，认为身体是在世存在的有生命力的身体，它不但是由各个具有相互联系的器官构成的有机体体现，更是与在世身体紧密相连的实践场域及生存环境相互作用的结果，身体是朝向世界、介入世界并与世界共同构成了处境属性，身体让生命的存在论意义得以体现。“身体是在世界上存在的媒介物，拥有一个身体，对一个生物来说就是介入一个确定的环境，参与某些计划和继续置身于其中。”①这就是现象学大师梅洛·庞蒂用“身体图式”来给身体定位的原因。

同样，在伯格森那里更能理解这种“定位”的确切内涵。伯格森在对身体的理解上，用几乎等同“身体图式”概念的“身体图像”来理解。伯格森认为我们就是生活在“图像”组成的世界中，图像不是“物”，也不是“表象”，它的内涵就是处于“事物”和“表象”之间的“中途”，“图像是一种特定的存在，多于观念论者所说的表象，但又少于实在论者所说的事物——一种处于事物和表象之间的中途的存在”②。图像可以存在而不被感知到，也可以被再现而不被呈现，它是用来表达物自身与我们所具备的有意识的知觉之间差距的概念，图像把物自身和知觉之间不可跨越的鸿沟补填起来。在伯格森看来，身体或者说我的身体，也是一个图像，但是一个特殊的图像。综合现象学身体观探求的结论，可以看到“身体图像”首先表现为身体是一种“中介”。人是生存在世界图像之中的，人在世界中的存在被认知和去认知其他图像需要从特殊的图像出发，也可以说就是需从特殊存在的“我的身体”出发去认知。从与世界相连的“我的身体”出发，在我之外的其他一切图像，都变成了“我的知觉”，成为我对世界的知觉。“一切的发生，都仿佛在这个我称作宇宙的图像之集合之中，没有什么能够产生实在的新颖。”③因此，如果没有“我的身体”，也就没有了一切世界，这个外在的世界将可能永远是一个无生命的、无法认知的世界，一切都归于寂静的必然，也不会有新颖，不会有创造和自由。但是，

① 梅洛·庞蒂．知觉现象学[M]．姜志辉，译．北京：商务印书馆，2001:116.

② 邓刚．身心与绵延[M]．北京：人民出版社，2014:39.

③ 邓刚．身心与绵延[M]．北京：人民出版社，2014:45.

一旦“我的身体”出现,身体与世界就会发生关联,通过这种特殊图像的中介,而这些特殊图像的典型是通过我的身体给予的,一切都会产生变化,就是说通过“我的身体”这个“中介”,我们就能够避免被遗失在无生命的世界之中,进入认识世界和创造新颖实践中去。其次,身体是“一个行动的中心”。所谓“行动的中心”是指不同于其他“图像”,我的身体在一定程度上能够恰当选择对他所接受的东西做出反应的方式。一般的图像,当其对作用东西回应时,可能是一种直接性的本能反应。但是,对于有意识的人的存在,情况就不一样,“我的身体”就会探索和研究四周,收集其触及的相关的各种信息,汇总给“身体”,然后在多种可能的步骤之间加以抉择。也就是说,身体由于是一个有生命的、有意识的身体,它把记忆导向现实化并通过其行动的选择使之在当下呈现,成为“行动的中心”,从而有别于一般图像。再者,身体是“在世的存在”。这一观念主要贡献者来自梅洛·庞蒂。他把身体存在的根本特点厘定为关联性和情境性,身体是处在变动着的具有关联性的情境之中的,身体成为在世的存在。我们知道,身体处于日常生活之中,与世界一切有着关联性,身体是指向事物、向无数视角开放的整体。在身体的物质性基础上,那些多变的社会境遇和厚重的社会文化无时无刻不在与身体进行着交流和互动,这是身体图像得以构形的重要因素。身体是处于外在事物的缠裹之中,它不可能脱离具体情境而单独存在。换句话说,人们只能在身体与精神、社会文化和社会环境所结成的关系中谈论身体。“人类身体的社会地位与功能、它的文化意义及最终身体这一概念根据秩序(the Order)所蕴含的分类、区分、等级与相反事物的变化而变化。因而对身体历史的考察有一个根本的起点,那就是身体与其他事物的关系:与身体相对的或相区别的其他事物。”①在此意义上,现象学研究中把“身体”认为具有情景化、关系性、整体性特点,这样就在生存境遇中揭示出身体的最基本属性。总之,“身体图像”的提出,把身体不再仅仅看作是肉体器官的组合,而是看作在世的存在,是认识世界、理解世界的基础,也是一种与世界和谐相通的桥梁,给出了身体在生命存在中的“位格”,在认识论意义上,这不能不说是对沉寂身体的唤醒。认识身体在现实意义上具有重要的价值意义,“身体的觉醒”可以帮助老年人认识到对身体关照的必要性,这对老年人来说是做好“精神关怀”的基础。

(二)身体向道:血肉之体的超越

“身体”一词一般应该从两个维度加以认知,一是称为生物学意义上的“身体”,或称为现实意义上的“肉体、躯体”,包括皮肤、毛发、骨骼、肌肉等组织以及呼吸、消化、泌尿、神经、生殖等各个生理系统,其中也应包含其心理、意识、应激等机

① FALK P. The Consuming Body[M]. London:SAGE Publications Ltd,1994:45.

能。另外一个可称为价值意义上的“身体”，是指超越肉体之上，赋予其更多社会价值意义的身体。人是社会存在物，他所扮演的社会角色、采取的行为实践方式以及在他人视域中的“形象”都是其“身体”存在的反映。这两种“身体”，前者是生存活动的基础，后者则是一种超越生物体的认识，这是身体具有“二重性”特点的反映。应该看到的是，作为生物体的“身体”在现实中具有有限性和易消逝性，这个身体会死亡的，亦即生命死亡现象的存在。生命死亡现象的存在，造成人们对身体的“焦虑或恐惧”。死亡焦虑、恐惧的原始性和普遍性，无人不是如此，正如卢梭所说：“假装毫无惧色地面对死亡的人，他是在骗人。所有的人都害怕死亡，这是有感觉的生物的重大规律，没有它，所有生物类会很快绝灭。”①死亡恐惧是人的本能，死亡恐惧实质就是对生物身体死亡的恐惧。老年是与死亡接触最近的阶段，老年人对死亡的焦虑、恐惧是最强烈的，这些心理不去除，老年生活品质很难得以提升。去除这种焦虑、恐惧，不能简单从现实角度来认识身体，驻足在现实角度上，人们会看到肉体死亡是任何人都不能逃离的必然悲怆结局，且是对人拥有的现实一切的终结，肉体死亡的现实必然性认识只会带给人对生的眷恋和对死的恐惧。因此，需要从身体现实认识之外来认识身体，认识身体具有的另外一层意义，那就是超越现实基础之上的一种对身体现实认识的提升，或称为超越肉体层面的含义。“身体向道”就是在面对必死结局时所持有一种对肉体的积极性和超越性认识，然后外展于行为实践，以此消释对死亡的焦虑和恐惧，从而直面死亡、接受死亡。“身体向道”可看作人作为理性存在思考身体死亡的结果，正如思想家叔本华所说：“至于人类，因为具备理性，必然产生对死亡的恐惧。……由于对死亡的认识所带来的反省致使人类获得形而上的见解，并由此得到一种慰藉。”②这种理性思考，其实质不是指在现实中把身体死亡从人存在的过程去除掉，而是指人们能够以积极态度对身体死亡的各种问题进行认识，尤其从身体死亡具有积极价值上来认识死亡，从而树立起正确的死亡观，也即是树立起能使“身体向道”中的“道”，这样面对身体死亡时达到不会恐惧的一种境界。

“生与死”构成生命的两个终端，身体死亡的必然性使得生命显得如此短暂和易逝，这促使人们需要思考如何跨越这种有限性，但生命总要遭遇到死亡，肉体死亡作为一种“定规”在现实生活中是无法逾越和绕开的。立基于现实生命短暂且不可逆的事实，人们需要从思想文化层面来思考生命如何永远续存问题，超越现实身体的短暂，以此来中和人们对死亡的恐惧。本课题尝试提出“关系生命体”命

① 卢梭．新爱洛漪丝[M]．伊信，译．北京：商务印书馆，2002：177.

② 叔本华．爱与生的苦恼[M]．陈晓南，译．哈尔滨：哈尔滨出版社，2015：151.

题,这可以看作是对“身体向道”之“道”的探求。也可以这样理解,人们包括老年人在认识到“关系生命体”存在的基础上,就可以消释“身体”短暂性,看到“身体”具有的超越性意义,从而对“精神”给予“慰藉”。

身体具有“关系”属性,或者“关系生命体”作为身体属性的一种认知,应是“身体向道”的合宜之“道”的认知。“关系生命体”是把身体解析为“肉体生命体”和“关系生命体”两部分,不同于构成生命存在基础的“肉体生命体”,“关系生命体”是指与个己存在的各种关系集合以及这种集合对他人和社会的影响形成的“结晶体”,这些形成了自我生命中的一个新的“生命体”即“关系生命体”,“关系生命体”其实也就是对身体“二重性”属性之一的表达。

事实上,这种“生命体”的存在是显而易见的,例如,一个人,他除了有肉体显现之外,这个身体必然处在各种关系中,“他”是父亲的儿子,妻子的丈夫,儿子的爸爸,单位人的同事……其实代表的都是“他”的关系一部分,这些复杂的关系网织成一个属于“他”的关系集合。在这些不同关系之中,作为儿子他孝顺,作为丈夫他忠贞,作为父亲他尽责,作为同事他和善,身体行为对他人会产生影响,从而对其会有评价,一个孝子、一个好丈夫、一个慈父、一个好同事,这些关系以及他的行为的影响评价就汇聚成了这个人的“关系生命体”,他是一个“好人”。反面来看,如果这个人在这些关系中是有悖于正常行为,那么他的行为对其他人就会造成坏的影响,从而评价汇聚成这个人的“关系生命”就会是“恶人”形象。“关系生命体”有一个重要特征:它的影响是持续和深远的,就是你的一切作为、一切功德罪恶,无论大小,无论善恶,都会对他人或社会留下影响的印记,而这些不会随着时间流逝或者你的生命的逝去而消失,也就是说每个现实人的行为不论怎样,与别人都会持有永久性的关系,“行为关系”永远不会消失。很明显,这种“不朽”就是指“关系生命体”的不朽,即这种“关系生命”或“流芳百世”不朽,或“遗臭万年”不朽,“关系生命体”具有“超越性”意蕴。老年人认识到身体中“关系生命体”存在,在面对“肉体生命体”消逝的事实时,就会对身体死亡恐惧具有消释作用。因为“关系生命体”就是现实生命体的一种转化形式,它是透过了生命现象界“死灭”的实然性而获得的一种生命理性上“不灭”的应然性认识,它超出了个人的生活层面,把生活与生命价值统一起来追求生命的“超越性”,生命会因“关系”的延续而成为“永恒”。所以在现实中,老年人一旦理解和确信“关系生命体”的存在,对摆脱死亡恐惧都会有帮助。

“关系生命体”的出场是有着中西学缘背景的。考察西方文化,“关系生命体”是受近现代西方灵魂论研究转向的启发而提出的。西方传统文化把灵魂看作是构成人和物质的“本体”,但近现代以来,自然科学对世界的真实面目和发展规律进行了大张旗鼓的“解蔽”,宗教、神学、信仰在与科学的博弈中往往处于劣势地位。传统的灵魂论也越来越受到质疑,灵魂可以“不朽和复活”的可信度被大打折扣,灵魂不朽可以导致人的“复活”“永生”的理由必须给出新的解释。从新的视角来阐释灵魂与人的不朽是现代西方文化对抗科学冲击做出的积极回应,“关系论”不朽可以说是一种比较有代表的观点,其代表人物是英国神学教授保罗·巴德汉,他在其著作《不朽还是消亡》一书中明确提出并论证了这种观点。按照巴德汉的观点,从对灵魂不朽论证来阐释人的不朽是传统灵魂观,但灵魂可以不朽越来越受到质疑,所以解释这条通往不朽的道路需要改变。巴德汉提出的“关系论”不朽是变换灵魂论不朽,从另一种角度来解释人的不朽的可能性,但他还是限于宗教领域来认识问题。其实“关系”不朽论思想早在罗素那里就有了体现,在《宗教与科学》一书中,罗素提出了“事素”关系不朽说。罗素认为宗教灵魂不朽论在现代科学发展冲击下,已经被大家认为不值论证和信仰的观点,“关于灵魂不死的证据,但现在几乎所有的人都认为,这类事件的证据甚至是不值得检验”①。对人不朽的解释,罗素提出应从一系列与肉体相联系的“事素”来进行,是这一系列的“事素”的不朽使人死而不朽,“精神并不是一个单独、持续的‘东西’,而是借助于某些内在联系结合在一起的一系列事素。因此,不朽的问题已成了同一个活的肉体有关的事素与那个肉体死后所发生的另一些事素之间,是否存在这些内在联系的问题”②。罗素“不朽论”强调的是一系列与肉体相连的事素“关系”的不朽,他虽跨越了宗教领域来认识这个问题,遗憾的是罗素没有明确论证这一思想。但可贵的是,他们的思想都是从“关系”论来开拓认识死亡不朽的新路径,这为提出“关系生命体”论提供了理论资源。更为重要的是,“关系生命体”与我们坚持的唯物主义思想不相矛盾,是符合社会思想意识潮流的。因为马克思对“人”的论断:“人的本质不是单个人所固有的抽象物,在其现实性上,它是一切社会关系的总和。”③也就是说马克思也是从“关系”上来理解“人”的,并科学地揭示了人的本质是各种经济关系、政治关系、思想关系和其他关系的集合,“关系生命体”在马克思那里也是可以找到坚实的理论依据的。

“关系生命体”论也是受到中国传统文化思想影响而提出的。中国传统儒家文化中是含有很明显的“关系生命体”设计的。儒学一直被认为是“人学”,研究人如何“修身、齐家、治国、平天下”的学问,最高境界是“天人合一”,就是在处理

---

① 罗素. 宗教与科学[M]. 徐奕春,林国夫,译. 北京:商务印书馆,2010:79.

② 罗素. 宗教与科学[M]. 徐奕春,林国夫,译. 北京:商务印书馆,2010:77.

③ 马克思恩格斯选集:第一卷[M]. 北京:人民出版社,1995:56.

好“人己关系、己他关系、天人关系”基础上达到“与天地参”，可见儒学视域中“人学”的实质就是讲人是被各种“关系”包围下的存在，把人理解为“关系”性存在，而这种“存在”在处理好各种关系的基础上突破个体道德生命是可以实现生命超越的。具体来说，这从儒家文化中“和”“仁”两个主要范畴可以看出。“和”可谓是中国传统文化的内质，孔子的“礼之用，和为贵”①，把“和”看作人的重要德性，更看作是处理人与人之间各种关系需要遵循的伦理原则。孔子的这种理解虽是把“和”限定在处理个人各种道德关系层面上，但已经很明显透露出把人看作是处于“关系”中的存在的信息。儒家文化中“和实生物”“万物各得其和以生、各得其养已成”②，则把“和”上升为一种促使人与社会、自然万物之间互动关系的德性，也就是生命中具有“和”，可以使由各种关系组成的个体理顺一切关系，从而实现生命的完满实现和超越。而“仁”常被看作是个体生命应具有的德性，但宋明儒学家则把“仁”理解为是万物一体的“关系”性表现，如二程有“仁者以天地万物为一体，莫非已也”③的说法，就是说“仁”的精髓应是“关系”的贯通，人与人的贯通、人与物的贯通以及物与物的贯通。还有朱熹也有“仁者，天地生物之心”④“仁者，本心之全德。人若本然天理之良心存而不失，则所作为自有序而和”⑤的观点。也即是说突破“仁”的个体德性指向把其上升为宇宙万物关系性本体认识，才是对“仁”内涵的把握。可见儒家文化是把人看作“关系”性存在，继而在此场域下对“仁”进行理解的，并且承认只要人具有“仁”，就能够“参天地赞化育”，实现生命的超越。

“关系生命体”论也可以从中国近现代思想家那里得到佐证。新儒家代表梁漱溟对人生的理解就可见到。在梁漱溟看来，人就是“关系”性存在，“人一生下来，便有与他相关系之人（父母、兄弟等）人生且将始终在与人相关系中生活（不能离社会），如此则知，人生实存于各种关系之上。……随一个人年龄与生活之开展，而渐有其四面八方若近若远数不尽的关系”⑥。可见，梁漱溟就是把生命放在“关系”中来讨论的，点出了各种“关系”在生命组成中的重要意义。而对这些“关系”实质的理解，梁漱溟认为应是各种伦理关系，“此种种关系，即是种种伦理。伦

① 孔子．论语[M].北京:中华书局,2006:6.

② 蒋南华．荀子全译[M].贵阳:贵州人民出版社,1995:348.

③ 程颐,程颢．二程遗书[M].上海:上海古籍出版社,1992:17.

④ 黎靖德．朱子语类[M].北京:中华书局,1986:107.

⑤ 黎靖德．朱子语类[M].北京:中华书局,1986:606.

⑥ 梁漱溟．梁漱溟全集:第三卷[M].济南:山东人民出版社,1990:81.

者,伦偶;正指人们彼此相与。相与之间,关系遂生"①。这可以看作是梁漱溟"伦理本位"思维的必然认识结果。应该看到,梁漱溟先生提出的人是"伦理关系"存在的意义是为了说明生命超越性的,因为梁认为只要处理好生命中的各种伦理关系,就可以超越生命之现实存在来安身立命、开天下太平,"天下太平之内容,就是人人在伦理关系上都各自做到好处,大家相安相保,养生送死而无憾"②。另一著名思想家胡适提出的"社会的不朽论"思想,也为"关系生命体"的合理性提供了有力的佐证。胡适在考察了传统文化中"道德生命"的设计缺陷后,提出了"社会的不朽论",试图探求出一种生命超越的理论观点。胡适认为"社会的不朽"包含两个重要概念——"小我"和"大我",在对"小我"与"大我"的阐释上,胡适认为每个人作为"小我"不是独立存在,是和社会的全体和世界的全体都有互为影响的关系的,是和社会世界的过去和未来都有因果关系的。很明显,梁漱溟理解"小我"的进路就是从"关系"性上来铺开的。梁漱溟认为这个"小我"的一点一滴,一代又一代汇聚便成为"大我","这种种过去的'小我',和种种现在的'小我',和种种将来无穷的'小我',一代传一代,一点加一滴;一线相传,连绵不断;一水奔流,滔滔不绝:——这便是一个'大我'"③。梁漱溟还认为"小我"虽然会死,但是每一个"小我"的一切行为,在其死后都会永远留存在"大我"之中,这个"大我"是永远不朽的。"这个'大我'是永远不朽的,故一切'小我'的事业,人格,一举一动,一言一笑,一个念头,一场功劳,一桩罪过,也都永远不朽。这便是社会的不朽,'大我'的不朽。"④很明显,胡适认为的"'大我'的不朽"实质也是指一种"社会行为关系"的不朽。胡适提出的"社会的不朽"为"关系生命体"的合理性提供了学术佐证资源。

(三)身心同一:精神与身体的和解

身体的觉醒,身体自身对于"我"的重要性被认识,对于精神来说,就是精神认识到自我与身体的关系,而身体的有限性又让精神认识到身体超越性意义对于自我的重要性。但在现实意义上,身体的有限性与精神的延展性之间矛盾让人们意识中始终会存在着一定的鸿沟,身体也总会被认为是实践的执行者,身体应该很好执行主体的意图,但在一些情况下,身体行动会随着自身出现问题不能很好执行主体意图,亦即身体会对主体意图安排的生活做出限制,表现出身体与精神不

① 梁漱溟．梁漱溟全集:第三卷[M].济南:山东人民出版社,1990:81.
② 梁漱溟．梁漱溟全集:第三卷[M].济南:山东人民出版社,1990:85.
③ 胡适．不朽——我的宗教[J].新青年,1919,6(2).
④ 胡适．不朽——我的宗教[J].新青年,1919,6(2).

能很好协调配合,产生自然的割裂。

这种规律反映在老年人身上,就是老年人也能认识到身体代表的现实图景以及它所具有的超越性内涵,但现实存在清醒告诉老年人,自我的身体确实已经退化,并且伴随很多身体疾病,这在现实社会中无法避免会对自己的行为、生活企图带来阻碍。面对现实实际,老年人精神不囚固于身体,仅有认识到身体的价值和意义还不够,还需要关注精神与身体在现实中真正的“和解”,精神自我主动调试好两者关系。“和”就是不发生冲突,矛盾的剪除。“和”要摒弃那种身体置于精神的位置来做决定或者是身体产生了对精神的偏颇认识,它强调的是这样一个事实,精神和身体始终应该保持在一种紧密的接触之中,精神不能拒斥身体的变化,身体也不能刻意捆绑精神,彼此处于各自的位置上保持一种平衡状态。“解”可理解为一种“释然”状态,一种问题解决后的舒展。精神对身体的“解”就是精神对身体接受的基础上,不嫌弃、不抛弃,给予身体更多的理解,让其自身更好地发展,在其发展中,精神自我得以提升。“和解”连用一起,还蕴含一种更高的意味,就是精神与身体达到一种完美状态,融为一体。用形象的比喻来描述的话,“和”就是身心两者并排站立,没有高低之分;“解”就是摒弃前嫌,身心两者友好地“握手”;“和解”最终达到的目标是身心两者“拥抱”一起,你中有我,我中有你,甜甜蜜蜜。因此,老年人精神与身体的“和解”应分三个阶段进行考察。

第一,精神对身体顺从。进入老年,身体的外观感受性、实质等都会自然发生变化,身体老化会引起老年人精神上的很多变化。老年人可能不能再继续从事工作和劳作,也可能身体产生多种疾病,因病致残卧床不起,生活在病痛折磨之中,更为主要的是,身体死亡即将来临,它像发炎化脓的毒刺卡在老年人心灵深处……身体发生的自然变化,一些老年人不能正确理解,有时还会把类似疾病、身体疼痛等用因果来解释,把身体遭受的疾病疼痛看作是福报结果,身体成了罪责的替身。这些都让人在精神深处不能接受老年时期的身体,认为身体是令人厌恶的“负担和累赘”。调适精神和身体关系,首先老年人应从精神深处认识到这个身体就是身体的本然,要顺从这个身体、接受这个身体、喜欢这个身体。

精神顺从自然身体的变化,就是顺应自然的安排,以平常的心态面对和接受身体变化。顺从即接受,既不放弃对身体的关照,也不去强为不能为之事,而是“顺势而为”。要看到老年是自然安排给每个人都要经过的阶段,“最后一幕”每个人都要走一趟,这是公平的事情。在自然主义看来,老年身体像树上的果实和田里的庄稼,成熟后总要坠落和枯萎,这是自然规律所趋,应是非常可爱的事情。即使对死亡认知也是一样,自然其实为一切事物都设定了极限,人的生命也不例外。老年人的身体就像成熟的苹果会自动跌到地上,老年人身体死亡也是成熟后的自然现象，自然主义者把死亡看作是回归到了故乡，“死亡就像航行的船经历了一阶段很长的旅程，最后见到了陆地，乘坐的船就要在我的故乡的港口靠岸了”①。因此，顺乎自然的事情才能被认为是美好的、善的行为，“聪明的人是不会为此而抱怨的。与‘自然’抗衡——那不是像巨灵向诸神宣战一样”②。反之，老年人在精神上不能顺从身体变化，总是厌恶身体、担忧身体，害怕身体在某一天逝去，会在精神上产生重要的负担。生活在担忧、恐惧中，快乐老年很难实现。

老年人精神对身体的顺从，在实践上就是老年按照身体实际情况主动、自愿去行为，做老年该做的事情，做老年可以做的事情，体现为老年人能够在现实中做到“自理”。首先自我打理身体，不贱视身体。接受自我的身体，直接表现就是对外在身体的不嫌弃、多关照，以此来遮蔽老化带来的老年人外表的瑕疵。比如，老年人皮肤会变化，“容颜已不在”，给人衰老感觉。老年人可以通过化妆修饰来美化自己，掩饰时光留下的“痕迹”。还有老年人在穿戴上喜欢节俭不讲究，常会给人外表邋遢感觉。所以老年人可以根据自己的爱好装扮自己，在穿戴上，老年女性也可以穿戴“大红大紫”鲜艳服装，也可以花枝招展，这不是年轻人的专利，“老来俏”反映出老年人心里对美好生活的追求，这样精神就会快乐，经常可以看到一些老年人把自己装扮得很精致，相信这样的老年生活也会很幸福。老年人要尝试学习这样去做，社会也要多给予包容。其次做身体能及的事情，“顺势而为”。老年人身体不能静止不动，长期缺少运动对身体不好，也易产生疾病。但动则要适当，不是说老年后就不能做事情了，老年人要学会去找事做，做力所能及的事情，这样既锻炼了身体，也会打发闲暇时间，充实生活，例如，替子女接送孩子，清扫房屋等。但不要去强为一些事情，超出身体承受的范围，对身心会造成伤害影响。在当下我国“空心化”的农村，这一情况较为突出，由于青壮年劳动力的大量外出，多数农村老年人还要尽力承担主要的耕种、家务等体力劳作，“老而不能休”对老年人身体带来伤害，相应精神快乐指数很小。这一问题的解决需要从多方面着手来考量，对于老年人来说，应认识到在自我身体承受范围内劳作的意义，对子女学会放手，“子孙自有子孙福”，尽可能避免“过劳”带来的对身心的伤害。最后，身体是不同情境中的存在，身体要根据不同境遇做到“顺境而为”，不同时空和实践环境对个体的身体有着一定影响。身体永远不会只是身体本身，顺从、关怀身体要从身体所处的情境出发，才能真正达到目标。福柯也认为关怀身体，最主要的表现就是结合时空处境和身体本身的状态来关注身体，“理性的生活不能没有‘健

---

① 西塞罗．论老年 论友谊 论责任[M]．徐奕春，译．北京：商务印书馆，1998：34.

② 西塞罗．论老年 论友谊 论责任[M]．徐奕春，译．北京：商务印书馆，1998：5－6.

康的实践’,它构成了日常生活的永久框架,让人可以在任何时候知道做什么和怎么做。它包含着一种对世界的医学感知,或至少是一种对生活空间和环境的医学感知。周围情况的各种要素被看成带有对健康有利或不利的影响”①。因此,对于老年人来说,每个人的身体自身情况千差万别,个体身体所处环境也会表现出不同,老年人要学会依境而为,知道在一定情境下做应景的事情,这也是能够做到自理的体现。例如,当还能够自由活动时,老人可以进行自我身体照护,是能够自理的表现。一旦生病卧床或者不能行动的老人,当自我照护能力丧失后,挫败感、累赘感等较为强烈,就应主动从外部寻求帮助。老年人要丢弃负累他人的想法,把这看作身体发展所达到的自然状态,接受身体所处的现实境况,在精神上给予身体存续下去的支持,积极配合他人来照护身体,也可以看作是能够依境自理的特殊表现。经常看到一些报道,有些老年人生病后行动不便或卧床不起时,精神上不能接受身体现状,采取自杀极端方式来结束生命,其实都是不能够依境而为的表现。

第二,精神对身体拔升。老年人在精神上接受身体现状,进行自理,使身体达到符合老年时代的最佳状态,有利于健康老年的实现。国际通行观点认为,健康老龄化不单纯指在生理和心理层面关注老年人健康、提高老年群体的预期寿命等,更多地要促进老年群体生命质量的提高。健康长寿并且过上有质量的生活是衡量老年期生活状况的典型标准。所以老年人精神对身体的接受可以实现健康老年,但人还有更高精神追求,如尊严、价值等,老年人同样如此。

一般情况下,老年人通常给人的印象定势就是身体孱弱需要别人照护,精神消极给人颓废感觉。老年人在身体健康追求满足基础上,更需要追求有尊严的生活。尊老敬老是我们社会的优良传统,但随着社会变迁,在强调平等、公正的氛围下,尊老作为社会道德规范的约束力有所减弱。老年人要想受到尊重,除了呼吁继承好传统道德外,更要提倡老年人“自立”,重塑老年人自我在社会、家庭中的存在价值感。尤其在老龄化越来越严重的当下,应该认识到有些困难可能只能靠老年人自己来解决,所以老年人身上更应该体现出“自立”,建立一个不同于世俗观念的“老年自立”形象。在“身心关系”认知上,老年人“自立”就是精神在接受身体现状基础上,认识到身体负载着更高的价值意义,释放、舒展身体承载着的意义,精神对身体进行“拔升”。“拔升”的内涵就如上文“身体向道”的分析,不是试图刻意去改变身体,而是让身体的意义在现实中更多地展现,就像蜡烛快要燃尽时候,这时理性的做法不是追求燃烧得更长,而是让它燃烧得更亮,照的更广。因

① 米歇尔·福柯.性经验史[M].佘碧平,译.上海:上海人民出版社,2005:373.

此,"拔升"身体的实质就是精神通过指导身体"自立",以身体行动来体现出老年自身具有的价值。当老年人认识到自己身体是有价值的存在,精神上就不会再纠缠于身体老化问题而出现负面情绪。其实,当下提倡推行的"积极老龄化"的老龄观,其内涵与此有极大的吻合。

2002年4月,在联合国第二届世界老龄大会上,"积极老龄化"成为应对老龄化发展的战略被确定下来。"积极老龄化"是在推行"健康老龄化"的基础上提出的,这种老龄观的基本内涵是基于联合国提出的"独立、参与、尊严、照料和自我实现"的政策框架,延伸了"健康老龄化"概念,以"健康、参与、保障"三方面为指标内容。"健康"概念是延续"健康老龄化"核心内涵,强调注重提升维护老年生命身心方面健康的意识,抵御因衰老带来的各种疾病的危害,使老年期生命质量得到保障。"参与"是指提倡老年人不能因为年龄问题而自愿成为"社会活动的旁观者",而应看到老年阶段是人生的最重要阶段,仍然可利用自己积累的知识、经验和技能,为家庭、他人和社会做出积极贡献,实现"老有所为"。学者吴江就认为:"老年人的人生阅历积累带来的经验和智慧可以进一步为社会做出贡献。如科学型、技术型、知识型、管理型人才,他们对社会的价值创造并不会因为到了60岁的年龄而终止,这些人才完全可以通过各种方式组织起来,继续为社会创造财富。"①另外,老年人在参与的过程中,参与度越高,精神上越会有成就感、满足感和愉悦感。"参与"的内涵反映更多的是一种养老观念的转变,即由原来的"消极养老"转向"积极养老"。"保障"是指老年人在丧失自我照顾能力的情况下,有从家庭、社区和国家政府获取支持的权益,也就是要用多种方式和途径帮助老年人获得积极的生命和生活状态。积极老龄化的提倡,其要义在于看到老年人在老年期仅有追求身体健康的观念是不够的,老年人还要充分认识自身的能量,积极融入家庭、社会活动之中,这不仅有利于提高自身生命健康的水平,也能得到他人、家庭和社会的认同。老年人得到承认尊重,保持平和的生活状态,精神上就会愉悦。

老年人精神对身体的"拔升",在实践上就是老年人要做到"自立",当然是通过精神指导身体行动,表现出老年人能够"自立"。在具体实现形式上,老年"自立"可以包括三种。一是精神指导自我积极投身于社会政治、文化、经济生活活动中。老年人由于身体老化原因,常会把自己与社会隔开,不愿积极参与社会活动,封闭自我。所以老年人受其身体所困,精神状况势必会有异于其他人,自我封闭是典型的老年精神状态。这样就需要老年人认识到,人是社会关系的存在,不能脱离社会单独存在,应主动与主流社会生活整合,在条件允许和可能的情况下,参

---

① 吴江. 从积极视角看待老龄化[N]. 光明日报,2011-3-22.

与到社会政治、文化、经济活动中，发挥出余热，在社会参与中逐步实现自我。当然，这种整合活动主要是提供一些智力支持和指导，就是老年人虽然作为躯体的身体蜕变了，但是身体还承载着其他价值意义，老年人在社会经验、阅历和智慧上都有躯体健壮的年轻人无法比拟的优势，前联合国主席安南曾说过，一位老年人的去世，就像一座图书馆的烧毁。老年人贡献智慧同时也就是实现了自我价值。二是积极参与多种文娱活动，让身体动起来。郁闷、焦虑、恐惧、失落等是老年期常有的精神状态，最好的方法就是老年人走出狭隘的生活空间，把自己放到群体中去，找到自己的爱好，积极与他人交流沟通。如可以参加老年大学，学习琴棋书画，培养高雅情趣；兴趣爱好趋同的老年人可以结成集体，共同切磋提高等。近年广场舞的流行，可以看作是老年人找寻爱好，激发自身生命力，强身健体，从而有尊严生存的表现。三是积极进行自我身体的保健，提升身体存在的质量。老年人身体蜕变是自然规律，但是积极进行身体保健，可以预防和减少身体出现老年人常见的疾病。"我们应当抵御老年的侵袭，尽量使它晚一点到来。正如我们应当同疾病做斗争一样，我们也必须同老年做斗争。"①老年人保健身体，不是祈求身体如年轻人一样强壮，而是达到符合老年时代的身体最佳状态。如要熟悉一些养生保健知识，每天所摄取的食物正好能补充体力消耗所需要的营养，不暴饮暴食，坚持进行适当的锻炼，可以使身体健康长寿。这些都可以看作是实现"自立"的形式。

第三，精神与身体共振。伴随着衰老，老年人的精神与身体发展总会出现不同步。在生物学意义上，衰老常用来指称"身体衰退"，"把衰老看作是这样一个过程是作为有益的，这个过程的因素之一就是身体的能力在许多方面的无情下降"。② 衰老使身体的能力在许多方面无情地下降，老年人患病的概率也会增大，但精神并不总是因为年龄增长而下降，多数情况下可能是上升趋势，"随着年老，人们逐渐接近死亡，这将影响到智力源泉的想象力和知识之间的平衡……习惯对适应环境变化的能力的影响"③，如此以来老年人精神会越来越"成熟"，老年人也常被认为是"智慧"的化身，这样老年期精神与身体会存在"上升与下降"的矛盾，两者不能同步发展，甚至背道而驰，造成身心失衡加剧。

精神对身体接受、拔升后，并不一定能使身体与"己"同步发展，最终还要解决两者发展中的"上升与下降"矛盾，需要追求一种理想的两者协调发展境界，这种状态可以用"共振"来表述。所谓"共振"就是精神主动接受身体、拔升身体后，自

① 西塞罗．论老年 论友谊 论责任[M]．徐奕春，译．北京：商务印书馆，1998：19.
② 理查德·A．波斯纳．衰老与老龄[M]．周云，译．北京：中国政法大学出版社，2002：18.
③ 理查德·A．波斯纳．衰老与老龄[M]．周云，译．北京：中国政法大学出版社，2002：19.

觉认识到这个身体就是"我"应该存在的身体状况,然后拥抱这个身体,能够接受身体一切状态,其中包括接纳最终极状态——死亡,然后两者彼此处于既不超越、也不落后情况,一同向前发展。对于精神来说,就是不对身体寄予超出现实的要求,如希望身体还像年轻时一样强健就是不现实的要求,但也不落后于身体现状,如不能接受身体现状,对身体自暴自弃;而对身体来说,就是尽可能减缓衰老的进程,使身体各种能力下降的速度在合理的范围内波动,展现出最佳状态,使其适应精神的变化,不会成为阻碍精神发展的因素。精神与身体的"共振",实质就是自觉认识到两者具有"同一性",可以步调一致,相互依靠,在生命终极指向上进行和解,共同编织好老年生命的"图景"。在哲学视域里,按照上文提及的伯格森观点,精神与身体"共振"的可能性在于,两者基本特点同一于"绵延性"。精神认识到自我绵延的载体就是同样可以绵延的身体,身体在现实中要实现最佳状态,更要放到生命之流中去认知广袤身体的绵延性。

"共振"在现实中最终体现就是老年人精神自觉引导身体质量在最后阶段得以提升,身体自觉达到最佳状态,这也可以说就是身心最终极的和解。现实社会实践中,老年人生存阶段身体往往带病状态,最后生命阶段是在医院里度过的,而对老年人生命终期的救护大都是过度医疗,美国心理学家罗斯曾描述过这种"可怖"现状:他(临终者)可能迫切需要得到休息、宁静、尊严。但他得到的是输血、输液、心脏机或气管切口术……他得到的却是一打人昼夜不停地忙碌,他们满脑子考虑的都是他的心率、脉搏、心电图、肺部机能、他的分泌物、排泄物,如此等等,就是没有考虑到他是一个有血有肉的人。过度救治是由很多原因致使的,其中之一在于老年人自己对身体的贪恋,希望肉体实现延续,这是自我精神没有从身体囚禁中走出来的体现。当老年人真正认识到在生命最后阶段不强求对身体的侵害治疗,而应是提升身体存在的质量时,这才是精神与身体最后的"和解"。与这种观念的吻合,可以从对现代社会"临终关怀"(Hospice Care)方式的认知来理解。

临终关怀理念最早始于中世纪的欧洲。1967年,英国西西里·桑德斯女士在伦敦建立了世界上第一所临终关怀机构,明确不以延长垂死者的寿命为宗旨,而以提高生命质量、让患者安详尊严地离开人世为目的,临终关怀作为一项终极生命的处置方式被传播。现代意义上的临终关怀是指由受过专门训练的医护人员、社会义工、心理学家、宗教信仰人士、营养专家等组成团队,为濒临死亡的患者(主要是老人、癌症患者等)进行全方位的善终服务或安宁照顾。它的主要特征:面对临终患者不是通过医学手段无谓延长生命,而是控制症状、姑息治疗,有时也称为舒缓治疗。即不以治愈患者为出发点和目的,也不是对患者弃之不问,而是通过以医学护理方式为主,对临终患者"身、心、灵"进行全方位的关怀,减轻患者各方面的痛苦，使患者可以在有限的余生享受最大的尊严和快乐。其要义不是从单一医学治疗向度出发，只注重临终患者的躯体解痛，而是注重团队协作，通过医护人员的护理、社会其他团体人员情感的倾注，以人性化关怀来实现对临终患者的“身体”和“精神”看护，全方位人性化关怀的在场是临终关怀的要义。临终关怀不是以浪费医疗资源来推迟患者的死亡时间为宗旨，所以不同于过度救治，也不是放任不管患者，所以也不是消极救治，它是使患者在余下的有限时间里得到“身体”上的人道护理以及“精神”上的安慰，从而尊严、安详地走向人生的终点。它使患者在死亡时获得尊严、安详方面和安乐死是一致的，但它也不同于安乐死的加速患者死亡速度，而是人性化的关爱患者的最后时光，所以它不会像安乐死那样引起很多法律上的争议。可见，临终关怀既不是追求延长患者的生命长度，也不刻意缩短患者的生命长度，而是遵从生命自然规律让患者在应有的自然生命长度中受到全方位照护，使生命获得尊严和幸福的满足，这是符合“理性”要求的。临终关怀在很多国家和地区业已开展起来，我国也于 20 世纪 80 年代引进这种医疗关怀理念，目前很多地方开展有针对老年人的这种照护服务，在一定程度上对提升民众的身体存续“质量”起到重要帮助作用。因此，老年人在生命最后阶段能在精神上认识并自觉接受“临终关怀”服务，对身体照护会起到重要作用，精神也会在身体质量提升的过程中得以安慰，最后的“生命之舞”展现得会更加完美，这也是精神与身体“共振”实现的体现。

二、老年人“自我”与“他者”关系的重构

对于现代社会的特征，吉登斯曾提出这样的观点，由于现代社会关系的变化和矛盾冲突的凸显，极大地影响着日常生活的转型，也在一定程度上招致了社会存在的“风险”，“极盛（晚期）现代性（high or late modernity）”①是当今社会的重要特征。对于个体来说，这种特征致使个体的外部环境发生了重大变迁，这同时又促使着个体在为重建其周围的社会活动领域而不断积极主动地调整着自我，亦即自我在应对外部境遇的变化时要进行自我“反身性”修正，个体自我发展与社会境遇之间的相互渗透和相互影响变得日益显著。遵循此种逻辑分析理路，应该看到伴随着老年期的到来，复杂变迁的各种社会境遇和关系也在深深影响着老年自我的发展和延续。前文已经分析，进入老年期，围绕老年人的“关系”变化主要包括家庭内部关系和老年人能接触到他者组成的外部关系的变化，这些变化常常叠加

---

① 安东尼·吉登斯．现代性与自我认同：晚期现代中的自我与社会［M］．夏璐，译．北京：中国人民大学出版社，2016：217．

一起，造成老年人社会关系的“脱落”，老年人如不能对这些复杂的社会境遇关系变化做出“反身性”回应，就会受制于这些境遇关系，“精神”上相应会潜藏着不快乐的危险，老年“孤独感、累赘感、隔离感”等就是关系脱落影响下的表现。

在老年期这个特殊的发展阶段，老年人面对社会关系的脱落，老年人自我关怀的主要任务应是设计或谋划增进自我与社会的“关系”，建立起令人钦佩的“关系”图景，让自我从关系脱落的窘境中走出来，从自我封闭状态中走出来。按照吉登斯的思想来理解，就是老年人要对脱落的社会关系进行“反身性”回应。“反身性”在吉登斯那里主要是“现代性”的一种动力机制，它是一种对现代性影响下的生活方式进行反思和努力适应性改变的姿态。现代性的“反身性”是指“社会生活的大多数面向及其与自然的物质关系对受到新信息或知识影响而产生的长时间修正之敏感性”①。相应地，老年人“反身性”回应，就是在老年生命周期的时间段内，老年人意识到社会关系变迁对生活带来的可能影响，认识自我、承认自我在各种社会关系中“定位”，在此基础上，适应外部境遇来修复“脱落”的“关系”，构建符合老年人自我的日常生活图景，从而建立新的“自我认同感”。“‘我将如何去生活’这一问题只有在如吃穿住行等日常生活的琐事中方能得到答案，而且只有在自我认同的不断呈现中方能得到解释。”②因此，“自我认同”不仅是“反身性”回应的核心，也是老年人自我关怀时进行修复社会“关系”的基础和重构日常生活的关键，从这种境遇关系维度来讲，老年人自我关怀实现实质上就是“自我认同”重塑的过程。

“认同”基本指向或称为“自我认同”理念是随着现代社会特征发生重大变化而出场的。在吉登斯看来，“极盛现代性”社会和传统社会相比，“现代和传统、全球性和本土性、自我和社会等存在着严重矛盾和冲突，这是一个充满风险和不安全感的‘世界’”。生活在这个“世界里犹如驾驶重型卡车般会有力不从心之感”③，人们所期待的那种社会和自然环境逐渐从理性秩序的愿景中消逝，尤其是个体生活越来越被视为个人变迁和社会变迁两者紧密相连的“反身性”过程的构建，“自我”在各种因素影响下感受到的只有迷失和孤独。因此，正确理解和应对现代性，需要重新认识自我和自我身份，在现代性框架下对日常生活图景所提出的道德问题进行反思，对所构建的生活方式和生存意义进行肯定，从而对自我进

---

① 安东尼·吉登斯．现代性与自我认同：晚期现代中的自我与社会［M］．夏璐，译．北京：中国人民大学出版社，2016：19.

② 安东尼·吉登斯．现代性与自我认同：晚期现代中的自我与社会［M］．夏璐，译．北京：中国人民大学出版社，2016：14.

③ 安东尼·吉登斯．现代性与自我认同：晚期现代中的自我与社会［M］．夏璐，译．北京：中国人民大学出版社，2016：26.

行“认同”。现代“认同”伦理问题研究代表人物夸梅、查尔斯·泰勒等也都认为，“自我认同”观念提出和被重视同样是受到现代社会发展变化影响的结果。如夸梅认为现代社会是一个多元文化碰撞、自由主义盛行的社会，在此背景下，每个人都有，或应该有多种多样的决策来塑造生活，如何在这样存在差异化条件下存续，“认同”观念“已经被构筑进对自我创造和社会之间复杂的相互依赖性的认识中了”①。泰勒也认为，“作为一个有意义的宇宙秩序感的消散——被认为已经摧毁了人们先前赖以过精神生活的视界”②。可见，“认同”其实就是在社会大变革背景下重新构建符合自我的社会生活方式，正如夸梅在《认同伦理学》中提出的：“构造其生活感的东西，与其说是一张蓝图，不如用我们今天所说‘认同’一词。在此说像这样生活说的就是认同。”③泰勒也认为“认同”的焦点包括“由现代早期发展而来的对日常生活的肯定”④。由此可见，“自我认同”理念是在社会境遇变化情况下，为解决多种价值观并行而达成的一种承诺，试图通过“关系”的缔结来设计自我的生活，从而确定自我的存在。

袭承哲人分析“自我认同”的理路和取得的成果，为本课题研究的需要，抛开“现代性”特殊背景这个分析导入因素，在一种更宽广的意义上，我们可以抽取出“自我认同”具有以下“普适性”的内涵。

首先，“自我认同”是一种对自我身份的承认。“自我认同”是一种观念意识上的对存在之“我”的承认，用吉登斯的话表述就是“反身性认知”而形成的概念，“自我身份认同不是给定的，即个体行动系统之延续性结果，而是要在个体反思性活动中依据惯例被创造和维持的某种东西”⑤。通俗地讲，就是面对外部环境条件的变化，对自我相关的外部信息不断吸纳、反思，归入有关“自我”的特性并加以承认，形成一个稳定清晰的“存在”概念，知道“我是谁”。正如查尔斯·泰勒所言：“为了形成并保有一种自我感，我们必须清晰地知晓我们来自何处，又去向何方。”⑥“自我认同”的积极意义在于给自我一个清晰的“定位”，可以重构符合现实的生活图景。“自我认同”首要回答的是“自我存在性”问题，存在就是拥有对本体性的认知，在“外在现实”影响下的对本体的探索。自我本体认知意味着个体不

① 夸梅·安东尼·阿皮亚．认同伦理学[M]．张容南，译．南京：译林出版社，2013：33.
② 查尔斯·泰勒．自我的根源[M]．韩震，译．南京：译林出版社，2012：27.
③ 夸梅·安东尼·阿皮亚．认同伦理学[M]．张容南，译．南京：译林出版社，2013：32.
④ 查尔斯·泰勒．自我的根源[M]．韩震，译．南京：译林出版社，2012：2.
⑤ 安东尼·吉登斯．现代性与自我认同：晚期现代中的自我与社会[M]．夏璐，译．北京：中国人民大学出版社，2016：49.
⑥ 安东尼·吉登斯．现代性与自我认同：晚期现代中的自我与社会[M]．夏璐，译．北京：中国人民大学出版社，2016：51.

仅仅要"接受"现实影响下的自我,而且要去创造本体论意义上的参照点,并以此作为日常生活情境中的必要构成部分。自我本体性承认其实也是对差异性达成共识的认同,事实上各种差异性可能导致事物本质的不同,认同就是承认多样性,对差别的接受。泰勒曾比喻说,让我们做个"思想实验",假如世界上利用基因工程,人类可以在可能范围内进行能力组合,你可以拥有所有你想达到的能力,就会发现,这不是一个乌托邦,而是一个地狱,因为你的生活再没有了任何成就感。因此,自我本体性认同也包括认同自我存在的差异性,这就是"我",虽有人种、种族、国籍、性别、身体状况、文化教育、宗教式情节等特征上的不同,但我并不嫌弃这样的"我",且乐意接受这样的"我"。

其次,"自我认同"是一种价值取向的坚守。对自我身份的承认,回答的是知道"我是谁"。更进一步,"自我认同"还应包括知道"我站在何处,处于什么位置",即一种对自我内在价值取向的承认。人类是社会生物,他们深知与他人交往中需要解决是否"同向"问题,应对多种关系纠葛时自我持有什么主张,泰勒称之为"认同的方向感"。这种方向感意味着在特定的场域中总要决定什么是好的或有价值的,或者什么是应当做的,或者应赞同或反对什么,它是自我价值取向的反映,换句话说,就是自我在行为中采取的一种立场。在多元价值观存在的当下社会,应该看到,认同是内在价值趋同的反映,他们是拥有那种认同的人必须去考虑的价值,但却不是没有那种认同的人所需要的价值。西语"金子对于骡马远没有草料对它们重要"就是这一意义的表达。泰勒在分析认同时也举例说,以仪式纯洁性的价值为例,它被很多正统犹太人视为一种价值。他们认为因为他们是犹太人,所以他们必须坚持犹太教的规定,他们并不期望非犹太人也这样做,而且他们甚至并不认为非犹太人那么做是件好事。不同价值观主张者之间存在着紧张,但每个人都有或者应该有多种多样的选择塑造生活的自由,过好自己应该过的生活就是"认同"。"认同意味着我们关于怎么样才是尊重人们的完整性的当代概念,包含了保护他们表现和形成自己的见解、规定自己的生活概念以及规划他们自己的生活计划的自由。"①因此,"自我认同"在更深层上来说,它是自我对自己所持价值观坚守的反映,即使面对外在多元价值观的影响,也不会放弃自我本真,否则,就会丢失自我,找不到自己所在的位置。

最后,"自我认同"是一种对日常生活的重构。认同不是一个空洞的"容器",它的实在性反映在一系列外在关系环境因素变化下对生活方式的选择上,选择适合自己的生活,像自己应该的状态去生活。"生活方式可被定义为一组被整合起

---

① 查尔斯·泰勒. 自我的根源[M]. 韩震,译. 南京:译林出版社,2012:37.

来的个体的实践,不仅因为这些事件满足了功利主义之需,而且因为它们为特定的自我身份认同叙事提供了物质形式。”①因此,认同最后要反映在对日常生活的重构上。“采取一种认同,让它成为我的,就是让认同去构造我的生活方式。也即,我的认同有其内在的模式,这种模式帮助我来思考我的生活。”②这种生活的“重构”,首先是遵从外在情境来构建一系列的行动。按照吉登斯的理解,人们的生活方式是受特定行动环境制约的,而现代社会生活场景变得更为多样化和分散化,如个体在日常生活中经常在不同的场景和地域之间迁徙,那么随着不同场景变化,遵循的行动模式或生活方式选择就会有实质性的不同,个体迫于环境的变化对生活方式的选择也会体现为多样化,吉登斯把这种阶段比喻为“生活方式的小扇面”(lifestyle sectors)。各种“小扇面”就是某一时空领域中个体的全部活动之“一片”,它们组合成个体井然有序的实践活动。重构日常生活行动要以善为目标。亚里士多德很早就追问人们应该过什么样的生活,提出思辨的生活是值得过的生活,因为通过思考,一种理性的至善的精神目的才会在日常生活中实现,过这样的生活即是肯定自我、认同自我。在开放、多元价值共存的社会里,虽然善的统一性认知很难实现,有时也被认为可能是虚无的存在,但在支持差异性过程中强化伦理共识的价值,把它作为重构日常生活的标准,应是现代性背景下解决行动目标向善的一种方式。一如夸梅所说:“存在多种可能的道德选择,认同所提供的是另一种价值的源泉,它帮助我们在这些选项中进行选择。采取一种认同,让它成为我的,就是认同去构建我的生活方式。”③

根据对“自我认同”内涵的理解,老年人从“自我”出发的关怀不是迫使“自我”进行改变,而是给予自我正确的定位,承认自我、修复自我与家庭、社会中的“关系”,解除各种“关系”的束缚,重新构建符合老年人的精神生活。在此维度上,老年人“自我”与“他者”关系构建要清楚地回答三个基本问题:老年身份的认同——“我是谁”;老年价值的认同——“我处在何种位置”;老年行为认同——“我应该过什么样的生活”。

(一)老年身份的认同

老年身份的认同就是老年人对“我是谁”的认识,即在老年期应该是什么样子以及与他人“相遇”中展现出的稳定持久状态的一种认同。我们知道老年人在现

---

① 安东尼·吉登斯. 现代性与自我认同:晚期现代中的自我与社会[M]. 夏璐,译. 北京:中国人民大学出版社,2016:76.

② 夸梅·安东尼·阿皮亚. 认同伦理学[M]. 张容南,译. 南京:译林出版社,2013:42.

③ 夸梅·安东尼·阿皮亚. 认同伦理学[M]. 张容南,译. 南京:译林出版社,2013:42.

实社会中常被贴上特定的“标签”,如“老气横秋”“偏激固执”“胆小多疑”等,这些大都是社会的误读。标签特别是特殊的标签会对类似群体造成严重的影响,“一旦给人们贴上标签,对符合这种标签的人的看法将带来社会后果和心理后果,尤其是这些观念塑造了人们看待他们自己及他们的计划的方式。因此标签开始影响我们所说的身份确认(identification)的过程”①。同样,给老年群体贴上这些特殊的标签,会在塑造老年人决定如何生活的问题上发挥着作用,也在老年人认同形成的过程中发挥着作用。这些标签会影响着老年人自我和“他者”的态度与看法,带给老年人在现实社会中不正确的“定位”,如在家庭内部老年人会和亲人产生“代沟”,在外部关系上,由于受歧视而被认为异于“他者”,老年人就很难实现“认同”。在一个不被认同的“关系”中,老年人精神会落入一种不稳定的状态中,周围的一切都看起来不顺心如意,感觉不到什么美好事物,即便有,也是极其微弱的。因此,老年人自我精神上关怀首先要对自我身份进行确认,对“我是谁”给出清晰的回答。在一定意义上,没有自我身份认同,就没有自我关怀的可能性,自我身份的认同是老年人自我关怀的前提。

首先,老年人对老年阶段“自我身份”的认同。老年阶段一般来说是一个不受人欢迎和不愿意被接受的生命时段。随着社会关系的不断“脱落”,老年人社会适应能力在减退,喜欢回避现实,老年人时刻会处于防御状态,力求避免伤害。家人或他人一个不友善的眼神、一个不经意的玩笑等,都会在老年人心里产生影响。老年人常厌恶自我,“郁郁寡欢”,厌恶自己的糟糕处境,经受不顺心的事情越多,认同感就丧失越多。他们甚至会深深自责:我究竟为什么不被他们喜欢,不受他们欢迎。老年是一个不受欢迎的生命时间段,原因有很多,西塞罗对此进行了精辟的总结,他说原因主要在于:“第一是,它使我们不能从事积极的工作;第二是,它使身体衰弱;第三是,它几乎剥夺了我们所有感官上的快乐;第四是,它的下一步就是死亡。”②西塞罗睿智地把老年不受欢迎的现实表象原因总结出来,然后逐条进行了驳斥,指出这些都是张贴给老年人不恰当的“标签”,客观来讲,这些其实都应看作是老年生命应有的内涵的反映,是自然规律的体现。因此老年人关怀自我,要从认同老年期在整个生命阶段的自然位置开始,接受老年期各种身心变化,接受自我的现实状态。老年是生命必要的组成部分,同样对人生发展的阶段来说,阶段应该是多样有差别的,不仅是生物学意义,更多是社会学意义。老年就应该是不同于青年等其他阶段,如果一样,那生命将会是单调乏味的。老年也不是

① 夸梅·安东尼·阿皮亚. 认同伦理学[M]. 张容南,译. 南京:译林出版社,2013:95.

② 西塞罗. 论老年 论友谊 论责任[M]. 徐奕春,译. 北京:商务印书馆,2004:10.

糟糕的阶段，而是人生最美好的阶段，如莎士比亚所说：“人在临终的时候总比他们以往要引人注目。正如夕阳的余晖、乐曲的终了、杯底的美酒一样，留给人的记忆最温馨、最甜蜜，也最久远。”①这样对老年期在生命阶段中的特征进行正确认识，接受现实的自我，才有底气地去接触他人。对“自我身份”认同是一种主体意识的觉醒，同时也是一种自我关怀的体现。老年身份的认同不但是接受老年阶段的优点，更要接受其缺点。关怀自我的核心是善意地对待不完美的自我，缺点和优点共存是一个完整自我形象的体现。承认缺点的存在是合理的，可惜老年人并不是在任何情况下都能做到的，他们常会在内心深处否定自己存在的意义，如认为自我是“一无是处”的失败者。抛弃这些沉重的“包袱”，才是老年人能够认同“自我身份”的体现。

其次，老年人对在家庭中“自我身份”的认同。目前我们国家老年人主要生活的区域还是“家庭”。随着社会境遇和现代家庭结构的变化，老年人受其自身和外在环境的影响，在自身生活上需要依附家庭子辈的照护。时代的进步，老年人观念上也常不同或落后于子辈，这样丧失了早期那种在家庭中的权威地位，老年人在家庭中地位逐渐由传统主导型变为依附型。在现实中，老年人有时还会一味委屈自己（至少在部分情况下）来取悦家庭成员，丢失了自我在家庭中应有的位置，如有的老年人为了让家庭和睦，甘愿做家庭中最不起眼的人、地位最低下的人，对子辈无原则地谦让附和，这种关系可称为“躲避型”。总之，这些变化让老年人在家庭中出现“自我”的丢失，“无用感、累赘感”是老年人常有的心理表现，老年人在家庭中不能很好地“定位”，老年生活也不会幸福。老年人在家庭中幸福生活，要摆正自我在家庭中的“地位”，认同“自我”，“不卑不亢”才能真正在精神上实现快乐。身份认同的“本质”就是对自我存在的“本质性”给出回答，老年人对在家庭中“自我身份”的认同，很明显就是老年人要认识到自我在家庭中存在的意义和所起到的作用，然后做好自我应该完成的事情。老年人虽然在身体上开始衰退，但在精神上对家依赖的渴望会越来越强烈，期望在家庭中得到子辈一如以往的尊重，期望一如既往地为这个一生操劳的地方继续劳作。作为家庭的组成成员，老人的权威性可能有所减弱，但应看到，由于老年人社会经历阅历丰富，在家庭发展等重大问题的理解和处理上，具有睿智和理性的一面，虽退居家庭中，仍然在凝聚家庭、稳固家庭上起到重大作用，一个家庭总要有核心，这样在一些争议和矛盾处理上会有帮助。世俗中的“父母在，家就在，父母不在，兄弟姐妹变亲戚”，说的就是老年人的存在对于家庭美满的作用。老年人认识到自我在家庭中无法替代的作用，面对现实，积极做自己可以胜任的事情，如帮助制订家庭发展规划、掌舵家

① 肖蓉，郑兰香，邓云龙．临终关怀的伦理问题思考［J］．实用预防医学，2004（2）．

庭发展方向、替子辈分担一些力所能及的家务或者进行对隔代的教育等,体现自我在家庭中应有的地位和价值,改变依附子辈的关系状态,老而"无用感""累赘感"等负面情感就会减弱。

最后,老年人对在社会中"自我身份"的认同。老年人退休或者不能从事体力劳作后,与社会接触的机会越来越稀疏,老年人的社会关系会产生一定的"脱落",老年人心理开始由外向奋进转向内敛收缩,这时消极情绪占满内心,喜欢把自己与外界隔离开来。加之现代社会思想观念的多元化,受到自由、平等、竞争等观念的冲击,传统尊老爱老的社会习惯被销蚀和冲击,如公交车上不给老年人让位、排队不让老年人优先等现象在现代社会经常出现。老年人碰到如此场景常会认为受到年轻人的嫌弃,也会有被社会排斥的思想,被家庭、族群和社会排斥在外的恐惧可以说是人类最原始的恐惧。排斥就是不被认同,没有人能够在精神上忍受自己不被家庭、社会认同的感受。老年人在现实社会受到排斥,和他人关系不融洽,会给心理带来否定自我的情感,常常会迷失自己。在社会中找到自己的"定位",老年人首先要改变的观念是自己不能再参加工作和劳作,成为社会的负担,遭到社会的排斥。应该认识到,老年人虽然退休了或者不能劳作了,但不等于不能参加社会事务了。"完成人生伟大的事业靠的不是体力、活动或身体的灵活性,而是深思熟虑、性格、意见的表达。"①这些品质和能力,老年人不但没有丧失,其实是益发增强了。老年人凭借这些,可以完成青年人无法完成的事情,老年人在社会上地位应不是随着退休或不能劳作减弱,而应该是增强。例如,纵观历史,众多强大的国家在危急关头,往往都是一些老年人或者称为"有资历"的人力挽狂澜,使国家转危为安。老年人认识到自我在社会发展中可能起到的决定性的作用,而不是那种可有可无角色,这样就会摆正自己在社会发展中的地位,这即是对自我在社会中"身份"的认同。当然有些老年人可能会认为,自己没有指点江山发展的那种能力,但可以认识到自己在曾经的工作单位、亲戚圈内、朋友圈内、邻居中可能起到的指导和智力咨询等作用,这也是看到自己在社会中具有的不可或缺的作用,通过帮助他人达到对自我社会存在价值的肯定,从而也即是达到对自我在社会中的"身份认同"。

(二)老年价值的认同

"自我认同"意味着对自我的肯定,它不仅仅是承认自我存在,对自我身份的认同,更多是对自我价值的认同。人类社会的价值认同是一种强大的动力,它构成了关怀行为的内在基础。在各种社会关系的包裹中,作为老年人对自己身份认

① 西塞罗. 论老年 论友谊 论责任[M]. 徐奕春,译. 北京:商务印书馆,2004:11.

同,是对外在的肯定,而更多的内在价值认同,才能体现出真正的自我存在。自我价值认同,是老年人能够真正"挺立起来"的内在动力。

老年价值认同首先表现在老年人对自我存在价值的觉知。价值一般指向"有用性",生命价值更多指向对他者和社会存在的意义。对于老年价值,社会上一般会有一种误解和偏见,认为老年人身体开始衰退,年龄大不适合再继续参加事务,这种现象其实就是老年歧视,"老年歧视"被认为是继种族歧视和性别歧视之后的第三大歧视。老年歧视对个人和社会的发展都会产生不利影响,如果老年歧视的态度被老年人内化,会对老年个体身心造成一系列的负面影响,不仅会降低老年人参与社会生活的主动性和积极性,也会伤害老年人的自尊,影响老年个体对自我的认同,老年人可能会认为自我是家庭、社会的负担,导致抑郁、自暴自弃等心理产生,甚至可能导致自杀行为的发生。规避老年无价值、歧视老年态度的影响,老年人需要表现出对自我价值的"觉知",即老年人自我对"我"在家庭、社会中价值的清醒认知。老年人对家庭和社会都具有重要的价值意义,对家庭来说,他是一个家庭的核心,对家庭稳固起到重要作用。更主要的是对社会来说,老年人可以把技能、经验和智慧贡献给社会,仍然可以发挥出推动社会发展的作用,老年人是社会稳定的重要因素,正如著名老年学专家波斯纳所指出,"老年人比年轻人更加稳健(或保守),因此当一个社会老龄化程度比较高时,当其他变量稳定时,该社会可能就会相对稳定"①。老年人自觉认识到自己存在的诸多价值,用来稀释社会上的老年偏见,在内心筑起强烈的超越现实局面的情感机制,才有在精神上实现快乐的可能,这其实就是自我关怀的表现。

其次是在价值冲突基础上的商谈。老年人不能远离家庭和社会来生存,是在家庭和社会中发挥出自我作用,体现出自我的价值。但老年人的价值认同会碰到与"相遇"人的价值观的冲突。影响着老年人对自我的价值认同。我们知道,价值观是在一定文化背景影响下形成的,不同文化背景,文化的多元性塑造着人们的认知和看法,对文化的熟悉程度决定了人们想象的边界。"文化就像一种伦理认识论的棱镜——一种观看行为和存在的方式,就像为概念和价值提供框架的某种东西,界定想象边界的某种东西。"②作为个体的老年人和青年人,他们是在不同文化、教育、生活背景下成长起来的,带来各自价值观、行为方式上的差异,所以他们对问题看法和主张可能都会不同甚至产生冲突,这是"代沟""歧视"等产生的文化深层原因。老年人在这种价值冲突情况下,一味坚守自我观点,会给人"偏执

① 理查德·A. 波斯纳. 衰老与老龄[M]. 周云,译. 北京:中国政法大学出版社,2002:2.
② 夸梅·安东尼·阿皮亚. 认同伦理学[M]. 张容南,译. 南京:译林出版社,2013:125.

顽固"的感觉,一味隐忍,会走向"自我"否认,带来精神上的困顿和痛苦。多元价值观背景下,试图改变他者更是不明智的举措。商谈伦理可为解决道德争端和冲突提供一种视域。所谓商谈,就是不同道德主张、价值取向、文化理念和利益诉求的主体,通过交谈、对话和沟通的方式来寻求一致性和达成共识。不同文化背景下形成价值观的差异,但差异不代表一定带来不可调和的冲突,在哈贝马斯看来,商谈伦理可以通过普遍的话语论辩和交往理性的论证来达成不同利益群体之间的理解和共识,解决现代社会价值观念的多元冲突带来的问题。也就是说面对差异存在,需要展开交流和沟通,在相互了解、理解和包容的基础上,是可以和谐共生的。这对老年人在价值冲突情况下的启示是,老年人可以通过商谈,在"相遇"的关系冲突中找出平衡点来恰当地解决矛盾。如面对家庭子辈的生活方式的差异性问题,老年人和年轻人对生活的理解一般存在差异性,老年人喜欢节俭,烂衣旧鞋缝缝补补,剩菜剩饭不舍得丢掉,而年轻人喜欢追求生活高品质,浪费现象可能比较严重,老年人和家庭子辈可能会因为一个剩馒头的丢存发生争吵。这时老年人就应该平心静气和子辈沟通,老年人不应用"父权主义"式的霸权话语强迫子辈接受自己的做法,子辈也不应用"失语"式的无原则方式来顺从,双方可以说出彼此对争论问题的主张,相互理解对方,找出都可以接受的解决方法,如把馒头放在冰箱,待以后再处理,这样老人不失尊严,子辈也得到了尊重。老年人生存在家庭关系和睦的氛围里,精神才会愉快。

(三)老年行动认同

老年"自我认同"最后落实在行动上,反映在日常生活中,就是过符合老年人应该过的生活,通过改变老年人的形象,老年人要尽可能融入社会生活中,打破不良"标签"带来的恶性循环,构建一个符合老年生活中的"自我",在与他者交往的关系中映像出一个"恰当"的"老年"。老年阶段老年人自身以及外在关系的变化,老年人的权威地位受到极大冲击,老年人会精神持续紧张,恐惧不安,限制对美好生活的感知,影响着老年生活的重构。老年人在老年阶段还配享幸福吗?老年人在自我身份认同、价值认同基础上,确信自己有资格去过美好生活,并允许自己追求美好的生活,享受生活,老年人有意识地去闻、去看、去摸、去感知各种美好的东西。敢于把内心的恐惧、不满、担忧等情绪情感表达出来,对周围人态度良好,试着让他人、家人认识自己、理解自己,在交往中取得共识,而不是取得优势。追求"恰当"的生活带给老年人最长久的快乐,这些连续事件形成一系列的"生活小扇面",提供一种老年"生活图景",从根源上提高老年自我的认同,这也是老年行动上自我关怀的要求。行动认同主要关涉两个因素:行动是符合一定场域下的行动,行动是符合以善的目的为评价标准的行动。老年人主要活动场域收缩到家庭,当然与社会也有一定的接触,因此,老年人的行动认同主要考量在家庭和社会交往过程中老年人行动“恰当”地实现,以此来构建老年人的“生活图景”。

进入老年期,老年人退居家庭,家庭成为主要活动场域,与家庭成员关系融洽,对老年精神快乐具有重要意义。家庭是用情感维系的地方,而不是辩真究理之处,作为家庭的主要成员,老年人要学会适应家庭境遇变化的生活,处理好与子辈关系,过老年人应有的生活。但这个分寸是非常难以把握的,过多地干预子女生活,会让子女觉得老年人“唠唠叨叨,喋喋不休”,不管不问、得过且过地生活,也会丢失老年自我价值。老年人精神上过得快乐,在家庭中可以尝试遵循“隐让”伦理,用“隐让”来指导自己过理性的家庭生活。

“隐让”是现代老年人应该了解的家庭伦理智慧。“隐让”中“隐”是自我收敛不主动凸显,“让”是辞让、礼让子辈后人。“隐让”是指老年人改变传统观念中自我的家庭权威性、支配性角色,让渡予子辈后人为家庭主角,并对他们进行传道、教化、导引,建立适应当下社会家庭的角色关系。传统社会里,等级秩序观念较为严格,形成以年老长辈为核心的家庭伦理观念,子辈需要绝对维护家庭长辈的核心地位。而现代社会观念的变迁,老年人应认识到随着子辈的成长,子辈的独立性逐渐增强,另外还有各自价值观的不同,老年人要学会退出家庭“核心”支配角色,放手给年轻人,就是常说的“让年轻人当家主事”。但这种让渡不是对年轻人不管不问,而是老年人不处处对子辈指手画脚,只是在重大家庭事件上给予方向上的建议,这样对家庭关系和谐有着重要意义。首先,“隐让”是遵循生命发展自然规律的要求。“人事有代谢,往来成古今”,意思是人要遵循生命发展的自然规律,接受这种自然变化实际,按照自然规律办事。对于人来说,依照生物性的标准,每个人都会走向老年,在老年时行动上会不利索,思想上也会趋于保守,有时可能落后于时代,这些是不利家庭发展的。老年人在家庭中“恰当”的生活图景应该是,遵循自然,主动退出家庭支配性角色,让体力充沛、思维活跃的年轻子辈走向家庭的前台,保持家庭结构动态平衡的发展。其次,“隐让”是一种生活智慧的体现。家庭生活常常是一些琐事的交织,“清官难断家务事”,说的就是处理好这些家庭琐事需要特殊的技巧和智慧。作为家庭主要成员,老年人在老年期间能主动认识到自我实际,领悟到老年人退居到家庭的“恰当”位置对家庭和睦的作用,不对家庭子辈的行动指手画脚或过多的说教,学会放手,学会退让。放手就是认识到“儿孙自有儿孙福”,不要处处去左右子辈,为子辈包揽一切反而会让子辈成为没有主张的人,子辈如果不理解更会造成家庭的矛盾。退让就是老年人学会糊涂,不去计较家庭琐事,退而养生,是老年豁达洒脱的境界,也是生活智慧的要求体现。最后,“隐让”是一种代际的文化传承。“隐让”不是老年人退而隐身无所作为,它的核心内涵是老年一代要将一生积累的知识、经验、技能、文化成果等从社会获得或积累的财富传递给年轻一代,这是"隐让"中"让"的内涵表现。邬沧萍指出:"从功能学的立场上看,老年人对社会最主要的功能就在于对下一代的教育使其社会化上。老年人有长期积累的经验,而且也是文化的传播者,因此在下一代的社会化过程中,老年人承担了把文化由他们这一代传递到下一代,使文化持续下去的责任。"①因此,老年人不仅描述的是生物学意义上的年龄群体,更多意义上表达的是这些年龄群体所具有的文化特征,老年人负有将自己经验传承的责任,这是一种代际文化的传承,传承体现了文化的代际互动性及其绵延性特质,这样文化之链才不会断裂。另外,老年人担负起德启后人的责任并且行动起来,精神上就会快乐,正如社会学家韦政通指出:"老年人的生活应以奉献为其最高的伦理准则,奉献是老年人真正快乐的源泉。"②

进入老年,老年人社会关系会走向"稀疏",但并不代表老年不能与社会产生联系。"人从未把自己想象为不是团体的成员;而是随着人类组建从野蛮的独立性中摆脱出来,这种联合也越来越紧密。"③可见,每个个体对其作为社会人根深蒂固的意识,这是一种自然欲望,也会让他使自我感情与目标与其他同类的感情与目标尽可能融合。因此,老年人虽退出社会前台,但仍然有融入社会的渴求。老年人意识到积极融入社会,不但是对作为人类"一分子"的自我认同,也会使自我不因为与社会的割裂而产生负面情绪情感。老年人积极融入社会生活中,也是构成老年生活图景的重要部分。

积极融入社会,老年人首先要从展现自我价值开始,提升自我的尊严和能力认同感,这是融入社会的"切入口"。"老年当自强,老人就是宝",老年人不应该把自我一味缩退至家庭内,把自我与社会割裂,距离感是产生孤独感和失落感的主要因素。老年人要认识到自我存在的价值,也还是可以继续有所作为来为社会做贡献,然后积极按照自己的需要、愿望和能力来参与社会各项活动,如可以做热心义务者、宣传员等,发挥余热,这样可以缩小与社会的距离感,自我也会活得充实,提升对老年生活的满意度,展现出老年自我在社会中应有的位置。研究表明:老年人保持中年时代的生活,否定老年的存在,用新的角色取代因退休等而失去的角色,可以把自身与社会的距离最小化。④ 老年积极参与社会活动,与世界卫

---

① 邬沧萍. 社会老年学[M]. 北京:中国人民大学出版社,1999:109.

② 韦政通. 伦理思想的突破[M]. 北京:中国人民大学出版社,2005:85.

③ 夸梅·安东尼·阿皮亚. 认同伦理学[M]. 张容南,译. 南京:译林出版社,2013:37.

④ 陈昫. 中国老年残疾人"精神养老"问题研究[M]. 北京:中国劳动社会保障出版社,2014:45.

生组织提倡的以“健康、参与和发展”三大支柱为核心的积极老龄化理念也是相符合的，老年人积极有所作为，会在自我价值体现中实现精神上的快乐。其次，老年积极融入参与社会活动，不是竞争式的参与，而是“无争”式的参与。老年人应认识到从个体的兴趣开始，去展示认同如何赋予个人复杂的兴趣，不去干预和左右他人，也不去与他人竞争优劣，参与只是为了体现自我存在的意义，用豁达、乐观、不攀比心态对待事情，在内心怀有“不争不忿”情感，做成功了对他人有益，自己会开心，做失败了也不去计较，正如古诗云“宠辱不惊，看庭前花开花落，去留无意，望天上云卷云舒”，这样老年人心情就会快乐。最后，老年人融入社会，是老年具体生活图景的重构，更是人际关系的重新梳理。价值认同理论说明了只有在价值观趋同的基础上，才能结成相应稳固的团体，有着共同的爱好，具有相同的追求目标，聚合一起才能真正实现精神上的相互认同和快乐。老年人退休或者不能劳作后，离开了原来生活的熟人圈、同事圈、朋友亲戚圈，老年生活其实是对新的关系的重新选择和构建，这就需要老年人去删选与自我投缘的人结成团体，一起开展活动，找到快乐，这样的社会生活对老年自我的身心健康才会有益。

三、老年人“精神世界”的“自我关怀”实践

人的精神内部主要包括“情感世界、理智世界和意义世界”，进入老年期，老年人这些“精神”“内部”常发生变化——情感世界“去情化”、理智世界“去智化”、意义世界“虚无化”，它们使老年精神世界发展不平衡、不协调，也即是上文所论述“神”为“己”所役，这对老年人的直接影响是会给老年身心带来伤害，常产生医学上说的老年性精神疾病。这种疾病的病状是老年人的情感表达产生障碍，如出现抑郁、焦虑、恐惧等心理，对一切事物表现冷淡，漠不关心，整天闷坐，胡思乱想，影响进食、睡眠和休息，对患者自身的健康造成严重的危害；在思维意识上会产生裂变。患者不能理智地思考和分析问题，讲话时前言不搭后语，颠三倒四，有头无尾，缺乏条理。严重的患者还可能失去自我管理的能力，出现痴呆、疯癫状况；最为关键的是这类群体对生活无意义感增强，不能认识到老年积极意义，性格上孤独、偏执，有时会出现自伤、自残、自杀等精神症状。

老年人“精神世界”“内部”进行“自我关怀”就是主张老年人有对自己“精神世界”进行照护的能力，让“精神”中的“三个世界”“各自安好”，使精神自我展现出平衡、协调的状态。其实每一个人内心都住着一个坚实的、可以依赖的、沉睡的关怀之体，因为我们人类都在社会网络中与他人相联系，生来就有照料别人和被人照料的需要，关怀目的是为了调节精神上的压力和负担，激活它作为照料系统，重新在内心建立起必要的连接感和归属感，可以很好地实现要达到的目标。老年

人激发自我精神关怀,可以让自我更加聪明地面对各种苦楚的体验,实现符合老年自身价值的目标,同时也会增强精神和身体方面的抵抗力,很好应对疾病、精神创伤带来的巨大心理负担。

(一)情感世界的自我关怀

老年人在经历了所有人生变故之后,有成功,有失败,对人生感悟最深刻。更为主要的是会面临衰老、疾病、死亡等人生痛苦事件,一般情况下,在经受诸多打击和痛苦之后,老年人喜欢用厚厚的"铠甲"把自己包裹起来,试图去抵御痛苦带来的伤害,尤其会产生较多的消极情绪情感,讨厌、害怕老年期到来,老年人情感世界出现"去情化"状况。缺少积极情感的老年人不愿意去拥抱、关怀自我,老年期变成索然无趣的生命阶段。

聚焦老年人口"情感世界",老年人情感世界的充盈,最直接的体现就是实现"快乐"。"快乐"活在当下是老年生活之本。"快乐"其实是精神上的感觉反映,它包括两种:感官的快乐和内心的愉悦。感官快乐通过饮食、性等生理属性的满足来实现,是低级的快乐,西塞罗在《论老年》一书中就认为感官快乐的享受是危险的,"感官上的快乐是自然赋予人类最致命的祸根。为了寻求感官上的快乐,人们往往会萌生各种放荡不羁的欲念"①。老年人由于自身生理特点,感官快乐会随年龄增大越发迟钝,因此属于老年人追求的快乐应是内心的愉悦。发自内心的愉悦主要来自积极情感情绪的支持,"情感方面的支持满足能够帮助老年人,尤其是高龄老年人,使其在面对诸如丧偶、丧子、病重或事故等压力和创伤的时候维持生活满意度"②。一般认为老年人可以从身边亲人那里"外求"情感支持。例如,中国传统文化认为,家庭子辈是老年人最亲密的人,他们最了解老年人情感的需求,给予的关爱也容易让老年人接受。子辈和颜悦色地对待父母、敬顺父母,会让父母心情快乐。而在子女"空巢化、空心化"的家庭中,老年人通过子辈"孝"行来获取的情感慰藉很难实现。因此,老年人在当下应看到自我"内索"情感支持具有的积极意义。所谓"内索"就是老年人通过自身的努力,自我关照自我,调整好自己的心态,转移或去除消极情感,增强积极情感支持,"快乐"活在当下,亦即人们常说的老年人要"老有所乐"。老年人自我"内索"情感支持,除比强调"外求"具有现实合理性之外,更在于老年人自己最了解自己情感上的所需所求,通过"内索"这个通道,老年人在情感世界里会更容易实现"快乐"。

---

① 西塞罗. 论老年 论友谊 论责任[M]. 徐奕春,译. 北京:商务印书馆,2004:21.

② 戴安娜·帕帕拉,萨莉·奥尔茨,露丝·费尔德曼. 发展心理学[M]. 李西营,等译. 北京:人民邮电出版社,2013:261.

“内索”首先是老年人与情感世界里的消极情感“握手”，获取全面的情感支持。老年人的情感世界“去情化”主要是老年人经受过了人生的诸多变故，情感世界遭受冲击，焦虑、抑郁、痛苦、恐惧、羞耻、绝望等情感常会充斥精神世界。这些情感又常被认为是消极的，当老年人的情感世界被冷却乃至挤占时，老年人就会陷在狭小的空间里动弹不得，进而发现很难积极展现有活力的自我，情感世界里就会难有快乐的影像。老年人做好情感世界的自我关怀，需要从正确认识消极情绪情感开始。

一般认为，积极情绪情感对人们是有益的，如喜爱、乐观、同情、信心等，而所谓的消极情绪情感如悲伤、焦虑、恐惧等则是有害的，只要它出现，就始终纠缠着人们，如随行之影，对身心造成影响。其实，情绪情感有很多表现，中医传统文化中把其总结为“喜、怒、忧、思、悲、恐、惊”七种，习惯上称作“七情”。中医文化认为“七情”是人体对外界客观事物的不同反映，是精神活动的正常现象，“七情”的正常活动不会使人发病，也就不会对人产生伤害。但是过于强烈、持久或突然的情志变化，就会引起人的脏腑、气血失调，从而导致疾病的发生，这时的“七情”就成“病机”，故称为“内伤七情”。《黄帝内经》云：“百病皆生于气也。怒则气上，喜则气缓，悲则气消，恐则气下，寒则气收，炅则气泄，惊则气乱，劳则气耗，思则气结。”①“怒伤肝、喜伤心、忧伤肺、思伤脾、恐伤肾。”②因此，情志太过或不及都会伤害身心，所谓的消极情绪情感也并不都是有害的，关键是要“适度”。心理学研究也表明，一些习惯上认为的消极情绪情感，如焦虑、恐惧等，常被人们的大脑排斥和压抑，认为它们的出现会给身心带来伤害，也是应当尽力避开的。但人们很多时候没有看到，一些有“敌意”的情感其实就是我们所应具有的正常情感。例如，“焦虑”研究专家罗洛·梅认为，焦虑是人类的基本处境，它会伴随人的一生，生活中没有焦虑，恰是对真实生活的严重误解。“正常焦虑会以弗洛伊德所谓‘客观焦虑’(objective anxiety)的形式，在一生中不断出现。”③而焦虑可能是毁灭性的，也可能是建设性的，关键在于如何对待焦虑。罗洛·梅认为控制好焦虑，其积极意义在于它可以使人在面对侵略、疲惫、无聊以及终极死亡时，会在肯定自我的基础上来思考对待它们的经验，把我们的心智变得更敏锐。因此，如果能控制好焦虑，它也可以成为我们的“良师益友”。

既然所谓的消极情绪情感不是“敌人”，老年人就应该直面消极情感，接受消

① 黄帝内经[M].姚春鹏，译注.北京：中华书局，2010：336.

② 黄帝内经[M].姚春鹏，译注.北京：中华书局，2010：60－61.

③ 罗洛·梅.焦虑的意义[M].朱侃如，译.桂林：漓江出版社，2016：190.

极情感,把消极情绪情感变成益于情感世界“快乐”的支持因子。老年人在面对衰老、疾病、痛苦和死亡时,往往采取逃避或者带有“敌意”的抵御方式,越是回避或者越是带有敌意,不但不能去除消极情感,反而会给老年人带来更强烈的消极感受。老年人直面消极情绪情感即认识到消极情感与积极情感在生命中并存,没有消极情感,也就无所谓积极情感,例如,没有痛苦悲伤,也就没有快乐幸福。痛苦是人生不可避免的一部分,有意识地去感受平常生活中那些令人感到愉悦或者伤感的事物与经验,只有这样才算经历了完整的人生。这种视角让老年人懂得不能始终把目光聚焦在自己的弱点与劣势上,要看到自身的长处与那些值得被肯定与珍惜的个人特质。而真正的接受,就是老年人实践自我关怀、控制好消极情感的过程。在这个过程中,老年人放弃了顽固抵御的心理,接受它合理存在于自我情感世界中,不去“招惹激怒”它,与消极情绪“握手言和”,快乐也就会伴随而来。自我关怀大师克里斯丁娜·布莱勒曾这样描述,人们一旦接受痛苦后,“开始勇敢地为伤口消毒杀菌。……接下来,我们就可以把‘关怀’这支有治愈效果的药膏涂抹在伤口上,随着疼痛的逐渐减轻,痊愈便也指日可待了”①。

其次,老年人的情感世界要想实现快乐,“内求于己”要学会自己找乐。尤其是现代社会,老年人的物质生活已经很丰富,闲暇时间多了,但是可做的、能做的事情却越来越少,虚度老年时光,老年人的内心快乐是实现不了的。实现快乐需要认识到这个“乐”从何处来,即老年人有“什么”才能“乐”。因此,当今社会,“老有所乐”不仅仅是体现在物质上,更体现在精神上,“情趣有营生,精神有寄托”。老年人善于培养或寻找一种真正的“爱好”,这是老年人获得快乐的好方法,更是老年人自我情感关怀的体现。所谓“爱好”,就是有一种浓厚兴趣并长期喜欢参与的事情,在完成这些事情的过程中可以得到快感,体会人生的美好。老年人培养一种爱好,既可以陶冶情操,也可以充实老年时光,从而体会老年快乐,幸福快乐地安度晚年。老年期间的爱好可以是多种多样的,因人而异。可以是一种娱乐,如打牌、下棋、跳舞、练歌;可以是一种锻炼,如登山、游泳、骑车、步行;也可以是一种雅兴,如养花、书写、阅读、写作等。但在培养和选取爱好时要力所能及。爱好是在老年人自己的身体能力和财力均能承受的范围内选择的。老年人可根据自己的喜好,选择一些力所能及、自己擅长的爱好。选择的爱好不是一时的兴起,应该是可以长期持续下去的,甚至可以成为余生唯一的爱好。当爱好成为一种习惯,老年人就会努力去坚持,在实现目标的过程中获得快乐、体现自我。选择的爱好一定是高雅有意义的,这样才能体现价值,从而增强老年人的存在感,带来快乐

① 克里斯丁娜·布莱勒. 自我关怀[M]. 刘晓,译. 北京:联合出版公司,2017:113.

的感觉。

(二)理智世界的自我关怀

理智世界是智性的表现,它集中体现为精神外显的样貌。在与情感世界的关系上,理智世界应看作是与情感世界的相互联系,相互影响,两者都是精神世界的主要组成部分。但理智世界还会对情感世界有调控作用,两者的协调发展,使精神呈现出相对稳定的状态,即精神内部不会发生矛盾冲突,精神呈现为自我的应然状态。老年人情感世界“去情化”,容易使老年人得精神世界变得“索然无味”。老年人情感世界空虚会加速老化进程,外求与内索增加老年快乐,这种快乐应是感性快乐。情感世界之外,精神世界还应包括理智世界,理智世界的快乐是深层的快乐。理智还具有调控情感功能,老年人智慧发挥这种功能,使老年情感世界和理智世界协调发展,对延缓和抵御衰老将会起到作用。

对于老年人精神世界来说,老年人理智世界主要表现为“去智化”。老年人理智世界“去智化”是指人到老年,家庭事业已经不是人生的主要目标,最大的问题是不知道如何智慧地规划余下的时光,不愿通过学习来锻炼心智;在余热发挥上找不到很好的“衔接口”,往往把老年角色的目标定位为在家庭里做做饭、管好子孙后代的吃喝拉撒,而把引导和教育好年轻人、传授知识经验、做好榜样示范等这些老年高尚美德忽视掉了,智性体现不足或者不知道如何智性地对待生活。换言之,不知道“优雅、尊严地活着”恰是老年缺少“智性”精神的体现。老年人的理智世界不能以应然状态呈现,也会影响着对情感世界的调控。因此,老年人理智世界的自我关怀,就是充分发挥理智在精神世界中的作用,智慧地规划好晚年生活。

首先,老年人要学会在增长智慧中享受快乐。老年人在丧失了一些激情、欲望带来的感官快乐之后,所要追求的应是一种更高的理智带来的快乐,这才是更高级的快乐。西塞罗在描述老年生活时说:“一个人在经历了情欲、野心、竞争、仇恨一切激情的折腾之后,沉入筹思,享受超然的生活,这是何等幸福啊!”①一般情况下,老年人认为缺少激情的老年生活是乏味的,不能理智地认识到老年除了享受情感快乐之外,更主要的是应具备智慧品性。智慧可以巧妙地化解生命困境,告诉人们如何实践才会更符合善的要求。老年智慧是随着年龄的增长而增长的,因为老年人在生活中积累起丰富的经验,但老年“智慧”也可以通过继续学习和锻炼获得。老年人虽然停止了劳作,但不能停止积极向上的步伐习语的“老有所学”“活到老,学到老”。西汉经学家刘向也有这样的论述:“少而好学,如日出之阳;壮

① 西塞罗. 论老年 论友谊 论责任[M]. 徐奕春,译. 北京:商务印书馆,2004:25.

而好学,如日中之光;老而好学,如秉烛之明。”①这些不只是宣传口号,更多是看到了老年人如能在老年时还坚持学习,追求新事物,对世界保持好奇心,这样不仅增长的是智慧,更主要的是自己可以了解社会进步,跟上社会发展步伐,不会被社会隔离或者淘汰,轻松融入社会和家庭,就会给自己带来精神上的愉悦。“用进废退”也是这个道理,医学上也发现老年人的大脑如果经常使用和锻炼,那么老年人的灵敏度和活力的减退就会很慢,对预防老年常见的“痴呆、心脑血管”等疾病也会有所帮助,老年生活质量就不会降低。心理学上曾提出“摩西老母效应”②,反映的也是人到了晚年也是有很多潜能可以去挖掘的,只要善于去挖掘,也可以得到意想不到的成果。历史上很多大哲就是如此,苏格拉底晚年才学会弹七弦琴;柏拉图临死前还在写作,享年 81 岁;吴承恩完成《西游记》写作时,已经 82 岁了。可以看到,现代很多城市老年人虽然退休赋闲,但还积极报名参加老年大学继续学习,接纳时代新事物,收获知识,认识社会,同时也锻炼了自己的思维,增加了智慧,收获了很多快乐。中国互联网络信息中心发布《第 45 次中国互联网络发展状况统计报告》表明,截至 2020 年 3 月,我国 60 岁及以上的老年网民群体占比为 6.7% 。③ 虽然相对整个老年群体来说,老年网民比率还较低,但这反映了老年人开始积极学习和接纳新事物的现象,他们通过互联网进行沟通、交流,及时获取信息,分享快乐,使老年生活有滋有味。这说明老年人不能停止学习,要积极锻炼心智,不使自己萎靡和倦怠,就可以享受智慧带来的幸福和快乐。

其次,老年人要学会智慧地规划生活。老年人退出劳作岗位后,往往对生活很难适应,喜欢采取消极方式应对生活,只求居家安闲度日,得过且过,无须再为他者操劳,这种常被称作“享受清福”式生活,是很难给自我带来快乐幸福的,也是智慧规划生活的体现。老年人智慧生活的方式应是积极利用自己长年积累的知识、技能和经验,继续为家庭和社会做出新的贡献,这就是常说的“老有所为”。这种“有为”不是积极努力为自己,因为老年人已经完成了“能为”行为,而是老年人考虑“可为”他者做什么,这其实就是积极的奉献行为。以奉献为“老有所为”的伦理行为准则,培养奉献精神可以使老年人看到自己存在的价值“帮助别人是快

① 刘向. 说苑[M]. 凌永放,编注. 南京:江苏文艺出版社,2011:27.

② 心理学家提出,一个人潜在能力巨大,他所发挥出来的才智可能只占他全部能力的 4%。奥托等美国行为主义学者在对一些“退休村”调查中证明了这一观点,他们以晚年才意外发现自己的艺术天才并脱颖而出的著名艺术家的摩西老母作为典型,把这种现象称为“摩西老母效应”。

③ 第 45 次中国互联网络发展状况统计报告[EB/OL]. 中国互联网络信息中心,2020 - 04 - 28.

乐的”，老年人在退出劳作场所后，不能一味地向他者索取，过“享受清福”的消极养老生活，可以在子女、其他年轻人成长的过程中，把自己的阅历、知识、经验等智慧地施展和传递给他们，体现出老年人的优势和奉献精神，老年人得到成就、名誉和地位，会受到晚辈、他人的尊重，有专家称这些老年的行为是“银龄行动”，认为它可以消除老年人的自卑、无用等感觉。西塞罗在《论老年 论友谊 论责任》中也有如此论述，“正如明智的老年人喜欢同有出息的年轻人交往，年轻人的亲近和爱戴可以减除老年的孤寂”①。奉献是现实老年人积极参与社会和自我实现等较高精神层面的追求，是通向快乐之境的一条高尚途径，更是智慧生存的体现。2012年我国修订的《老年人权益保障法》中就已把老年人参与社会发展奉献余热写入其中，用立法形式肯定了老年人的奉献精神。“国家和社会应当重视、珍惜老年人的知识、技能、经验和优良品德，发挥老年人的专长和作用，保障老年人参与经济、政治、文化和社会生活。”②我们时下常说的“老有所为”，其内涵之一就应该包括老年人要有积极的奉献精神。在新的历史时期，老年人的奉献行为可以是多样化的，主要是指以适当方式参与力所能及的社会经济、文化发展和社会公益活动，在城乡社区服务、关心教育下一代、调节邻里纠纷和家庭矛盾、维护社会治安等方面发挥的积极作用，体现出“积极老龄化”提倡的“健康、参与、保障”的要求，在为家庭、社会服务的过程中“智慧”地生活。当然，“老有所为”并不是要求所有的老年人都要在晚年做出惊天动地的事情来奉献社会和他人，如果把“老有所为”定在如此高的“档次”上，那大概就会“和者必寡”了。其实，老年人做出像带头遵纪守法，传递良好家风，做力所能及的家务事等，也应看作是“老有所为”的奉献行为。南宋著名诗人陆游在八十五岁高寿时，难以再干农活，但他写诗表意道“老人不复事农桑，点数鸡豚亦未忘”。因此，老年人能做好看家护院的简单事情，这也是奉献自我的一种体现。

（三）意义世界的自我关怀

“意义世界”是支撑老年人幸福度过晚年的内在精神支柱，它一般是指老年人对自我过去的总结和对生命最后阶段价值意义做出的解答。老年阶段是最靠近死亡的阶段，死亡会比其他任何原因给老年人带来更多的苦恼无助，使他们处于恐惧之中，死亡恐惧是老年处理的终极问题。死亡恐惧不去除，老年人是难以实现快乐的。关于老年人长寿健康的经验日本曾提出三个“忘记”：忘记死亡，可摆

① 西塞罗．论老年 论友谊 论责任[M]．徐奕春，译．北京：商务印书馆，2004：15．
② 吴高盛．中华人民共和国老年人权益保障法释义及实用指南[M]．北京：中国民主法制出版社，2014：12－13．

脱死亡的困扰;忘记钱财,可从钱财中解放出来;忘记子孙,可卸去为子孙操劳的精神负担。其中,把对死亡的忘记放在“第一位”。因此在老年“意义世界”里必须解答去除死亡恐惧的问题,老年人才能坦然接受最后的自我。还应看到,解决死亡恐惧必须考虑应由个我来实施,因为这种恐惧是寓于个我之中,只有个我主动实施方能达到最好的效果,因此,去除死亡恐惧是老年“意义世界”中实践自我关怀的基本任务。

海德格尔说:“刚一降生,人就立刻老得足以去死。”①死亡是摆在每个人面前需要解决的最终极问题,死亡恐惧是人的本能。必须看到,去除死亡恐惧,不能简单地从现实角度来认识死亡现象,驻足在现实角度上,人们会看到死亡是任何人都不能逃离的悲怆结局,且是对人拥有的现实一切的终结,死亡的现实必然性只会带给人对生的眷恋和对死的恐惧。所以去除死亡恐惧,应该从对死亡现实现象认识之外来认识死亡,这就关涉对死亡内涵和价值的认识,这种价值认识是超越现实基础之上的一种对死亡现实认识的提升,或称为超越死亡现象的认识。所谓“超越死亡”,它是一种对死亡的理悟达到的至高的精神境界。其实质是指人们能够以积极的态度对死亡的各种问题进行认识,尤其从死亡具有积极价值的角度上来认识死亡,从而树立起正确的死亡观,当死亡来临时能接纳死亡、直面死亡,达到不会恐惧死亡的一种境界。对老年人来说,超越死亡的精神境界具有可以成为去除死亡恐惧的动力机制,因为这种精神境界可以使老年人对自我生命的终结做好生理和心理上的准备,从而既能幸福快乐地“生”,也能坦然尊严地“死”。超越死亡机制的构建成为去除老年死亡恐惧的主要研究维度。

我国老年人对死亡认识不足,在意义世界里难以形成对死亡的客观认知,缺少可以消释死亡带来恐惧的机制。所以对老年人来说,需要在客观认识死亡的基础上,构建消释死亡恐惧或超越死亡的机制,而这需要从认识死亡是什么开始,这是构建超越死亡恐惧机制的理论基础。

对死亡的研究,不同学科有不同的回答,但哲学是对事物本质进行探求的学问,它不是简单地从死亡的现实状态表现来认识死亡,它的目的是揭示生命的死亡在现象之外的实质问题,对死亡本质进行拷问。纵观中外哲学发展史,哲学家们一直关注死亡的研究,甚至把死亡研究规划为最终极问题进行思考,从柏拉图喊出“哲学是死亡的训练”开始,不同的哲学家、哲学学派对死亡都给出自己的见解来诠释死亡。具有代表性的主要是灵魂论死亡观、道德论死亡观和存在论死亡

---

① 海德格尔.存在与时间[M].陈嘉映,王庆节,译.北京:生活·读书·新知三联书店,2006:282.

观。灵魂论死亡观把死亡定义和灵魂紧密联系起来,把灵魂看作不朽的实有或信仰,赋予灵魂具有形而上学的意义,使人的内心获得坚定的信念,满足人的终极性向往。从灵魂上来定义死亡,其目的就是看到了肉体具有可怕的被毁灭性。坚信灵魂存在的信仰,可以消释死亡毁灭肉体带给人们的恐惧性,灵魂论死亡观转嫁了人们死亡恐惧的视线;道德论死亡观不仅把人看作是肉体的集合体,更多的应是精神的集合体,或者是道德价值得以集合体。这种死亡观认为对于人来说,自身道德价值的实现,人生才有意义,即使死亡来临也不可怕。中国儒家文化里“朝闻道,夕死可矣”的思想是最好的诠释;存在论死亡观以人为中心,注重对人的生存意义的探求。对死亡的理解,是和“此在”联系起来,死亡始终伴随着“此在”的过程,人是“向死而生”的存在。存在主义对死亡的认识可以说把死亡限定为是人存在的意义能够体现的必须,这样把死亡意义上升到一个高度,试图把人从对死亡恐惧的现实沉沦状态中拉出来。

可以这样理解,灵魂论死亡观、道德论死亡观以及存在论死亡观超越了对死亡的现象学认识,从哲学高度赋予了死亡不同意上的内涵,对认识死亡本质、超越死亡恐惧具有参考价值。但这些思考死亡本质的理论观点存在着一个共同的缺陷:它们虽然承认死亡的必然性、客观性,但往往还是陷于个体死亡维度片面认识死亡,没能真正从死亡的积极价值方向以及群体角度辩证地理解死亡,对死亡本质的揭示缺少普适性。也正像学者周德新所说:“由于他们不能科学地、合理地把握自然与社会、物质与精神、个体与社会的辩证关系,因此也没有正确地回答死亡的本质问题。”①另外,最主要的是这些理论都把“人”排除在其所处的社会关系环境之外来考虑,这在一定程度上对指导包括老年人在内的人们消释死亡恐惧的可能性大打折扣。其实,探寻能够消释老年人死亡恐惧的理论,还须回到对马克思主义“关系”死亡论的认识上来。

马克思主义“社会关系论”死亡哲学观可以说代表了对死亡认识的最高阶段。在对死亡的认识上,马克思首先承认死亡是一种生物必然性,人也是不能逃离的。“死似乎是类对特定的个体的冷酷的胜利,并且似乎是同类的统一相矛盾的;但是,特定的个体不过是一个特定的类存在物,而作为这样的存在物是迟早要死的。”②但对这种必然性马克思从哲学角度提出“辩证法就是死亡”的著名论断,其实也就是告诉我们要辩证地看待死亡,死亡是与生命相联系的,生与死是互相对立,但又辩证统一的关系。对于这种辩证关系,云格尔所说的话语是对马克思主

---

① 周德新. 论死亡本质及其社会性[J]. 社会科学辑刊,2010(3):71-74.
② 马克思恩格斯文集:第一卷[M]. 北京:人民出版社,2009:189.

义生死辩证关系的最好注解,"死与我们相关。因为,只要我们存在,死就存在;如果我们未曾或不再存在,死也就不存在了。死依据生活着"①。同样辩证唯物主义创始人恩格斯对待死亡的认识也是这样的,"今天不把死亡看作生命的重要因素,不了解生命的否定实质上包含在生命自身之中的生理学,已经不被认为是科学的了,因此,生命总是和它的必然结果,即始终作为种子存在于生命中的死亡联系起来考虑的。辩证的生命观无非就是这样"②。再有认识马克思主义揭示死亡本质还应和马克思主义对"人"的理解联系起来看待。那么"人"是什么呢? 马克思对此的论断是"人的本质不是单个人所固有的抽象物,在其现实性上,它是一切社会关系的总和。"这个经典表述把人区别于其他动物而成其为人的特殊的规定性界定为"社会关系",科学地阐明了人的本质。其意义有三。一是社会属性是人的本质,人不仅是具有肉体的存在者,人和动物区别开来的主要依据只能是人会进行社会生活,处理各种社会关系,"'特殊的人格'的本质不是人的胡子、血液、抽象的肉体的本性,而是人的社会特质"③。二是人是社会中的人,人的本质又是全部社会关系的总和,而不是社会关系的某一个方面。在社会生产实践过程中,人们不仅结成了生产关系,而且形成了政治关系、思想关系和其他社会关系。所以揭示人的本质,把人放到各种社会关系中做综合考察,才能真正把握人的本质。三是"社会关系的总和"规定,不仅表示人的本质具有客观性,而且也有变动性、历史性。社会是具体的、历史的,因此必须对人的社会关系做具体的历史考察。总之,对人的"本质"理解,马克思主义认为不能脱离现实生活之外去寻找,人的"本质"其实就存在于发展变化着的现实社会关系之中。

因而,从马克思主义对人本质的揭示,我们很容易看出,马克思主义死亡哲学的定义也应与社会关系密切相连。既然人是社会关系中的人,死亡又是对人的最大的毁坏,所以可以理解为死亡就是人的现实社会关系的终止。因为人是社会关系的总和,人是在社会实践和社会关系中延续和表征自我的存在,显示出自己存在的个体性和独特性,而死亡标志着作为存在着的我的一切社会关系从此不复存在。所以死亡在哲学上就可以定义为"人的现实社会关系的终止",这也可以说就是马克思主义对"死亡"的哲学定义。

社会关系论对人的定义帮助我们认识到,人不是个己的存在,而是一切社会关系包围下的存在,相应社会关系论死亡观就可以帮助我们认识到死亡本质,死

---

① 云格尔. 死论[M]. 林克,译. 上海:上海三联书店,1995:14.

② 恩格斯. 自然辩证法[M]. 北京:人民出版社,1971:271.

③ 马克思恩格斯全集:第一卷[M]. 北京:人民出版社,1972:270.

亡个己躯体、灵魂等的消失，死亡是和各种关系联系起来，死亡的社会属性被凸显出来，所以个己的逝去要考虑到与他人以及和社会的关系问题，尽力弥合死亡带来的对与个体有关的各种关系的破坏，也就是不能把自己的死亡看作是单纯的个人事件，个人死亡要体现出对他人和社会具有一定的意义，即死亡的社会价值性，社会才能延续下去。其实也可以说“社会关系论”死亡观的积极意义在于，它把死亡看作是不断打破现存社会关系而又在不断重新组合社会关系的力量，它不是强调一切关系终结，而是强调这种终结只是现存社会关系方面，死亡也不仅仅是个己的死亡，而是为他者、为社会的死亡，要体现出死亡的利他性积极价值，才能维护各种社会关系的延续，这是死亡表现出的具有的应然伦理维度。所以当我们把个己生命和他人、和社会联系起来时，即使死亡来临，也是无所畏惧的，因为他跳出了对个己的考量，放大到了对自己所处各种关系的维护上。由此可见，马克思主义“社会关系论”，在哲学层次上对死亡进行了定义正确揭示了死亡的本质，使社会关系得以调整和延续。这种关系论死亡观也就是价值论死亡观，它从社会关系上来认识死亡。死亡定义具有了普遍适用性，死亡也就具有更高的社会价值，这是灵魂论死亡观、存在论死亡观等不可比拟的。

老年人树立“社会关系论”死亡观，很明显可以帮助老年人认识到死亡是生命不可或缺的一部分，进而不去排斥死亡。而生命存在的真谛是“关系的断裂和重组”，即应把个己生命死亡与他人、与社会联系起来，放大到对自己所处各种关系的维护而使生命意义得以实现，这样死亡来临，就可以跳出现实世界深入意义世界来思考死亡价值，参透生死的深刻内涵，在现实社会中积极处理好自我与家人、自我与他者、自我与社会的各种关系，使得自我即是各种和谐“关系”的结晶，这样“社会关系论”死亡观就不像灵魂论死亡观、道德论死亡观等理念那样虚无。因此，即使面对死亡，无论怎样，老年人都会认识到自我是处于可以永续的现实关系中的，或可以称为“不朽”，死亡只不过是自我“关系”的重新调整，死亡是与他人、社会相联系而具有丰富价值意义的。老年人因对“关系论”的坚信而无所畏惧，坦然迎接死亡。毛泽东在《为人民服务》一文中就指出：“人固有一死，或重于泰山，或轻于鸿毛，为人民利益而死，就比泰山还重。”在革命战争年代，众多革命先烈在刑场上、战场上面对死亡时，都能够从容应对，这就是很好的例证。也正如马克思所说：“如果我们选择了最能为人类福利而劳动的职业，那么，重担就不能把我们压倒。为大家而死，高尚的人将为此洒下热泪。”①

① 马克思恩格斯全集：第四十卷[M].北京：人民出版社，1972：7.

第四章　老年人口“精神赡养”中家庭关怀样态的构建

我国老年人口“精神赡养”的开展需要以老年“自我关怀”为基础，根据我国传统养老文化和“精神赡养”的特点，更需要家庭子辈的参与，家庭子辈的关怀在其中应处于支撑地位。这种支撑地位是指老年人在外求“关怀”对象时主要指向家庭子辈等，因为家庭子辈的关怀最容易满足老年人的精神需求。在传统社会里，“色养”(精神赡养)主要是在“孝道”的规约下完成的。但随着现代社会的变化，“孝道”的功能在弱化，其在指导子辈进行“精神赡养”上体现出“力不从心”的情况，探寻关怀伦理指导子辈进行“精神赡养”是一种新思路。应说明的是，这种探索不是对传统“孝道”的抛弃，而是倡导在承顺传统“孝道”内核的基础上，融通两者的理论优点，为更好地指导老年人口“精神赡养”开展工作。

第一节　家庭作为老年人口“精神赡养”支撑地位的确证

家庭子辈关怀在我国老年人口“精神赡养”中起支撑作用，这是由我国家庭的传统功能和“精神赡养”的实践特点决定的。

一、家庭赡养功能的袭承

家庭是由具有血缘、婚姻等关系的人结成的特殊单位，在这个单位里人们从事人口、物质、精神财富的再生产。“每日都在重新生产自己生命的人们开始生产另外一些人，即增殖。这就是夫妻之间的关系，父母和子女之间的关系，也就是家庭。”①可见家庭的实质主要是由亲缘关系连接起来，彼此应尽着各自的义务和责

① 马克思恩格斯文集：第一卷[M]. 北京：人民出版社，2009：532.

任的实体单位,用黑格尔的话来讲,家庭的实质是一个“伦理实体”。这样家庭中每个成员往往不是把自己看作一个独立在家庭之外的单子,而是与家庭息息相关不可分离的一种关系,其实就是“伦理关系”。这种伦理关系按照黑格尔的理解不是自然关系,也不是纯粹情感关系,而是“个别的家庭成员对其作为实体的家庭整体之间的关系”①,所以家庭成员在其行动上尤其当关涉家庭的行动上更多地是考虑家庭利益的整体性,个人活动的事件成为整个家庭的事件,在一些重大的关涉整个家庭利益关系的事件处理上更会如此。在家庭里面最大的现实问题莫过于家庭成员的“生、老、病、死”问题,这些问题本来是自己的事情,但在中国常常演变为整个家庭的事件,即对这些问题的处理决定和安排往往是家庭成员集体意志的反映,因为家庭是一个“伦理实体”。因此,赡养老人在中国家庭里成为重大的需要处理的伦理事件之一,相应家庭成员都要集体参与到事件中来,这也往往被认为是家庭成员必须做的事情及应尽的义务和责任。所以,古人认为家庭里众多的子女,都要积极参与到赡养老人中去,“子孙满堂、子孙绕膝”可以使父母享受天伦之乐,父母精神可以得以慰藉。家庭的主要功能之一是赡养老人,赡养老人(包括精神赡养)是家庭子辈应尽的责任和义务,这个传统一直延续至今,被当作天经地义的事情,在中国传统文化中使用“孝道”来表达这一意义。

当下社会境遇的变迁,家庭结构和状况已发生了巨大变化,家庭“小型化、空心化、空巢化”现象较为严重,带来的结果是家庭的养老功能在逐渐弱化,靠子辈来赡养老人的养老方式受到挑战。针对这种情况,我国适时提出了一些新型养老方式,如居家养老、机构养老、社会养老、“医养结合”等,试图来解决养老现实困境。但应该看到,建立在“孝道”文化基础上的家庭养老方式仍具有巨大的生命力,家庭养老是中华民族延续了几千年的养老习惯,这种观念惯性会推动人们在很长一段时期内把家庭养老作为首选方式。事实上也是如此,目前,家庭养老仍是被民众接受的主要形式。广东省一份调查数据显示,八成多(80.30%)的老人倾向于在家庭中养老,15.15%的老人喜欢到养老机构养老,喜欢到社区日托养老的只占4.55%。② 拿北京来说,曾提出“9064”养老模式——90%家庭养老。这6%居家养老,4%机构养老。这也说明至少在目前,家庭养老还是主要形式。“精神赡养”的推行,必须考虑养老模式现状,脱离现实是行不通的。家庭养老在当下还是无可替代的,因此,赡养还应在家庭中进行,家庭是“精神赡养”主要场所。

① 黑格尔.精神现象学:下卷[M].贺麟,王玖兴,译.北京:商务印书馆,1979:9.

② 空巢老人达近八成[N].南方日报,2013-05-31(A07).

二、家庭子辈情感诉诸的特殊性

“精神赡养”是老年人特殊需求的供给和接受过程，主要强调的是情感供给的伦理性行为，子辈在家庭中诉诸的情感具有一些特殊性质，如血亲性、持续性、精准性等，是其他情感供给者很难具备的，它可以很好满足老年人精神需要，这也决定了家庭子辈关怀在“精神赡养”中的支撑地位。

血缘关系是家庭存续纽带。血亲关系是原始的关系，它主要强调彼此的责任和义务的天然性。为维护家庭的存续，传统社会建立起一些维系家庭和睦发展的规范体系，如子辈要服从长辈，子辈要奉养长辈，子辈要传宗接代等观念，这些观念的产生就是基于血缘上的“亲亲”关系，所以规范子辈出于“报本反始”，要赡养老人，对老人还以自然报恩之情。这种情感是一种自然流露出来的情感，它不要加以多少努力就可生发出来，也不会掺杂其他功利因素在其中。这样，基于血缘关系而形成的血亲之爱，是人类古老而真挚的情感体现，它的真挚性、浓厚度和自然性都是其他任何情感不可相比的，因此，子辈诉诸的情感也最容易让老年人接受。

老年期是一个长期的过程，在这个过程中老年人的身心出现各种脆弱性，尤其是长期带病生存，需要有能持续给予帮助的对象，那就是子辈，“养儿防老”，并且还希望家庭里有更多的子辈，“多子多福”。传统社会看到赡养的艰辛性，所以提出“孝”来规范子辈的行为，“孝子之事亲也，居则致其敬，养则致其乐，病则致其忧，丧则致其哀，祭则致其严。五者备矣，然后能事亲”①。对于老年人来说，“生、老、病、死”，每个过程都需要一种特殊的情感照护，日复一日，能够坚持完成这种情感供给的对象只能是家庭，也只有家庭子辈这种情感供给才能满足老年人的要求。家庭存在的内涵要求子辈成员与老年人生活在一起，因此，这种供给的情感才具有持续性。

情感是一种微妙的东西，在诉诸情感时，不能精准给予对方需要的情感，对方就不会接受，甚至会给对方造成伤害，这在关怀伦理学上被称为“病态关怀”。例如，有些老年人自尊心极强，喜欢当众发表一些自认为的权威性信息甚至可能是错误性意见，即使是出于善意提示，这种当众反驳也会使他们耿耿于怀，觉得自己没面子，给他们造成心理上的伤害。如能尊重他们的意见，有条件给予他们一些建议和帮助，则会使他们更开心。“百人百性”，尤其是老年人，不了解他们的性格特征，很难进行情感的沟通交流。而子辈与老年亲人朝夕相处，生活长久了会对

---

① 孔子孝经[M].吴茹芝，编译.西安：三秦出版社，2008：39.

亲人的一举手一投足都有了解,情感联系较紧密,最了解和熟悉他们的脾气、秉性、爱好和需求,因此家庭子辈最容易"投其所好,对症下药",在情感上可以做到精准供给,满足老年人的精神需求。

三、老年人情感接受的特殊性

"精神赡养"的完成除考虑供给者的特殊性之外,更要考虑老年人在情感接受方面的特殊性,才能最终顺利实现家庭关怀行为。同样,老年人情感接受的特殊性也确证家庭关怀在"精神赡养"中的支撑地位。

老年人依存于子辈的情感强。老年人在多种社会关系脱落之后,远离了工作群体、朋友群体,失落无助感较为强烈,在精神深处,他们的归属依存感需要得到满足。沉归家庭后,家庭成为主要活动场所和精神寄托的地方,对于中国老年人来说尤其如此,"叶落归根"、常说的"三老"——"老家、老屋、老床"是他们精神深处的记挂。家庭是老年人一生精力和努力的结晶,保留了老年人整个生命历程的印记。费孝通先生曾说过:"家,强调了父母和子女之间的相互依存。它给那些丧失劳动能力的老年人以生活的保障。它也有利于保证社会的延续和家庭成员之间的合作。"①但是,家庭中父母和孩子之间并不会计较平等、公正等问题,而看重的是代际交流。可见,老年人渴望更多的是从家庭子辈那里得到情感的慰藉和关怀,对家庭子辈的依存需求是老年人普遍的心理特征。"子孙满堂,儿女孝顺"是老年人晚年生活的最高精神寄托。

老年人防御心理较强。由于衰老的影响,老年人心理一般存在着严重缺乏安全感的特征,事事小心谨慎,把一切都看作不可靠、不安全,害怕被别人利用。怀疑外界一切,老年人倾向于采取保守、防御性心理来应对外界。尤其在情感上,很难接受他人的关怀,认为这些行为可能都是有所企图,不愿意敞开心扉,向别人诉说自己内心所思、所想、所求,把自己压缩到只愿意跟家人诉说的狭窄空间。我们课题组在调研访谈中,明显能感觉到老年人对陌生人关怀的防御心理极强,当问及"您对自己的家庭关系怎么看待"时,无论关系如何,几乎都是回答"很好,很和睦",然后可能跟上一句反问,"你们问这干什么?"老年人内心强烈的防御性可见一斑。因此,破除老年人的防御心理,熟悉的家庭子辈被认为是可靠的对象,他们可以消除老年人的戒备心,老年人更喜欢接受家庭子辈的关怀,愿意倾诉内心情感,子辈给予精神关怀较容易被接受。

老年人敏感性较强。老年人随着角色的转换,由供养者变成了被供养者,就

---

① 费孝通. 江村经济——中国农民的生活[M]. 北京:商务印书馆,2001:42.

连日常生活起居都可能需要有人照料,部分老年人的经济收入还可能骤然下降,甚至没有经济来源,完全靠子辈供养,子辈变成家庭的“中流砥柱”。在社会上,老年人的行为行动变得迟缓,认同度降低,老年人感觉自己的作用不大,会招人烦、招人厌,产生各种自卑心理,对一切都会敏感起来,生怕被别人冷落、歧视。但老年人又有较强的自尊需求,最需要得到鼓励和安慰。如何表达对老年人的关怀,表达程度如何,选择什么方式等都要慎之又慎,哪怕有时是善意的“不慎”,都会触动老年人敏感脆弱的神经,给老年人的精神造成伤害。希波克拉底曾说:“了解什么样的人得了病,比了解一个人得了什么病更为重要。”①因此,对于老年人精神的照护,不了解老年人具有的特征,不去从精神上“脱敏”,是很难完成关怀行为的。而只有家庭子辈是真正了解老年亲人的人,他们能敏感地注意到老年人心态的微妙变化,关怀时一般不会给亲人带来心理上的负担,也不会轻易挫伤他们的自尊心。

第二节　孝:家庭赡养的传统动力机制

每个人都会步入老年阶段,老年人由于自身特点,“身、心”上很多需求无法通过“自我”实现满足,需要通过“外索”实现。中国传统文化习惯把这种“外索”对象指向家庭子辈成员,而为了促使子辈完成对父母“身、心”照护的动力机制,中国传统文化设计了“孝”这个独具特色的命题。

“孝”在中国社会已经有几千年的历史,已成为维系社会发展和家庭稳固的重要手段,它是人们必须遵守的行为准则,以此有“孝道”命题。梁漱溟就说:“从某种意义上讲,说中国文化是‘孝’的文化,自是没错。”②“孝”文化研究专家杨国枢也认为,“我们甚至可以说:‘整个传统中国社会是建立在孝道的基础之上。’”③发展至今,“孝”的魅力可以说没有随着时间的流逝而褪色,它反而成为中国伦理观念的核心,是规范社会人际关系尤其是处理家庭关系需要遵循的重要原则,成为中国传统文化的重要“胎记”。正如德国哲学家黑格尔所说:“中国纯粹建筑在这样一种道德的结合上,国家的特征便是客观的‘家庭孝敬’。中国人自己看作属于

① 李畅婕,吴静. 门诊就诊患者的心理分析及对应护理[J]. 农垦医学,2012,34(4):364-365.

② 梁漱溟. 中国文化要义[M]. 上海:学林出版社,1987:307.

③ 叶光辉,杨国枢. 中国人的孝道:心理学的分析[M]. 重庆:重庆大学出版社,2009:49.

他们家庭的，而同时也是国家的儿女。”①这种对“孝”的言说其实是毫不夸张的。

“孝”在长期发展和演绎的过程中，被赋予了众多内涵，但“孝”作为一种赡养父母时情感和义务相结合的家庭伦理规范，即“善事父母”的基本含义始终没有改变。这一意义在中国传统文化中多有表述，如中国古代第一部词典《尔雅》中说：“善事父母为孝。”东汉许慎在《说文解字》中对“孝”的解释：“孝，善事父母者。从老省，从子，子承老也。”②古代记录“孝”的经典《孝经》在《开宗明义章》即有“夫孝，始于事亲，中于事君，终于立身”③的论述。本课题有关“孝”的研究主要聚焦这一维度上，至于传统“孝”文化关涉的其他内涵在此不做展开讨论。

一、养老说——“孝”的产生

作为一个开放、发展的民族文化符号，“孝”是何时产生和如何产生的，学界一直存在着争论。对“孝”产生时间的讨论，一般学界共识：“孝”始兴于周代，制度化于汉代。但也有不同的观点，比如，把“孝”产生时间推导到更早的父系氏族社会，持此观点的有学者康学伟等。康学伟认为“孝”观念的形成当具备两个条件，“一是基于血缘关系而产生的亲亲之情，二是个体婚制的建立，而这两个条件的成熟，当在原始社会晚期，即父系氏族公社时期”④。因此，“孝”在父系氏族社会可能已经产生了。

而对于“孝”产生的原因，更是众说纷纭，比较有代表性的观点有五种。一是图腾崇拜说。如学者周予桐在20世纪20年代就撰文《“孝”与生殖器崇拜》，提出了“生殖图腾崇拜”是孝产生原因的观点。他说：“儒家的思想为其出发于‘生殖器崇拜’与‘生殖崇拜’，所以效天祀地，忌日配月，尊祖敬宗，迎妻纳妾等一套把戏，在思想上都与‘孝’有一贯的关系。”⑤因此，可以断言：“儒家哲学的价值论或伦理学的根本观念是‘仁’，而本体论或形而上学的根本观念是‘生殖崇拜’。因为崇拜生殖，所以主张仁孝；因为主张仁孝，所以探源于生殖崇拜。”⑥二是祭祀说。“孝”的产生与早期人类祭祀祖先的行为有关，或者说是在祭祀行为中产生了“孝”观念，此说主张者有查昌国等。查先生认为孝的最早本义是尊祖，尊祖的形式有祭祀等，因此孝的产生是与祭祀联系的。“西周孝的对象为神祖考妣，非健在

---

① 黑格尔．历史哲学［M］．王造时，译．上海：上海书店出版社，1999：127.

② 许慎．说文解字［M］．北京：中华书局，2009：313－314.

③ 孔子孝经［M］．吴茹芝，编译．西安：三秦出版社，2008：20.

④ 康学伟．论孝观念形成于父系氏族公社时代［J］．松辽学刊，1992(2)：82－88.

⑤ 周予桐．“孝”与生殖器崇拜［M］//古史辨(二)．上海：上海古籍出版社，1982：233－234.

⑥ 周予桐．“孝”与生殖器崇拜［M］//古史辨(二)．上海：上海古籍出版社，1982：239.

的人;孝是君德、宗德;其内容为尊祖,有敬宗抑父的作用。"①按照查先生的观点,可以理解为西周时期在祭祀祖先过程中,对祖先的追忆产生了"孝",因为对祖先追忆就是对生命源的探求,在祭祀等礼仪的举行中让人们对生命肃然起敬,感悟生命繁衍的不易,从而唤起对生命源头的珍爱和敬畏,这种情感人们用"孝"字表述出来,因此"孝"的产生是自然的事情了。三是社会形态和家庭结构说。"孝"是中国传统文化里特有的表述,有观点认为"孝"的产生应从我们传统社会形态和家庭结构特点来寻找原因,应是我们的特殊社会形态和家庭结构状态造就了"孝"文化。如台湾学者杨国枢认为,传统中国人的生存空间是一个宜农的生态环境,农业生产是我们传统社会的基本生产方式,农耕社会是我们的社会形态。"而在这种社会,土地的维护、耕种及农作物的照料、收获,都是个人能力所不及的,必须依靠持久且稳定的小团体共同运作;因而发展出以'家族'为组织及运作单位的特殊社会结构,以有效适应农耕的经济生活形态。"②但要保持这种家族团体的延存,晚辈要从前辈那里获得春种秋收以及季节变化的知识,而只有带着尊重和敬佩之心才可以从老年人那里获得自己所需要的生存经验,出于对劳动经验的敬重,"孝"开始产生。"经由自发的演变及儒家的提倡,乃形成孝道这套复杂且广泛的伦理价值体系。"③大陆学者张明义、任满丽等也持相似的观点。四是政治历史说。"孝"在中国历史发展上,从汉代以后开始走向政治化,甚至沦为封建统治者的统治工具。因此,徐复观认为"孝"的产生可能要从政治历史的原因上来探求,提出了"孝"起源于中国历史中的"传子政治制度"说。徐复观认为,"孝"产生于宗教式的祖先崇拜、祭祀说等都是有待考证的,因为在殷商时期,原始性的宗教意味重于实践的道德意味,因此"孝"的观念此时恐尚未形成,所以甲骨文中没有孝字。而在西周时期,"孝""考"常通用,所以在周初以前,凡提到"孝"的文献,在时代上都不可靠,产生于周初的祭祀说也不可信。但因为周朝初始大封同姓以控制异姓,形成了传子家天下,而为了让统治根基牢固,首先需要一个稳固的家族。这样"孝"便是为巩固家族和传子的延续而逐渐形成的伦理观念。徐复观在讨论郑玄注释《孝经》中"先王有至德要道"时说,"为维持一姓的政权于不坠,于是孝的道德要求,特为重要。其他的许多道德观念和制度都是以孝为中心而展开的""由此可以窥破一点消息,即孝道和传子的政治制度有密切的关系,甚至可以说是起

---

① 查昌国. 西周"孝"义试探[J]. 中国史研究,1993(2):143-151.
② 叶光辉,杨国枢. 中国人的孝道:心理学的分析[M]. 重庆:重庆大学出版社,2009:233.
③ 叶光辉,杨国枢. 中国人的孝道:心理学的分析[M]. 重庆:重庆大学出版社,2009:233.

于政治的传子制度”①。五是养老说。前面四种关于孝起源的观点,代表了学者对“孝”文化的关注,试图提出一种合理的“孝”产生原因的追问,在一定意义上丰富了“孝”的学说。但“孝”起源于养老敬老说,可能是学界目前讨论最多的,也是最能为人们所接受的观点,这也为很多历史典籍记载所佐证。

大多数学者在讨论“孝”的起源时都喜欢采用东汉许慎《说文解字》的解释,“孝,善事父母者。从老省,从子,子承老也”②。从这种注释中我们可以捕捉到这些含义。一是“从老省,从子”,是对“孝”字形结构的明晰。“孝”上面是老字的半部分,告诉“孝”字与老有关,可以理解为年长的父母亲人。现在世俗还有这样的表达,把父母称为“老父亲”“老母亲”等。下面是子字,可以理解为子女后代,很明显“孝”字指向的是一种亲子上的关系。二是“善事父母”,是对孝指向亲子“赡养关系”的揭示,即“孝”本义是子女孝养、侍奉父母的关系,完成这种关系才是“孝”。三是“子承老也”,承是承顺、接替之意,是对亲子关系的进一步解释,即“孝”除了指向子女善于侍奉父母关系外,还有要完成父母未了心愿之意,这些未了心愿如父辈的遗愿、家族血脉的延续和传承等。总之,这种字源上的会意形式揭示的就是“孝”与养老有关。考古发现,金铭文中的“孝”字从上面看像一个耄耋老人,下面像年轻人搀扶老人行走的形状,表达的意思与《说文解字》中“孝”的“子承老”“善事父母”之义显然是相吻合的。

还有学者对记载“孝”的文献进行梳理,认为汉字“孝”最早可能出现于殷商时代。但查证“孝”字在当时仅见于卜辞一处,并且是用于地名,因此不是现代意义上的“孝”字,所以不能推定“孝”的产生年代是殷商时期。最早与现代“孝”义相近的表达应见于《尚书·酒诰》,“肇牵牛车,远服贾,用孝养厥父母”。用现代话语表达就是,人们忙完农事,驾牛车外出做生意赚取财富,以此来奉养父母。此外《诗经》《易传》等典籍中也可见关于“孝”的记载。因此认为是在西周时期,人们才形成了现代意义上的“孝”观念,“孝”在当时是要求为人子女对在世的父母尊敬、顺从,恪尽奉养之责,这就是孝养父母,“孝”也开始成为人们普遍接受并遵循的道德原则。后来很多经典里的记载也可以帮助说明这点。比如,孟子说:“惰其四肢,不顾父母之养,一不孝也;博弈好饮酒,不顾父母之养,二不孝也;好货财,私妻子,不顾父母之养,三不孝也;从耳目之欲,以为父母戮,四不孝也;好勇斗狠,以危父母,五不孝也。”③“孝道”经典《孝经》对赡养父母的规定有专门论述:“用

① 徐复观. 中国思想史论集[M]. 台北:台湾学生书局,1993:155.
② 许慎. 说文解字[M]. 北京:中华书局,2009:313-314.
③ 孟子. 孟子[M]. 方勇,译注. 北京:中华书局,2010:166.

天之道,分地之利,谨身节用,以养父母。"①这些都揭示了"孝"与养老有很大的关系。

总之,对"孝"的起源虽有多种复杂观点和认识,但要看到,"孝"的基本含义在其产生时就已经被赋予了与"养老"的关系,"孝"成为促进中国传统家庭养老的动力机制,这在后来的演变中也是如此。汉代以后,虽然"孝"逐渐走向政治化,甚至沦为统治者的工具,但时至今日,"孝"仍然是养老价值文化中很重要的规范。正像钱逊先生所说的:"从历史的发展来看,孝作为维护宗法制度的道德规范,已经失去了它存在的基础,但作为亲情的表达和维系家庭关系和谐的道德规范,却还有很重要的意义。"②也可以说,"孝"是一种以血缘亲情为基础的家庭赡养的伦理机制,无论在过去和现在都应是其主要功能表现。

二、"色养"——传统"孝"的核心

"孝"起源的分析说明"孝"的功能主要指向"善事父母"之维。一般认为,赡养父母就是在父母年迈时,子辈供给父母所需,满足父母的要求,让父母安度晚年。关键问题是,子辈赡养行为如何才能称之为"善"?其实古人早就对问题做出了解答,那就是做到"色养"。"色养"是相对于"食养"而提出来的孝养父母行为,也可以说是古人针对仅重视"食养"的孝行为的一种批判。正如孔子所说:"今之孝者,是谓能养。至于犬马,皆能有养;不敬,何以别乎?"③其实,"色养"可以看作是指赡养父母时,在满足父母物质生活需求基础上,子辈更要满足父母精神上的需求,通过情感等方面的倾注,让父母精神达到快乐。子辈只有做到"色养",才能说是做到了"善养父母"。可见,"色养"同"食养"一样,是在孝养父母时所做的要求,但"色养"更是孝养父母的核心内涵,或者说在"赡养父母"这一指向上,"色养"应是传统"孝"的核心。

(一)"色养"——传统"孝"的核心的确证

"色养"是传统"孝道"文化的内核,或者说"孝"的深刻内涵应指向"色养"之纬,这从多方面都可以得到佐证。

首先,"孝"的内涵认识演变可以说明"色养"是传统"孝"的内核。"孝"为赡养父母之义的表达最早可见于《尚书·酒诰》,"肇牵车牛,远服贾,用孝养厥父

① 孔子孝经[M].吴茹芝,编译.西安:三秦出版社,2008:28.
② 钱逊.先秦儒学[M].沈阳:辽宁教育出版社,1991:240.
③ 孔子.论语[M].杨伯峻,译注.北京:中华书局,2006:15.

母”①。意思是说，人们忙完农事，赶着牛车出外经商，然后用赚来的钱物养活自己的父母，这种行为可以称为“孝”。很明显，早期孝养父母行为主要指“物质经济”供给，或者称为“食养”“养口体”，这与当时社会经济发展水平低下有关。把物质赡养父母作为“孝”的内涵在其他古代典籍中也多有所见，《诗经·小雅》里有这样的论述：“父兮生我，母兮鞠我。拊我蓄我，长我育我。顾我复我，出入腹我。欲报之德，昊天罔极。”②意思是父母生我、养我长大，我反过来也要学会报答父母，子女也要用物质赡养父母。《孝经》中也说：“用天之道、分地之利，谨身节用，以养父母。”③意思是根据自然规律，根据土地肥沃情况按时耕地种粮。小心办事，节约简朴，用节省的财物供养父母。

可以这样说，在孔子之前，对“孝”养父母的理解，大都停留在“物质供养”层面的认识上。是孔子提出了“色难”命题，改变了人们对孝的内涵认识的路向，第一次明确把“孝”的实质内涵厘定为“色养”。针对当时社会上把“孝”的实质认为是“能养”的事实，即主要关注“食养”，孔子提出了抨击和批判，表现出了对这种认识的强烈不满。“今之孝者，是谓能养。至于犬马，皆能有养；不敬，何以别乎？”④孔子的意思很明显，认为有事就替亲人做，有食物就让亲人吃，还不能称之为“孝”。继而孔子提出真正的“孝”应是在“色养”上，《论语·为政》说：“子夏问孝。子曰：‘色难。有事，弟子服其劳；有酒食，先生馔，曾是以为孝乎？’”⑤意思是“孝”绝不仅仅是对老人物质生活的关心和满足，而应是发自内心的关心和满足老人的精神生活，从情感上敬顺父母，关注和满足父母精神上的各种需求和愿望，即做到了“色养”才算是做到了“孝”。但孔子同时也提出，做到“色养”是十分困难的事情，因为它的要求远比“食养”复杂。

孔子以后，在论“孝”养父母时，论调基本相同。如孟子在论“孝”义时，也是看重“色养”在“孝”中的地位，如“孝子之至，莫大乎尊亲”⑥。认为孝子做到极致之处，应该是尊重父母，让父母快乐。但孟子明确又把“色养”的内涵提升了一个层次——提出了“养志”说。所谓“养志”，就是赡养父母要顺从父母的志趣，实现父母的愿望，才能算是“孝”。孟子举出一个例子，“曾子养曾皙必有酒肉；将彻，必请所与；问有余，必曰有，曾元养曾子，必有酒肉；将彻，不请所与；问有余，则曰‘之

---

① 尚书[M]. 慕平，译注. 北京：中华书局，2009：182.
② 诗经[M]. 王秀梅，译注. 北京：中华书局，2015：474－475.
③ 孔子孝经[M]. 吴茹芝，编译. 西安：三秦出版社，2008：28.
④ 孔子. 论语[M]. 杨伯峻，译注. 北京：中华书局，2006：15.
⑤ 孔子. 论语[M]. 杨伯峻，译注. 北京：中华书局，2006：16.
⑥ 孟子. 孟子[M]. 方勇，译注. 北京：中华书局，2010：180.

矣’,将以复进也。此所谓养口体者。若曾子,则可谓养父志也”①。这个例子其实说明了孟子把赡养父母分为“养口体”(物质赡养)和“养志”(精神赡养)两种,但孟子认为只有顺从父母志向的“养志”,才是“孝”的真谛。而在论述“孝”的集成著作《孝经》里,则把孝子对父母的“生、老、病、死、祭”关照的行为标准都进行了说明,“孝子之事亲也,居则致其敬,养则致其乐,病则致其忧,丧则致其哀,祭则致其严。五者备矣,然后能事亲”②。在这里,“敬、顺、忧、哀、思”都是描述子女对父母赡养时应具有的情感的词语,就是说只有做到情感付出,才是孝子行为。很明显,这也反映了《孝经》里把“色养”理解为“孝”的核心。

其次,“孝”的实践发展也说明“色养”是传统“孝道”文化的内核。考古发现,金铭文中“孝”字上半部像一个弯腰驼背的老人,下半部是年轻人搀扶老人行走的形状,很显然“孝”的本义就是在父母年迈之时,子女要“侍奉、服侍”他们。“孝,善事父母者也”即是最好的表达。金铭文里甚至早期有关“孝”的实践反映的大都是从“物质供给、生活照料上”来赡养父母,但这只能说是做到“事父母”,还没有达到“善”的标准。传统“孝”文化里提出了“善”,“善”可以理解为“善于”之意,与“事父母”连用,即“事父母”要考虑到“善于”“事”的问题,做到满足父母全部要求才能称为“善”。怎么才能算作“善”呢,那种简单地只顾及侍奉好父母的生活很明显不能算“善”,因为孔子很早就对此指责道:“今之孝者,是谓能养。至于犬马,皆能有养;不敬,何以别乎?”③所以,“善”应该包括两个维度:照护父母一生和照护父母全部需求,也就是落实到实践中全方位、全过程照护父母。

遵照此实践要求,《孝经》著述者就说:“孝有三:大孝尊亲,其次弗辱,其下能养。”④意思是孝养父母不仅要满足父母物质、经济需求上,更要关注尊敬父母和满足父母,如名声不蒙受屈辱等的精神愿望,明确提出了要照护父母身心需求,尤其把尊亲提到最高要求。在《吕氏春秋·孝行》里提出对孝养父母要遵守“五道”,同样表达了这种实践要求,“养有五道:修宫室,安床笫,节饮食,养体之道也;树五色,施五彩,列文章,养目之道也;正六律,和五声,杂八音,养耳之道也;熟五谷,烹六畜,和煎调,养口之道也;和颜色,说言语,敬进退,养志之道也。此五者,代进而厚用之,可谓善养矣”⑤。这五道就是从适应父母“五官”感受来说明如何具体实践“善”养父母,满足父母包括物质在内,尤其是“目、耳、志”各方面的要

① 孟子. 孟子[M]. 方勇,译注. 北京:中华书局,2010:143.
② 礼记孝经[M]. 胡平生,陈美兰,译注. 北京:中华书局,2007:254.
③ 孔子. 论语[M]. 杨伯峻,译注. 北京:中华书局,2006:15.
④ 礼记孝经[M]. 胡平生,陈美兰,译注. 北京:中华书局,2007:171.
⑤ 吕氏春秋[M]. 张双棣,张万杉,陈涛,等注译. 北京:大学出版社,2000:326.

求，其实质都是现代所讲的“精神”方面要求，这样才可以使父母晚年快乐。另外，我们熟知的古代“二十四孝”里的很多典故也是表达了这一意义。如“戏彩娱亲”的故事，老莱子已经七十多岁，为了博取垂暮之年父母的欢心，总是想方设法营造欢乐温馨的家庭气氛，老莱子常常会“著五色斑斓之衣，为婴儿戏于亲侧”或“取水上堂，诈跌卧地，作婴儿啼，以娱亲意”，目的都是满足父母的精神愉悦的需求，使父母快乐幸福生活。“戏彩娱亲”在现实中之所以广为流传，是因为它提倡的是一种从“精神”上来关照亲人的见识，老莱子成为“色养”实践的典范。

上文提及，孔子认为孝养亲人的真谛应在“色养”上，改变了人们对孝养的认识路向。但孔子又提出在实践中做到“色养”是很难的事情。应该看到，“色难”命题的提出以及后来长久的争论，均反映了前人在养老实践时对“色养”问题的极其重视，都是把“色养”看作是孝养的主要组成部分的表现。

（二）传统“色养”思想的实践规范

“色养”是体现“孝”养亲人的最高层面，或者被称为传统“孝道”的核心。对于“色养”，古人看到了它的重要性，从理论上认知并加以实践，形成了丰富的“色养”思想的内容体系。从“孝”的一般意义上来看，“色养”的主词应多是指向“子辈”，即子辈要多通过情感等的积极付出满足父母精神上的要求，让父母快乐，从而做到“孝”养。子辈应该怎么做呢？这关涉“色养”的问题。古人在长期对“色养”问题的探求上，提出了“色养”的具体内容，并对它们进行了排序，这在第一章已有详细论说，就是“婉容——顺颜色、察嗜好——养志”。古人这样来安排“色养”内容，充分反映出了古人的智慧。“婉容”可以理解为是对父母情感表象需求的满足，“察嗜好”是对父母更深层的理性需求的满足，而“养志”则是对父母最深层的心愿的满足，做好“三者”，就做好了对父母“精神”全方位的照护，以现代科学视角审视，这种安排也是合理的。

“色养”在实践中推行，就是子辈积极用情，照护父母的一生。人的一生无非包括“生、老、病、死”四种现实状态，加之死后“祭祀”，完整过程可以用“生、老、病、死、祭”来表达。对“五者”如何照护，《孝经》给出了具体规定，“孝子之事亲也，居则致其敬，养则致其乐，病则致其忧，丧则致其哀，祭则致其严。五者备矣，然后能事亲”①，提出用“敬、乐、忧、哀、严”对应到父母“生、老、病、死、祭”的照护过程中，概括表述为“以敬孝生、以顺孝老、以忧孝病、以哀孝死和以严孝祭”，对于如何“用情”来“色养”父母一生给出了实践指导。作为孝文化经典的《孝经》在对“色养”实践的规定，不仅是对前期实践的总结，也规划了以后“色养”文化的

① 礼记孝经[M]. 胡平生，陈美兰，译注. 北京：中华书局，2007：254.

发展。

以敬孝生。传统"孝"文化认为,从父母步入老年期开始,子辈就要考虑到父母有精神上的需求,做好用情来"色养"父母。这种用情表现就是始终以"敬"孝养父母。最早提出"敬"养的是孔子,"今之孝者,是谓能养。至于犬马,皆能有养;不敬,何以别乎?"①可以看出孔子批评了只从物质孝养而没有"敬"的孝。孟子也有"孝子之至,莫大乎尊亲"②的说法,尊亲才是孝之至,否则不能视为孝。《盐铁论·孝养》记载一个故事:"周襄王之母非无酒肉也,衣食非不如曾皙也,然而被不孝之名,以其不能事其父母也。君子重其礼,小人贪其养。夫嗟来而招之,投而与之,乞者由不取上。"③故事中的周襄王之所以被认为不孝,其实就是他虽然给予父母物质供养,但没有做到"敬"养父母。可见,以敬孝生是在物质层面满足的基础上突出了精神和情感层面的内容,要求子女应从内心情感出发去尊敬父母,使父母精神愉快。"徒养口体,而无敬爱之心,犹之不孝也"。那么究竟什么是"敬"呢?朱熹曾把"敬"解释为"常惺惺","敬只是常惺惺法"④。所谓"常惺惺"就是时刻要警觉、谨慎的一种情感状况。所以"敬"养父母就是从情感上时刻慎重对待父母,日常起居中不只是敷衍了事。《礼记·内则》的"出入则或先或后,而敬扶持之。问所欲而敬进之,柔色以温之"⑤,就是对在日常以"敬"孝对父母做法的描述。可见,对待父母日常生活起居,只有做到"敬",才会发出孝父母的行为。

以顺孝老。人们在老年到来之时往往表现出很多特有的特征,比如,身体状况发生变化,佝偻难行,需要晚辈的搀扶;还有老年人生活不能自理,所以中国传统社会讲究"养儿防老""多子多福"等观念;更为重要的是,老年人进入老年期很容易产生不快乐的情绪,所以孝文化提出以"顺"孝老,子辈可以通过"顺从"父母使其快乐。孟子在论"孝"老时就提出,"不得乎亲,不可以为人;不顺乎亲,不可以为人子"⑥。很明显,孟子认为孝亲是为人的体现,只有孝亲才可以算为人。为人子必须学会使老人快乐,而"顺"是使老人快乐的途径。世俗有"孝"与"顺"的连用,表达的即是此意。曾子也有关于"顺"亲"耳目、心志",可以使亲"快乐"的观点,"孝子之养老也,乐其心,不违其志,乐其耳目,安其寝处,以其饮食忠养之"⑦。

① 孔子. 论语[M]. 杨伯峻,译注. 北京:中华书局,2006:15.
② 孟子. 孟子[M]. 方勇,译. 北京:中华书局,2010:180.
③ 桓宽. 盐铁论[M]. 陈桐生,译注. 北京:中华书局,2017:185.
④ 黎靖德. 朱子语类[M]. 北京:中华书局,1986:1503.
⑤ 戴德,戴圣. 礼记[M]. 南昌:江西美术出版社,2012:398.
⑥ 孟子. 孟子[M]. 方勇,译. 北京:中华书局,2010:148.
⑦ 戴德,戴圣. 礼记[M]. 南昌:江西美术出版社,2012:412.

但要注意的是，在顺老的认识上，传统孝文化这种“顺”不是无原则的，古人提出了“谏亲”，把“谏亲”看作是孝顺的应有内容。《礼记·内则》：“父母有过，下气怡色，柔声以谏，谏若不入，起敬起孝，说则复谏。”①《曾子·事父母》中记载单居离问曾子“事父母有道乎？”“曾子曰：有，爱而敬。父母之行，若中道，则从；若不中道，则谏。谏而不用，行之如由己。从而不谏，非孝也。”②儒家代表人物孔子也有这样的论说：“事父母几谏，见志不从，又敬不违，老而不怨。”③意思是侍奉父母，发现父母不对的地方，就应该婉言规劝，如果发现父母没有听从的意思，仍然应当恭敬侍奉，尽管内心忧虑，对父母不要有怨恨。所以在传统孝顺父母思想里面，不是无原则的顺，无原则的顺不但不能带给父母乐趣，甚至是不孝的表现。

以忧孝病。老年人由于机体的脆弱性，是最容易产生疾病的群体之一。面对疾病的困扰，老年人的身心会产生巨大的痛苦，此时家庭成员的抚慰会给老年人极大的精神安慰。家庭成员对老年人在患病期间的救治和照护的动机、情感和行为表现，在对其评价时，中国人习惯用孝与不孝来表示。据此，传统文化提出在父母生病时，子女是否做到“忧”来体现“色养”问题。儒家提出一个忧字，是有着原因的，我们知道传统社会由于生产力发展水平较低，加之当时医学科学技术也是低下的，这样对人的生存造成了极大影响，人的寿命普遍是很短暂的，“五十知天命”，所以面对疾病人们更是惶恐担忧的，尤其是父母老年时期更是如此。所以面对父母的疾患，要有谨慎忧愁之情，做到全面周全地医护父母，这也是儒家提出以忧孝病的原因。何谓“忧”？《曲礼》中有“父母有疾，冠者不栉，行不翔，言不惰，琴瑟不御，食肉不至变味，饮酒不至变貌，笑不至矧，怒不至詈”④，也就是在父母罹患疾病时，子女要在容、言、行各方面表现出为父母的担忧，以至“衣不整、言不顺，食不知味、寝不遑安”。《弟子规》里也有这样的描述：“亲有疾，药先尝。昼夜侍，不离床。”⑤还有二十四孝中“亲尝汤药”，“（文帝）母常病，三年，帝目不变睫，衣不解带，汤药非口亲尝弗进”⑥。汉文帝以忧孝母成为千古传颂的佳话，汉文帝其实也是以忧孝病的典范。

以哀孝死。儒家在看待生死问题上是重生讳死的，“未知生，焉知死”“死去元知万事空”都是把死亡看作毁灭性的东西。但面临死亡，儒家反而又提倡慎重对

---

① 戴德，戴圣．礼记［M］．南昌：江西美术出版社，2012：404.
② 王聘珍．大戴礼记解诂［M］．北京：中华书局，1982：85.
③ 孔子．论语［M］．北京：中华书局，2006：28.
④ 礼记孝经［M］．胡平生，陈美兰，译注．北京：中华书局，2007：34.
⑤ 弟子规［M］．房春草，注．杭州：浙江古籍出版社，2013：28.
⑥ 孔子孝经［M］．吴茹芝，译．西安：三秦出版社，2008：60－61.

待死亡，尤其是家庭老人即将去世，把对老人死亡的处理和孝联系起来，甚至把孝死当作是孝的最高准则。《中庸》中对“孝”的理解把“孝”分为事生和事死两部分，“事死如事生，事亡如事存，孝之至也”①，把对待亲人的“死亡”问题看得很重。孟子也有“养生者不足以当大事，惟送死可以当大事”②，提出把对待亲人死亡看作是事亲中最大的事情，奠定了传统孝文化重视亲人逝去的基调。孝死是最高的孝，儒家又提出了孝死的标准，就是以“哀”孝死，即面对死亡现象子辈要充分表现出“悲伤”。《论语》中有多处表达，如“丧致乎哀而止”③“祭思敬，丧思哀”④等，都是当亲人去世时，家人应以悲伤情感来处理的表现。这在《孝经》中更是明确地表示出来，“丧则致其哀”，也就是说用最悲痛的心情来料理丧事，以哀伤来对待家族成员的丧失。可见，在传统文化里提出在父母人生的最后阶段，子辈以“哀”的心情对待父母，其内涵就是子辈尽心表现出对父母的尊敬，做好父母的丧葬事务，让父母走完人生的最后一段路，安心离世，这是做好“色养”父母最后生存阶段的体现。

以严孝祭。中华民族有祭祀逝去亲人的传统习惯，而且形成了大量的祭祀礼法。传统文化把祭祀亲人与“孝”联系起来，认为祭祀亲人是“孝”的表现，是孝子表达孝行的一种必要方式。《礼记·祭统》对“祭”的解释：“祭者，所以追养继孝也。”⑤因此，“祭祀”可以理解为是在现实中事亲的延续。这种祭祀在传统社会举行时要求严格遵从礼法，“筑为宫室，设为宗祧，以别亲疏远近，教民反古复始，不敢忘其所由生也”⑥，即是要筑坛设宗，按亲疏远近关系进行祭祀。更要按时节不忘祭祀，《礼记·王制》上说，“庶人春荐韭，夏荐麦，秋荐黍，冬荐稻。韭以卵，麦以鱼，黍以豚，稻以雁”⑦。应该看到，子辈严格依礼法祭祀亲人其实是“色养”亲人的延续，这种“色养”内涵不是指直面父母亲人的赡养行为，而是一种对子辈在亲人去世后继承亲人遗愿的要求，使子辈守住自身的操节，完善自身不能辱没父母的声誉。荀子说：“祭者，志意思慕之情也。”⑧《中庸》也说：“夫孝者，善继人之志，善述人之事者也。”⑨所以，传统文化提出的“志意、思慕”都是表达子辈在亲人去

---

① 朱熹．四书集注[M].长沙：岳麓书社，2004：31.

② 孟子．孟子[M].方勇，译注.北京：中华书局，2010：155.

③ 孔子．论语[M].杨伯峻，译注.北京：中华书局，2006：227.

④ 孔子．论语[M].杨伯峻，译注.北京：中华书局，2006：224.

⑤ 戴德，戴圣．礼记[M].南昌：江西美术出版社，2012：625.

⑥ 礼记全译孝经全译[M].吕友仁，吕咏梅，译注.贵阳：贵州人民出版社，2009：661.

⑦ 礼记全译孝经全译[M].吕友仁，吕咏梅，译注.贵阳：贵州人民出版社，2009：201.

⑧ 荀子[M].安小兰，译注.北京：中华书局，2007：192.

⑨ 朱熹．四书集注[M].长沙：岳麓书社，2004：31.

世后通过祭祀形式体现“色养”的含义，即希冀子女成为有价值的人，追孝是维护宗族家庭延续以及各种关系的纽带，使“生生不息”的精神体现出来。这种要求的隐性意义还在于，即使在父母亲人逝去后，它还能起到继续监管子女行为的作用。

三、以“色养”为核心“孝”的现代践行困境

传统文化设置了“孝”作为“色养”老人的动力机制，规范家庭子辈通过一系列情感贯注的行为付出来让老年人快乐。在急剧变迁的社会结构与传统价值伦理错位脱节的现代境遇中，传统“孝道”内涵发生了嬗变，尤其是在作为指导“精神赡养”意义上的“孝道”内涵遭遇了实践困境。

首先，行“孝”中注重“情感”色彩的丢失。“孝”的本质内涵在中国传统文化里常被理解为是一种子女对父母自然的情感性行为付出。因为父母亲“生、养、育”我们艰辛万苦，子女对父母亲要有知恩图报之情和反哺之意，这种亲情付出和流露就是“孝”。《小雅·蓼莪》说：“父兮生我，母兮鞠我。拊我蓄我，长我育我。顾我复我，出入腹我。欲报之德，昊天罔极！”①“孝”的立意宗旨就是要求子辈通过激发“反馈式”情感，继而凝固成观念上的“义务感”来赡养父母。当下，传统“孝”道中“责任、义务”意识受到了市场经济转型和大规模、高频率的流动人口的影响而逐渐淡化。我们课题组对子辈设置的问卷调查数据显示，目前有49.4%的子女做不到经常看望父母，根据行为主义心理学创始人约翰·沃森的“刺激—反应”原理，长时间、远距离与父母分离，一方面使得老人情感的需求倾诉内敛，与此同时，子女对父母的“精神需求”也自然而然由敏感变成淡化。另外，重视物质生活享有价值取向严重地影响着人们的道德理性观念，把“行孝”的要求降低为简单地生活照料或者给予长辈物质利益的满足等较为普遍，使“孝”缺失了其最重要的成分——“情感”因子，行“孝”中注重“情感”的因子丢失较多。我们课题组在对2164位子辈调查时，当问及“您认为赡养老年人时最重要的应是：A 物质金钱给予；B 平常生活照料；C 身体健康看护；D 给予精神慰藉”，选择“D 给予精神慰藉”的有621人，仅占28.6%；回答“B 平常生活照料”的有902人，占到41.6%。由此可见，作为一种约束子辈更好照护父母的动力机制——“孝”，它应包含的丰富“情感”因子成分在现代年轻人的观念中已丧失了很多。找回“孝”本应包含的“情感”因子，让其在促使现代子辈更好赡养老人中发挥作用是大势所趋。

其次，“孝”的传统家庭赡养表现形式发生重大改变。“家庭养老”是我国传统社会的主要养老模式，可以说这种模式在一定意义上是“孝”文化驱动的结果。

---

① 诗经[M]. 王秀梅，译注. 北京：中华书局，2015：474－475.

按照费孝通先生的理解,家庭养老在我国是一种"反馈模式"①,这种模式的世俗表述就是"养儿防老"。因此,传统社会看重家庭的续存和子嗣的延续,家庭承载着养老的功能,家庭是众多子女尽"孝"的场所。但现实情况是,我们家庭结构已经或者正在发生变化,传统多子女聚合的大家庭结构形式很少存在,代之的是"四二一""八四二一"家庭结构形式的大量出现。家庭小型化,而老年人口数量倍增,家庭单位需要赡养的老人变多,子女"行孝"的压力剧增,依靠传统家庭赡养形式来体现"孝"的要求发生变化。我们课题组调查数据显示,在被调查的年轻人中,需赡养两位及以上老人的已占75.3%。另外还应看到现代人的流动性增大,农村青年很多离家务工,城市青年很多离家工作、学习,家庭子辈由于种种原因不能与父母"聚居"生活,"空巢"家庭较多。调查结果显示,2016年我国空巢老年人(老年夫妇户、独居老人)占老年人口比例为51.3%,其中农村为51.7%。② 我们课题组调查数据也显示,在问及老人居住方式时,回答"单身居住"和"夫妇俩居住"的分别为80人和471人,占调查对象的51.6%,亦即空巢家庭目前已占一半以上,老年人可以从家庭中获取的"精神慰藉"越来越"稀薄"。另外,目前还有一些老年人即使能靠家庭赡养形式来养老,但家庭赡养形式也与传统有很大差别,"精神赡养"效果也是不满意的,这在农村老人"轮养"现象中表现得尤为突出。在农村,当父母年事已高时,多子女的家庭做法一般是把老人进行"轮养"。所谓"轮养"就是按年月时间来养老,通常是按照子女数把一年时间平均等分,在一段时间里由一个子女来供养老人。当老人在某个孩子家里时,他(她)的一切都由这一个子女来负责,其他子女往往是不过问的,当在一个孩子家里过完计算精确的时间后,老人会被送往下一个子女家里,老人就像走马灯似的在子女的家庭里轮来轮去……这样做表面上看起来很公平,是赡养老人尽孝了,但其实是太注重利益算计的结果。很多状况下子女们是把赡养老人当作分外的事情来看待,连时间都要做精确的算计,生怕自己吃亏了,至于亲情在这时候被看得很淡。家庭"轮养"使子辈对父母情感陪护和情感倾诉的可能性降低,远远不能满足老年人的精神需求。

最后,"孝"实践规范意义的"弱化"。"孝"在传统文化中不仅是一种道德德目,更是"长幼有序、尊卑有别"社会伦理价值观规约下的基本行为规范,所以有

① 费孝通. 家庭结构变动中的老年赡养问题——再论中国家庭结构的变动[J]. 北京大学学报:哲社生皮,1983(3):6.

② 第四次中国城乡老年人生活状况抽样调查成果发布会在京召开——中国空巢老年人的比例占到一半[EB/OL]. 人民网,2016-10-10.

“孝道”说。“道”在传统文化里常指人们在实践中自觉遵循的行为准则，朱熹有“道者，人之所共由”①的论述，“孝道”就是在赡养长辈亲人时要共同遵守的规范和准则。朱熹更把“孝”等同为“天理”，“能事父孝，则事天之理自然明；能事母孝，则事地之理自然察”②。传统文化把“孝”规范化、制度化，目的就是为“孝”找到本然存在的合理性，使人们把赡养父母的“孝行”看作是天经地义的事情，这种文化设计使“孝”的实践有了充分的保障。然而，时至今日，“孝”作为赡养亲人应遵循的强制性的制度化意义随着时代的变化丧失了很多。主要原因在于现代社会发展成为一个追求“平等、自主、独立”的社会，“社会结构趋于扁平化，代与代之间的关系趋于平等化，社会关系越来越原子化”③，因此支撑“孝道”的伦理观念“基础”——“尊卑、等级”观已不复存在，这极大冲击了“孝”的强制性规范意义。目前我们即使把“孝道”中的“精神赡养”问题通过立法来保障实施，但细思可见，“道德自觉”性的“孝道”立法“合理性”还有待探究；另外，现有立法形式也过于粗疏，比如，“精神慰藉”“量化”的标准和违法行为的惩罚等都缺乏“精细化”设计，这些在现实社会里都很难操作。我们课题组进行的调查反映出同一个问题，在如何处理子女做不到“常回家看看”的社会问题调查上，仅有 8.8% 的父母和 12.8% 的子女认为需要通过法律的制裁，35.6% 的父母和 48.5% 子女认为应通过“孝道”约束，这反映出法律保障“精神赡养”实施的民众接受度不足。这些问题症结在于把习惯认知属于情感范畴的“孝行”上升为“法律”层面，在实践中出现难以落地的窘况，“孝”的实践规范性在当下显示出“弱化”状态。

因此，针对传统“孝道”在现代的嬗变，需要研究去除一些不适应现代境遇的“因子”，激活“孝道”中的积极“因子”，发挥好传统“孝道”的作用。

第三节　老年人口“精神赡养”中家庭关怀伦理样态的构建

“精神赡养”中家庭关怀伦理构建是指以子辈为情感供给主渠道，探寻子辈供给老年人的“精神”所需，规范子辈供给行为，保障对老年人精神关怀的很好实现，体现出子辈在“精神赡养”中的支撑作用。古人也看到了家庭子辈践行“孝”来对

---

① 黎靖德．朱子语类[M].北京：中华书局，1986：101.

② 黎靖德．朱子语类[M].北京：中华书局，1986：1923.

③ 王晶．找回家庭：农村代际合作与老年精神健康[M].北京：社会科学文献出版社，2016：28.

亲人进行"色养"的重要性,但把"色养"看作是一项难以实现的"伦理义务",从而提出"色难"命题,并把"情感供给、供给过程持续和保障供给"之难看作是"色难"的具体体现,继而展开对"色养"思想体系和实践体系的讨论。沿循此理论,现代老年人口"精神赡养"中家庭关怀伦理的构建其实亦应围绕"子辈给老年人供给什么、怎么供给以及如何保障供给"三大问题来展开。

一、关怀伦理与"孝"的融通

"精神赡养"中家庭关怀伦理体系构建是一项"宏大工程"。在传统社会中,"孝道"是推动"色养"的动力机制,以此为轴心形成了包括内容体系、实践体系和保障体系在内的丰富的"色养"文化体系。传统"孝道"的式微,需要探寻新的"精神赡养"动力机制,关怀伦理应用于指导家庭亲人赡养老人是一种全新尝试。应该注意的是,这种尝试不是对传统"孝道"的否定和抛弃,而是看到了传统"孝道"在现代境遇下"遭遇"到的"瓶颈",试图通过激活传统"孝道"的合理内涵,汲取、转化、融通其中的积极性因子,以此来构建老年人口"精神赡养"中家庭子辈关怀伦理体系。

关怀伦理虽是新近兴起而被广泛关注的伦理理论,在一些关节点上,关怀伦理与传统"孝道"文化其实存在着相通性,用现代话语来说就是两者具有"神交"的地方。因此,探寻两者的相通性所在,可以看到关怀伦理融通"孝道"的内涵,继而用来指导现代"精神赡养"工作理论上的合宜性。

首先,两者在行为启动认知上注重"情感表达"的相通性。关怀伦理主张者认为理性主义的盛行造成道德情感的严重缺失,这往往不利于问题的解决。因为道德情感是基于一定的道德认识,对现实生活中的道德关系和道德行为产生的内心体验和情绪态度。理论常识告诉我们,道德原则不足以产生道德动机,情感是激发道德动机的力量。因此,关怀伦理主张并强调,关怀动机要建立在情感基础上,只有情感认识到关怀义务的必要性,在情感的促使和真情付出下,伦理关怀才能得以实现,情感理应成为伦理关怀的"发动机"。用关怀伦理学家诺丁斯的话来说,关怀伦理是一种看重情感交融、以情来启动的行动伦理。儒家文化把"孝"看作人的自然本能,它更是一种子女对父母自然流露出情感表达。因为父母千辛万苦"生、养、育"我们,子辈对父母就要有知恩图报之情和反哺之意,这种亲情的流露就是孝。传统文化把"孝"的始点定于情感的表达,孔子在论"孝"上也有此意义,《论语》的"父母之年,不可不知也;一则以喜,一则以忧"①,就是说子女的

① 孔子. 论语[M]. 北京:中华书局,2006:28.

“孝”要表现出对父母的年事的关心,表露出喜忧情感,有了这种情感,才可以促使自己尽快尽孝,因为尽孝是不可以等待的。《孝经》上也说:“身、体、发、肤,受之父母,不敢毁伤,孝之始也。”①这些都说明父母对子女有“生育之情”“养育之恩”和“教育之泽”,因而子女从生发保全生命情感开始,做出“孝”的行为。可见,在强调情感付出这一点上,关怀伦理和传统“孝”具有相通性。

其次,两者在指导行为选择上注重“情境过程”的相通性。关怀伦理不是空泛的道德说教理论。关怀伦理十分注重关怀行为的付出,不但强调情感贯注行为之中,更关注行为实践时对情境进行分析,认为应针对不同的具体情境关系进行道德行为判断和选择。关怀伦理学认识到传统伦理理论尤其是目的论、义务论、公正论等,注重的是普遍理论推理形式的论证,忽视事件发生时的关系和情境过程,因而推导出的结论往往抽象晦涩、空洞无物。所以,关怀伦理学从人的现实性认识出发,主张要根据不同对象、不同境遇考量行为实践,“联系情境而不是概念做出回答,强调‘依情况而定’”②。同时也认为正确的行为选择存在于与道德行为有关的具体情景关系中,而没有一个可以适用一切行为的固定模式。正如关怀伦理学家吉利根所说:“道德问题来自冲突着的责任而不是竞争着的权利,解决道德问题需要一种联系情境以及描述性的思考方式,而不是一种形式的和抽象的思考方式。”③关怀伦理这种考虑联系具体情境来选择道德行为的特征,使其获得了不同于传统伦理观的鲜明理论品性。传统“孝道”文化主旨是规范子辈赡养亲人行为的。古人也清醒地认识到,人的衰老是一个漫长的过程,要做好对老年亲人的赡养尤其是“色养”而体现出孝的内核要求,其实是很难的,所以有“色难”命题。为更好实现孝养老人,传统孝道文化解析亲人衰老过程为“生、老、病、死、祭”五部分,并认为在这五个过程中,子辈要孝养亲人,应遵循不同的规范要求,如《孝经》里就提出:“孝子之事亲也,居则致其敬,养则致其乐,病则致其忧,丧则致其哀,祭则致其严。五者备矣,然后能事亲。”④意思是在父母健康时,要用“敬”的情感来对待父母,奉养年龄大了的父母时一定要想方设法让其快乐,在父母生病时要用心去服侍,父母去世时还要永怀哀痛之情,祭祀父母时要严遵礼法。这样提出用“敬、乐、忧、哀、严”对应贯注到父母“生、老、病、死、祭”的照护过程中,把如何“用

① 忠经.孝经[M].吴茹芝,编译.西安:三秦出版社,2008:20.
② 卡罗尔·吉利根.不同的声音——心理学理论与妇女发展[M].肖巍,译.北京:中央编译出版社,1999:17.
③ 卡罗尔·吉利根.不同的声音——心理学理论与妇女发展[M].肖巍,译.北京:中央编译出版社,1999:37.
④ 礼记孝经[M].胡平生,陈美兰,译注.北京:中华书局,2007:254.

情”奉养父母一生给出了规范性的概括,从中可以看出孝道文化同关怀伦理一样,注重道德行为选择时要“依境而为”。

最后,两者在规范行为目的上指向“关系和融”的相通性。关怀伦理从社会生活体验出发,把每个人都看作是具有相互依赖的“关系性”存在。“人类的繁荣和进步之展望从根本上阻断了关怀和被关怀,而关怀伦理学强调的正是满足依赖者需要的道德责任力度。”①关怀伦理认为作为“关系”集合的“人”在社会中展现,这种良好“关系”的缔结、维持和修复,“关怀”在其中具有“铰链”的作用和高度的道德意义。关怀伦理注意到为满足周围人的需要,人们彼此都负有“关怀”的道德责任,无论是熟人和陌生人,在理解、接纳、信任中促进人们在实际生活中的互动,真实情感的付出会缩小或消除人们之间的冷漠和隔离。当这种良好的关怀“关系”在个人和社会环境中流行,人们之间的隔阂和分离状态将会消逝,我们的相互“关怀”将会使社会“聚合”为一个美好的实体。关怀伦理学家贝伦斯·费舍尔对“关怀”的定义是:“关怀为一种活动,其中包括维持和修复我们的‘世界’的一切活动,从而使我们尽可能更好地在此世界里生活下去。”②可见,“关怀伦理”注重人们之间“关系”的构建、维持和修补,并且看重做出道德判断时所处的境遇,关怀伦理在规范人们行为时,其目的很明显是指向各种“关系”达到“和融”。台湾学者许烺光认为,中国传统社会的“关系”发展和存续有个明显特征,就是它是以家庭“父子”关系为主轴展开的,而其他如君臣、夫妇、长幼、朋友等“关系”都是以这一主轴为准则建构的,父子关系的正常延续和权威性的维护在传统社会被看重。而提出“孝”的目的意义在很大程度上就是使这一主轴“关系”正常存续,关系的融洽和谐才能反映这种“关系”的正常。因此,在此意义上,“孝”具有规范家庭亲子关系和融的伦理指向。“孝”的这种伦理精神在“父慈子孝”倡导中最能体现出来。所谓“父慈子孝”,就是要求在对父子关系的处理上,父母长辈应该表现出关爱晚辈的情怀,这是一种榜样的反映,晚辈必须对父母长辈生发出一种情感,按照“孝”的实践内质要求就是规范子辈行为表现出敬顺父母,这也是一种义务,这种义务加上情感的付出,可以使父子关系得到融洽,也即“孝”具有的融洽家庭亲子关系的作用。可见,传统“孝”就是以血亲关系为基础形成的规范子辈对父母长辈付出义务的伦理机制,“孝”在表现为积极赡养老人中成为维系家庭和睦的黏合剂,追求家庭关系和睦也是传统“孝”的使命。

关怀伦理与中国传统“孝道”在“情感表达”“情境过程”和“关系和融”等关节

---

① 弗吉尼亚·赫尔德. 关怀伦理学[M]. 苑莉均,译. 北京:商务印书馆,2014:12.

② 弗吉尼亚·赫尔德. 关怀伦理学[M]. 苑莉均,译. 北京:商务印书馆,2014:47.

点的要求上具有相通性，亦可以说关怀伦理兼具“孝道”的主要特征和功能，在“孝道”式微情况下，以关怀伦理指导家庭成员赡养行为具有可行性。

还应看到，与“孝道”相比，关怀伦理其实更表现出合宜性。首先，关怀伦理主体指向更宽泛，可以指向家庭子辈、同辈或者夫妻，这些主体都可以纳入关怀主体范畴内，而传统“孝道”是以辈分等级来规范子辈行为表达的，同辈之间、夫妻之间的扶养行为是不能用“孝”表达的。把关怀伦理作为指导理论可以集中家庭所有力量来完成对年长者的赡养。其次，传统“孝道”以较高的道德内涵为价值追求，如在规范子辈“精神赡养”行为上，提出子辈要通过“三不朽”扬名立功不辱父母名声、子孙无穷匮来延续家族血脉等，否则即为“不孝”。传统“孝道”中有些要求过于苛刻或在现实中显得过高而不能及，给人以“道德绑架”之感。而一般认为关怀伦理是从女性视界出发观察社会，必然带着女性柔性的细腻和世俗上的经验性，立足世俗而又超拔于世俗提出的关怀行为，这样可以精细地指导老年人口精神关爱的推展。最后，对两者来说，虽然都是强调关系性，但两者关系性的实质也是不同的。传统“孝道”是从角色的血缘不同来理解关系的，正如对父子关系描述为“父慈才能子孝”。“孝道”所指向的关系限定在狭窄的血缘关系上，一旦有所扩展，“孝道”的规范效力即会丧失。关怀伦理是从人的脆弱性、依赖性等本然特征出发构建“关系”，而且这种自然本性会一直存在，所以现实中用关怀来弥合这种“关系”状况易于被接受，这也是关怀伦理出场的现实和理论基础。因此，在现代社会，用关怀伦理指导对老年人“精神赡养”时，可以很好地搭建起家庭中所有成员的关系。

二、老年人口“精神赡养”中家庭关怀的内容

“色养”是传统“孝道”文化的核心。在对“色养”的讨论中，“孝道”文化围绕“婉容、顺颜色察嗜好、养志”展开讨论，使“色养”思想具有了丰富的内容。其实对照“精神世界”的三分法来看，传统“色养”内容体系与其也是可以对应起来的，“婉容”就是子辈和颜悦色地对待亲人，这样可以让亲人开心快乐，很明显是满足亲人的“情感世界”需求；“顺颜色察嗜好”是要求子辈洞悉亲人爱好，顺从亲人内心所思所想，可以对应“理性世界”；“养志”是最高层次，要求子辈认识和满足亲人精神上的终极需求，可以对应“意义世界”。这样老年人口“精神赡养”中家庭关怀内容体系的构建可以仿照传统“色养”内容构建路向来进行，亦即围绕老年人“精神世界”三个部分来进行。但还要看到，现代老年人“精神世界”与传统社会老年人相比已发生重大变化，在前一章“老年人自我关怀”中曾详细分析过，主要表现为“情感世界”去情化，“理性世界”去智化，“意义世界”虚无化。因此，面对老年人口"精神世界"出现的新情况,家庭关怀内容也要贴合老年人精神困顿的表现来构建。

(一)婉容——满足老年人"情感世界"多"快乐"

老年人情感世界的满足外显就是"快乐"在心理学上,"快乐"被认为是感觉反映,但老年人由于自身生理等方面的特征,常常影响心理发展而表现出郁郁寡欢的状态。改变"情感世界"的消极状态,老年人除了对自我进行关怀以外,更要寻求外在的情感支持,实现"情感世界"充满"快乐","情感方面的支持满足能够帮助老年人,尤其是高龄老年人,使其在面对诸如丧偶、丧子、病重或事故等压力和创伤的时候维持生活满意度"①。向外寻求情感支持更多是来自家庭成员的关怀和帮助,家庭成员是老年人最亲密的人,最了解老年人情感的需求,给予的关爱也最容易让老年人接受。子女对父母情感关爱的行为要求在中国传统"孝道"设计里可以找到。"孝"作为一种推动赡养老人的内在动力机制,其核心就包含子女在对父母赡养时要积极用情。中国传统文化中主张用情来赡养父母,所以子女要学会和颜悦色地对待父母、敬顺父母,这样才会让父母心情快乐。因此,传统文化里也看到满足父母亲人情感世界的快乐,需要家庭成员和颜悦色地对待,所以有"婉容"之说。

传统文化中的"婉容"是指家庭成员,尤其是子辈应有一种关心老年人情感世界,让其快乐的情感表达和呈现。家庭里子辈孝顺,关系和睦,老年人在这样的氛围中才能开心快乐。我们课题组在进行个案调查时,经常听老人说,在家里,从未与孩子红过脸,子女们都听话,也不干涉自己的行为,都让着自己,因此感觉老年生活很快乐,洋溢在老年人脸上的是幸福感。可见,子辈做到了"婉容",很容易使老年人生活快乐。"婉容"也不仅仅指家庭成员要常常笑脸相迎,不给老人脸色看,这只是"婉容"的一种表现形式。其实它应包括子辈能让父母"情感世界"快乐的一切行为,只要是能满足老年人"情感世界"需要的行为,让老年人感觉到自己没有被嫌弃、被忽略,都可以算是做到了"婉容"。如《礼记·内则》说:"以适父母舅姑之所。及所,下气怡声,问衣燠寒,疾痛苛痒,而敬抑搔之。出入则或先或后,而敬扶持之。进盥,少者奉盘,长者奉水,请沃盥,盥卒,授巾。问所欲而敬进之,柔色以温之,饘酏酒醴芼羹菽麦蕡稻黍粱秫唯所欲,枣栗饴蜜以甘之,堇荁枌榆免槁薨滫以滑之,脂膏以膏之,父母舅姑必尝之而后退。"②意思是家庭成员在孝养父母亲人时,问寒问暖时要柔声细语,扶持亲人走动时要恭敬搀扶,挑选饮食

① 戴安娜·帕帕拉,萨莉·奥尔茨,露丝·费尔德曼. 发展心理学[M]. 李西营,等译. 北京:人民邮电出版社,2013:261.

② 戴德,戴圣. 礼记[M]. 南昌:江西美术出版社,2012:398.

上要精心并且笑脸奉送，让亲人开心。“下气怡声”“敬抑蚤之”“柔色以温之”等都反映出“婉容”对待亲人，可见传统文化中“婉容”实质就是指积极地把情感倾注在对亲人赡养中的一切日常行为中。

关怀伦理同样主张用情来践行关怀行动，对指导关怀老年人“情感世界”具有合宜性，这样萃取传统“婉容”思想内涵，并在一些具体形式要求上做出符合现代境遇的转化，从而可以搭建家庭成员关怀老年人“情感世界”的内容。

首先，吸纳“婉容”内涵，以“用情”体现关怀内涵。“婉容”的实质内涵就是在赡养父母亲人时表现出“用情”，以“敬、顺、柔”表现出对亲人“情感世界”的关怀。因此，只有在细致、精心了解老年人情感世界缺失表现的基础上，才能真正做好对老年人“情感世界”的关怀。但也应看到一个现实，当下社会独生子女家庭比较多，独生子女在成长过程中多处于被娇惯状态，替他人考虑的能力较弱。因此年轻人自身要强化“关怀”的意识，明确自身在老年人“精神赡养”中所处的支撑地位。在家庭角色的扮演上，作为子女应切实转变思想，提高对父母“精神赡养”需求的敏感性，变被动供给物质养老为主动付出“情感”与“责任担当”，在为父母提供基本物质满足的同时，还要对老人的精神生活投入尽可能多的时间和精力，才能满足老人真正的情感需求。

其次，掌握“用情”技巧，积极搭建良好的关怀关系。“用情”不是随便地展现，要有一定的技巧性，即要给予老年人恰如其分的需求满足。老年人情感上究竟需要什么，家庭成员要了解，而家庭成员在此方面其实又是有优势的，因为家庭成员与亲人长期生活在一起，对亲人的一切情感需求是了解的。常识告诉我们，每个老年人的需求是不一样的，同一个老年人在不同阶段也会表现出不同的需求，这就要求家庭成员细致观察，给予老年人恰如其分的情感关怀。关怀伦理学研究中曾提出“关怀病理学”，或称为“病态关怀”。关怀病理学认为在关怀中没有从老年人自身角度考虑问题，这样就会带来对老年人的伤害性关怀。如在现实中家庭成员由于过于“在意”老人，让老年人感觉无所适从，反而造成关怀负担，让老年人不开心。这在一些年轻子辈身上经常可以看到，现代家庭子辈意识中那种传统“尊卑等级”观念有所丢失，“平等、自由”观念的增强使他们习惯以自己的意愿来安排老年人行为，让老年人一味地听从“我”的安排，老年人自主空间被压缩，压缩到最后引起矛盾冲突。家庭成员也可能很委屈，“我对您一切都是笑脸相迎，够关心您的了，怎么还得不到您的认同呢！”其实家庭成员没有看到的是老年人的需求并不一定是“你”所认为的。因此，良好的“亲子”关系搭建需要技巧，子辈关怀中就是要学会从老年人自身出发，考虑老年人切身的需要，选择温和的语气、恰当的方式、合适的时间，然后传递给老年人一种“信号”，让老年人也切实能够理解到“你”的关怀行为是对其有益的,让老年人理解“你”的情感关怀是指引黑暗的亮光,是恐惧中可以得以救赎的力量,而不是强加给其精神负担,这恐怕就是所说的家庭和睦相处的技巧所在。

最后,克服现实困难,“用情”体现为多陪伴。家庭成员短暂“用情”,在现实中可能很容易做到,要一直“婉容”怕是很难坚持。社会现实俗语有“床前百日无孝子”的说法,说明持续“用情”需要韧心。但还要看到现实实际问题,有些家庭子辈不是不想去关怀,也知道经常“陪伴”老人是子辈最好的关怀方式,但面对自己的工作情况,有的要远离老人居住地或者长时期在外等,让老人成为“独居老人”“空巢老人”。这样远距离、长时间分离的“工作时空”导致子辈很难在亲人面前持续展现“婉容”。为更好给予亲人情感关护,子辈情感付出最直接的做法就是克服困难,想办法制造接触的机会,如节假日、周末时抽空带着孩子回家看看,让父母亲人感受天伦之乐,感受到亲情的存续;或者每年抽空陪父母旅游一次。我们访谈调查老年人最想让子女做什么事可以带来精神快乐时,有50.6%的老人希望子辈每年陪伴一次外出旅游;或者利用现代通信工具,经常与亲人在电话、微信上聊天、沟通,“嘘寒问暖”,哪怕就告诉他们“我挺好”,他们也会得到慰藉,子辈在精神上的这种抚慰做法带给老年人“情感世界”的快乐远远大于物质方面的给予。我们课题组曾设计问题,“您的工作与精神赡养父母发生冲突,您会放弃自己的工作吗?”参与调查的2169人中,有1041人(占48%)选择可以考虑放弃工作,有1078人(占49.7%)选择不愿意放弃工作,可见,持相反观点的人各占到一半,一方面说明年轻人在此问题上所持的观点的冲突较为激烈,但我们不能对不愿放弃工作来赡养老人的那些人进行道德绑架。另一方面也说明要克服困难去做到“陪伴”父母,现实中还有很多子辈不容易做到,这也从客观上反映了“精神赡养”推展存在的艰难性。

(二)顺颜色、察嗜好——促使老年人“理智世界”更“睿智”

“情感世界”的快乐是外在的表现,有时也可能是伪装的快乐,如强装笑脸。真正的快乐应是发自内心的快乐,是“理智世界”控制的结果。人到老年,事业已经不是人生关注的主要目标,最大的问题应是如何合理地规划剩余的时光,便捷路径就是找寻一种真正的爱好,坚持从事之,把剩余的时光过得更充实有质量,使生命之烛火燃烧得更亮、更久长,这恰是老年具有“理性”精神的体现。现代子辈关怀老年人的“理智世界”,可以做的是,要学会顺从老年人,知晓老年人的爱好,培养老年人一种持久爱好,让老年的“睿智”形象得以展现,使老年人内心真正实现快乐,这在传统“色养”文化中是用“顺颜色、察嗜好”表达的。

首先,根据老人的实际情况来培养爱好。现代社会随着人们生活水平的提高,老年人可以有更多空闲时间来做自己喜欢的事情。这些爱好的培养和拓展,可以帮助老年人很好地利用时间,年轻人不要轻易干预。我们课题组的调查反映,目前在这点上年轻人做得都比较好,当问及子女是否干预长辈的爱好时,1067位老年人调查对象中,75.5%老人选择从未干预;2169位子辈调查对象中,52.1%子辈也选择从未干预。但子辈在培养老人爱好时要注意几个问题。多关注可以帮助“理智世界”提升的爱好。不要选择老年人力不能及的过于剧烈、体能消耗较大的爱好活动,要在老年人的身体能力和财力均能承受的范围内选择,一些动脑动心的爱好可以使老年人更显得睿智。如帮助老年人学习使用“微信”“QQ”等聊天工具。子辈要通过观察来为父母选择可以长期持续下去的甚至可以成为余生的爱好。还要注意,培养老年人能够体现自我价值的爱好。选择的爱好能够使老年人的自我的价值体现出来,让他们感觉自己不是社会、家庭的累赘,还可以发挥余热,进而增强老年人的存在感,让他们内心真正感到快乐。

其次,帮助老人拓展交往圈。随着年龄的增大,老年人会因为退休、病痛、身体不便等原因,交往圈子越来越小,把自己封闭在狭小的家庭空间里,尤其是一些孤寡老人,很难找到可以倾诉的对象,在内心世界就会产生孤独感,失去快乐。而此时,志同道合、兴趣趋同的老年朋友的存在比家人带给老人的快乐还要多。有调查表明,老年人通常更享受与朋友在一起的时光,而不是与家人在一起的时光。因为老年朋友关系的友谊亲密性、沟通开放性、互助无偿性等让老年人有种被需要、被赋予价值的成就感,扩大交往圈可以使老年人克服各种现实问题,有助于老年人应对在老化过程中的情感变化和危机。现代社会兴起的一些新潮养老形式,如“抱团养老”“搭伴养老”“同居养老”等,老年人可以根据自我情况自由选择聚合,彼此互助照料,一起喝茶、聊天、游戏、散步、旅行,打造“养老共同体”就是很好的示范做法。因此,作为子辈要充分了解老年人的这种需求,积极帮助老年人拓展交际圈,鼓励老年人走出去,找寻自己的情趣相投的人结成老友,相互帮协,快乐度过晚年阶段。

最后,子辈学会提供给父母以体现奉献为伦理行为准则的活动机会。“帮助别人是快乐的”,老年人在帮助子女、年轻人成长的过程中,用自己的知识经验、智慧的施展和表现,在晚年体现出老年人的优势和价值,老年人得到成就、名誉和地位,并受到晚辈、他人的尊重。有专家称这些老年人的行为是“银龄行动”,认为它可以消除老年人自卑、无用等感觉。西塞罗也有如此的论述,“正如明智的老年人喜欢同有出息的年轻人交往,年轻人的亲近和爱戴可以减除老年的孤寂”①。另

① 西塞罗. 论老年 论友谊 论责任[M]. 徐奕春,译. 北京:商务印书馆,2004:15.

外,我们时下常说的“老有所为”,其内涵之一就应该包括老年人要有积极奉献精神。在新的历史时期,子辈要通过合理途径,鼓励父母以适当方式参与力所能及的社会公益活动,发挥他们在城乡社区服务、关心教育下一代、调节邻里纠纷和家庭矛盾、维护社会治安等方面的积极作用,在为家庭、社会服务的过程中“智慧”地生活。

(三)养志——实现老年人“意义世界”能“释然”

老年人“意义世界”多表现出“虚无、无助”状况,需要有自我内在信仰和外在力量供给作为支撑,从此来消释死亡带来的恐惧感,这样才能实现幸福的晚年生活。前一章我们提到老年人可以通过认知“关系生命体”存在来克服死亡恐惧,这是从老年自我关怀来说的,而家庭成员作为赡养的支撑力量,发挥出其功能,在关怀亲人“意义世界”中将会起到积极作用。

对“意义世界”的关怀,其实就是家庭成员帮助老年人实现精神上最终极的愿望,让老年人在精神深处对自我人生有一种圆满的感受,不害怕生命中“死亡”的存在,以“释然”的心态面对生活,这样才会达到真正的幸福。传统“色养”文化提出“养志”说,“故上孝养志,其次养色,其次养体”①,就是要求子辈顺从老人意愿来满足老年人“意义世界”需求,做到“孝”的终极要求。

传统文化“养志”说是由孟子首提的,更有宋代陈普写的《孟子·养志》来表达孟子的“养志”思想,“世俗养亲惟口体,谁能养志若曾参。至诚顺迂无违咈,为是心其父母心”。“养志”是“色养”(精神赡养)的更高级要求,对应“养口体”(食养)。可见,“养志”的基本含义就是奉养父母要顺从其“志趣”,以博取父母的欢心。但“养志”的含义在传统文化中还不只是这些,因为父母的愿望不只是子辈顺从自己的愿望对自己孝顺就行,父母心里可能还会有更多的深层愿望,就是希望子孙延续,子孙有成就,光宗耀祖,从而使家族得以延续。《孝经》开篇即说:“立身行道,扬名于后世,以显父母,孝之终也。夫孝,始于父母,中于事君,终于立身。”②也就是说,“养志”的深层含义应是子辈要有延续,要有所建树,父母才会真正在精神深处得到抚慰。

纵观天下父母之心,都是希望自己的孩子成龙成凤,希望他们有所成就,子辈成功了,自己也就了却了最大的心愿,在生命最后阶段精神中的“意义世界”也就会“释然”,也就是常说的老人会“死而无憾”了。这些含义在传统文化中是用“子孙嗣续”和“三不朽”来体现的。“子孙嗣续”是传统文化提倡重视家庭存续的要

① 盐铁论校注[M].王利器,校注.北京:中华书局,2017:285.

② 忠经·孝经[M].吴茹芝,编译.西安:三秦出版社,2008:20.

求和方式。传统文化是一种重视人伦关系的文化，它主张个人的生存不能仅仅关涉自我，要把自我放到与家庭、族群甚至国家的紧密关联中去，自我的生命只有与家庭、族群等融合起来才会有意义，所以儒家文化看重家庭、族群子孙的繁衍，家庭、族群子子孙孙无穷延续方能显示家庭、家族的兴旺，这也是“孝道”文化在传统中国为什么要特别强调“不孝有三，无后为大”的原因所在。子孙能够延续也就成了父母亲人的普遍心愿，这个愿望实现了，它可化为老年人精神上的支柱，即使面对死亡，老年人也会坦然接受。“子嗣延续”只是初级形式，传统文化还提出“三不朽”，意思是子辈能够取得成就，这样在子辈成就基础上父母也会扬名不朽。“三不朽”最早出自春秋时期叔孙豹的一段话：“太上有立德，其次有立功，其次有立言，虽久不废，此之谓不朽。”①意思是“最高的目标是树立德行，其次是树立功业，再次是树立言论。能做到这样，虽然年代久远，也不会废弃，这叫作三不朽”。“三不朽”的表层含义是教导人们在现实中如何修已为人，建树立业。其实还应看到“三不朽”的内在含义，它主张把人之生死的实存状况，统御于对现实中不同道德目标追求之下，把生的过程抬高到对伦理道德的不懈努力的境遇中，以“三立”实现人生的不朽。子辈做到“三不朽”就是不辱父母，这也就是父母最终极的心愿。因此，传统“色养”文化把“养志”看作孝的最高层面。

随着现代社会的变化，子辈关怀亲人“意义世界”可以以“养志”为最终极内容要求，但要做出符合现代境遇的变化。子辈顺从父母意愿作为“养志”的核心，这点不能改变。对于父母的终极“愿望”，传统社会常被表述为希望“子嗣延续”和子嗣“三不朽”，在现代社会可以做出相应的改变。“子嗣延续”在传统社会被作为孝道内容来坚守，“不孝有三，无后为大”。但应看到，现代社会是一个多元化价值观并存的社会，传统伦理观“不孝有三，无后为大”的规范功能已经发生了很大变化，加之我们国家推行多年的计划生育政策，现代社会很多家庭已经不愿再生育过多的子女，特别是很多城市地区出现了“丁克”家庭，传统“子嗣延续”“多子多福”的思想已在很大程度上并不是老年人的终极心愿。调查发现，现代老年人在很多情况下对子女选择不愿生育大都会采取宽容理解的态度。因此，现代“养志”内容不应过多纠缠于此，可以把它委婉转化。对于“三不朽”，它的积极意义在于可以让子辈注重自我提升，不辱父母期待，这点可以转借过来。即对于现代家庭子辈而言，要认识到受传统习惯影响，目前很多父母还是把重点关注的事项放在儿女的发展上，经常可以看到，老年人在一起聊天，谈起子女的成就，哪怕微不足道的成就都会让他们神色飞扬。这和传统“孝道”的文化要求是相符合的，

---

① 左传[M]. 李炳海，宋小克，注评. 南京：凤凰出版社，2009：158.

因为父母在子辈成就上看到了自身价值的延续,子辈取得的成就就是行"孝"表现。因此,子辈要认识到承父母之志,努力提升自我,完善自我,在自己的学习、工作、事业上争取有所成就,这样就可以真正满足父母心底的愿望,实现父母精神深层的期许,让父母生而无遗憾,实现精神上的终极快乐,这应是现代"养志"观的主要内容体现。

三、老年人口"精神赡养"中家庭关怀的实践规范

家庭关怀老年人精神的实践就是展现为日常具体行为活动,根据传统"色养"文化对实践的认识,把"色养"实践看作是家庭子辈积极用情关怀,照护到父母一生全过程的实践,父母一生分为"生、老、病、死、祭",相应要用"敬、顺、忧、哀、严"情感贯穿于"生、老、病、死、祭",这样可以全面照护到父母的精神需求。传统"色养"文化在指导古人进行对亲人"精神赡养"实践上确实起到了良好作用,因此,现代老年人"精神赡养"中家庭关怀实践规范探究可以参考传统"色养"实践成就来进行。

"色养"思想作为传统"孝道"的核心,在传统社会里业已形成深厚的积淀,直至现代仍然产生巨大的作用,甚至还在我们民族血液里奔腾流淌着。但要清醒地认识到,传统"色养"文化是基于当时社会背景而长期实践凝聚的,在时代已发生巨变的当下,很多"色养"观念已失去了积极意义。文化传承遵循的基本指导思想是"取其精华,去其糟粕",因此,探寻传统"色养"文化的实践价值,吸纳其中优秀因子,对构建新时期家庭关怀实践规范有着重要的指导意义。

(一)传统"孝"的结构

辩证唯物主义认为,世界是物质性存在,任何事物都是内容和形式的统一。内容是指构成事物的一切要素的总和,它在一定意义上体现事物的本质。而在表现内容上,要由形式来表现,形式则是指把反映内容的诸要素统一起来的结构,形式在一定意义上其实是事物本质的"现象"形式,它是为本质内容服务的。辩证唯物观深入道德世界认识同样也可以得到这样的结论:道德实践关涉内容(本质)和形式(现象)两部分。道德提供现实人与社会发展的普遍规定性,这种规定性制约和指导着现实人的行为,作为规范和规则体现为人的行为的义务,义务就是包含着"应当"如何的要求,规划着实践行为的道德图景,这种义务规定性就是道德法则,其实就是道德的内容和本质性。而在行为的实践中,道德法则要展开为道德的具体实践性,这些实践行为的诉诸就是道德的形式性。"在道德实践的历史过程中,往往亦经历了一个形式化的过程;……道德实践(包括义务的实现)并不仅仅表现为一个形式化的过程,作为人的存在形态,它同时总是涉及实质的

内容。”①可见,道德作为一个系统应该包括内容和形式两个维度,对于两者的关系,应该可以理解为,作为内容和形式上的道德的二重规定性,道德内容决定着道德形式的体现,而形式是为反映道德内容服务的,形式与内容是紧密联系的,而不是相互分离和排斥的,它们在一定时空下的矛盾运动推动了道德的发展和变化。

道德作为人类社会意识的一种特殊存在,它在内容(本质)和形式(现象)上又表现出一种自我的特殊性——内容(本质)上的“恒常性”和形式(现象)上的“时空性”。“恒常性”是指道德内容(本质)是人类社会风俗习惯的长期化过程中的凝结和沉淀,一旦以规范和规则被人们接受,它的变动性往往是很小的,“道德原则或道德规范更多地呈现为普遍的规定:它超越特定的时空关系而制约着不同的行为”②。道德内容(本质)揭示出来就会作为一种规则对所有行为具有绝对的优先支配性。而道德形式上的“时空性”即具体的道德行为总是存在于一定时空关系中的道德行为,一定的道德内容在不同的时空下受外在环境的影响而会以不同的形式表现出来,这其实是道德规则规范在特殊时空下表现出形式执行多样化的反映。现代结构主义大师霍克斯说法与此也是吻合的,“在任何既定情境里,一种因素的本质就其本身而言是没有意义的,它的意义事实上由它和既定情境中的其他因素之间的关系所决定”③。总之,作为一种上升为人类行为普遍化规定的道德本质或称为道德原则,它可能具有超越时空的不变性,而在不同境遇时空下,道德内容(本质)的表现形式(现象)可以是变化的,这种变化性不是对内容的否定,而恰恰反映的是道德形式对道德本质在特殊境遇下的要求。道德内容“恒常性”和形式“时空性”构成道德的一对矛盾关系,从而也成为推动道德发展的动力。

借此可以获得一种结论:道德在结构上具有本质和形式两个维度,本质体现出道德的精神,这种本质形成原则而往往具有跨越时空对行为的限制作用,而形式是本质的体现,形式是反映本质的,但形式随着时空境遇又是变化的,形式的变化性反映出不同境遇下的道德本质的规定性。这个结论对分析“孝”是很有帮助的。

传统社会里,以“色养”为核心体现的实践德性的“孝”,在要求“孝生、孝老、孝病、孝死、孝祭”的过程中,其实践内质展现可以总结为“敬、顺、忧、哀、严”,这种内质可以说是孝的实质,也是“孝”的伦理精神的体现,这些可以称为作为调节家庭亲子伦理关系之“孝”的实质规定性。而在如何表现“敬、顺、忧、哀、严”上,也

---

① 杨国荣. 伦理与存在:道德哲学研究[M]. 上海:上海人民出版社,2002:226.

② 杨国荣. 理念与境遇——论朱熹的伦理思想[J]. 孔子研究,2001(3).

③ 特伦斯·霍克斯. 结构主义和符号学[M]. 瞿铁鹏,译. 上海:上海译文出版社,1987:8-9.

就是“孝”在回归现实实践中的行为具体体现上，传统社会提出了很多具体做法，如在孝生、孝老上，孔子有“敬对父母”“父母在、不远游”的论述，孟子有“养志”说，《礼记》有“出入或先或后，而敬扶持。问所欲而敬进之，柔色以温之”①等观点；在孝病上，有“父母唯其疾之忧”②“父母有疾、冠者不栉，行不翔，言不惰”③“医不三世、不服其药”④等观点；在孝死、孝祭上更有很多要求，“君子之居丧，食旨不甘、闻乐不乐、居处不安”⑤“夫三年之丧，天下之通丧也”⑥“子食于有丧者之侧，未尝饱也。子于是日哭。则不歌”⑦等。这些具体行为其实可以称为“孝”的实践形式，是“孝”的实质在现实中的展现，它们共同反映出作为传统“孝”的意义和内涵。因此可以这样来理解，“孝”在结构上可以分为“孝的实质和孝的形式”两方面，“敬、顺、忧、哀、严”是“孝”的实质部分，而其他具体要求则是“孝”的形式，这种划分是符合辩证唯物论认识事物的观点的。

进而可以认为，“孝”的结构分为孝的实质和形式两部分，“孝”的实质就是“敬、顺、忧、哀、严”，这些可以说是作为对父母亲人之“孝”的实质总结，它们规约着子辈要对父母亲人“生、老、病、死、祭”全方位关照的行为，而这些可以说是孝养的精髓，它们在时空发展中可以说始终没有褪色，也就是只要家庭还作为主要单位存在于社会，那么标识“孝”的精神实质是不会变的。而在表现孝的实质上，传统社会提出了很多践行“孝”的实质的形式，上面列举了很多，应注意的是，这些形式是“孝”在一定社会境遇下的表现形式，在那个时代，“孝”的这些很多形式可能具有一定的合理性，但也有一些形式可能随着时代的变化已经表现出不能与现今时代的要求相符合，也就是“孝”的一些传统形式要求已经丧失了其存在的境遇基础，从而表现出局限性。

（二）“孝”形式的改变与现代家庭关怀实践规范的构建

新时代老年人口“精神赡养”中家庭关怀实践规范的构建参照“色养”文化来进行，应该遵循继承传统原则，也就是家庭子辈关怀老年人的实践形式构建在承顺“孝”形式时应是随着时代的变化而变化。根据上文分析，所应继承的是“孝道”文化的实践内核，这个内核就是在面对亲人“生、老、病、死、祭”时做到“孝生、

① 戴德，戴圣．礼记[M]．南昌：江西美术出版社，2012：398.
② 孔子．论语[M]．北京：中华书局，2006：10.
③ 礼记孝经[M]．胡平生，陈美兰，译注．北京：中华书局，2007：34.
④ 戴德，戴圣．礼记[M]．南昌：江西美术出版社，2012：64.
⑤ 孔子．论语[M]．北京：中华书局，2006：166.
⑥ 孔子．论语[M]．北京：中华书局，2006：166.
⑦ 孔子．论语[M]．北京：中华书局，2006：154.

孝老、孝病、孝死、孝祭”，具体内质展现为“敬、顺、忧、哀、严”，这种内质可以说是传统“孝”的实践内核表现，也是传统“孝”的伦理精神的体现。时至今日，做好对老年人口的“精神赡养”，这些内核仍然可以吸纳进来。因此，家庭关怀实践规范可以总结为“以敬关怀生，以顺关怀老，以忧关怀病，以哀关怀死，以严关怀祭”，最终让老年人“活得开心，老得快乐，病得无忧，逝得无憾”。要注意的是，传统“孝”实践形式已经表现出局限性，需要对表现内质的“孝”实践形式做出相应的变化，这其实就是新时代家庭关怀老年人精神的实践规范的重构。

“孝生、孝老”实践形式的局限性及改变。承顺传统“孝生、孝死”内质，“关怀生、关怀老”的本质要求可以表述为“敬、顺”，就是在父母健康能自理生存时，子辈在关怀时要体现出“敬”意；在父母进入暮年行动不便时，子辈在关怀时要体现出“顺从”之意。但如何表现出“敬、顺”，以何种形式展现，传统“孝道”形成了很多表现形式，在现象学上可称为是孝表现出的“象”，这些“象”其实都体现着孝的本质。认真思考可知，“孝生、孝死”表现出的那些形式都是当时境遇的要求，而对现在来说，它们很多都已经丧失了其存在的意义和价值，因此，“关怀生、关怀老”的形式需要依据现实来做出相应的改换。

在“孝生”上，代表性的实践形式是“父母在，不远游，游必有方”①，这是《论语》里记载的对传统社会人的行为实践规范，意义是说当父母还健在的时候，子辈是不能走出家门到外边的，如果要远行，必须告诉父母去处。那么在传统社会里为什么父母健在，还不允许晚辈出远门呢？其实就只有一个目的，就是好让晚辈在父母面前尽孝心。告诉父母自己的去处，是不想让父母担心，表现出对父母的“敬”养，“父母在，不远游，游必有方”成为传统社会对父母“色养”的规范要求。当然这些都是符合传统社会要求的，因为传统中国是以农耕文化为主的，这样就限定了人们活动的范围，围绕土地进行农业生产是人们的主要活动，人们形成了以家庭为主的观念，这样在家庭中要孝养父母成为晚辈的重要义务。加之当时交通不发达，也限定了出行，所以出门要清楚告诉父母出行的方向和归来的日期等。这样的观念易被传统社会接受并付出实践。那么现代社会，“关怀生”还需要坚持这种要求形式吗？很明显，以这种形式远远不能适应现代社会要求，因为现代社会已经打破了传统社会把民众约束在土地上的情形，随着交往空间的扩大，这要求人们到很远地方去求学、工作或从商等。其实，我们应该辩证地来看待问题，“父母在，不远游，游必有方”虽然是指向“孝”的实践，但它只是传统社会对“孝生”的一种表现形式的要求，“孝生”的实质是“敬”，“敬”不只是对“特定地点”的

① 孔子．论语[M]．北京：中华书局，2006：28．

要求,而是一种情感的付出,所以面对社会环境的变化,需要在形式要求上做出变化即可。也就是说,在远距离、长时间不与健在的父母一起生活的当下,子辈要时刻怀有"敬"的心情,只要是能表达出"敬"的情感,关怀表达方式可以灵活,如利用现代通信技术,现代网络等的快捷、可视的优势,经常、定期与父母沟通交流,汇报自己的情况,解除父母的担忧,这些都应符合"精神赡养"的要求。所以,"以敬孝生"的传统实践形式"父母在,不远游,游必有方",在新时代可以转化为"父母在,避远游,游要沟通"的"关怀生"的形式要求。

在"孝老"上,古人提出"顺"老。所谓"顺",可以理解为要听从父母亲的意见,顺从父母亲的意愿,如孟子提出的"不顺乎亲,不可以为人子"①等,目的是使父母亲心情愉快,以体现出晚辈的"孝",孔子对这些进行总结,用"无违"来说"孝"。由于种种原因,出现了对"无违"理解上的偏差,以致后来出现很多对此实践形式上的极端要求,把"无违"父母意愿理解为不能有任何违背父母意愿行为,不论父母有无对错情况,当然这是等级森严封建社会条件下的使然,尤其是到宋明时期理学家提出的对"孝老"中一种极端要求的实现形式,以至于出现最极端的"父叫子亡,子不得不亡"的形式。这类孝的实质是对"孝"的误读,走向了"愚孝"。其实,我们应该看到,传统文化里也有很多当发现父母有错误要指出的论述。《礼记·内则》说:"父母有过,下气怡色,柔声以谏,谏若不入,起敬起孝,说则复谏。"②孔子也说:"事父母几谏,见志不从,又敬不违,老而不怨。"③因此,当下在对老年人"精神赡养"时,做好对年迈老年人的关怀,重点是家庭成员要关注到顺从老年人的意愿来行为,不要轻易指责父母的"不是",父母的行为即使有"不妥",子辈在指出时也要做好"度"的把控,"顺心愿、多劝导"可能是最好的"关怀老"实践的表达。

"孝病"实践形式的局限性及改变。传统"孝道"要求对父母以"忧"来"孝病",这是有原因的。我们知道早期中国传统社会医学技术不发达,能从疾病中走出来,都是很大的幸运事情,所以面对父母的疾病,要求晚辈慎重对待,积极求医问药来治疗亲人的疾病。中国传统医学又有自己的特点,中医看重家族和师徒的传承关系,讲究经验积累,在治疗疾病上以草药为主,汤剂成为常服用的药物。《礼记》中曾用"亲有疾,饮药,子先尝之。医不三世,不服其药"④来表现出"孝

① 孟子. 孟子[M]. 方勇,译. 北京:中华书局,2010:148.
② 戴德,戴圣. 礼记[M]. 南昌:江西美术出版社,2012:404.
③ 孔子. 论语[M]. 北京:中华书局,2006:28.
④ 戴德,戴圣. 礼记[M]. 南昌:江西美术出版社,2012:64.

病"。当然传统社会这样的做法是为了让子辈体现出对生病的亲人的关怀,但现在看来,也有很多不适应现代社会境况的地方,现代医疗方式已经改变了以中医治疗为唯一的传统方式,西医、中西医结合治疗方式得到普遍推广,人们已经习惯了各种方式的自由采用。以西医为例,西医治疗疾病以片剂为主,假如还坚持传统要求"亲有疾,饮药,子先尝之",怕是再也不能被接受了。还有"医不三世,不服其药"的论述,在现代社会很多西医从事者不可能是三代从医,那为了对父母表现出"孝",不让医生治疗,恐怕很难让人接受。在现代社会,随着医学模式的改换,"生物—心理—社会"医学模式被广泛认知和接受,那么对生病的父母表现出"忧",应考虑做好关怀父母"躯体疼痛减除、心理抚慰、灵魂安顿"三方面的工作,这种安排也是从符合"精神世界"的三个部分考虑的。

亲人生病时身体表现疼痛是正常的现象,做好"精神赡养"首先要求子辈担负起亲人身体去痛的任务。医护人员使用的方法通常是采用药物来完成,这样虽然可以暂时减除患者身体的疼痛,但对患者身体也会带来伤害。因为医务人员往往是机械遵守着医学实践的程序化,很少考虑通过"触摸""抚慰"等关怀方式来减轻他们身体的疼痛。研究发现,"护理人员碰触年老病患的机会,远低于他们触摸年轻的病患,而且常因为工作的需要才触摸老人,如测量体温时,较少运用在情绪上的支持"①。而子辈通过关怀举动在一定程度上可以去除亲人的身体痛苦,即在"忧"父母身体疼痛情况下,多对亲人进行肢体上的"安抚""触摸",可以减轻其疼痛,这应看作是行"孝"的体现。

李伟杰等通过对6582位老年患者的观察和实验得出,"老年患者会有'孤独无助感和失落感'两个主要心理问题,会造成老年患者心理上的'痛楚'"②。"孤独无助感"是指老年患者罹患疾病会与"死亡"很靠近,死亡本身的威胁不可怕,可怕的是老年患者会认为个己与现存世界所拥有的一切分离,一个人将孤独地面临一个未知的世界。习惯了在已知世界中生活的人们,现在要去另一个未知的世界,面对未知的东西会在心里产生巨大的恐惧。所以患病老人一般希望这时有亲人在身边陪伴,这样就可以和亲人进行沟通、交流。"失落感"一般是指老年患者对自己的一生不满意,会在心理上产生失望的感觉,如心理上不能得到抚慰,会表现出不合常理的行为方式,甚至寻求自杀等极端行为而尽早结束生命。心理学人格发展论研究也表明:老人在晚年阶段,如果对自己一生的评价是自我统整,则此

---

① 王世俊. 老年护理学[M]. 北京:人民军医出版社,2007:67.

② 李伟杰,李玉杰. 老年荣军患者出院前心理分析及护理体会[J]. 中国民康医学,2009,21(12B):3163.

老人将展现出人生智慧,对老年生活具有适应且圆融的生活态度,若是对以往懊悔,失去完整自我,则对老年生活就会有失望、愤怒与惊恐的不适应现象与行为表现。① 针对患病亲人可能存在的这些心理,子辈需要和亲人进行沟通,通过沟通排解掉这些负面心理,从而使他们的心理得到慰藉。

"精神赡养"最终极的关怀就是对亲人"意义世界"的照护。在亲人罹患疾病时,更需要对他们"精神"中的"意义世界"(西方文化称之为"灵魂"部分)进行关怀,因为只有让他们的"意义世界"充盈着"希望",才能消释疾病可能带来的对死亡的恐惧,使精神深处("灵魂")得以安顿。当然,对灵魂的认识,中国传统文化和西方是有很大差别的,一般来说,在人的构成上,是没有给灵魂留有重要地位的。虽然我们也有灵魂出窍、魂魄之说(这些相当于西方的灵魂),但没有像西方那样坚信灵魂具有可以不朽、复活甚至是构成人的本体的东西,也就是对灵魂不是太看重的。也有关于"灵魂朽与不朽"的争论,如南朝"神灭与不灭"论战。慧远在《沙门不敬王者论·形尽神不灭》中专门讨论形体与精神间的关系,他针对"神之处形,犹火之在木,其生必存,其毁必灭。形离则神散而罔寄,木朽则火寂而靡托,理之然矣"的观点进行辩述,认为精神是"精极而为灵者"②,它本身不是物,所以"物化而不灭"③。这些代表了以宗教尤其是佛教信仰人士的灵魂观,而这样的言论随之被以范缜为代表的神灭论思想淹没,范缜提出:"形者神之质,神者形之用。是则形称其质,神言其用,形之与神,不得相异也。……神之于质、犹利之于刀,形之于用,犹刀之于利,……然而舍利于刀,舍刀于利,未闻刀没而利存,岂容形亡而神在。"④这些思想无疑对中国人的灵魂观造成了至深的影响,那就是其实我们可以把"灵魂"称为"精神"中的"意义世界"部分,那么当我们面对老年亲人时,应该关注他们"精神"中的"意义世界"的安宁。在临床护理实践上可以观察到,许多生病老人对死亡的准备,通常是由减少活动开始的,继而转向内心思想世界进行往事回顾来达到自我了解,并从中发现意义,肯定自身价值,以此积极应对可能到来的死亡。因此患者子辈家属此时可以利用老人喜欢回忆这一特点,提供回忆的环境和材料,适时帮助患病老人回忆,让患者认识到自身价值,如回忆他(她)一生最大的成就,最快乐或是最得意的事情;家庭里子孙满堂,后继有人,培养儿女的艰辛和成就;甚至可以是一次愉快的旅游或帮助邻人一件小事等。总之

---

① 王世俊. 老年护理学[M]. 北京:人民军医出版社,2007:13.

② 慧远大师. 净宗初祖庐山慧远大师文钞[M]. 北京:宗教文化出版社,2016:7.

③ 慧远大师. 净宗初祖庐山慧远大师文钞[M]. 北京:宗教文化出版社,2016:8.

④ 姚思廉. 梁书:第三卷[M]. 北京:中华书局,2020:740.

通过回忆来增加老年患者的成就感和对自我价值的肯定,从而真正认识到生命的意义,坦然接受死亡。子辈这些关怀形式本身也就是现代“孝病”的要求和体现。

传统社会非常看重对待父母亲人病终是如何处理的,甚至整个孝的设置就是以“孝死”为最高要求的。“孝死”是最高的“孝”,儒家又提出了“孝死”的标准,就是以“哀”“孝死”,即面对死亡现象子辈要充分表现出“悲伤”。《论语》说:“祭思敬,丧思哀。”①子辈以“哀”的心情对待父母,表现出的是对父母的终极尊敬,做好父母的丧葬事务,让父母安心离世,这是传统“色养”父母的要求。在传统文化看来,“哀”是一种心情,那么如何表现呢？传统文化对此也有很多描述。“夫君子之居丧,食之不甘,闻乐不乐,居处不安”②“子食于有丧者之侧,未尝饱也。子于是日哭,则不歌”③。朱熹也有“父母之丧,既殡,食粥、粗衰。既葬,疏食、水饮,受以成布。期而小祥,始食菜果,练冠縓缘、要绖不除,无食稻衣锦之理”④的论述。受这些思想影响,我们现实民间置办丧事仍还有这些要求,比如,服丧要披麻戴孝、烧纸钱、送葬哭喊等。在提倡节约型社会建设的当下,仍遵循传统社会要求,认为大操大办丧葬仪式就是“孝死”,这不但是一种浪费,更是一种陋习。还有,要求子女在服丧期间,少量进食、哭而不止、夜不能寐,这对子女身体会造成伤害,也不利于丧事的办理。因此,传统“孝死”实践形式可做出变化,“绿色丧葬、适力而为”应是现代提倡的符合家庭成员关怀即逝亲人的实践形式。

传统“孝道”文化对父母亲人去世后也提出很多“孝”的要求,即“孝祭”。“祭者,所以追养继孝也”可见,“孝祭”的主旨就是借“孝祭”的形式来表达对逝去亲人养育之恩的追思,这在人伦情感上是有一定意义的,它警示子辈要对亲人有追思,对生命之源怀有敬畏,这也对子辈后代有教育作用,让子子孙孙把“孝”精神传承下去,这是“孝”“在于对生命的本源、所归、所续的追求”的本质体现。在“孝祭”上,传统文化提出了“三年之祭”等要求严格遵循的实践形式,即在父母去世之后,要为父母守孝三年的形式,方显孝意。《礼记》有“三年之丧,何也？曰:称情而立文,因而饰群,别亲疏贵贱之节,而弗可损益也。故曰:无易之道也”⑤的论述。把三年之丧看作人之必须遵守的准则,而孔子更从人伦情理上对其合理性进行了论证,“子生三年,然后免于父母之怀。夫三年之丧,天下之通丧也”⑥。这样把三

---

① 孔子. 论语[M]. 北京:中华书局,2006:178.
② 孔子. 论语[M]. 北京:中华书局,2006:166.
③ 孔子. 论语[M]. 北京:中华书局,2006:54.
④ 朱熹. 四书集注[M]. 上海:上海古籍出版社,2006:236.
⑤ 礼记全译孝经全译[M]. 吕友仁,吕咏梅,译注. 贵阳:贵州人民出版社,2009:821.
⑥ 孔子. 论语[M]. 北京:中华书局,2006:166.

年之丧作为天下人都应遵守的“孝祭”形式,并且一直被遵守着。那么在现代看来,这种形式已经远远不能适应现代社会的要求了,假如人人都在父母亲人去世时要守孝三年,就意味着放弃自己目前的工作和其他活动,这样做怕是社会就会停止发展了,所以是不利于社会发展的,也就是这种“孝祭”的形式失去了意义。因此现代家庭关怀实践形式不能够一味沿袭传统要求,可以说只要能表达出追思志意,形式上也应灵活变化,比如,现在出现的“鲜花祭”“网络祭”都是很好反映家庭成员对逝去亲人缅怀的形式。

四、老年人口“精神赡养”中家庭关怀实现的机制

以“色养”为核心的传统“孝”是一种赡养老人的动力机制。既然是一种机制,就关涉如何运作的问题,也就是“孝”在指导实践中起作用的机理问题。探求“孝”运行的机制,可以为构建老年人口“精神赡养”中家庭关怀实践机制服务。

(一)个体“孝”为后天习得而成

从文化发生学的观点来考察,“孝”是一种复杂而精致的文化设计。在中国传统社会中,为了维护家庭、家族的和谐及延续,要求子辈在行为上必须顺从长辈,必须传宗接代,必须奉养父母,必须“色养”父母不远游。那么,在社会化的进程中,使子辈养成这些观念和付出实践行为,需要在意识形态上提供一套兼含着这些要素的“行为规范”,这样便形成了所谓的“孝”。“孝”作为指导赡养老人的家庭伦理规范,可以看作是社会长期发展形成的伦理性“产物”。

在中国传统文化里,“伦理”是一个对现实存在描述性的概念,是对一种自觉的社会文化习惯和品格的描述,当然也是人们行为的参照物和标准。或者可以这样理解,“伦理”主要是指业已形成的“规则、规范”,是社会人际“应然”关系的反映,它侧重于指“客观、外在”方面规范的意味。如言说“孝”作为一种“伦理”概念,其内涵就是对人们赡养父母时必须遵守的外在“规范”的描述。而在“孝”作为对个体具有的“德性”的描述时,其指向了一种“伦理”转化为“道德”的过程描述。“道德”与“伦理”在作为“规范”意义上常被指称为“相同”的概念。其实,在“尽精微”的区分上,“道德”较突出“人”之得“道(伦理)”的结果,用黑格尔的话来说就是,“德毋宁应该说是一种伦理上的造诣”①。很明显“道德”具有一种强烈的形而上学的实践指向,多是指个体的得“道”以及怎样践行“道”的问题。因此,当我们说“孝子”“孝心”“行孝”时,多是指向个体的“孝”,是一种作为“道德”含义的“孝”。

---

① 黑格尔. 法哲学原理[M]. 范扬,张企泰,译. 北京:商务印书馆,1961:170.

“孝”作为个体的“德性”，究竟是如何成为“人”的“德性”呢？也就是说作为伦理之“孝”怎么成为“道德”之“孝”的。对于这个问题的回答需要解释“孝”是如何成为赡养老人机制的前提的。

在中国传统文化里，为了阐释“人”赡养父母时能够“行孝”，所找出的理论根由是把“孝”当作人的“天性”来看待。儒家文化可谓中国传统文化的代表，儒家文化思想就把“孝”当作人天生就具有的道德德性，是人类先天具有的天性，有人把这种现象比喻为西方莱布尼茨的“预订和谐”说。《孝经》是一部论述“孝”的儒家经典，里面就有“天地之性，人为贵，人之行莫大于孝，孝莫大于严父。……父子之道，天性也”①的论述，这段话很有些推理的意味，意思是人是世界的最高存在，而人的最高行为就是要尊敬父母，体现出的是“孝”的行为。这种“孝”的行为是父子关系的体现，而父子关系是天性人伦，“孝”也就是人性的天性。在《孝经·三才章》里更是直接把“孝”看作是天地本有的规范，“夫孝，天之经也，地之义也，民之行也”。《吕氏春秋·节丧篇》的“孝子之重其亲也，慈亲之爱其子也，痛于肌骨，性也”也把父慈子孝看作是人性本然。儒家思想集大成者朱熹对“孝”也是非常看重，专书猴面“孝”，还对《孝经》专门研究撰成《孝经刊误》，更把“孝”等同为“天理”，把“孝”的存在提升到不容置疑的境界，“能事父孝，则事天之理自然明；能事母孝，则事地之理自然察”②。“天理”就是朱熹预设的一个先验的道德本体，“理是事物之‘所以然’和行为之‘所当然’的和合体，是先验的价值原则和经验的条理秩序的统摄、融贯”③。

儒家文化把“孝”看作是人天生就具有的，其逻辑在于儒家文化把人性之善看作是天性，推导出“孝”为人的天性。儒家文化在人性上主张“性善”论，《二字经》有“人之初，性本善”的论述。孔子论说人性时主要是把“仁德”看作是“性善”的体现，“仁者，人也”，“仁”也可以说是人的“天性”。然后孔子再论说“仁”的本质是什么时，用“孝弟也者，其为仁之本与”表达，认为“孝”就是仁之本，“仁”的根本是“孝”，从而“孝”也就是人的“天性”。观察现实生活，有时我们也可以看出“孝”为“天性”所具有的合理性。如观察一个咿呀学语的孩子跟父母的相处，当孩子看到小别后的爸爸妈妈时流露在脸庞的喜悦，没人教他，他也会手舞足蹈，即使父母责罚他，他也会往父母的怀里钻，这常被理解为“天性”。还有一些人可能在小时候因故不和亲生父母在一起，长大后一旦知道自己的身世，就会不远成里去寻亲，

① 孔子孝经[M]. 西安：三秦出版社，2008：34-35.

② 黎靖德. 朱子语类[M]. 北京：中华书局，1986：1923.

③ 张立文. 朱熹评传[M]. 南京：南京大学出版社，1998：4.

这也常被看作是“天性”所促使。

其实,“孝”作为人的一种“德性”道德德目,天生论是缺乏确切证据的,难以令人信服。个人对从小养育自己的亲人自觉“尽孝”的意识,有时看似可能是天生的禀赋,但此种禀赋未必都会在所有人身上自觉体现出来,如现实中还有一些人不能对父母“尽孝”的现象,甚至有些人会做出一些违背“孝”的忤逆行为,媒体报道某个老人有多个子女,而子女中时常会出现个别子女虐待、伤害、打骂父母的现象。那么,同是作为子女的“人”,天性中的“孝”怎么没有在这些“人”身上具备呢!可见,个人以父母为对象来表达此种禀赋的“孝”未必是天生的。现代心理学研究早就表明,人的道德情感应是后天教育培养的结果,没有生而知之者,只有学而知之者,相应地人的“孝”德性也是教育习得养成的,是对“孝”的伦理认知、学习、模仿实践,最后化为德性之“孝”。心理学视角研究“孝”德的专家叶光辉、杨国枢等就指出:“个人之孝的潜能与禀赋可能是天生的,但此种潜能与禀赋将以何人为对象而加以表现,则不是天生的……个人对好好照顾自己的生身父母尽孝是逐渐学习而来的,而不是天然的或遗传的。”①而传统儒家文化之所以预设“孝”德为天性,其目的就是试图为“孝”找到本然存在的合理性,让人们对“孝”产生不可怀疑的信念,对“孝”的推行实施起到帮助作用。

(二)传统“孝”的社会心理学分析

作为个体的“孝”德为后天习得而成,是对“伦理”获得的结果,在中国传统文化中“德—得相通”理论其实也回答了这一问题。中国传统文化中“德”是通“得”的,“德”的内涵是依照“伦”分享“道”造就的内在道德自我,“德”是一种对伦理规则遵守而产生的结果,即“得”,“得”是在现实社会生活中对利益的取得,所谓“德—得相通”。承认“孝”德是后天形成的,也就承认个体“孝”德是一个“获得”过程,对“获得”过程的揭示可以窥见“孝”能够起到作用的内在机制。

现实社会中,我们常用“孝心”来描述一个个体具有的“孝”德,也就是作为“伦理”之“孝”在个体身上内化为“道德”之“孝”。“孝心”可以用来表达个体具有了“孝”的态度以及“孝”的行为,也可以说“孝”在这个个体的心里已经完成了转化过程。因此,借助对“孝心”的剖析,可以更形象直观地帮助探寻“孝”发生的内在机制。

而对“孝心”研究又与心理学有着千丝万缕的关系,所以我们可以借助现代心理学研究成果来进行。社会心理学通过把人的情感心理、精神问题放置于社会环境中进行考察,揭示行为发生与情感、意志及其外在环境因素的关系,从社会心理

① 叶光辉,杨国枢. 中国人的孝道:心理学的分析[M]. 重庆:重庆大学出版社,2009:35.

学角度理解“孝”的发生、发展可谓新视角。台湾学者叶光辉、杨国枢等人对“孝道”的社会心理学研究可以说代表着目前这个领域的水准,他们从社会心理学研究角度对“孝道”进行了定义:“孝道是一套子女以父母为主要对象的特殊社会态度与社会行为的组合,亦即孝道是孝道态度与孝道行为的组合……其心理内容可分为孝的认知层次(孝知)、感情层次(孝感)及意志层次(孝意),相互之间并非独立,而是有相当的因果关系,即孝知与孝感可能互相影响,两者又皆可能影响孝意,而孝意则可能影响孝行(孝道行为)。”①依此我们可以理解,社会心理学家把“孝道”看作是社会态度和社会行为两者的组合,即是我们所说的“孝心”。“孝”的社会态度是人内心所持有的对“孝”的理解趋向,它会影响和指导着“孝”的社会行为发生和发展。“孝”的社会态度在心理内容上可以分为“孝知、孝感、孝意”,而“孝行”是“孝”的社会态度影响下的社会行为体现,这样从心理学上来看,“孝”的“结构”(亦即孝心)可以分为“孝知、孝感、孝意、孝行”四个层面。这种分法与伦理教育规律是吻合的,或者可以推测,是受伦理教育规律启发的,我们知道在伦理教育上,教育学研究揭示,伦理的教育发展规律一般是按照“知、情、意、行”来进行的,“道德认知—道德情感—道德意志—道德行为”常被认为是伦理的教育顺序。在此,学科间互相影响可见一斑。对“孝心”中四者之间的关系,我们可以这样认识,“孝知”属于态度的初级层面,是对“孝心”的概念、内涵、表征等的认知和理解,帮助树立诸如“孝”的知识系统、信念等,所以“孝知”应看作是“孝心”结构的前提,它对“孝”的情感培养起到引动作用,两者也有相互作用的时候。“孝感”是在认知基础上培养起来的对“孝”的情感体现,包括对“孝”的认知感受、好恶、接受与否等,比如,经过“孝”的教育、“孝”的熏陶或孝的知识学习后,对父母亲人能够自然生发出一种“敬、顺”情绪感受,这就是“孝感”的培养。“孝意”可以理解为在“孝”实践过程中的行为意向或反应倾向,也就是实践“孝”的过程中,意志能否保障“孝”的行为发生、发展和持续,践行“孝”行为的过程中会有很多困难和阻碍,“孝意”起到重要的维系行为的作用,当然,“孝意”也是受“孝知”“孝感”影响的。“孝知、孝感、孝意”作为“孝”态度的组合共同对“孝行”起到决定作用,一定的行为是思想态度决定下的行为,所以没有天生的“孝”行为,“孝行”是后天习得的结果,是“孝”的社会态度影响下的社会行为。通过心理学来分析“孝心”结构,可以清晰地看到,“孝知、孝感、孝意”,是推动“孝行”得以实现的前提条件,“孝行”是“孝知、孝感、孝意”作用的结果,或者也可以这样表述,“孝知—孝感—孝意—孝行”结构的排列,展现了“孝心”发生、发展的过程,也是“孝”能够实现的

① 叶光辉,杨国枢. 中国人的孝道:心理学的分析[M]. 重庆:重庆大学出版社,2009:7.

内在机理的展现。

同理,我们可以这样理解,作为"孝"的核心——"色养",它在传统社会里能够实现,其内在机制也应遵循"孝"实现的内在机理,也即遵循培养"色养认知、色养情感、色养意志",最后体现出"色养行为"的。

(三)关怀心——现代"精神赡养"的保障机制

社会心理学把"孝心"的结构划分为"孝知—孝感—孝意—孝行",这为我们探求现代"精神赡养"的保障机制提供了启发性思路。仿照此理路,保障老年人口"精神赡养"中家庭关怀的实现,顺理可以提出通过子辈"关怀心"的培育来进行。

"关怀心"的提出,是仿效传统社会的"孝心"而来的。"孝"是传统家庭里子辈做好"色养"实践的指导思想。现代社会做好家庭"精神赡养"工作可以融通"孝"与"关怀伦理",集中两者的理论优点共同指导家庭子辈来做好对亲人的"精神赡养"。"孝心"在社会心理学学科透视下可以分为"孝知—孝感—孝意—孝行",按照此顺序来展现的即是孝能够发挥赡养功能的机理。相应地,我们提出的"关怀心"的内涵就是家庭成员(既可以指子辈,也可以指同辈、夫妻)对家庭中的老人进行"精神赡养"的动力机制,它的结构可以分为"关怀之知、关怀之情、关怀之意、关怀之行",它们之间的关系不是孤立的,"关怀之知、关怀之情、关怀之意"是"关怀心"的态度层面,态度一旦培养起来,"关怀之行"就会呈现出来。这样,我们就可以理解,指导家庭成员开展"精神赡养"的保障机制就是"关怀心"的培养过程。

家庭成员在"精神赡养"中的"关怀之知"就是在开展"精神赡养"的过程中,对"精神赡养"涉及"关怀"问题的认知。对问题的"认知"是行动的基础、前提和条件,只有在认识、了解的基础上,才可能有理解的能力,并且积极地付出实践,"对一事物的洞烛越深,对它的挚爱越炽"①。传统社会"色养"能够开展得顺畅,得益于在社会上形成了能够积极认识"色养"重要性以及积极去实践的氛围。调研显示,当下,在家庭赡养老人的过程中,民众在"精神赡养"的认知问题上,存在概念知晓度低、内容理解单一的现象,呈现观念"缺位"的状况。本课题调查发现,在"您认为赡养老年人时最重要的应是"问答中,年轻人有41.6%认为"平时生活照料"最重要,只有28.6%人选择了"给予精神慰藉",说明年轻人重视"精神赡养"的观念不强。连知晓都达不到,何谈在实践中做好照护。因此,要加大"精神赡养"认知的宣传力度,让"精神赡养"是"孝"行为核心的理念深入民心。另外,"精神赡养"是一种指向"高级"层次的赡养,在当下更是包括复杂的内容。我们

---

① 弗洛姆.爱的艺术[M].陈维钢,等译.成都:四川人民出版社,1986:1.

课题组在涉及“精神赡养”具体内容的以青年人为对象的调查中，选择“常陪伴”和“常交流沟通”的子辈人数为1052人和792人，占调查总人数的85%，186人和57人分别选择了“子女事业成功”和“子女家庭后代的延续”，占调查总人数的11.2%。这反映出当下很多子辈把“精神赡养”的内容简单理解为仅是能陪在父母身边说说话即可，没能认识到父母希望的不仅仅是陪伴聊天这些简单的事情，还有很多真正能使父母快乐的东西——如藏在心底的终极愿望等。因此，更要从宣传“精神赡养”包括关怀老年人“三个”“精神世界”入手，补齐子辈认知观念中缺失“精神赡养”的情况。

“关怀之情”属于情感方面，即在关怀父母时要有良好的情绪情感体现。人都是情感动物，《孝经》提出子辈赡养父母时要把“敬、乐、忧、哀、严”贯注到父母“生、老、病、死、祭”一生的照护过程中，关于如何“用情”到“色养”父母一生的问题给出了规范性的概括回答，这些不但是对子辈在情感付出上的提示，更是一种“孝”行为的规定，从而保障父母在老年时期可以得到全程的“色养”。在赡养父母时，子辈对亲人的照护要融入情感，“精神赡养”在其实质上就是强调关怀，这种关怀从子辈和父母关系上来看，是一种自然的亲情流露。但这种亲情流露在中国传统文化中被认为是人天生就有的良知良能，孟子有“人之所不学而能者，其良能也；所不虑而知者，其良知也。孩提之童，无不知爱其亲者；及其长也，无不知敬其兄也。亲亲，仁也；敬长，义也。无他，达之天下也”①的论述，也就是对父母的“关怀之情”是人之本然，其实，“关怀之情”是在“关怀之知”的基础上，经过长期学习和实践来养成的一种情感。“精神赡养”中“关怀之情”也需要教育和培养，这是符合科学认识的。一旦“关怀之情”培养起来，子辈就会在现实中无条件为父母付出善的行为，在精神关怀中就会尽力对父母“敬、爱”。但在现实社会中还应该认识到一个问题，现代家庭关怀的情感性内容发生了很大变化，这是由家庭结构变化而引起的。社会学家提出：传统家庭是由“父子”伦为主轴建构起的，“孝”的情感性强调的是绝对服从性，而现代家庭以夫妻关系为主轴关系，这种绝对服从性情感变化为讲究平等性下的情感体现，家庭子辈“关怀之情”培养的任务变得更加复杂，需要根据当下的实际来研究“关怀之情”的培养。

“关怀之意”意即意志，是人自觉确定目标后在行为活动中去克服遇到的困难来实现预定目标的心理过程。“关怀之意”就是关怀主体在关怀目标设定下，一种自觉控制、支配和调解自身，以及克服困难去实现目标的心理状况，因此，“关怀之意”是构成“关怀心”的内在要素。对于父母一生的全过程，子辈要尽力做好“色

---

① 孟子. 孟子[M]. 方勇，译注. 北京：中华书局，2010：264.

养”，方显为“孝”。人都是情感动物，尤其老年人，不良情绪会随着年龄增大而增多，而且老年人情绪波动频繁，也就是说人进入老年期，秉性脾气变化很大，甚至一天之内都会有多种变化，有些举动让常人很难理解。面对父母这样的情况，子辈短时间内不会表现出厌烦情绪，但要一直不发脾气、不抱怨，保持好的情绪对待父母，是很少有人可以坚持下去的，这就需要一种坚强的“意志”支持。传统“色养”文化认为要在亲人“生、老、病、死、祭”全过程赡养中给予情感贯注，否则就不符合“色养”要求，或者说没有做到“孝”。传统“二十四孝”中“亲尝汤药”，汉文帝奉养生病的母亲三年，“目不交睫，衣不解带，汤药非口亲尝弗进”①。汉文帝成为全程照护父母的典范。“精神赡养”是对父母亲人的“一生”生命的关怀照护，这是很繁重的照护行为，因此也需要一定的“意志”来完成。现代社会中，锻造子辈关怀父母“精神世界”的“意志”其实是一种对“责任”感的培养。因为心理学研究揭示，“意志”所担负的就是选择目标、克服困难、推进行动的功能，在其中能够起到作用的就是“责任”感、“义务”感。“一方面，正是在责任的昭示下，人们才从众多可以选择的目标中选出最应该关怀的对象，选出最合适该对象的关怀内容和关怀方式；另一方面，也正是在责任的激励下，人们才能在关怀伦理实施过程中克服心理冲突和外在困难，去持之以恒地实施关怀。”②但应看到，现代社会中家庭子辈所担负的“责任”感弱化了很多，面对困难、迎战“困难”的意志令人担忧，“啃老”现象就是很好的例证，这与前期“独生子女”政策的推行有关系。“独生子女”已经或者正在成长为现今时代家庭赡养的“主力”，培养他们勇担赡养的“责任”感是现今时代的课题。

关怀中“知、情、意”并不是相互分割的，只有当它们结合在一起，互相制约、互相作用，才能构成关怀态度，而“三者”的结合最终指向具体的关怀实践——“关怀之行”。“行”即行为实践，“关怀之行”是指在关怀“知、情、意”“三者”作用下，获得现实意义，表现出的关怀行为，亦即“关怀心”的现实体现。在“精神赡养”过程中，家庭子辈的“关怀之行”很明显就是在“关怀之知、关怀之情、关怀之意”影响下的行为，这种行为是面对亲人“精神世界”这个特殊事件所做出的赡养行为，所以具有一种特殊的伦理意义。前文提及，传统“色养”思想提出“全人、全程、全家”行为模式，很好地完成了对家人的精神照护，那么，依据“精神赡养”的特征和当前家庭关怀遇到的特殊情况，借鉴传统思想资源，现代家庭“关怀之行”应体现出以下特征。关怀内容指向要明确。把子辈关怀老人的重心明确厘定为“精神赡

① 忠经．孝经[M]．吴茹芝，编译．西安：三秦出版社，2008：60－61．

② 沈晓阳．关怀伦理研究[M]．北京：人民出版社，2010：91．

养”，一切都以满足老年人的“精神”快乐为指向。尤其要把子辈“精神赡养”的最高层面规划到“养志”上，引导关怀行为向更高、更积极、更合理的方向发展。关怀时空要全覆盖。关怀行为既要关注到老年人“精神赡养”内容的全面性要求，也要重视从赡养亲人某一阶段转向老年生命全过程中，实现对老年人生阶段的全覆盖。时空全覆盖，更贴合社会实际，可以很好地起到对老年人的“精神赡养”的作用。关怀力量有“合力”。积极以家庭为单位，大力激活传统“孝道”的优秀内核，指导家庭成员用情关怀老年人，使家庭关怀形成“合力”，这样家庭子辈关怀老年人的行为效果才能得以最大彰显。

第五章　老年人口“精神赡养”中他者关怀样态的构建

随着老年人与家庭子辈分离而日渐成为主流，传统家庭养老功能在弱化，靠子辈赡养老人的渠道越来越“收窄”，社会养老成为养老发展的大趋势，也将是未来养老的“主战场”。社会养老可以理解为是由社会机构组织提供养老服务，解决老年人的各种需求问题，如食宿、医疗、健康、生活照护，还包括精神慰藉。社会养老推行模式是当前讨论的热点，一般认为，“居家养老、社区养老、机构养老”是社会养老可采取的主要形式。从关怀伦理角度来审视，社会养老是社会团体或工作人员依托养老机构提供给“陌生”老年人的关怀服务，实质是提供给“他者”的关怀。应看到，在我国老年人口“精神赡养”工作的推展中，在充分发挥自我关怀和家庭关怀的基础上，还应发挥好社会养老的功能，让作为“他者”的老年人在社会养老服务中得到关怀，找到“家庭养老”的感觉，这是社会养老服务质量得以彰显的标志。

第一节　社会养老形式及其关怀实质

一、社会养老形式及其存在的问题

目前对于“社会养老”还没有一个确切的定义，一般认为它是不同于自我赡养和家庭赡养形式的一种“服务”型养老，主要是指凭借社会养老组织或机构，为老年人提供有偿或者无偿的赡养照护服务，从而弥补自我赡养、家庭赡养存在的不足。为避开烦琐的概念争论，本课题研究把凡有社会团队、组织或者机构人员等参与提供养老服务的形式均称为社会养老。依据参与主体不同，在目前实践形式探索上，社会养老可以分为“居家养老、社区养老、机构养老”三种主要形式。所谓“居家养老”，是指以家庭为核心，通过家庭或者社区组织，为居家老年人提供生活照料、健康护理、精神慰藉等各种养老服务。居家养老的特点一般是让老人居住在自己家里，在继续得到家人关照的同时，由社区机构人员为老人提供上门服务以弥补家庭照护的不足，居家养老是目前也是未来我们国家主要推行的养老形式。“社区养老”是指以社区为单元，成立专门的养老组织，通过政府扶持、社会参与、市场运作，专门向需要照护的老人提供各种养老服务。社区养老不同于居家养老，社区养老实施者是指专门成立的养老服务组织，它们可为老人提供有偿或者无偿服务。而居家养老实施者可以是社区养老服务人员，也可以是家庭子辈，他们共同为老年人提供赡养服务。居家养老含有社区提供服务的因素，但两者具有“质”的不同。严格意义上来说，居家养老所含“社会养老”成分因子是较少的，它主要还是指向家庭子辈养老功能。“机构养老”就是常说的“养老院、敬老院、护理院、老年公寓”等，在世俗话语中它常被当作是“社会养老”的代名词。机构养老是指建立专门的养老实体，为老年人提供生活照护、健康护理以及精神慰藉等综合性服务。机构养老可以是政府组织筹建，也可以由民营资本投资，但照护好老人，让老年人满意、子女亲属放心，为政府和社会分忧的服务宗旨是不同属性机构养老的共同追求。

三种形式都可以看作是社会养老服务形式，但在当下社会，三种形式的地位是不一样的。北京、上海、广州等地一直被认为走在社会养老服务的前列，它们的实践具有一定的代表性。北京很早就开始提倡“9064”养老模式。2015 年，《北京市养老服务设施专项规划》发布，首次明确了“9064”养老模式服务目标，即到 2020 年，实现全市 90% 的老年人在社会化服务协助下通过家庭照顾养老，6% 的老年人通过政府购买社区照顾服务养老，4% 的老年人入住养老服务机构集中养老，形成“以居家为基础，以社区为依托，以机构为支撑”的养老服务体系。上海根据自身的实际情况，在北京模式的基础上提出采用“9073”模式，即 90% 的老年人由家庭自我照顾，7% 享受社区养老服务，3% 享受机构养老服务。可见，无论是“9073”还是“9064”，都是强调在社会养老服务中居家养老处于核心地位，并把社区养老、机构养老看作有益的补充，只是对所占的比重认识有所不同而已。

社会养老是大势所趋，但在推行社会养老的过程中，社会养老采用“三种形式”所带来的成效与诟病是同在的。存在的问题主要反映在三个方面。一是很多社会养老服务还需要以购买的形式获得，这与社会养老的公益性是格格不入的。如在机构养老中，很多养老院由于是民营形式，老年人入住需要每月支付较高的费用，以营利为目的提供的养老服务质量很难被认同。二是社会养老服务水平不高，如在社区养老、养老机构形式中普遍存在设施简陋以及护理人员少、专业护理能力差、年龄偏大等现象，机构护理人员队伍常被形容为“5060”部队（护理人员年龄通常是五六十岁），尤其是不能跟随时代的变化，提供高端、快捷、多品种的养老服务。第三,也是最为主要的,社会养老中尤其是“社区养老、机构养老”给人“冰冷”的印象,因为它们所提供的养老服务常是缺少“温度”的照护,导致社会养老多种形式“叫好不叫座”。

二、社会养老困境的“破冰”新举措

党的十九届四中全会鲜明指出,“积极应对人口老龄化,加快建设居家社区机构相协调、医养康养相结合的养老服务体系”。① 目前最为关注的是把“智慧养老(智能养老)”“医养结合”等形式有效嵌入社会养老形式中,试图提升新时代养老服务水平。

智慧养老是利用现代信息化手段和互联网等技术,力争通过政策、服务、场所和设施等方面的支持,借助“养老”和“健康”综合服务平台,将运营商、服务商、个人、家庭连接起来,把医疗服务精准推送,推动健康养老服务智慧化升级,实现个人、家庭、社区、机构与健康养老资源的有效对接和优化配置,满足老年人的多样化需求,提高养老服务水平。智慧养老的最大特点是“智能化”优势。利用人工智能化老年系统,可以快速收集到老年人的需求信息,精准分析,快速应对,然后给予智能化服务。智慧养老不是简单地为老年人提供智能设备,而是通过智能化技术手段提高老年人的生活能力和生活质量。如为居家养老的老人提供的智能化生活辅具,这些辅具可以根据老人的身体状况、动作姿态、体温、声音甚至表情等,主动协助老年人特别是失能、半失能老人的一些自理活动;智慧养老也不是简单地为老年人提供健康数据,而是通过技术设备把健康服务和保障老年人独立生活的安全性有效地结合起来。如现在常见的一些智慧健康养老设备,智能手环、智能手机、可穿戴性智能监测仪等,它们简单便携,可以自动监测老人的各种生理体征,信息会及时反馈给家人或者健康服务中心,继而帮助老人及其家人或者照护者进行适当的健康管理。可见,智慧养老可以“精准、及时、快捷”地为居家养老、社区养老、机构养老的老年人提供多种养老服务,满足他们的要求。

“医养结合”是适应现代老龄化社会快速发展的一种新型养老服务。党的十九大报告中明确指出:“积极应对人口老龄化,构建养老、孝老、敬老政策体系和社会环境,推进‘医养结合’,加快老龄事业和产业发展。”②“医养结合”养老服务在

① 《党的十九届四中全会〈决定〉学习辅导百问》编写组.党的十九届四中全会《决定》学习辅导百问[M].北京:学习出版社,2019:21.

② 习近平.决胜全面建成小康社会 夺取新时代中国特色社会主义伟大胜利——在中国共产党第十九次全国代表大会上的报告[M].北京:人民出版社,2017:48.

新时代迎来发展机遇。我们知道，当人进入老年期，在生活上需要给予照护，家庭照护功能在弱化，养老机构承担的责任越来越凸显。常发、易发和突发疾病又是老年人的显著生理特征，身体罹患疾病需要及时治疗，众多老年人的“照护”和“治疗”两大基本问题其实一直在困扰着千家万户。而现状是承担“照护”的家庭、养老机构等与承担“治疗”的医疗机构是相互分离的，简单地说，就是家庭、养老机构不方便就医，医院里又不能养老。老年人一旦患病就不得不在家庭、养老机构和医院之间往返，既耗费精力，也增加了家庭负担。“医养结合”服务模式被大家关注，很多地方开始试水探索。“医养结合”就是指把医疗资源与养老资源有机结合，实现社会资源利用的最大化。目前，“医养结合”的发展模式，是集医疗、康复、养生、养老等于一体，打通“医”和“养”分离的“通道”，把对老年人的健康医疗服务放在首要位置，将养老机构和医院的功能相结合，把生活照料和健康照护融为一体。对于“医养结合”模式的研究，目前提出了三种基本服务形式——“以医为主、以养为主和医养并重”，具体形式是“在医院中设立养老服务、在养老机构中设立医疗服务和医院和养老机构并联”等。

不论是智慧养老，还是提出的“医养结合”，都是对传统养老模式尤其是社会养老进行“品质”提升的一种努力，它们对促进养老事业起到了一定的作用。但还应看到，由于它们自身的缺陷性，如不能很好地自我“修缮”，对改变社会养老“受冷”的状况起到的作用也将是微乎其微的。对于智慧养老来说，它毕竟是高科技技术产品在社会实践中的运用问题，技术本身给人的印象就是“冷冰冰”的，技术的“人性化”关怀应当被关注，尤其是在老年人的赡养过程中，老年人可能最需要的是“精神”上的慰藉，技术能否在运行中体现这些都是值得商榷的。还有，一些智慧社区提供的许多养老设备，如手机 App、智能移动终端、可穿戴设备等，它们可能会 24 小时对老年人进行健康监控，其中会涉及个人隐私问题，如何处理隐私与保密问题都是需要关注的。另外，老年人的消费习惯一般都是以节俭为主，使用比较昂贵的智能养老设备，对老年人来说还存在着消费价值观等问题。因此，这些问题处理不好，智慧养老的发展也很可能会出现“梗阻”现象。对于“医养结合”来说，同样也存在着诸多问题。“医养结合”是新生事物，目前在实践中却碰到了理论不完善、宣传不到位、服务重点有偏颇、资金常短缺等问题，造成“医”与“养”之间的缝隙巨大。“医养结合”关节点在“链接”，不只是把医院和养老机构在形式上的简单连接，而应是在服务内容上无缝“并联”，体现出“医养结合”在养老功能上的优势，“医”与“养”无缝结合需要着力探索。更为关键的是“医养结合”存在着服务“去情化”特征。“医养结合”中“医”是基础，“养”是核心，两者结合的目的是使老年人得到有温度、有情感的康养服务。在当下医疗实践服务中，

"技术至上"理念促使医疗的人文关怀性"褪色",医学"冷漠"照护是常态。反映在老年护理中,温情护理的缺乏,老年人的尊严、幸福需求难以实现,"去情化"服务是"医养结合"实践的显著特征,也导致"医养结合"的"品质"难以保障。

无论是社会养老的三种主要形式的实践探索,还是智慧养老、"医养结合"等新形式的"嵌入",这些举措可以说都是试图从技术层面上来解决社会养老问题。但它们均存在着一个需要解决的根本问题,那就是在这些形式中如何解决用情关怀来给社会养老"加温",使社会养老有"温度",满足老年人把社会养老中的组织机构当作"家"的需求。有"家"的感觉、"家"的体验,发展为像对"家"一样留恋,最后老年人才能从内心悦纳社会养老形式。因此,真正的"破冰"之举应看到,社会养老品质提升的关键在于能否做到对老年人的"温情"关怀这一维度,即人性化、情感化、善意化地对待这些无"亲缘关系"的养老服务对象,这样社会养老的品质才会真正提升,社会养老才能"叫好又叫座"。其实,关怀伦理恰好契合了这种要求,以关怀伦理来探求构建和完善社会养老服务体系,很容易使社会养老的多种形式富有人文关怀情愫,让老年人对社会养老机构有如"家"的无差别感受,社会养老的"品质"才能提升。

三、他者关怀:社会养老中老年人口"精神赡养"的实质

现代西方发达国家正在走的养老道路主要是社会养老,社会养老也应是我国养老事业未来应采取的主要模式,但目前社会养老在我国主要是起"依托"的作用,这是由我国养老实际决定的。我们知道,由于老龄化加剧,我国需要赡养的老人递增速度惊人。老年人大都会带病生存,在老年人群中,我国半失能、失能老人有4000万之多,提倡"自养",对这些老年人来说是不现实的。家庭赡养一直是支撑起赡养任务的主要模式,激活家庭赡养功能,发挥其作用,对老年赡养会起到重大作用。同样的困难是,传统家庭赡养功能在弱化,仅靠家庭赡养也难以承载起如此重负。报端常见谈论"中年人"生存"尴尬"的采访,如北京张先生面对访谈者谈起赡养老人时,声泪俱下说:"我实在没法了,白天黑夜伺候不说,老爷子瘫痪在床,变得十分烦躁,动不动就发脾气,我好说,可还有媳妇、孩子呢,不是说我不孝顺,您说,时间长了,难弄!"①被采访者的心声道出了家庭赡养的现实"困境"。其实,应该看到,在"自养""家庭赡养"之外,还有"社会"可扮演养老主体,社会养老应是解决问题的"第三条道路",社会养老需要走向养老的"前台"。但我国社会养老由于自身发展存在问题,如体制不健全、理论不完善、资金不充裕,还有传

① 倪红刚. 老年人沟通技巧[M]. 北京:北京师范大学出版社,2015:225.

统养老观念影响深等多方面因素影响,决定了其只能扮演“依托”的角色。实践也佐证了这一问题,如在“9064”“9073”等模式中,说明适合我国的养老形式中,90%是采用居家养老,居家养老因为有社会力量参与,本课题是把它作为社会养老范畴对待的,但应看到的是,居家养老中家庭养老含义的比重还是较大的,所以居家养老严格意义上不能称为“纯粹”的社会养老形式,而社区养老和机构养老虽然可以称为“纯粹”的社会养老形式,但它们占有10%的分量,这也说明“纯粹”的社会养老形式应是“依托”地位。因此,社会养老模式仍在探索的路上,在目前处于“依托”地位的定位是较为符合事实的。

社会养老应扮演“依托”角色,说明社会养老应作为整个养老体系中的重要组成部分被认知。那么它要“托”起养老服务中的“什么”呢?养老服务在赡养内容维度上,应始终围绕“经济供给、生活照料、精神慰藉”等几个部分进行。“经济供给”更多地由家庭子辈来承担,很明显,社会养老应担负起老年人“生活照料和精神慰藉”的责任,这是社会养老应该“托”起的“服务内容”。但社会养老在现实中是否真正“托”起自己应该“托”起的责任了呢?最直观的评判就是民众是否悦纳,事实是社会养老总是遇“冷”,说明社会养老模式没有“尽职尽责”完成自我应该担负的任务。其中的主要问题是,社会养老在“生活照料”方面已经给予了很多关注,可以说,社会养老更多关注或只是在“生活照料”上下功夫,因为“生活照料”容易实践,效果也容易显现,或者说“生活照料”是“显性”照护,做了很容易被看到、被认识。当下很多养老机构也是这样做的,如在改善机构中的设施上,有些养老院外观设施很气派、很豪华,内部日常生活设施也较齐全,但就是很难吸引人。我们课题组在访谈一些老人时,问及“您生活不能自理时,是否真心实意想去养老院”时,大都持排斥态度。常听到老年人说:“打心底里不想去。”“根本不愿意去养老院。”深追原因时,很多老人说,养老院给人的感觉就是管你吃喝,到里面人生地不熟,还受护工的约束和干涉,没有一点自我私密空间和自由空间,自己心里想要的在养老院里也给不了。一些老年人还认为,养老机构里的护理人员与自己无亲无故,不可能对自己好。加之一些不良新闻媒体报道,“某某养老院把老人捆在床上,某某养老院把老人锁在屋里,某某养老院用皮带抽打老人”等,社会养老常被“污名化”。老年人的担心不无道理,但也应看到它反映出一些社会养老组织机构中存在的“关键”问题,那就是很多养老机构一般带有营利色彩,服务质量差,这个“差”不仅仅是指“生活照料”上,更多的是指向缺少“精神赡养”这一维度。“精神赡养”是社会养老的重要内容,它应是评判社会养老品质的关键。“精神赡养”可以说是“隐性”照护,不容易被看到,也很难去做,社会养老在很多情况下主要是提供生活服务,满足其生存需求,忽略了老年人精神需求和发展需求,不能有针对性地提供精神需求方面的服务。因此,社会养老诸多形式之所以难以被接受,主要原因在于对“精神赡养”照护的忽视。

首先,“精神赡养”应成为社会养老发展中着力关注的核心问题,可以这样说,在社会养老要提升自己的品质,必须做好“精神赡养”这一核心工作。对于这个核心,首先应该认识到,社会养老中“精神赡养”的实施主体应该由谁来承担,这个主体厘定可以帮助建构起良好的社会养老体系。社会养老主体可以是人、团体或者组织,在居家养老中,有社会人员的参与,在社区养老中有社区专门的团队人员参与,机构养老、“医养结合”中有护理工作人员的参与等,这些养老服务人员都可以是社会养老的参与主体。其次应该看到这些主体和赡养对象之间的关系属性问题,它不同于家庭赡养,家庭赡养中赡养主体和赡养对象之间有血缘关系,赡养行为很容易去实践,而社会养老中赡养主体与赡养的老年人大都是“陌生人”,彼此不熟悉也不了解,这些主体相对于赡养对象来说,“关系”上一个显著的特征就是无亲缘关系。描述他们之间的亲疏“关系”不能用“我—我”表达,也不能用“我—你”表达,借用列维纳斯等现象学家的思想,可以用“他—他”表达,用“他者”可以很好地指陈此层意思,即在社会养老形式中,“精神赡养”中的对象彼此视对方为“他者”,这种关系属性应界定为“他者关系”。最后,既然把社会养老中“精神赡养”的对象关系看作“他者关系”,关怀伦理应用指导社会养老中老年人口“精神赡养”的实践,那么我们所要建构的应用体系应属于“他者关怀”伦理研究范畴。以“他者关怀”指导社会养老中“精神赡养”的实现是一个全新的课题,在研究道路上,需要梳理“他者关怀”伦理体系以及应用于指导老年人口“精神赡养”中“他者关怀”理论体系的建构等重要问题。

第二节　他者及他者关怀伦理

一、他者的出场及其伦理意蕴

“他者”(The Other)是西方哲学的重要命题。在人称指代上,我们常有“我、你、他”及其复数等称谓,“他者”一般是指相对于表达“自我”(有时也称为“我者”)概念之外称谓的总括,指自我之外的一切人和事物。在“他者”视域里,那些凡是被界定为“自我”之外的存在,不论它是以何种形式出现都可以被称为“他者”。“他者”其实也不是一个固定的概念,在“自我”之外的存在是“他者”,而从“他者”的视界出发,“自我”又成了“他者”眼中的“他者”,因此“他者”是一个相对的概念。

最早将"他者"引入哲学中来的是柏拉图,在《蒂迈欧篇》中描绘宇宙灵魂生成时,柏拉图便使用了"他者"概念,"神取来三种元素,同一、他者、存在,把他们混合起来,做成一个模式。在此过程中,他使强力将他者之抵抗性和不相黏合的本性压缩进同一"①。严格意义上来说,"他者"的被重视应是从20世纪开始的,正如德国哲学家托尼逊在其名著《他人》一书中所评价的,"他人"问题成为20世纪第一哲学的主题,从来没有像20世纪以来这样把"他人"问题研究纳入哲学的根基之中的。② 托尼逊的评价是有现实根据的,因为20世纪以来,代表着哲学发展强劲势头的现象学研究声誉鹊起,胡塞尔、萨特、海德格尔、列维纳斯等哲学巨擘都把目光投注到"他者"的关照上,列维纳斯更是"他者"问题研究的集大成者,在《生存及生存者》《从存在到存在者》《塔木德四讲》《上帝、死亡和时间》等一系列著作中,列维纳斯让"游荡"在哲学边缘的"他者"回到其应有的"中心"位置,并提供给人们一种信念,那就是要积极直面"他者","倾听'他者'的声音、肩负'对他者'的责任,展示'为他者'的主体"③。

"他者"思想是在对西方哲学传统反思和批判的基础上出现和形成的。所谓的西方哲学传统,按照列维纳斯的意思,就是"巴门尼德到海德格尔"的存在论传统,而探寻"同一性"或"总体性"是这一传统的根本性特征。西方哲学史其实是"一种普遍综合的企图,一种把所有的经验,所有合理的东西还原为一个总体,在那里,意识包含世界,没有任何东西留在它之外,于是,成了绝对的思想"④。也就是说,西方哲学在认识世界时,在世界本源的追溯上,总要找到一个"始基",把世界还原为"同一",这也就形成了西方哲学上所谓的"本体"论。从巴门尼德的"一"、赫拉克利特的"火"到柏拉图的"理念"、亚里士多德的"灵魂"、黑格尔的"绝对精神",再到海德格尔的"此在"等,这一发展脉络都清晰地显示,西方哲学传统对本体"同一性"的看重。在对本体为"一"强调的同时,造成的后果是对"差异性"的漠视,对不能"同一"之外的存在亦即"他者"的忽略。在胡塞尔、列维纳斯等现象学家看来,始于古希腊的整个西方哲学内在的都是在消融差异性而寻求同一性,这样就会表现为对存在的"他者"的压制。"从柏拉图开始,社会理想在一种关于融合的理念中被追求。他者与自我的关系在集体表象,即一个普遍理念中

---

① PLATO. Timaeus[M]//The Dialogue of Plato, Vol. III. JOWETT B. trans. Bristol: Thoemmes Press, 1997: 453-454.

② 谢秀芹. 对于他者思想发展脉络的探讨[J]. 大观周刊,2012(16):1.

③ 孙向晨. 面对他者——莱维纳斯哲学思想研究[M]. 上海:上海三联书店,2015:11.

④ 孙向晨. 面对他者——莱维纳斯哲学思想研究[M]. 上海:上海三联书店,2015:115.

被吞并，人们把主体与他者等同看待。”①列维纳斯把它描绘为是主体对“他者”行使主观暴力的过程。他认为主体在面对“他者”时会感到某种威胁，产生对他者进行收编、同化的冲动，然后会利用武力、语言、意识形态对“他者”行使霸权，对其进行控制、排挤。这一过程“摧残和镇压了客体、自然或他者。引起和激化了主客体之间……的对立、仇恨和战争”②。这样，西方哲学传统中“他者”失去话语权，“他者”被排斥到了学术的边缘。“他者”的被漠视和被压制，在认识论上会造成过度张扬主体自主性，固守“自我”，“自我”认为世界的一切都源于自我，一切为了自我并为自我所决定，造成“唯我论”“自我中心论”等理论的盛行。在社会实践中，漠视“他者”，把“他者”看作被奴役的对象，“他者”是主体自我可以任意强暴的，这些思维一旦反映在实践中，“人类中心主义”“集权主义”“霸权主义”就会盛行，和谐共生的世界就很难呈现。

“他者”出场是西方哲学对这种“自我”主体自主、自发和优先的观点诘问的反映，其目的就是要打开故步自封的“自我”，看到“他者”存在的价值意义，直面“他者”、善待“他者”、与“他者”共在，构建和融共生的世界。因此，在此意义上，“他者”理论不仅是哲学反思，更多的是指向一种关怀属性的道德哲学。这在“他者”理论研究代表人物列维纳斯那里可以得到集中体现。在列维纳斯看来，“他者”是无限的、绝对的存在，只有把“自我”与“他者”的关系看作是伦理关系，才能走出窘境、走向伦理，在至善基础上建立起第一哲学的伦理学。也正如学者江马益所说：“列维纳斯的他者思想，无论是逻辑起点还是理论目标，抑或价值立场，都指向道德。”③

提出“他者”的伦理意蕴首先在于让沉睡的“他者”觉醒。在现实社会中，“他者”一直是被压抑的、漠视的。没有看到主体之外的“他者”存在，“他者”常是不在场的。这种“自我”主体性的膨胀，带来的结果常是对异质性排斥，导致日常生活的紧张以及排异性的政治等社会状况呈现。“他者”的觉醒可以从笛卡儿算起，笛卡儿提出“我思故我在”的重要命题，将“自我”与外部世界截断为明显的两部分，拉开了主体与客体明显的“二元”对立关系的序幕，用黑格尔的话就是，“从笛卡儿起，哲学一下子转入了一个完全不同的范围，一个完全不同的观点，也就是转

① LEVINAS E. Time and the Other[M]. COHEN R A. trans. Pittsburgh: Duquesne University Press, 1987: 93.

② 埃马纽埃尔·列维纳斯. 塔木德四讲[M]. 关宝艳，译. 北京：商务印书馆，2002：121.

③ 江马益. 列维纳斯的“道德他者”思想试析[J]. 中国人民大学学报，2010，24(2)：151－156.

入主观性的领域，转入确定的东西”①。也可以说，笛卡儿之后，主体凭借理性认识和改造世界的能力被彰显，客体的被动地位也已凸显，主客体的支配与被支配关系在笛卡儿那里予以清晰化。同时，客体逐渐成为外在于主体的“他者”这一观念也被大众认知。真正将“他者”概念化的是黑格尔。在《精神现象学》中，黑格尔在论述自我意识发展时，通过对“主奴”关系的辩证论述，论证了自我意识与客体之间存在的相互冲突、相互依存的关系的问题。黑格尔认为“主奴”双方之间的行为是一场殊死的对抗，奴隶主强迫奴隶去干活，迫使他服从自己的意愿，奴隶也可能破坏工具等对抗奴隶主的压迫。但他们却都以对方为中介确证自己的存在，奴隶通过劳动改变着世界以体现自我，奴隶在满足奴隶主时，奴隶主陷入依赖奴隶来生存的境地。黑格尔的“主奴”关系比喻揭示了一个道理，如果把奴隶主当作“主体”看待的话，那么奴隶就是“客体”，就是“他者”，但这个“他者”在自我确认中又是不能忽略的，因为没有“他者”存在，主体意识就无法得以确认，人类也就无法认识自我，所以要面对“客体”，认识“他者”。但还是要看到，黑格尔虽然提出“他者”的存在，但他还是把“主体”与“他者”的关系看作是“冲突”关系，“他者”所处的地位是手段而不是目的，“他者”显现出无本质意义的存在。真正唤醒对“他者”的认知、给予“他者”恰当位置的是列维纳斯。列维纳斯对传统主客明确区分的二元论哲学、本体论哲学以及生存论哲学等进行了反思和批判，提出了超越本体论的“他者哲学”。在列维纳斯看来，要意识到“他者”的存在，“他者”并非是与“自我”迥异的另一个指称，“他者”是与所谓的主体——“自我”共同存在的，“他者”也是主体，“他者”是“自我”确认的对照，不能看作是与主体相对应的客体。“他者作为他者，不能够成为我们的客体，而是相反，他者是神秘的。”②所谓神秘即是“他者”的无限性和差异性，这些无限性和差异性是“他者”不能被压抑、驯化和暴虐的原因，同时没有被认知，所以显示“神秘性”。列维纳斯进一步认为“他者”与“自我”的关系应是伦理关系，而不应是对抗关系，即使有对抗，也应是无限对同一趋势的抵抗，在抵抗中“他者”的差异得以保存。总之，无论是笛卡儿，还是黑格尔，还是列维纳斯都强调了“他者”对于主体“自我意识”形成的重要意义，目的是把“他者”从自我的“同一性”淫威下托拔出来，确立作为无限的绝对的“他者”的地位，使被放逐的“他者”重新回到人们的视野之中。

其次，在“他者”的出场或称为“压抑者的归来”（the return of the repressed）的过程中，一切“他者”话语所要传递透露出来的基本意蕴就是，要对被各种权利中

---

① 黑格尔．哲学史讲演录：第四卷［M］．贺麟，王太庆，译．北京：商务印书馆，1997：69.

② LEVINAS E. The Levinas Reader［M］. Oxford：Basil Blackwell，1989：49.

心所边缘化的“他者”给予“伦理关照”以及负起无尽的“伦理责任”。“他者”的觉醒，是对传统“自我”中心主义的反抗和呐喊，甚至是抛弃。这种反抗是以“他者”的“非同一性”或称为“相异性”为逻辑起点的。传统主体哲学以强调“自我”为中心，以“同一性”寻求为旨趣，强调自己只对自己负责，主体自我可以对“他者”肆虐行为，“他者”成为被支配的客体对象。“他者”理论就是考虑在这样一个充满偏见和误解的世界里，探寻如何面对“他者”、客观认识“他者”、承认“他者”、从而悦纳“他者”的过程。“他者”理论认为首先要承认“相异性”的存在，只有在承认“相异性”存在的基础上，承认是差异性而不是“同一性”构成社会的本质，看到了“非同一性”事实，才能积极面对“他者”，理解差异性，表现出来的就是一种对“他者”的伦理关照，彼此为“他者”服务，达到“彼此共在”。列维纳斯对“脸”（face）概念的精彩分析可以帮助我们很好地认知这种“相异性”。列维纳斯认为人与人的相遇，最初就是通过“脸”来显示自我，这种相遇可以用“面对面”（face to face）表达，“脸”不仅仅是指可以看见种种不同表情体现的载体，表情的不同是“相异性”直观的体现，或称为“脸”的现象学，但相遇中的“脸”更多地指“他者”不可见的内心东西的体现，这种东西是不可改变和被占有的，“他人用以表现自己的方式超出了‘我之中的他人’的观念，我称之为面貌。这种方式不在于把我注视的他人显示为主题，也不在于去陈列构成形象的特殊总体。他人的面貌随时摧毁并摆脱他给我们留下的可塑的形象”①。列维纳斯所要强调的是，“脸”的内在含义是独特的，是不能为“自我”所左右和占有的，因此也就不能为“自我”所“同一”的，这样，“他者”是完全相异于“自我”的，列维纳斯有更直接的表达：“他者作为他者不仅仅是一个他我，他人是我所不是，‘他者’是这个样子，不是因为他人的性格、面相和心理，因为他人的相异性。例如，他人是弱者、穷人，是寡妇和孤儿，而我却是富人或有权人。”②“他者”理论提出“相异性”，进一步的目的是警示“自我”在与他者“面对面”时，要认识到“他者”的“相异性”对“自我”存在的意义，“他者”相异性绝对地、无限地存在，不可被消化和吸收，是“他者”的“相异性”丰富了“主体性”，对“相异性”的尊重是真正道德生活的开始。例如，列维纳斯对“伦理学”的含义界定就是“我们把这种由他人的在场而对我的自发性的质疑称之为伦理学”③，也就是说基于“相异性”，“自我”才能对“他者”认可，没有人可以替代我为

① LEVINAS E. Totality，Infinity[M]. LINGIS A. trans. Pittsburg：Duquesne University Press，1979：21.

② 孙向晨．面对他者——莱维纳斯哲学思想研究[M]．上海：上海三联书店，2015：104.

③ 孙向晨．面对他者——莱维纳斯哲学思想研究[M]．上海：上海三联书店，2015：117.

"他者"担负的责任,从而"关怀他者",回归应然的"共在"状态,最后实现列维纳斯所倡导的"爱一切人"的宏愿。

二、他者关怀伦理及其可能性

现象学"他者"理论的研究是让"他者"凸显,揭示"他者"是一个无限的、绝对的存在,在强调从"自我"走向"他者",从"同一"走向"差异"的研究中,建构起一种新的"关系"学说体系。"他者"理论把相异性的"他者"完全置身于世界的"中心"并加以关照,表达出来强烈的人学精神、责任意识及道德关怀感,"他者"成为伦理道德的本体和核心。"他者"理论发展的最大启示就是要关照"他者"的相异性,正确处理"自我"与"他者"的关系。因此,在言说关照"他者"的基础上,需要引出一个概念来表达关照"他者"或对"他者"施加合理的行为这一意蕴,"他者"伦理跃入视野,用"他者"伦理甚至可以把"他者"理论这一旨趣的所有内涵概括进来。遗憾的是,目前少有关于"他者"伦理概念使用的研究成果,更没有上升为体系化的研究。纵观"他者"理论代表人物,尤其是列维纳斯"他者"理论可见,它们强调要对"他者"的尊重,对"他者"应负有全部的"责任",这其实就是"他者"伦理要体现的,只不过现象学研究中没有用专门术语来表达而已,因此完全有理由把"他者"伦理概念引导出来。本研究在使用"他者"伦理时,所要表达的含义就是作为所谓的"主体"对待"他者"应遵循的思想原则和规范要求等,至于概念可能出现的歧义,在此无意去争辩和考究。

作为学术研究,既然认可了"他者"伦理存在的合理性,需要进一步思考,"他者"伦理的内涵具体指向什么?依据前面的分析,可以很容易地回答,是指向"关怀","他者"伦理所有的目的都是指向殷殷关怀"他者"之情。因此,"他者"关怀伦理概念可以精准概括"如何对待他者"所要完成的全部使命这一含义。本课题表达在社会养老服务人员对老年人"精神赡养"过程中,把养老服务人员对"陌生"老年人施加关怀界定为"他者"关怀即是基于这一认识维度的。当然,综合现象学"他者"理论成就来看,"他者"关怀伦理其实应包纳着更为广泛的意义,本课题把"他者"关怀伦理内涵"窄化"为表达对"他者"施加符合伦理要求行为这一含义,目的就是为本课题勾勒老年人口"精神赡养"中养老服务人员关怀"陌生"老年人的伦理理论与实践框架服务。按照习惯来讲,有人可能提出"对他者关怀伦理"比"他者关怀伦理"可能更准确达意,但要注意的是"对他者"概念的使用,很明显是从主、客两分思维出发,有"主体""客体"之分了,才能言说"对",这样又回到了现象学"他者"理论反对的老路上去了,与"他者"理论一直倡导的精神是格格不入的。关怀伦理学也一直倡导关怀行为应是在"平等互惠"的关系中进行的,用"对他者关怀"表达所反映的应是"主动—被动"关系状态,因此,"他者关怀伦理"不仅仅是简单地把"对"字去掉,这样的表达可能更贴合了关怀伦理学所讲的"关怀"行为是"平等互惠"的互动行为。简言之,本研究用"他者关怀伦理"所要表达的含义可以概括为它主要是研究"自我(养老服务人员)"与"他者(老年人)"在结成平等互惠关系基础上,"自我"关照"他者","他者"回应"自我",在互动过程中"自我"与"他者"共存发展的行为应然性。

"他者"关怀伦理是对"自我"与"他者"关怀互动行为描述性的回答,是一种描述伦理的研究,也是实践伦理的研究。既然我们要试图构建"他者"关怀伦理体系,那么在学理上,在"他者"关怀伦理研究过程中需要探究一个问题——对"他者"进行关怀的可能性,这是一个理论体系和实践体系构建的逻辑前提。著名哲学家拉斐尔曾说过:"道德哲学是关于规范和价值、关于是非善恶的观念、关于应该做什么的哲学探究。"①也就是说伦理学一般是提出行为的"应然性",是一种"规劝"学说。"应然"也可以说是一种价值论断,"应然"需要一定的"实然"做基础,没有"真的"事实做依据的价值判断都有可能走向"歧路"。虽然在伦理学上,"事实性论断"与"价值性论断"之间的鸿沟一直被认为是无法填补的,也就是常说的"休谟难题",但这一难题并没有否认"应然"的提出需要以"实然"为基础,它的意图是告诫价值判断与事实之间是有距离的,不要机械理解"应然"与"实然"的逻辑关系。因此,对"他者"关怀伦理这一"应然"问题的探求,还需要解决一个前提,"他者"关怀能否作为一个"事实性"论断成立,或者用更通俗的话语来说,就是"他者"关怀在现实中能否存在。

关怀伦理在其本质上是强调关怀"关系"的搭建,没有搭建起令人钦佩的"关系",关怀行动无法推展。关怀行为在关怀伦理学家那里一般被认为是在关系紧密的"内圈"容易实现,如关怀伦理学代表人物诺丁斯就认为关怀行动一般都是在家庭、熟人、朋友之间容易产生,她的代表性著作命名为"始于家庭:关怀与社会政策"足以说明这点,在此论著里,诺丁斯把关怀种类分为两种:自然关怀和伦理关怀。自然关怀就是道德主体无须进行伦理与逻辑的慎思,无须诉诸伦理努力就可以进行的关怀,"自然关怀通常发生在亲近的内圈中——对子女、友人等人的关怀中"。② 因为这些人由"血缘、亲缘、趣缘"等纽带可以连接起"缝隙"很小的亲近"关系",尤其是关怀发出者一般拥有的是一种女性的本然关怀情感,关怀就会自

① 拉斐尔. 道德哲学[M]. 邱仁宗,译. 沈阳:辽宁教育出版社,1998:11.

② 内尔·诺丁斯. 始于家庭:关怀与社会政策[M]. 侯晶晶,译. 北京:教育科学出版社,2006:27.

然产生，如父母亲、家长会自发地回应子女、邻人的诉求，"如其所是"地接受这些"熟人"并积极给予回应。还有另外一类情况，就是与"自我"处于一段距离甚至遥远距离的陌生人，也就是我们所指的"他者"，"自我"与"他者"需要结成"关系"而进行"关怀"，诺丁斯把此类情况进行的"关怀"称为"伦理关怀"，认为它是一种需要努力和训练方可达到的关怀行为，"伦理关怀——近似于康德道德取向的义务式的关怀"①。可见，伦理关怀主要是指发生在有距离或陌生人之间的行为，或者可以称为"他者"关怀伦理，诺丁斯伦理关怀观点说明了对陌生人应当关怀。但要继续追问的是，与有距离感的陌生人之间的"他者关怀"只是应然判断，它不像自然关怀中的"关系"的理解是建立在近距离的人们之间的，如母子、师生、朋友之间，这些"关系"建立有其内在的必然性。但现实中不是所有人都具备或可以发展为自然关怀提倡的本能的关怀情感，也不是所有人都会把被关怀回忆养成习惯而主动诉诸关怀行为，因此，关怀伦理学在对伦理关怀认识上没有回答出"陌生人"之间发生关怀的因由，即如果能发生，理由何在，也即是说对"他者"关怀的可能性没有论说，这是关怀伦理学理论上的缺憾，但不能不遗憾地说，由于没能揭示出这个前提，关怀伦理学所建构的看似精致的体系也因此窒息了理论存在的合理性。在现实中有很多实例可以说明这一含义，例如，因为地域距离或者心理距离，我们是无法接近要关心的不熟悉的人，或者我们是无从得知他们是否需要我们的关心。"不要和陌生人说话"是最好的反应，经常会发现主动提供给陌生人的关怀，会被认为是有所"企图"的。按照关怀伦理学的说法，我们是应当对他们关怀的，但这明显是不现实的和不能实现的。所以，这种悖论的根源在于伦理关怀的观点把关怀同情"陌生人"可能性推测为"当然"，缺少对"他者"关怀可能性的阐释。而关于这一点，现象学"他者"理论尤其是列维纳斯的"他者"理论的回答让人较为满意，或者说现象学"他者"理论很好地回答了"他者"关怀可能性这一关键问题，虽然和关怀伦理学相比，现象学"他者"理论提出的关怀实践体系没有关怀伦理学那么精美，但在这一点上，应该可以看到现象学"他者"理论在逻辑上是具有完整性的。

"他者"理论回答陌生人之间彼此关怀的可能性首先体现在对"自我"与"他者"的"关系"界定上。"他者"理论承认"自我"与"他者"隔阂的存在，然后在此基础上来探求两者的"关系"，这也就决定了现象学是从现实出发来考察问题，而不是像康德那样把问题设定成以"先验性"为逻辑分析起点。在对"他者"的特征

---

① 内尔·诺丁斯．始于家庭：关怀与社会政策[M]．侯晶晶，译．北京：教育科学出版社，2006：27.

分析上,"他者"理论认为"他者"的主要特征是"相异性",世界存在于绝对的不相同中,"相异性"标示了"他者"的存在,或者说只有存在着"相异性",才能有"他者"区别于"自我"而合理地存在。"相异性"的绝对存在也表明"他者"都是各个"自我","他者"标识"自我"的存在,是"自我"存在的坐标,没有"他者",也就无从谈起"自我"。从另外一个视角来看,"自我"也是"他者"眼中的"他者"。"他者"就是"自我","自我"也是"他者",这样就模糊了传统哲学中的"主体"与"客体"的分裂,"自我"与"他者"两者其实是"同体"关系。"他者"理论的这些分析说明了"他者"存在的优先性,"他者"甚至就是道德的主体,以"他者"的优先性为前提,"他者"也就是另一个"自我",这样"他者"理论解决了"自我"与"他者"之间的"关系性"问题,从而推导出陌生人之间也可以进行关怀。列维纳斯"同体"说可以清晰阐明这个问题。列维纳斯认为每个人都是与"他者"同在的并为他人而生存,每个人也都有使"他者"成为同伴的要求,成为道德的相互作用者,由此每个人都意识到自己就是"自我","他者"就是"自我",并意识到他们共同起源于上帝。列维纳斯的意思很明显,就是人们都有共同的起源,都是"同体"的,"自我"与"他者"结成"天然"联系的关系,因此,每个人都应彼此"关怀"。当然,"他者"理论之所以强调"他者"的"相异性",在理论使命上是对传统"同一性"哲学的反对,但在对分析"自我"与"他者"的关系上,却揭示了两者应彼此关怀的内在逻辑进路。

"同体"关系不同于"先验性"假定,它是在模糊"主客体"之间"关系"上提出的一种"融合",或者就像列维纳斯所说的,自我经过复杂的活动斗争,宽恕了它自己。"同体"关系可以清晰解释"自我"与"他者"彼此关怀的可能性,但说服力不够强,在不能理解"他者"特征的情况下,很容易让人产生"先验假设"之感。"他者"理论在关于陌生人彼此关怀的"必然性"问题上是通过引入"责任"观念来进行的。"他者"理论认为"他者"优先性存在,决定了一切对"他者""责任"的优先性,"自我"对"他者"负有天生的责任是"他者"理论提出的宏大倡导。"正义、社会、国家……在接近的基础上都是可以理解的……没有什么处于一个人对他人所负责任之外的。"①这就意味着"正义、公平、自由"是在每个人对所有人负责的基础上实现的,"自我"对"他者"的"责任"的逃避,也会使其无法获得"公平"的待遇,因此,对"他者"负责具有"天然性"意蕴。对"他者""负责"或者说对"他者""关怀"的优先性,在列维纳斯那里也有更为理论化的分析。列维纳斯强调以"他者"为中心构建伦理体系,并呼吁构建作为"第一哲学"的伦理学。他认为每个人

① 薛兆玲. 列维纳斯他者伦理对教师德育的启示[J]. 产业与科技论坛,2019(8):2.

彼此之间都具有"责任",理由在于,人与人相遇后,哪怕是陌生人,都会产生"同情感",这种认识类似于孟子的"四心"说。有了"同情感",就会生发"责任感","这个自我独居的世界中没有作为他人的他者,对于自我来说,他人只是另一个自我,一个他我,认识它的唯一途径是同情,也就是向自身的回归"①。列维纳斯对"脸"的论述更能看出这层含义。"脸"的象征性含义是人与人的"碰面""脸对脸",就是"相遇",包括陌生人,在面对面中,认识到即使是陌生的"他者",也可以从对方的"脸"上看到差异性,看到另一个"自我",从而也就看到了对"他者"的无限的责任,"邻人的脸为我预示了一种没有例外的责任,前于所有自由的同意,所有的期约,所有的契约"②。另外,列维纳斯认为这种"责任感"产生之前有个"感发"过程,所谓"感发",就是与他人直接面对面的当场感受,"这种对他人的意义发生于亲近中。亲近非常不同于别的任何一种关系,它必须被理解为一种为他人的回应能力"③。"感发"促使行为体现,然后接受者做出应答,彼此形成互动关系。列维纳斯使"面对面—感发—回应—责任"论说形成一个逻辑闭环,回答了陌生人之间彼此关怀的可能性以及必然性。

三、"他者"关怀伦理样态的"图景"

"他者"关怀要追求的目标就是在与"他者"相遇的过程中建构一种和融的状态,"他者"关怀伦理的实质就是与"他者"道德地相遇,搭建一种所有人相互关心的良好"关系",这也是关怀伦理学一直主张的。人一生下来直至老死,都是在"关系"网中被牢牢地网住的,"关系"是人类发展的核心特征。人就是生活在"关系"之中的,"关系"的状态决定着人的生存状态,"关系"构造着自我并反映着自我,在这种"关系"中,"我们也都是与别人相关联的'他人',我们不但受到自体组织的影响,而且还受到成为一个完整自我所必需的持续终身成为他人客体的需求的影响"④。"关系"性的存在中,人类"自我"与"他者"概念的区分其实是模糊的,关怀"他者"其实就是对自我的关怀,在给予"他者"帮助的过程中,一种令人钦佩的道德关系的构建也是社会良好状态的反映。

---

① 列维纳斯. 从存在到存在者[M]. 吴惠仪,译. 南京:江苏教育出版社,2006:104.

② LEVINAS E. Otherwise than Being or Beyond Essence[M]. LINGIS A. trans. The Hague: Martinus Nijhoff,1981:88.

③ LEVINAS E. Otherwise than Being or Beyond Essence[M]. LINGIS A. trans. The Hague: Martinus Nijhoff,1981:46.

④ 大卫·斯卡夫. 重寻客体与重建自体[M]. 张荣华,等译. 北京:中国轻工业出版社,2011:10.

"自我"与"他者"良好关系的搭建其实是困难重重的。近现代以来,现象学着力从理论上分析了"他者"关怀的可能性,但只是为"他者"关怀伦理扫除了理论前提的障碍,没有提出一套指导"关系"搭建的完善的理论体系。理论上回答了可能性,还需要进一步结合现实,探求"他者"关怀中建构这种"关系"的现实必要性。人们常说这个时代是冷漠的时代,人与人之间隔着巨大的鸿沟,可以说没有任何时代像当下这样让人感觉自我是如此孤独和无助。这与时代的"三化"特征——"功利化""网络化""商业化"有着密不可分的关系。"功利化"是当今一种普遍的社会行为取向,它可以理解为人们习惯倾向于利益计算,喜欢寻求短时间内利益的最大化,而且是近期直线目标,所以利益得失的考量就非常明显。对陌生"他者"的关怀具有不确定性,很难评价回报,行为回报如果难以达到预期的目的,就会被认为该行为"不值得","功利化"时代人们是不轻易去付出关怀的。21世纪是网络化时代,网络科技的发展改变着人们的行为交往习惯和方式,让人们更习惯于在生活工作中采用如电脑、手机、微信、微博等的交往方式,网络数字化、快捷化、多样化给生活、工作带来方便的同时,网络化却在不断拉大人们情感之间的距离,网络化时代情感关怀成了稀缺品。市场经济在全球的铺开,带来的气象是"商业化"浸润到社会脊髓,服务也被宣传为商品可以拿来进行买卖,问题是,关怀帮助别人本来应是高尚的、不计回报的行为,一旦它们也被标定上价格,纯粹是为了获取利益的"伪关怀"也就会出现。可见,"三化"使这个时代的关怀成为"奢望品",这是呼唤"他者"关怀伦理出场的现实缘由。"他者"关怀伦理就是要在"三化"时代,让关怀者意识到在与他人的相遇中,让对方真正感悟到"我在这儿,我就是你的真实依靠",彼此成为他人的支撑,这是关怀者要努力建构起来的"关系"的表征。

关怀伦理学虽然没有提供一套专门指导"他者"关怀的伦理体系,但对在实施"关怀"过程中关怀"关系"的建立上却给出了良好建议,这对我们研究构建"他者"关怀伦理理论体系有着重要的参考价值。另外,关怀伦理学一直不主张建构一套规范性的指导关怀实践的体系,因为它认为关怀行为总是在千差万别的境遇下的决定,同时,这些决定也涉及关怀行为双方的需要、情感、价值观以及对其反应,"关怀伦理学则是在经验、对经验的反省和关于经验的论说的基础上,发展一种对最基本的也是最全面的价值观的了解"①。因此,关怀伦理学声明自我只是对关怀关系构建中一系列过程的考察,正如弗吉尼亚所说:"关怀伦理学关注的问

---

① 弗吉尼亚·赫尔德. 关怀伦理学[M]. 苑莉均,译. 北京:商务印书馆,2014:6.

题在于专注、信任、对需要的反应、讲述的细微差别和培育关爱关系。”①因专注针对不同情况下“关系”的构建，关怀伦理认为自身很难像唯理论、功利论那样提供一种普遍至上的道德原则。但考察关怀伦理学在一种普适视野中关于“关系”构建过程的揭示，例如，对在一种良好关怀关系建立过程中必需的要素、要素实现的标志、手段、目的等考察，其实也就可以认为是一种涵盖了“他者”关怀在内的良好关怀关系构建过程体系的细致探求。或者通俗地说，关怀伦理学把关怀关系搭建进行了过程性描述，它构建的是“描述性”伦理体系，而不是“规范性”伦理体系，但应看到，这种体系不仅适用普遍的关怀行为，也适用于“他者”关怀行为。

关怀伦理学者几乎都会主张关怀的“关系”具有首要的价值的观点，但对“关系”构建过程的描述，可能会存在一些差异，有的可能较为粗略，有的可能较为精细，有的注重要素解释，有的注重过程分析……综合来看，关怀伦理代表人物诺丁斯以其缜密的逻辑思维和注重现实关怀实践精神，为我们清晰展示了关怀“关系”构建过程的“情景图”。诺丁斯认为自己是从近乎普遍性的描述来表达处于关怀情境中的人们，因此，是对普遍关怀行为的探求，她同时也言明自己无意去构建一种关怀终极模式，“我所讨论的属性和特征都是时间性的、模糊性的、发散性的，且在一定程度上由处于关怀关系的双方的行为所构成”②。因此，这是对关怀关系过程性的探求，而不是规范性的。诺丁斯认为为了讨论的方便，可以将关怀过程中的一方称为关怀者(用 A 表示)，另一方称为被关怀者(用 B 表示)，两者的位置在发展过程中可能会发生变化，即关怀者和被关怀者位置可能会发生“移位”，这也和“他者”理论中声称的“自我”也是“他者”的观念相符合。诺丁斯认为关怀关系搭建首先一个环节应是“相遇”，这是形成“关系”的前提条件，“相遇”成为关系搭建过程的第一个要素。相遇后，建立关系需要做的第一件事是需要彼此接受对方，诺丁斯用“我们具体地关注着对方”来表达，“关注”或者“在意”成为第二个重要因素。关注、在意只是内在的情感表达，需要把这种在意传递给对方，诺丁斯认为需要一种通道把在意明示出去，可以用“动机移置”称之，这个通道疏通和打开，诺丁斯甚至认为是关怀关系能否建立的根本特征。在“动机移置”要素之后，接续的是对方对在意的“回应”，“关怀是相互的”，对方只有对在意的意图做出反应，关系才算建立起来。“回应”成为关系建构起来的标志。“回应”在一些情况下只是表明关怀的努力起到了反应，至于关怀行为是否真正实现了要达到的目的，还

---

① 弗吉尼亚·赫尔德. 关怀伦理学[M]. 苑莉均，译. 北京：商务印书馆，2014：20.

② 内尔·诺丁斯. 始于家庭：关怀与社会政策[M]. 侯晶晶，译. 北京：教育科学出版社，2006：12.

需要一个价值上的评判,诺丁斯提出的是“共振”要素。所谓“共振”就是意识到对方做法的应然性,承认和接受对方的关怀,并让对方也能体察到自我的这种状态。为明显起见,诺丁斯用公式描绘了这一发展过程:

“(A、B)形成了关怀关系(或相遇),当且仅当

1. A 关怀 B——A 的意识特征是关注与动机移置,而且

2. A 做出与 1 相符的行为,而且

3. B 承认 A 关怀 B。”①

很明显,诺丁斯提出关怀的过程要素可以总结为“相遇、在意、动机移置、回应、共振”等。但这只是对过程的描述,没有真正揭示关怀这一高尚行为的终极价值目标。论及此,关怀伦理学家米尔顿·梅洛夫不能不提及,其在《关怀的力量》开篇就提出“关怀一个人,就其最重要的意义来说,就是帮助他人成长并且实现自我”②的观点。关怀是一个过程,是一个帮助他人成长的过程,点出了“关怀”的终极价值目标指向——“成长”,因此有理由用“相遇、在意、动机移置、回应、共振、成长”勾勒“他者”关怀伦理的“图景”。

“相遇”是关怀关系构建的前提条件。没有“相遇”,也就无所谓“关怀”。从前面分析的关怀的整个实施过程来看,关怀需要关注对方,在意对方的需求,然后传递给对方“我”可以帮助你、我愿意帮助你等信息,关怀的根本特征还在于对方要对“我”的行为有所反应,因此,所有这些过程的实现都需要一个前提,我与你碰面了,我与你产生了关联,然后才有后续行为的出场,也正如“他者”理论所说的要“面对面(face - to - face)”。这里的“相遇”不仅可指亲人、朋友、熟人之间,也包括陌生人之间。家庭中亲子关系是“天然”的相遇,由于有了相遇,自然关怀在家庭中无须努力便可进行。而陌生人之间也有相互关怀的可能性,这在前面“他者”关怀中已做了详细的分析,但这只是理论分析上的可能性,在现实中,还需要一个“相遇”条件,否则,这种关怀会流于口头或者陷溺于虚无。例如,对遥远的非洲难民,电视新闻报道他们的生存环境让人怜悯,我想对他们关怀,尤其是情感上的关怀,就需要“我”与他们“相遇”后才能进行。即使给予他们物质上的关怀,也是有前提的,那就是首先我要看到、听说、了解他们处于困境中了,这其实也是“相遇”,然后才能直接或间接把物质传送给他们,否则,我要给予的东西也就无对象指向了。关怀的这个要素内涵被布里埃尔·马赛尔描述为“可及性”,对于“可及性”

① 内尔·诺丁斯. 始于家庭:关怀与社会政策[M]. 侯晶晶,译. 北京:教育科学出版社,2006:17.

② 米尔顿·梅洛夫. 关怀的力量[M]. 陈正芬,译. 台北:经济新潮社,2011:25.

理解的表层意味是可触及、接触到，亦即他是“在场”的。“可及性”的深层含义是愿意让他人接触到自己并表现出积极开放的姿态。一个不可及的人是无法接收关怀的，即使他“在场”。正如马赛尔所言：“当我与一个不可及的人在一起时，我意识到对于这个人来说，我是不存在的；我只是与自己独处。”①所以，相遇应是“可及性”的“相遇”，才能使关怀顺利进行。

“在意”是关怀关系构建的要求。所谓“在意”就是在相遇之后要主动去关注对方，敏锐察觉对方的需求，让对方明确地感觉到，“你是了解我需要的”。茫茫人海，即使相遇了，我们也可能忽视或不会自然而然地去关怀他者，关怀会随着亲近圈向外逐渐稀薄的。对“他者”的伦理关怀需要努力去关注、在意对方。首先，在意是一种意识流动的指向。相遇者需要集中注意力，不是游离于对方之外，或者漠不关心，而是以目光聚集、语言沟通、肢体接触等为体现，引起对方回应，使注意力流动，传导给对方。一个和善的眼神，一句温暖的问候语，或是一个轻轻的抚摸，都会给对方传递信息，“我在意你”。其次，在意是以了解对方为内涵的。不了解对方是无法靠近对方的，也就无从谈起在意。了解对方的性格、能力，最主要的是当下的困境、当下的需求，这是“知其然”的了解，即处于当下境况的状态，更要了解对方处于此状况的原因，即“知其所以然”，这样才是真正了解对方，才能进入对方的内心世界。“知其所以然”探求往往要通过不同寻常的方式来进行，简单、直接的了解方式往往很难奏效，因为刚刚相遇，对方有些事可以明白地知道，而有些则是深藏着的，将理解限缩到自己能以言语表达的范围内是失之武断的。梅洛夫曾提出采用“隐约了解或间接了解”方式等，“隐约了解”就是只可意会的了解，靠自我意识的分析判断，很难以文字语言明确表达出来的，“知其所以然”的了解在相遇后往往靠“隐约了解”来获得。最后，在意是了解对方，了解对方的需求，但要以“敏感性”才能察觉到。普通人对“他者”是缺乏情感的敏感性的，“事不关己高高挂起”，关怀关系的建立需要大量的对他人的感情保持敏锐的能力。人的情感是微妙的，也是变动不居的，尤其是陌生人相遇时，“近乎纯粹的关系状态瞬间即逝；人们必须思考该做什么”②。如果不能敏锐地察觉对方，所谓的在意很容易被看作是“伪装”出来的，不能被接受，甚至产生适得其反的效果。布伯在描述“在意”时，对“敏锐性”所起的关键作用举过一个发生在他自己身上的例子：一位陌生

① 内尔·诺丁斯．始于家庭：关怀与社会政策［M］．侯晶晶，译．北京：教育科学出版社，2006：17.

② 内尔·诺丁斯．始于家庭：关怀与社会政策［M］．侯晶晶，译．北京：教育科学出版社，2006：15.

年轻人慕名去找他,表面上看年轻人是拿自己一些无关紧要的事来讨教,布伯便就事论事地答复了他。由于布伯当时心不在焉,没有察觉这位年轻人有自杀的念头,来找他并非仅仅是闲聊,而是为了求助他做出生死攸关的决定。后来,这位年轻人自杀了。也许无论如何布伯也避免不了这个结局,但是布伯始终为没能敏锐地关注此人而自责。布伯所举案例说明,关怀关系建构的要求是关怀者要有敏锐洞察"他者"的能力,"敏锐性"是"在意"不可或缺的要素。

"动机移置"是关怀关系构建的机制。所谓机制是指一个工作系统的组织或组成要素之间相互作用的过程和方式,是保障行为活动完成的内在要求。关怀关系搭建只有在意是不够的,在意是关怀者对"他者"做出的一种意识上的反应,这种反应只是单方面的,关怀者要把自我对"他者"的意图传递过去,且要引起"他者"的回应,中间需要一个能够保障这种动机意识交互传导实现的方式,或者称为保障关怀顺利实现的"通道"装置,关怀伦理学家诺丁斯把这一方式描述为"动机移置"系统。诺丁斯举出了教学中关怀的事例来说明:数学老师发现一位同学在努力求解一道方程式,看到同学处于苦思冥想之中,老师出于"关怀、同情",会在脑海里产生去帮助的动机,关键是这种动机怎么传导下去。诺丁斯认为老师直接帮助同学解出答案,不能称为"关怀",因为学生可能不是想从老师那获取现成的答案或者根本就没有想获取老师的帮助,也就是这种"通道"没有顺畅打开。老师的做法应该是在"在意"基础上"了解"同学真正的内心需求,静静站在同学身边,设想学生下一步会如何做,调整好自己的思路,让其与学生思路同步,老师的步骤根据学生的思路往下走。老师可以偶尔干预下学生,只是为了使学生的解题计划顺利进行,而不是以自己的方法替代这个同学的思路,老师的动机能量慢慢流向学生,直到学生在老师的帮助下完成解题目标。可见,动机移置是对关怀动机能量交互流动过程的描述,首先它是关怀者对"他者"的困境产生同情,产生主动去减轻其苦恼的动机,然后根据"他者"的情况,调整好自我的行为步伐,传导出自己真实的意图,关键点是要准确理解"他者"的所思所惑,与"他者"保持"同频","他者"才能真正接收关怀者的关怀意图。关怀动机移置机制实质就是打通"自我"与"他者"之间情感流动的"天然"堵点,"自我"与"他者"或者是主客体之间在哲学视野中始终存在着天然性的"距离","我在我之中,我对他者之心,充其量只是一种间接进入,一种强调内在性的哲学要面对'他者'始终是一个难题"。打通"自我"与"他者"之间的"间性",使"距离"缩短,标志是在"他者"身上看到独特的人类情感的反应。情感在关怀双方之间顺畅地流淌与互动,同时也反映出关怀关系开始搭建。

"回应"是关怀关系建立的标志。回应是什么?布伯坚持认为:"关怀是相互的。”①意思并不是说被关怀者应反过来成为关怀者，这种相互性更多的是指“他者”对关怀者做出的反应，表示关怀者的努力被接受了。诺丁斯把“他者”“回应”称为是“他者”意识的现象学表征。“他者”的这种回应是“他者”的意识特征，在意识上认识到或承认了关怀，“信任”关怀者了，可以用“我得到了关怀”来表述“他者”的意识状态，以回应形式反馈给关怀者，并且使关怀者能够捕捉到和体察到。回应是对关怀者动机意识流接受的反映，是反“移置”。不能做出积极回应的关怀，表明关系还没有建立起来，“A 的关怀被 B 接受才标志着关系的完成。只有这样我们才能说这个关系或相遇经历是关怀性的。”②诺丁斯也曾肯定地说，“对于关怀的回应应是关怀伦理的一个核心内容。”③回应在实质上是“他者”需求被供给和满足的体现，其重要价值意义在于通过“他者”的回应，关怀者才能认知和评价自己的行为及其效果，否则，没有“他者”的倾听，关怀者对谁言说？没有“他者”的回视、微笑，关怀者又怎么修正自我的行为？因此，若非如此是无从宣称关怀者行为的合理性的。吉利根也曾指出，类似于关怀等一些发展行为的道德性判断可能指向关怀者的回应能力的提高，而不能指向抽象的原则以及终极的正义原则。因此，回应称为关怀关系建立的标志。在对回应的认识上，还要关注一点，就是回应能力问题。“愿不愿意回应，能不能恰当回应”等，这些情况都会影响到关怀者对关怀行为的判断，影响着关怀行为的持续。例如，对不善言辞、内敛之人或者婴幼儿、精神病患者、痴呆老人等意识不能自主者，关怀者对他们的关怀回应要更多注意到情境、个体差异，给出客观评价，而不能套用普遍规律。可见，“他者”回应能力也是关系建立过程中要关注的重要内容。

“共振”是关怀关系构建要实现的目标，即关怀要追求的一种结果。“共振”在物理学上是指“物体之间的一种谐调关系，其中一个物体的振动引起另一物体的共振”④。对于关怀关系构建的分析来说，“共振”是指关怀行为过程中关怀双方能够形成同感，情感在双方相互连接的“通道”里流动，相互承认并接受，从而在行动上达成一致性。对于关怀者来说，就是不仅把关怀动机传递出去，还要善于捕捉“他者”的回应，对回应做出反应，检视自己的行为，调整好自己的关怀“步

① 内尔·诺丁斯．始于家庭：关怀与社会政策[M]．侯晶晶，译．北京：教育科学出版社，2006：19．

② 内尔·诺丁斯．始于家庭：关怀与社会政策[M]．侯晶晶，译．北京：教育科学出版社，2006：19．

③ 内尔·诺丁斯．始于家庭：关怀与社会政策[M]．侯晶晶，译．北京：教育科学出版社，2006：207．

④ 内尔·诺丁斯．始于家庭：关怀与社会政策[M]．侯晶晶，译．北京：教育科学出版社，2006：13．

伐”,以期与“他者”“步伐”同步。按照梅洛夫的意思,关怀者的这种能力不是习惯可以导致的,它需要关怀者敏锐地从经验中获得学习,关怀者要针对特定境况,不断检视行为可能带来的结果,根据结果决定继续保持或修正自己的行为,以便更好地帮助“他者”。不过,对于关怀共振来说,虽然情感流动可能是双向性的,也就是关怀双方的共振,但这种共振更主要的是指向被关怀的“他者”,也就是关怀者的行为是否能够引起“他者”的回应。“他者”的回应会成为关怀者接收到的信息的一部分,“回应”对于一个具体关怀环节的完成以及接下去的关怀顺利发展都是至关重要的,也正如诺丁斯所说:“被关怀者具有特殊的首要性,他或她是‘共振’的起点。”①“他者”能够引起回应,关键点还在于关怀者针对“他者”情况,调整好自己的关怀“步伐”,跟“他者”“需要”同步,满足“他者”需要,让“他者”内心从对方处获取支撑、获取希望,让“他者”感觉到“因为这个人的存在而信任这个世界……因为这个人的存在,无论虚无如何占据你的内心,也不可能是一片渺茫。因为这个人的存在,在黑暗中仍有光,在恐惧中仍有救赎,在同胞们的麻木中仍有大爱”②。关怀关系构建其实就是一个周而复始“回应”过程,在这个过程中,双方不断调整自我,实现行为的“共振”,这样真正的关怀关系才算形成。

“成长”是关怀关系搭建的终极意义。关怀一般被认为只是一种关怀者付出高尚行为的,一种属于德性范畴的行为,这种认知其实只是看到了“关怀”的表面意义。有关关怀关系构建过程的分析告诉我们,关怀是相互的,关怀共振的起点是指向“他者”的,关怀中“他者”是居于“主角”地位,忽略了“他者”重要性考察在内的关怀都是不能揭示关怀内涵的。关怀伦理学是“关系”建立的学说,尤其可以说是关注更好地与“他者”相遇的学说,关怀伦理学最终极的价值意义是指向“他者”。指向“他者”意味着要去满足“他者”的需要,从而使“他者”实现了自我。“他者”实现了自我,意味着“他者”在汲取关怀时满足了身体上或者精神上的需求,也能够回应自己对于关怀的需求,逐渐学会照顾自我,为自己生命负责,做回真正的自我。例如,一个懵懂的、不爱学习的孩子在亲人和老师关怀教育下,逐渐认识到学习的意义,努力学习而成为有用的人才;一个服刑罪犯在管教人员的关怀教育下,认识到自己的罪恶,立志重新做人等。这些都可以看作是“他者”在关怀下发生了变化,这个变化往往指向正向的发展。杜威说过,所谓发展,可理解为

① 内尔·诺丁斯. 始于家庭:关怀与社会政策[M]. 侯晶晶,译. 北京:教育科学出版社,2006:13.

② 内尔·诺丁斯. 始于家庭:关怀与社会政策[M]. 侯晶晶,译. 北京:教育科学出版社,2006:24.

“这个朝向后来结果的行动是累积的运动，就是生长的含义”①。因此，在此层面上，本课题研究把关怀的终极意义界定为使“他者”“成长”。关怀终极意义指向“成长”，在一些关怀伦理学代表人物那里都可以找到论述，如梅洛夫在《关怀的力量》一书开篇就说：“关怀一个人，就其最重要的意义来说，就是帮助他人成长并且实现自我。”②梅洛夫还把关怀的基本模式规定为“帮助他人成长”，这种模式的含义就是自我尊重“他者”是独立的、完整的个体，关怀“他者”就是让对方接受关怀，在“我”的引导下，促进“他者”实现自我。诺丁斯也赞同梅洛夫对关怀的理解，认为“他者”都是独特的，“他者”的成长是关怀关注的焦点，把关怀作为一种提升他者的“平台”，它可以使他者“智性的、情感的和精神的素质共同构成的整合力量而得以提升”③。总之，关怀关系构建不但是在“自我”通过相遇经历建构起来的，行为是相互的，自我也受到“他者”行为的影响，“自我”在关怀中更多的是要处理好与“他者”道德性的相遇，正如诺丁斯所讲的，关怀是使“他者”在道德意义上的生长，使“他者”成为他自己。

以上对在“他者”关怀伦理过程中的要素进行了一个“全景”的探究，要明晰的是，这不是对“他者”关怀伦理框架的一种规范性构建，想要的不是构建铁板一块的逻辑框架，而是试图对在解决关怀过程中各种道德困境进行描述，其旨趣是探索增加关怀存在的方式途径，从而减少关怀过程中可能带来的伤害。

四、他者关怀的“病理学”现象

勾勒“他者”关怀关系构建中基本要素的遵循，可以为建立良好关怀“关系”服务，其旨趣是让关怀行为的伦理取向更加凸显，这是对关怀可能带来“正面”效应的研究。在对“他者”进行关怀过程中，还需要进行“尽精微”研究，尤其是关怀可能导致“差强人意”的另一面研究，即考察关怀不当可能导致违背关怀者意图的情况，哪些不当关怀可能会带来对“他者”的伤害，以期更好地对“他者”关怀框架进行精细化“填充”。对于种种可能由于关怀不当带来伤害的情形，关怀伦理学家诺丁斯把其界定为“关怀病理学”研究的范畴。所谓“关怀病理学”，是借用医学术语，指把各种不当的关怀看作像引起病患原因来看待，这些不当的关怀有哪些种类，它们产生的原因，带给“他者”的伤害性以及如何减少和规避是“关怀病理

---

① 内尔·诺丁斯．始于家庭：关怀与社会政策[M]．侯晶晶，译．北京：教育科学出版社，2006：177.

② 米尔顿·梅洛夫．关怀的力量[M]．陈正芬，译．台北：经济新潮社，2011：25.

③ 内尔·诺丁斯．始于家庭：关怀与社会政策[M]．侯晶晶，译．北京：教育科学出版社，2006：216.

学”研究的主要内容。“关怀病理学”的提出是警醒人们:普遍的关怀很难判断其正当性,即使善意的关怀也不一定按照原初意图来发展,也可能会带给“他者”一些伤害。谨记关怀的努力可能引发始料未及的伤害,寻找避免和预防伤害的路径,可以促使关怀中的“善意”放大并熠熠生辉。

关怀并不是如人所期许的那样,它不总是会促进“他者”的“成长”的。在现实中,我们可以看到种种以关怀之名施加所带来的伤害或损害,这些伤害有物质上的、生理上的,更多的是精神上的,精神上的伤害又往往是“隐性”的,但却会给受伤害者带来一些心灵疾患。这些可能带给“他者”伤害性的关怀,就是病态的关怀,也就是“关怀病理”现象。病态的关怀在现实表现上有诸多种类,诺丁斯在研究中粗略把它分为两大类,“一种在局外人看来是倒错或相互伤害的关系,可能被当事者认定是关怀性的……第二种病理关怀现象涉及稳定的关系中相互性的缺乏。同样,当事的双方可能认定其关系是关怀性的,但在局外人看来,一方被无情地压榨,而另一方被宠坏了”①。诺丁斯主要是从关怀“关系”是否建立来进行分类,不能不说这具有一定的合理性,因为关怀伦理在评判关怀行为时主要看重“关系”建立问题,诺丁斯把没有建立起真实“关系”而施加关怀带来的伤害看作是一类病态的关怀,例如,种种自以为是、固执地施加给他者的关怀就会引起令人反感的效果,也可能会给“他者”带来伤害。另一种病态关怀在诺丁斯看来表现为看似建立起来“关系”,但未能体现出关怀的相互性,或称为非对称性关系,这也会对当事双方造成影响和伤害,也是“病态关怀”的表现。例如,夫妻之间,在“男尊女卑”观念强烈的社会或地方,妻子日复一日地承担起照料丈夫的绝大部分任务,丈夫心安理得地接受关怀,形成惰性,在关怀伦理学看来这是对妻子不公正的行为,也是会对丈夫带来伤害的行为。

诺丁斯对“病态关怀”的“两分法”虽然抓住了要点,但仔细考虑,这种分类是较为笼统和粗略的,现实中有些“病态关怀”现象采用诺丁斯的标准就很难归类。例如,家长给孩子报大量的补习班现象。现实社会中很多年轻父母望子成龙、望女成凤心切,给孩子填报许多补习班,让孩子像陀螺似的运转,孩子们没有课余时间,没有了周末玩耍时间,丧失了很多“天性”。对这一现象归为哪一类型都会出现困难,因为如果孩子表现出排斥情绪,虽然家长们常会说“我这可全都是为你着想啊”,但这属于被动学习,不会对孩子有益。那么很明显,这就是关怀“关系”没能真正建立,属于第一类型的“病态关怀”;而如果孩子认为家长这样做对自己发

---

① 内尔·诺丁斯. 始于家庭:关怀与社会政策[M]. 侯晶晶,译. 北京:教育科学出版社,2006:49-50.

展有益,不表示反对,孩子接受家长的意愿,表明关怀“关系”建立起来了,但长此以往却会给孩子带来伤害,只不过孩子没有意识到,按照诺丁斯的观点,这又会属于第二种类型。究其原因,是诺丁斯抓住关怀的“关系性”来分类,而忽视了关怀的“情境性”特征,也就是分析关怀行为还要看到依据不同“情境”,分析结果也是不同的。本课题依据前文对关怀具有“情感性、情境性、关系性”三要素的分析结论,综合现实社会“病态关怀”的常见现象,认为“病态关怀”可分为四种基本类型。

一是过度(或不及)式关怀。关怀是基于需要满足的一种理论。需要主要有生理、心理和精神上的区别,生理需要虽然因年龄、性别、文化而有所区别,但生理需要容易识别,如对吃穿住行的需要。关怀者识别需要程度,然后恰当地给予对方,即可实现关怀。看到饥饿的人,给他食物让他吃饱,这就是关怀。而心理和精神上的需要一般来说很难识别,在现实中满足的程度也难以测量,这就会造成过度或不及式的关怀。过度关怀就是关怀者以自己的意愿来推测他者的需要及其程度,不能考虑到对方的实际,而给予“他者”过多的所谓的“关怀”,没有限度的“关怀”会带给他者一定的伤害。过度式关怀在现代家庭教育中最为常见,不少家长在养育后代时,出于“一切都是为了孩子”的意愿,不让他们做一点点家务活、吃一点点苦、受一点点罪,过着“饭来张口、衣来伸手”的“小皇帝”“小皇后”的生活,盲目、无微不至地对他们付出所谓的“关爱”,这样会养成他们的依赖性和惰性,将来很可能使他们成为非常任性的人,甚至做出一些出格的事情。“仗着爱的名义,行着伤害的事实”,过度式关怀其实是为他们将来的人生掘下了“陷阱”,实质上是病态式的关怀。过度式关怀的反面是“不及式关怀”,很明显,就是关怀程度不够,本来应该给予的关怀而没有完成,这样也会带给“他者”伤害。在我国当下,有关“留守儿童”缺少父母照护、“空巢化”老人缺少子辈照护等问题就是“不及式关怀”现象。

二是压榨式关怀。在家庭、社区等关怀“关系”很容易建立的场域,诺丁斯还提出了一种“压榨式关怀”于病态形式。这种现象主要是指“在一些长期的关系中未能体现出关怀的相互性”,一方把另一方的关怀当作理所应当,在安逸接受过程中不断挤压对方,以致双方都会受到伤害。“压榨式关怀”在关怀伦理学的审视下,关怀关系虽然看似达到了关怀“相遇”的现象学标准,但只是关怀者一味地“在意”对方、关怀对方,对方虽然接受了,但不能积极“回应”关怀者,稳定关系建立中的“相互性”是缺乏的。关怀“相互性”讲究在道德交往中,自我要表达出对“他者”的责任,深度唤醒对方的义务感,即让“他者”的责任感体现出来,双方要有积极的回应,然后才会有关于具体行为的决策。因此,压榨式关怀中虽然当事的双方可能认定其关系是关怀型的,"但在局外人看来,一方被无情地压榨,另一方被宠坏了"①,这也是病态关怀的一种典型形式。在现实中,"压榨式关怀"俯拾即是,如诺丁斯列举的夫妻之间强调长期不对称的关怀就是对女性的压榨,这在我国农村的一些家庭中也比较常见,妻子一般被要求承担绝大部分家庭照护义务,而且是在道德名义约束下进行的。另外,我国"啃老现象"大量存在,也可以说与"压榨式关怀"有着很大关系。有些老年人甘愿为子女搭建"安乐窝",情愿被子女"压榨",一些年轻人也把从父母那里汲取所需看作是"理所应当",从而很容易在安逸中"颓废"掉。

以上两种都属于诺丁斯所说的关怀"关系"看似建立起来的类型,关怀对象常常属于内圈人或事物。还要注意,关怀还会指向外圈的某些人或事物,或者关系较为疏远的人或事,在这些对象中,如果能很好建立起关怀"关系",关怀行为也能顺利进行。但在现实中,在指向外圈时,很多关怀关系是很难建立的,主要是因为一些所谓的病态关怀现象的存在。

三是强迫式关怀。所谓强迫式关怀,很明显就是向被关怀人供给不需要的关怀,并且还强迫别人接受自己的关怀,从而使别人不能独立存在。关怀关系建立的标志是"他者"的回应,也就是"他者"需求得以满足的回应。对于"他者"的需求,前面已经做过分析,心理或者精神上的需求在种类上、程度满足上都很难识别,在给关怀者的关怀上带来困难。我们常说"己所不欲勿施于人",那么"己所欲"能否就轻易"施于人"呢?强迫式关怀就是遵循"我需要"—"我给予你"—"你也必然需要"的逻辑来思考和行动的。这里面存在着这样的问题,我"需要"或者"喜欢"的,对方必定也如此吗?其实,人的需求需要本身是很复杂的,尤其是关于在对"他者"需要的思考上,自我是很难识别和判断他者真实的"需求"的,诺丁斯曾把"他者"需求分为"明示"的和"推断"的两大类,"明示"的需要就是在较长时间内具有稳定性,能轻易被识别的需要。例如,女孩子喜欢漂亮衣服。"推断"的需要是关怀者通过对"他者"可能的需要产生于外界表现的把握,依据自我判断出的需要。因此,在对推断的需求的判断上,极易出现关怀者从自我习惯出发的判断,而加与"他者"的"强迫式关怀"。因为关怀者与"他者"始终会在文化背景、境遇环境、年龄性别、性格取向等多方面存在差异,关怀者给予的自我所欲的并不一定是"他者"真实所欲的,有时关怀者还会打着"我全是为你好,你要理解我"的旗号,无视"他者"的真实愿望,推断出"他者"需求而强迫他们接受,这样就会变成

---

① 内尔·诺丁斯. 始于家庭:关怀与社会政策[M]. 侯晶晶,译. 北京:教育科学出版社,2006:49-50.

"欺压、压迫、扭曲他们"①。"强迫式关怀"告诉我们必须对文化的差异性和权利关系保持高度敏感性,拒斥自以为是地帮助别人的冲动,谨记关怀的努力是使"他者"成长,而不是控制、摆布或者伤害"他者"。以强力方式使得做出的关怀对"他者"造成的尴尬和伤害在现实中也可以说是很常见的。如在城市化进程中,很多地方把农民土地集中起来搞开发,不管农民愿不愿意,"把农民一夜之间赶上楼",还美其名曰"为农民着想",有些人戏称之为"被服务"。

四是伪善式关怀。伪善式关怀是指假借关怀之名施加恶来为自己获利的行为。这些关怀行为是从虚假的动机出发,故意伪装出来友善,它们往往披上善的外衣,给人"笑容可掬"的面孔,真实目的被遮蔽起来,实质更多地是为了满足自我的私利,在不知不觉中把痛苦和伤害留给"他者"。前段时间有部很流行的电视剧叫《不要和陌生人说话》,说明了大众彼此间的信任感出现了重大危机。之所以会出现这种情况,就是老百姓被现实中的"伪善式关怀"伤害,惧怕这种关怀在自己身上出现。"伪善"比"无善"更可怕,因为它的行为外衣具有道德性表征,所以它带给人们的伤害往往是不容易避开的。例如,在你困难的时候,向你伸出手的朋友,不一定真想帮你,他或许只是想让你看到他想帮你的样子,以免失去你对他作为朋友的信任。如果你确信了他,他又不是真心实意去帮助你,最后会使你陷入更大的困境之中,这就是伪善式关怀。伪善式关怀一般不易被识别,但从关怀伦理学角度分析,它具有几个明显的特征,认识这些特征,可以帮助我们规避它可能带来的伤害。首先,伪善在动机上是伪装出来的善意,而不是真正的"在意"。"伪善者出自非纯粹的道德动机,向外倡导自己善的欲望"②,也就是说伪善关怀往往只是看起来是善的,而不会在意他者的需要,只是"说一说",而无"做一做",更简单的表述就是"作秀"表演而已。所以现实中对那些在你面前夸夸其谈,始终不见关怀行动的行为,我们要保持警惕。其次,伪善关怀有时可能会做出一些行动,但其出发点和目的一定是指向自我私利,"动机不会移置",因此"他者"从关怀者那里获取不了自己的需要,这样的行为很容易滑向伪善关怀。例如,丈夫精神出轨后,给自己妻子买礼物、洗衣做饭、制造浪漫等,但这些都不是爱的表达,只是为了寻求自我安慰,妻子也是很难体会到真正的"爱意"倾注的,丈夫的行为也就是伪善式关怀。最重要的一点,就是伪善式关怀很难建立起真实的关怀"关系"。Crisp

① 内尔·诺丁斯. 始于家庭:关怀与社会政策[M]. 侯晶晶,译. 北京:教育科学出版社,2006:64.

② 刘毅,孙桂芳,倪彦伟. 道德伪善的研究现状与展望[J]. 广州大学学报,2014,13(2):18-24.

和 Cowton 等人在研究“道德伪善”问题时，提出了“四因素”模型，认为道德伪善是由“矛盾(inconsistency)、虚假(pretense)、责备(blame)和自满(complacency)”四种因素所构建的。① 很明显，伪善式关怀也是道德伪善，由虚假的动机出发，没有动机移置，纯粹是为了自我私利满足，不能考虑到“他者”的需求，这样的关怀就是虚无缥缈的，“无源之水”难以持久流淌，“他者”接受不到关怀，“回应”也就无从谈起，关怀“关系”是建立不起来的。例如，如果子女对父母表现出的“热情”，完全是出于继承财产的算计，而非赡养关怀之心，那么子女的关怀就是“伪善”的。

以上对现实中过度性、强迫性、压榨性“关怀”，甚至是令人反感的伪善“关怀”进行了考察，它们的实质都是“病态性关怀”。最为主要的标志是在这些所谓的“关怀”中，“他者”几乎都是很难引起积极回应的，双方的“关系”很难建立起来，因此界定为“关怀病理”现象。对于关怀病理学类型的分析，目的不是提供标准判断，关怀伦理学反对绝对的标准判断，但也反对模糊不清和不稳定的伦理原则。判断是否符合关怀本质要求的关怀行为，回到关怀伦理的“三个要素”来考察，那就是是否有真实的情感倾注，是否考虑到具体的情境要依境而论，当然最重要的就是双方的“关系”是否真实建立起来，否则可能都不是真正的关怀行为，即使打着关怀的旗号，也很可能给“他者”带来伤害，或者称为“病态的关怀”。研究关怀病理学意义在于让人们提前判断关怀的病理现象，避开或减少病态的关怀行为，以达到真正关怀目的的要求。

第三节 老年人口“精神赡养”中他者关怀样态的构建

社会养老中，社区养老机构的工作人员、养老院的工作人员以及参与到赡养工作中的服务人员都是养老服务的“主体”，他们面对的赡养对象都是与其无直接亲缘关系的“陌生人”。因此，本课题研究把这些赡养对象界定为“他者”。那么“他者”关怀多指向对养老机构中“陌生”老年人的关怀，而“他者”关怀伦理所要表达的含义：简言之，研究“养老服务人员”如何与老年“他者”在“精神赡养”过程中搭建良好的关怀“关系”的伦理。

由上可知，老年人口“精神赡养”中“他者”关怀样态构建研究主要应回答“他者”关怀在老年人口“精神赡养”中的可能性以及“他者”关怀样态呈现的问题。

---

① CRISP R, COWTON C, et al. Hypocrisy and Moral Seriousness [J]. American Philosophical Quarterly, 1994, 31(4): 343.

对于“他者”关怀的可能性，前文已做了详细的探求，在理论意义上回答了“他者”关怀之所以可行的内在原因，这为研究养老服务人员对老年“他者”进行关怀的可能性提供了直接的理论基础。对于老年人口“精神赡养”中“他者”关怀样态的呈现，是此部分研究的重点。但要说明的是，这个样态不是构建一套铁板的、放之四海而皆准的原则理论，关怀伦理学一直反对不考虑“情境”而制定所谓的原则、规范。因此，根据“他者”关怀实现的过程，老年人口“精神赡养”中“他者”关怀的样态呈现应是反映社会人员与老年人在关怀中搭建“关系”过程的一系列关键环节的描述，而不是探求一套机械的、僵化的原则、规范。

一、他者关怀在老年人口“精神赡养”实施中的困境

对无血缘关系的“他者”进行关怀是需要努力才能实现的关怀形式。与无血缘关系的“陌生人”在这个世界上相遇，要求对陌生人施与和亲人一样的关怀，这种道德“应当性”的解释本身就很艰涩。最为关键的是，“他者”关怀要建立起真正的关怀“关系”，然后才能“推己及人”。而“他者”关怀在实践中往往忽略真实“关系”的构建，习惯过分依赖抽象的概念进行推导和判断，以空泛的不切实际的原则指导着关怀行动，“同情来自想当然的推测；关心流于形式”，这样的“他者”关怀不但无益反而可能有害。正如诺丁斯所说：“第一，我们无法接近要关心的人，我们无从得知是否他们接受了我们的关心。第二，有一个弄巧成拙的可能，我们的行为也许还会给那些我们要帮助的人带来痛苦。”①因此，“他者”关怀在应用实践中常常是“步履维艰”的。反映在老年人口“精神赡养”实施时，它们都会成为关怀适宜体现的“堵点”。

另外，老年人口“精神赡养”中“他者”关怀“步履维艰”还与当下社会境遇有着关联，或者说在现实社会境遇的影响下，使得“他者”关怀成为“稀缺品”。首先是浓厚的“商业化”气息影响。我们知道由于市场经济浪潮的冲击，现代社会是一个非常讲究“利益”获取的时代，一切都在“平等交换”的召唤下进行，哪怕是给予需要照护的人一点点关怀，都可能要求对方给予平等的“报酬”，否则就被认为是“不划算”，也就不愿意去轻易付出情感关怀。“服务、被服务”的称谓就是这种现象的表现，比如，在餐馆、商店、医院等地方，“我”给你服务了，你就要付报酬给我，否则，我就不好好对待你，让人感到这纯粹就是“交易”而无“温情”。所以，在养老机构中，尤其是一些民营性质的，收费较高，问起缘由，都会解释说，“我们可以提供优质的服务”。一旦把服务“商品化”，“关怀”就与“金钱”勾连上了，对老年

---

① 内尔·诺丁斯．学会关心[M]．于天龙，译．北京：教育科学出版社，2011：123.

人的“关怀”也就“变味”了。其次是时代科技进步的影响。“他者”关怀需要拉近彼此的“距离”,无论是空间的还是时间上的,只有“距离”“近”了,关怀才可能实现。现代科技的进步,影响到人们生活的角角落落,改变着人们的生活方式,如在交流中人们常使用手机、电话等,虽然快捷方便了,但它们不是“拉近”了人们的“距离”,而是“拉远”了“距离”,尤其是“心”的距离,使得关怀难以实现。在对老年人的关怀中,人们常说最好的方式是陪伴在老年人身边,这样做是可以与老年人“零”距离相处,而那种因种种理由不能陪伴在老人身边,利用现代科技简单地给他们打打电话的做法,往往是很难起到对老人的“精神”关怀的作用的。

“他者”关怀在老年人口“精神赡养”中的体现相比其他事件上的困难性可能更大,这除了“他者”关怀本身在理论和实践上的困难性之外,更多的由老年人口“精神赡养”自身的特殊性所致。

“精神赡养”是对老年人精神世界所需所求的满足。老年人精神世界是一个难以把握的世界,老年人精神世界的所需所求在种类上具有多样性,依据前文分析,老年人精神世界包括“情感世界、理智世界和意义世界”,在这些不同的世界里,又可分为多种不同需求种类。从宏观上来讲,全面、精细地勾画出老年人群体精神世界的需求种类本身就是个难题,“千人千面,千人千心”,每一个不同个体的精神世界又可能存在不同情况,所以养老服务人员面对“陌生”老年人的需要时,把握他们精神上的需求种类是有限的。不能全面把握到作为“他者”的老年人精神世界的所需所求,就不能很好地供给关怀。另外还应看到,老年人精神世界需求不是一成不变的,它具有极其不稳定性的特征,我们常说“老如小”,其中很大程度上是指老年人的性格、脾气、嗜好等如同孩童般具有很大的变动性,很难探寻出恒定的规律,这也会给养老服务人员关怀老年“他者”带来困难。

关怀行为的合道德性的判断在关怀伦理看来就是良好“关系”的建立,“关系”能否真正建立是关怀的“核心”。养老服务人员是否做到了关怀老年“他者”,很明显,评判标准就是看养老服务人员是否进入了老年人的精神世界里,获取了老年人的真正所需所求,然后有效供给并得到了老年人的积极“回应”,相应来说,就是关怀“关系”真正地建立起来了。但这只是理论“应然”的陈述,要看到的是,现实中,这个要建立起来的“关系”所经过的“一系列”过程是要面对“千难万险”的,也就是说“应然”变成“实然”是极其困难的。例如,关怀老年人的“精神世界”,首先要能够真正进入老年人的“精神世界”,而养老服务人员能否进入老年“他者”的“精神世界”将起到关键作用。一般来说,老年人的“精神世界”常呈现为“封闭”状态,不会轻易展露出来,即使与自己“关系”接近的“内圈人”(如老年人的亲属、朋友等)也很难进入,更何况与自己不相关的“外圈人”!所以养老服务人员要想深入老年人的“精神世界”将会极其困难,从外围去观察、询问等获取的老年人的信息是有限的,对老年人所思所欲不能真正了解,对“他者”的关怀也将难以进行。当然,这只是“关系”建立过程中的一个环节,在其他环节上,“他者”关怀还将会面对更多、更艰难的挑战。

关怀“关系”在短暂时间内可能会被建立起来,但还关涉一个“维系”问题,不能长期维系的“关系”很容易“崩塌”,关怀也就会随之结束。在养老服务人员对老年人精神关怀的过程中,同样面对着“关系”维系问题。我们知道,随着现代医疗技术水平和生活水平的提高,人的预期寿命在不断延长,我们国家目前民众寿命的平均水平已达77岁左右,寿命增加的同时也带来一个老龄人口长期照护的问题。养老服务人员在长期照护老年人的过程中,如何长期维持短暂建立起来的“关系”,成为养老服务人员在关怀老年人“精神世界”时必须考虑的事情。“关系”长期维护的艰难性可想而知,对于“熟悉人”来说长期坚持做到都是极其困难的事情,在前面家庭赡养中我们曾探讨过“色难”,“色养”之所以“难”,原因之一就是连子辈都难以做到长期对“内圈”的亲人“和颜悦色”地照料,所谓“床头百日无孝子”。那么,要求养老服务人员对无亲缘的老年人要长期保持良好的照护“关系”,可以想象是何等的困难。另外,老年人还有一个特点,他们的精神一般会体现出“脆弱性”特征,很难承受打击或不顺,容易受到伤害。在家庭赡养中,哪怕亲人一个眼神或一句不经意的话语,都可能引起老年人精神上的波动,老年人可能会产生自己是否被嫌弃、是否成为累赘等想法。所以,对养老服务人员来说,本来是一些出于对老年人好意的行为,也可能被老年人误解,使短暂建立起来的“关系”难以为继,有甚者也可能给老年人带来伤害。

养老服务人员在关怀老年人“精神世界”的过程中可能会遇到种种困难,应看到的是,研究构建“他者”关怀伦理样态,不是试图指导改变老年人的行为和思想,而是警示养老服务人员规范自我行为,激活关怀老年“他者”“精神世界”的情感因子,学会如何与“陌生”的老年人道德地相处,搭建起令人钦佩的关怀“关系”,规避可能出现的病态关怀现象,让关怀在提升老年人“精神赡养”品质中的作用得以彰显。

二、老年人口“精神赡养”中他者关怀样态构建的基本遵循

“他者”关怀在老年人口“精神赡养”中“合宜”地体现,需要有针对性地解决在实践中面临的上述“困境”,更要反映出“关怀”的伦理要求。关怀伦理学的核心要素主要体现在“积极用情、依境而为和关系搭建”等方面,它们也理应成为老年人口“精神赡养”中“他者”关怀样态构建的基本遵循。

(一)“积极用情”实践关怀

入住养老机构,老年人随着生活环境、生活方式和自我角色的变化,“精神”上会出现“迁移性”应激变化表征。多个研究结论表明:养老机构中的老年人心理健康状况明显劣于家庭养老中老年人的心理健康状况。① 养老机构中老年人“迁移性”负性心理常表现为“焦虑、抑郁、恐惧、孤独、退缩”等五大主要症状。② 如果不能很好地处理这些问题,就会对老年人在养老机构中的生活产生一定障碍,进而影响其晚年生活、身心健康及生命。

我们知道,无论是自愿还是非自愿进入养老机构,老年人都是离开了原来熟悉的生活环境和人际环境。社会角色的变化、生活习惯的改变、养老机构规范的遵守、人与人之间关系的重建等都需要老年人去学习、去适应,在陌生的环境中,没有家庭亲人的陪伴,老人们在养老机构中的失落感油然而生,这使老年人“焦虑、苦闷和孤独”等心理状态加深,渴望关怀来中和这些负面情绪情感。同样,也只有养老机构的服务人员具备了解被照护老年人的心理,掌握良好的沟通技巧,并热心地投入照护中去,才能使关怀起到“消释”老年人负性心理的作用。

而目前养老机构的精神照护服务功能却很难帮助老年人实现这些要求。李娟等对养老服务机构及其入住老人进行调查,提出了“硬件设施、经营管理、服务软件、家的氛围、区位环境”构成服务质量的“五因子”模型,③这为我们评价养老机构精神服务品质提供了参照。对照标准,我们可以看到从养老机构“硬件”条件来看,目前养老机构中的主要设施功能、经营管理理念还只是以满足老年人的生活照料为主,对满足老年人“精神生活”的活动场设置、开展娱乐活动的方法措施等“软件”服务还是很少关注的。至于把养老机构变成有“家”的感觉的场所,养老机构更是难以做到。因为“家”的温馨感不是仅仅靠简单的实物布置就能实现的,更多是靠服务人员能做到对被照护的老年人像自己亲人一样对待,把自己代入老人子女的角色中想问题、做决定,多陪伴老人,同时多与老人的子女沟通交流,才能消解老人的寂寞心情。很明显,目前养老机构中服务人员亲人般的“关怀”情感付出是缺失的,这是养老机构“有点冷”的重要原因。养老服务人员对老年“他

---

① 吕林,杨建辉,吕牧轩. 不同养老模式对老年人心理健康状况影响调查分析[J]. 中国老年学杂志,2011,31(17):3343-3344;时琳,刘丽,阎思瑾等. 居家养老与机构养老的老年人心理状态比较研究进展[J]. 全科护理,2014,12(20):1835-1836.

② 王旭. 养老机构中老年人的心理特征与护理对策分析[J]. 临床医药文献电子杂志,2019,6(94):1.

③ 李娟. 城市养老机构服务质量及其影响因素调查研究[J]. 社会工作(学术版),2011(11):85-87,66.

者”关怀成为机构养老品质提升的关键要素，因此，养老机构中推展老年人口“精神赡养”工作，需要培养养老服务人员“积极用情”于老年“他者”“精神世界”的关怀。

（二）“依境而为”实践关怀

养老机构中的老年人结构通常是复杂、多样的，有的是完整结构家庭中老人，有的是空巢老人，有的是随迁老人，还有的可能是失独老人；有的是“年轻老年人”（60—74 岁），有的是“老年人”（75—89 岁），还有的是“长寿老人”（90 岁及以上）；①有的是自理的老人，有的是介助老人（半失能老人），还有的可能是介护老人（失能失智老人）……不同的老人在养老机构中的精神状况都是不同的，甚至同一位老人在不同情况下的精神反应也会不同。例如，目前我国失独老人有 200 多万，失去唯一的子女会使老年人的平衡因子缺失而进入危机状态，为老年人带来精神健康风险。“失独老人会长期沉溺于孤独、绝望等负面情绪中无法自拔，面临着情绪危机、认知危机、社会排斥危机和社会断裂危机。”②还有随迁老人或称为“候鸟老人”是新时代应关注的特殊老年群体，这类人群主要是随着子女工作变动而跟随子女流动的老人，目前随迁老人的数量在短时期内将继续保持在 2000 万左右，③这些老年人很大一部分也要进入当地养老机构中养老，但这类人群由于特殊的背景，很难融入异地生活，“隔离、孤单、飘零”感会十分强烈。还有一些失能老人，入住养老机构后，“被抛弃感”较为强烈，其日常生活行为完全依赖他人的照护，“累赘”感、“悲观厌世”的消极情绪比其他老人表现得更为突出。……如不能察悉不同老人的真实“精神世界”，对所有老人采取统一“一套”的机械照护模式，可想而知，照护效果一定会不尽如人意。

养老机构中老年人情况的多样化给养老服务人照护实践带来难度。实践中我们也看到了这些问题，提出了一些建设性解决办法和措施，如倡导“长期照护制度”“多层级照护体系”等。老年人长期照护主要是指“向缺乏自我照护能力的个人提供一系列生理、生活和心理帮助的综合性服务，其目的是提高生活质量，使生活舒适、独立、自主、有尊严、个人满足”④。“多层级照护”是指养老机构根据老人情况，提供涵盖“生活照顾、医疗服务、康复保健、临终关怀”等多元化而非单一固定的服务，以满足不同情况的老年人的不同需求。这些措施的出发点可以说都是好的，但很多时候服务功能还是落实到“生活照料”等单一的方面，对如“精神照

① 倪红刚．老年人沟通技巧［M］．北京：北京师范大学出版社，2015：223．
② 翟绍果．健康老龄化下老年人精神保障研究［M］．北京：中国社会科学出版社，2018：182．
③ 翟绍果．健康老龄化下老年人精神保障研究［M］．北京：中国社会科学出版社，2018：194．
④ 施巍巍．发达国家老年人长期照护制度研究［M］．北京：知识产权出版社，2012：19．

护”方面的探索还很少,这造成养老机构服务品质不被“认可”。“精神照护”的缺失主要是因为养老机构中的老年人“精神”状况难以把握、分级标准难以制定、照护效果难以评价等。

老年人“精神”是否得到关怀是评价养老机构服务品质的关键因素,因此,不能因为困难而不去实践探索。要看到目前养老机构中老年人“精神”关怀难以顺利推开,实质上还在于没有遵循关怀伦理中“依境而为”的要求,抑或说养老机构中的“他者”关怀实践时没能根据不同层级的老年人甚至同一个老年人在不同情况下的反映来做出不同的关怀行为,“依境而为”的实践关怀是养老机构服务人员应遵循的基本要求。当然,遵循“依境而为”不是试图给出每种具体情境下的关怀,而是对在目前宏观境遇下的精神关怀措施、手段、过程做出总的伦理判断,对合乎情境化的精神关怀行为做出考量和辩护。

(三)“搭建关系”实践关怀

前文多处提及“他者”伦理关怀讲究的是一方与另一方在平等关系和相互交融中来进行的,“关系”是一条“通道”,没有融洽“关系”,就没有关怀。因为关怀者与“他者”之间存在着一道天然“鸿沟”,那就是“无亲缘关系”,它阻断了伦理关怀的“自由流淌”。连接“鸿沟”,通过结成“关系”使“天堑变通途”,“搭建关系”成为“他者”关怀的“核心”工作。

首先,关怀老年人“精神世界”“内部”需要搭建“关系”。“精神世界”是无法通过“实物”形状来呈现的,老年人的“精神世界”即使可以通过“情感世界、理智世界”“意义世界”三个部分来认识分析,但也只是养老服务人员通过对老年人的行为表现观察、自我感觉感受和综合理解判断的结果,总之,是对老年人“精神世界”外显的理解。难以进入老年人“精神世界”内部成为养老服务人员关怀的难点,是关怀效果不佳的直接原因。如养老机构中通常会见到一些刚入住的老人有特殊的行为举动,他们可能会随意扔东西、损坏物品,甚至做出攻击其他老人的行为,作为护理人员如果认为这是性格或者疾病原因,一味限制他们的行为,就是没有进入他们“精神世界”内部的表现,其实这只是他们不习惯新环境或者想引起他人关注。养老服务人员这时最好的做法是接近老年人,多给予一些关注,建立熟悉的“关系”,深入老年人的“精神世界”内部,了解老年人自我的真实想法,才能真正关怀好老年人。当然,这种“关系”的建立主要体现为关怀者出于道德自觉施加给对方关怀,同时要求被关怀者要有自愿、自觉接受的能力,被关怀者如经常持有“拒斥”态度、“被施舍、被怜悯”感受会对关怀过程产生较大的“腐蚀”性。

其次,“他者”关怀作为一种精细“艺术”的体现也需要搭建“关系”。养老机构中的老人会有一些特殊的“精神”状况表现,如何与他们相处是一门高深的学问。子女常常忙于自己的家庭与事业,探望老人的时间越来越少,老人们的心理会有很大的变化,认为老了之后家庭和社会不再需要自己,常常有被社会排挤的感觉,老年人一般都很难相处。这时的关怀很明显需要进入老年人的"精神世界",洞察老年人的"精神世界"的各种表征,揣测他的所思所想,采用老年人能够接受的方式来进行,这样"他者"关怀才能起到效果,"他者"关怀是一门精细的"艺术"。很明显,这种精细"艺术"的实现,其中"关系"的搭建是"核心",没有融洽的"关系",精细"艺术"化是很难体现的。对于"关系"搭建重要性的认识,现代"护理之母"华生女士提出的"超越个人的关怀"观点更能明晰这个问题,华生认为"关怀"要达成的境界:"一种对他人内在生活世界和主观意识的关注,同时也意味着自我在特定的时刻,达到精神层面上的与更广阔宇宙的深层次的连接。"①就是说"关怀"要进入"他者"的角色来考虑方式的选择,以对方为中心来进行忘我的关爱,两者呈"融合关系"的状态,才能达到"关怀"的至高境界。总之,"他者"关怀中和谐"关系"的搭建就像寻求到了"阿基米德支点",可以轻易撬起对老年人"精神世界"的关怀。

三、老年人口"精神赡养"中他者关怀样态"图景"的呈现

按照前文论述,在对关怀伦理理论的努力探究下,良好关怀"关系"构建的过程"图景"可以说已经被勾勒出来,总结为"相遇、在意、动机移置、回应、共振、成长",对于这些环节的内涵以及实现的描述可以说就是"他者"关怀样态的呈现。按照这个思路,"他者"关怀应用于老年人口"精神赡养"的伦理样态的构建也可参照于此。

老年人进入养老机构或进行居家养老等都会与养老服务人员"相遇"。因此,本研究不再对这个前提条件过多着墨,而直接进入良好"关系"构建的一些"实质性"内容的探究;作为对老年人进行精神关怀的养老服务人员,要想进入关怀"他者"的状态,按照"他者"关怀图景来看,要"在意""关注"老年人,这是"启动点",但问题是,养老服务人员为什么要"在意""陌生"的老年人,如何"在意"老年"他者",需要做出详尽解释,而关怀伦理学提出的"在意"只是环节,没有"实质性"内容。因此,本研究引出"同情"问题作为此特殊关系构建的"启动点";对于"动机移置""回应"环节,虽然可以看作是关怀关系构建的关键,但这是具有普适性的,在对老年人口"精神赡养"中,养老服务人员产生关怀情感的"动机移置"以及老年人积极"回应",这些环节的基础是什么呢?需要探求,本课题引出"包容"概念,力图把这些环节的"内涵"揭示出来;"关系"建立的最后表现在关怀伦理学看

---

① 黄行芝,刘义兰,杨春. 关怀护理学[M]. 北京:人民军医出版社,2009:5.

来应是两者达到“共振”,“共振”虽可表示两者达到同一步调,毕竟多用来描述“物理”现象,为了更好地描述两者达到的和谐状态,本课题认为“共在”概念替换“共振”更具哲学意义;“成长”是关怀的终极目的,这一适用于所有关怀行为的价值标准,在养老服务人员关怀老年人精神世界中同样适用,老年人的“成长”应是在养老服务人员的关怀下,其精神深处树立起对生命存在的信心,本课题将以“希望”重新定义老年人的“成长”,以贴合课题研究的主旨。总之,本课题在揭示“他者”关怀老年人口“精神世界”中不拘泥于“环节”的描述,更多是围绕“关系”构建过程中“环节”的“实质性”内容——“同情、包容、共在、希望”来探究,以期勾勒老年人口“精神赡养”中“他者”关怀伦理的样态。

(一)作为“他者”关怀的“启动器”——“同情”

老龄化的加剧,众多老年人在自我关怀、家庭关怀不能满足精神需要的情况下,必然转为向无亲缘关系人进行“索取”。比如,进入养老机构中由养老服务人员供给“精神”需要。老年人在养老机构中开始与养老服务人员“接触”(或称为相遇了),养老服务人员承担着包括精神关怀在内的照护任务。问题是面对无亲缘关系的老年“他者”,养老服务人员施予精神赡养(精神关怀),何以可能、启动点是什么以及如何使之延续下去等都是要回答的问题。关怀伦理学在回答关怀者与需要关怀的“他者”相遇后,要想建立“关系”,提出关怀者“在意”“他者”,只有“在意”“他者”,才能聚焦“他者”,主动去接触,主动去和“他者”建立“关系”。当然,“在意”的提出,为关怀者关怀“他者”指明了行动的方向,可以作为“启动点”来看待,但关怀者何以可能“在意”“他者”,以及怎么能够保持“在意”,关怀伦理学没有给出合理的解释。可以说,关怀伦理学提出的“在意”只能说是回答了在构建“关系”中一个环节的“形式”,是无“实质”内容的。

养老服务人员何以要去关怀无亲缘关系的老年“他者”,其实现象学“他者”理论早已给出了回答,我们可以转借来用。前面分析中提出,列维纳斯强调以“他者”为中心构建伦理体系,他认为每个人彼此之间都具有“责任”,都应具有相互照护关怀的“责任”。其理由在于,人与人相遇后,哪怕是陌生人,在意识到对方与自我的“差异性”时都会自然产生“同情感”,这种认识类似于孟子所谓的“四心”中的“恻隐之心”。有了“同情感”,就会生发“责任感”,“这个自我独居的世界中没有作为他人的他者,对于自我来说,他人只是另一个自我,一个他我,认识它的唯一途径是同情,也就是向自身的回返”①。因此,在“他者”思想主张者看来,人具有的“同情”情感是面对“他者”的不幸经历或处境时,推动人施予关怀和帮助的

① 列维纳斯. 从存在到存在者[M]. 吴惠仪,译. 南京:江苏教育出版社,2006:104.

“启动点”,同时,这也可以看作是“他者”理论对陌生人之间彼此关怀的可能性以及必然性的回答。从而我们有理由把“同情”看作是养老服务人员可以去关怀无亲缘关系老年“他者”的支撑理论,“同情”不仅可以用来回答养老服务人员何以关怀老年人,也可以解释“在意”持续的因由。

在百度词条释义中,对“同情”的解释是:“同情是指对他人的苦难、不幸会产生关怀、理解的情感反应。它是一种普遍性的关怀情感反应,无关乎对象的强弱、贫富等,甚至延伸至动植物等对象。”《现代汉语小词典》对“同情”的解释是:“对于别人的遭遇在感情上发生共鸣。”①罗肖泉认为:“从道德行为的层面而言,同情是对他人的痛苦和不幸的怜悯、体恤,以及由此引发的帮助别人摆脱痛苦的行为。”②可见,在对“同情”的诸多理解中,一些研究普遍认为“同情”具有三个基本特征,“同情”是人类具有的情感表现之一,它是人的天性,甚至也可以看作人之为“人”——那个具有道德性“存在”的基础。这种认识在中西方传统文化中也能找到支撑,如孟子就是以“同情”(恻隐之心)建构起“仁政”理论,《孟子·告子上》说“恻隐之心,人皆有之”③,把“恻隐之心”(也可以说“同情”)看作是人的本性,《孟子·公孙丑上》里提出众所周知的“孺子将入井”的论述,从中可以推出“无恻隐之心,非人也”的结论。在西方,唯意志论哲学家叔本华就认为,人类行为仅有三个基本源头——利己主义、邪恶与同情,提出“同情”是人成为道德存在的源头之一,甚至是人的唯一的道德动机体现。卢梭可以说是用“同情”取代了古代和现代自然法理论所强调的“理性”的奠基人,他在《论人类不平等的根源和基础》里说:“除了对弱者、罪人或整个人类所怀有的同情之心外,还有什么可以称为仁慈、宽大和人道呢?”④情感主义代表人物休谟更是明确把“同情”上升为是人的道德本性的第一人,“人性中任何性质在它的本身和它的结果两方面都最为引人注目的,就是我们所有的同情别人的那种倾向”⑤。因此,“广泛的同情是我们的道德感所依靠的根据”⑥。“同情”的第二个特征可以总结为:它是对他人“痛苦”经历或不幸境遇的情感反映。人为什么会对他人“同情”,从心理学层面来说,人的幸福、快乐、高兴等积极状态一般不会引起他人的“同情”,而那些处于痛苦、悲伤、不幸境遇中的人更易于引起他人的“同情”。卢梭曾提出与“同情”相关的三个原理。

---

① 现代汉语小词典[M].北京:商务印书馆,2004:664.
② 罗肖泉.析“同情伦理学”之同情观[J].广西社会科学,2002(4):3.
③ 孟子.孟子[M].方勇,译注.北京:中华书局,2010:218.
④ 卢梭.论人类不平等的根源和基础[M].李常山,译.北京:商务印书馆,1997:119.
⑤ 休谟.人性论:下册[M].关文运,译.北京:商务印书馆,1980:352.
⑥ 休谟.人性论:下册[M].关文运,译.北京:商务印书馆,1980:628.

(1)"人在心中设身处地地想到的,不是那些比我们更幸福的人,而只是那些比我们更可同情的人。"(2)"在他人的痛苦中,我所同情的只是我们认为我也难免要遭遇的那些痛苦。"(3)"我们对他人痛苦的同情程度,不决定于痛苦的数量,而决定于我们为那个遭受痛苦的人所设想的感觉。"①卢梭的意思很清楚,他试图告诉人们的是,"同情"应是一种怜悯他人、关爱他人的情感,这种情感是一种设身处地进行想象的能力或情绪能力,是在以往经验、记忆、联想的基础上产生对他人情绪的理解和共鸣,可以简单地理解为同情就是对别人的不幸或痛苦"感同身受"而产生的特殊情感。"同情"的第三个特征可以看作是同情是引发道德行为的"启动器"。同情不仅是一种情感感受,在情感伦理学家看来,它也是一种美德,而且是一种能够引起道德行为付出的有用的美德。同情一般认为是具有"感性"成分的,确实如此,看到别人痛苦,人们"感同身受",在与他人同处中形成"共通感",有关怀他人的冲动,想去帮助他人解决困难,正如卢梭所说的那样,他人的痛苦程度越大,刺激越强烈,越容易引起想去帮助他免除遭遇的倾向,也就是说"同情"是引发行为的"启动器"。但"同情"不是一味地在"感性"左右下产生的结果,它也要被"理性""关照"。在实施行动之前,它要通过"理智"判断、综合,把道德规则与情感体验结合在一起,显示出人类普遍情感与现实生活之间的联系,继而给予他人"恰当"的帮助和关怀,那种"施舍""怜悯""高高在上"表现出来的帮助和关怀,都是没有经过理性思考的结果,也都可能是背离了"同情"初衷的病态式的"同情"。

对"同情"的基本特征论述,恰好可以反映出"同情"作为养老服务人员对老年"他者"进行精神关怀中起到"启动器"作用的"合宜性"。

"同情"是人类普遍的情感,在情感伦理学家看来,它又是道德的基石。这就可以很好解释养老服务人员对无亲缘关系的老年"他者"何以要关怀。因为即使是无亲缘关系的老年"他者",与作为养老服务人员的"自我"都是同类,人类作为"关系"性存在,彼此都有关联性,只不过关系"亲远"程度不同而已。另外,作为"类"的存在,养老服务人员与老年人在心理结构上也会存在很大的相似性,"自然在一切人之间保持了一种很大的类似关系;……在心灵的结构方面是这种情况,在身体的结构方面也是这种情况。……这种类似关系,对于我们体会别人的情绪而欣然立即加以接受,一定大有帮助"②。正所谓"人同此心,心同此理",养老服务人员对老年人的不幸遭遇都会产生一种去帮助的冲动,这就是"同情",是人的本性。因此,用"同情"概念来解释养老服务人员要关怀老年"他者"的"应然性",

① 卢梭. 爱弥儿:下卷[M]. 李平沤,译. 北京:商务印书馆,1996:306-309.

② 休谟. 人性论:下册[M]. 关文运,译. 北京:商务印书馆,1980:354.

在理论上比简单用“在意”概念要好得多,因为“在意”是一种道德命令较强的概念,它远没有以“人性”本然的“同情”解释这种“应然性”更具说服力。

在现实中,“同情”之所以会发生,是因为人们对“他者”的不幸经历或处境会在内心深处产生共鸣,“感同身受”,是一种在精神深处的认同感。作为照护老年人的养老服务人员,虽然在亲缘关系上不能像老年人的亲人那样亲近,但他们在与老年人接触过程中,会直观感知和观察到步入老年后,人的身体、心理和精神上都会发生重大变化,尤其是失能或半失能老人,行动不便,生活不能自理,没有他人的照料,无法想象他们如何生存。更为重要的是老年人心理和精神上的变化往往不容易察觉,身体老化和疾病折磨下的老年人常常处于孤独、空虚、颓丧等状态,整天“无精打采”,快乐荡然无存。当养老服务人员接触到这些状态,用“义务感”去教导或用一般的社会道德规范去要求养老服务人员关怀老人时,可能都很难起到作用,因此只能激发出人类本有的天性,让养老服务人员认识到“这种状态”就是自己未来生活的写照,在对老年状态“痛苦”的感知中,养老服务人员不仅会联想到自己可能面临的“痛苦”,而且也会理解作为“类”的每一分子所面临的“生、老、病、死”的共同命运,体会到生命的短暂、脆弱和无常,由此,激活的是养老服务人员内心的“同情”,从而使养老服务人员积极给予老年人精神世界需求上的满足,提升关怀老年人精神的品质。正如瓦尔纳所说:“正是通过同情的机制以及我们切身的脆弱性的相关意识,我们被软化,体验到了不幸者的困苦。”①

“同情”是旁观者反应性的情感表现,也就是说“同情”的发生,是由于主体对“他者”痛苦的充分体悟,从而迫使自我“屈服”于这种感受,并以此为动力,转向对他人施与帮助的行为。“同情”是引发道德行为的“启动器”。因此,“同情”作为养老服务人员关怀老年“他者”的精神世界的“启动器”,表现出来的就是“同情”具有的“能动性”,而不仅仅是情感体验。这种“能动性”主要是指“同情”具有激发养老服务人员发现或重新发现自我与老年人之间某种休戚相关的“关系”,就是前文所说的“自我”应视老年“他者”为“一体”的关系,并竭力做好帮助老年人去除精神痛苦的准备,积极落实到对老年人“情感世界、理智世界和意义世界”进行关怀的行动中去。另外,还要特别关注的是,老年人一般对外在的帮助行动特别“敏感”,即使一些“善意”的行为也可能被老年人“误解”,出现所谓的“病态关怀”现象,从而使“关怀”难以为继,这就需要养老服务人员在关怀老年人精神世界时,对老年人精神世界“脱敏”,尤其在“同情”作为“启动器”启动关怀之时起,要

① WARNER J M. Rousseau and the Problem of Human Relations[M]. University Park,PA:Penn State University Press,2015:71.

善于发现老年人的"敏感点"，研判好老年人的精神需求，在"同情"的牵引下，启动并延续帮助老年人摆脱痛苦的行为实践。

(二)维系"他者"关怀存续的"内因"——"包容"

"同情"引发养老服务人员积极关怀老年"他者"的行动，关怀"关系"建立之后的环节应是养老服务人员关怀动机的移置以及老年"他者"的接受与积极回应，养老服务人员的"动机移置"与老年人"回应"能否顺利完成，就像水流一样，要想使关怀持续下去，需要探寻保持这些"环节"顺畅的内在因素成分。我们知道，对于养老服务人员来说，无亲缘关系的老年人自我的精神世界、行为习惯、价值信仰观等均与其存在着"鸿沟"，有的可能是无法跨越的，这也就是我们常说的"代沟"。养老服务人员出于"同情"去关怀老年人，因为"代沟"的存在，在实际行为中，会碰到老年"他者"多种不同的想法和观点，老年"他者"经常会做出与养老服务人员所预料不到或者想法相背甚至难以理解和忍受的行为，导致养老服务人员不愿意去关怀或者敷衍了事，也可以说"动机移置"难以为继；另一方面来看，老年人喜欢自我"封闭"，尤其是对"外圈关系"的养老服务人员，老年人的"精神世界"是不愿轻易敞开的，即使养老服务人员做出善意的举动，老年人也常常不会轻易"接受"，这种现象在心理学上被称为"老年排斥"，老年人不能正确理解养老服务人员的行为，积极"回应"也就无从谈起。很明显，这两个"环节"的顺利进行，需要双方都去努力消除横在两者之间的"沟壑"，那就是养老服务人员要了解老年人，对老年人的相异思想和行为给予"宽容"对待，老年人也要敞开心扉，善意看待养老服务人员的行为，同样给予"宽容"对待。显而易见，能够维持"动机移置"和"回应"的最佳内在因素应指向"包容"。

包容的基本含义就是"接纳、容忍"，与其意义相近的常用概念有"宽容""宽恕""忍受"等。在现实社会中，由于生活方式、思维方式、价值信仰等不同，人们对同一事物可能会产生不同的看法和采取不同的行动，有时候还会发生剧烈的冲突和对抗。为规避这些冲突和对抗，主体在面对同自我不同的思想行为或事物时，能够没有偏见地容忍和接纳，这就是"包容"的内涵。可见，包容以"异"的存在为前提，"异"就是"他者"及其思想价值观念行为的不同；"包"是对"异"的容忍和尊重，是承认、宽容多样性和差异性的存在。在伦理学视域里，包容是指处理人与自然、人与社会、人与人之间关系的一种道德规范，主要是指道德主体在交往过程中对异于己的人、事、物、言、行等持有一种宽容和尊重的态度或行为。同时，它也是一种德性范畴，《尚书》有"容德"一说，"有容，德乃大"①。其实，作为一种价值取

① 尚书[M]. 王世舜，王翠叶，译注. 北京：中华书局，2012：478.

向的包容有着丰富的内涵。一是对差异性的尊重。这个世界是一个多样性存在，“人和人的生活不可能化约成某种绝对标准，差异、矛盾和冲突在所难免”①。因此，尊重个性和差异性是包容最突出的特征，那就是要允许他人自由行动或判断，并且能够坦诚对待与己或公认的观点不一致的意见。二是对主体性的尊重。包容作为一种“主体性”精神的体现，它不是无原则的退让，不是一种放弃自我的精神，而是在平等的基础上尊重彼此的差异性，在理解、对话的基础上达成共识行为。“如果拒绝不同声音，逃避反对意见，窒息批判话语，那么，世界上就只会剩下一种声音、一个头脑，从而也就无宽容可言。”②“包容”的彰显就是要以同情的态度去面对、消除彼此间的敌视、猜忌、误解，充分尊重双方的立场和观点，彼此“共在”。三是对共荣发展的尊重。包容行为实践是一种“交互性”体现，这种交互性是指即使在陌生的世界里，人们不仅仅单纯地去关注自身利益的满足，更多的是关注在关爱自我的语境下去关爱“他者”，用宽宏大量的态度去容忍“他者”，不排斥，在情感上互相接纳和融合，把心与心真正的连接起来，促进两者共同提升和发展。可见，包容的功能可以化解人与人之间的矛盾，拉近人与人之间的距离，双方在融洽的氛围里完善自我。

作为养老服务人员对老年“他者”的“包容”，是养老服务人员修养境界程度的反映，它是源自养老服务人员内心的善良、仁爱与慈悲，可以看作是一种对待老年人的态度。养老服务人员“包容”的实践是面对老年人时，养老服务人员首先要理解老年状态，反对“老年歧视”，尊重老年“他者”的存在，使老年“他者”角色合适地呈现。人进入老年期以后，在生理、心理和精神等方面会出现不同于年轻人的状况，这些会导致他们生活不便和工作能力下降，从而无法充分融入社会生活，需要得到社会特殊的关注，这也是社会常给他们贴上“弱势群体”标签的原因，也即社会学上所说的“老年歧视”。“歧视”的表现就是不能容忍，直接表示否定。养老服务人员面对照护的老人时，见闻老年人行动不便、唠唠叨叨、观念迥异时，因为这些和自我存在着差异，很容易表现出对老年人的“歧视”。养老院里经常会见到护理人员可能对老年人说，“你怎么能这样做啊！简直不可想象”“你怎么连吃饭都吃不好了”“你别乱走动嘛，怎么像个小孩子一样”等，这些言语不经意间反映的都是对老年人的“歧视”。“歧视”会给老年人的精神带来巨大的伤害，无形中会增大彼此心灵之间的“鸿沟”，养老服务人员的关怀动意就很难被老年人接受。此时，服务人员实践“包容”的要求就是服务人员意识到人人都会老去，都可

---

① 傅长吉，顾晶．“宽容”的哲学省悟[J]．理论探讨，2011(3)：79－82.

② 傅长吉，顾晶．“宽容”的哲学省悟[J]．理论探讨，2011(3)：79－82.

能会出现令人生厌的生理状态、不合常理的思想和行为，都会需要别人的帮助，这是每个人都会经历的自然过程，没有任何可以“歧视”的理由。只有真正理解了老年状态是自然现象，并认识到自己将来也会如此，服务人员才能主动去关心老年人，“关心老年人就是关心未来的自己”。当然这种意识的具有不是生而有之的，它是服务人员在与老年人在交往中不断锤炼才能获得的。服务人员要看到在照护老年过程中，不只是服务“脏、累、苦”问题，更要看到自己在与老年人的接触过程中，可以从老年人丰富的人生阅历、处事经验和知识储备中汲取智慧，用来荡涤自我的心灵、充实精神需求以及指导人生的发展，这些价值都不是金钱能估量的，那么服务人员就会主动亲近老年人。其次，顺从老年人的意愿，远离“强迫服务”。“包容”的含义之一就是在“他者”和自己意见不同时不要去强迫“他者”接受。从心理学角度来看，任何的想法都有来由，任何的动机都有一定的诱因。老年人的精神世界可能与养老服务人员有着很大的差异，所以经常会做出一些让养老服务人员意料外的行为，这时养老服务人员一般不要轻易给老年人做出命令式的、强制执行的决定。老年人的想法和做法自有他的道理，消除阻碍和对抗是提高照护质量的唯一方法。服务人员“包容”的做法就是能够设身处地站在老年人的角度思考，尊重老年人的观念和体验，多方面、多层次了解老人的所思所想，找到对方想法的根源，探究他们行为的基础，找出不同意见的“平衡点”，做好扬弃。因此，养老服务人员要摆正自我在照护老年人中的位置，自己是老年人的“拐杖”，只是为帮助他们渡过难关献计献策，而不是取代他们，让他们成为被动支配的对象。当老年人的自我主体性体现出来，他们才不会有被“支配”“轻视”的感觉，才能拉近彼此之间的距离，消除陌生感和距离感，这样老年人才会跟服务人员说出心里真实的想法，才不会排斥服务人员的工作。新闻报道常见一些养老机构不尊重老年人意愿，存在着强制为老年人“服务”的行为，如强制喂水、捆绑老年人、限制老人外出等，其中有些可能是出于善意的考虑，但做出行为前一定要多和老人家人沟通，否则“一厢情愿”的“强迫式”病态关怀都会给老人的身心带来伤害。包容老年人，就要在服务上对他们“温柔以待”。还有，就是养老服务人员要把控行为限度，促进老年“他者”精神的完满。养老服务人员“包容”的目的是促进老年人更好地实现精神上的完满，这就要求养老服务人员把控好“包容”限度。所谓“包容限度”是指不是无底线地顺从和无原则地纵容，不是一味地委曲求全、丧失自我的态度，要学会修正、引导双方的思想行为向积极方向发展。斯佩伯在对宽容（包容）的认知上也是如此，他把宽容看作是一种相互性的美德，并言明为了使其保持，需要给其设限，“第一条准则是，对宽容的存在构成威胁的行动、言论均在不应被宽容之列。第二条准则与这些行为是否对他人的自由、利益和权利构成危害有关”①。因此,养老服务人员在照护老年人时,包容老年人就要把控好老年人的行为,对老年人一些明显错误的观念或者可能对其带来伤害的行为倾向,在合适的时候要善意地指出,及时予以纠正,不能一味顺从老年人,否则会给老年人带来伤害。养老服务人员在一定程度上把控老年人行为,为其设限是为了更好地让老年人精神完满,这是符合“包容”要求和目的的。生活中常有这样的案例,养老院中个别老年人因为病痛折磨,生活态度消极,又怕这样继续下去拖累家人,常常会做出不理智的行为试图尽早结束生命,这时养老服务人员“包容”的做法就应该是果断干预,不离不弃,理解老人的难处和痛苦,多给予一些生活正面例子来影响他们,让其体谅到生存的意义和价值,重燃生命存在之火,把余下的生命过得有质量和有意义。

包容又是交互性的。当然,老年人也要对养老服务人员表现出“包容”,这是积极“回应”的表现,这才能使关怀“关系”建构起来。老年人“包容”的内涵,其一,凡事不斤斤计较,要情怀豁达。我国老年人口数量基数大,激增迅速,养老方面问题突出,尤其在养老服务人员数量上缺口较大,且专业化素质低,造成服务人员的养老行为难以满足老年人身心上的多维度的要求。面对服务人员做得不到位甚至错误的地方,这就需要被照顾的老人在情怀上豁达一些,把问题看开点,学会释怀、放下,不要一味地去指责他人的不是,用包容化解是非,心底充满阳光,看待这个世界就会是光明一片。其二,遇事不随意埋怨,要心地随和。老年人的特点之一是遇事喜欢唠叨埋怨,“树老根多,人老话多”就是这个道理。在一些养老机构和组织里,毕竟不是只有自己一个老年人在里面,所以老年人不要轻易和服务人员发生争执。即使意见有所不同,老年人也要学会忍让,学会用夸奖用语或者鼓励的话,表现出对服务人员劳动的尊重和信任,服务人员毕竟不是自己的亲人,服务人员的劳动应当得到他人的承认,实现了自我价值,也就很容易相处。老年人用包容驱赶抱怨,这不是退缩和示弱,世俗也有“要想好,老让小”的说法,这样的老年人也就会容易让人接近。其三,处事不一意孤行,要善听规劝。老年人一般都喜欢按照自我的意图独立行事,也就是常说的性格比较“固执”,不喜欢采纳他人的意见。在养老院里常常有老人不愿意听从服务人员的规劝,甚至产生很强的排斥性。比如,在一些民营养老院,服务人员的服务可能要通过收费来表示,这样很多老年人就会认为服务人员的行为只是为了钱,服务人员的一切行为都可能是因钱而为的,老年人不愿配合服务人员的行为。因此,老年人积极回应养老服务人员的行为,就需要有一种包容精神,在问题看待上,不采用“一棍子打死一

① 斯佩伯. 我们能宽容到什么程度[J]. 钟良明,译. 第欧根尼,1999(1):77-89.

片"的看法,要善于听取规劝,配合服务人员的行为,认识到他们的很多行为可能是纯粹"奉献"行为。

(三)作为"他者"关怀实现的"状态"——"共在"

对关怀者关怀的"回应",被关怀者(他者)需要体现为自然、主动"回应",这种主动"回应"是向关怀者传递反馈信息,关怀者在被关怀者身上察觉到独特的人类情感反应,关怀才能继续。关怀伦理学在描述"回应"、察觉"回应"这些关怀环节的完成时,是使用"共振"概念表达的。诺丁斯在描述关怀"关系"形成的过程时就说:"被关怀者不仅是'共振'的最初起点,而且其某些形式的回应会表明 A 的关怀努力被接受了。……A 的关怀被 B 接受才标志着关系的完成。只有这样我们才能说这个关系或相遇经历是关怀性的。"①"共振"表明关怀双方步调达成一致,关怀"关系"真正缔结起来,也就是说被关怀者接受了关怀者的关怀,关怀可以顺利进行下去。"共振"用来表示关怀"关系"建立的最后环节,虽能体现关怀双方"关系"建立形态,但因为"共振"常是物理学描述物体频率的词语,是很难涵盖关怀双方"关系"建立的内在深刻的意义。关怀"关系"建立起来应标志为关怀双方在精神上达到了融通,它不是简单地理解为被关怀者与关怀者像物理学上的物体一样并列在一起,不是"being with",而是被关怀者从心底认识到了关怀者是为了他而行为的,是认识到"being for him",从而在精神深处接受关怀,两者在精神上达成默契,是"coexistence"状态,一同完成追求的目标。养老服务人员在与老年"他者"关怀关系建立的完成的最后,其实就是要达到服务人员与老年"他者"在精神上的融通,帮助老年"他者"实现精神世界需求的满足。根据这些意思,以"共在"替代"共振"表示关怀"关系"的最终建立,更具有明确的意义。

"共在"一词主要是从海德格尔那里引用来的。在海德格尔那里,"共在"的意义是建立在对"此在"理解的基础上的。海德格尔在追问"人"这种"存在"的本质时,不愿意给予一个确定的规定,因为人们在谈论存在时,喜欢指向某个存在者。在海德格尔看来,由于存在者有无数个,我们只有通过对"此在"这样一种存在者才能把握存在本质。"此在"是海德格尔探寻出来的包括"人"在内的所有"存在"的本质的表达。"此在"可以称呼人这种特殊存在,但并不是说"此在 = 人",因为在海德格尔看来"人"是无规定性的,对于"人"是无法表达清楚内涵的,选取"人"作为"存在"的样本来讨论"此在"是为了更好探求"此在"的内涵。对"此在"的内涵理解,海德格尔认为只有用现象学的方法,以人的"日常"生存状态

① 内尔·诺丁斯. 始于家庭:关怀与社会政策[M]. 侯晶晶,译. 北京:教育科学出版社,2006:17.

来展现“此在”的内涵，即通过在世界现实生存的“人”的状态去揭开“此在”的奥秘，可见，生存论是海德格尔对“此在”探求的哲学根基。常识告诉人们，在日常生存状态中，“此在”(人)总是和其他存在者交织在一起，海德格尔认为这样的“此在”具有“在世界之中”的结构，这一结构既显现“此在”与他人交往中的独立性——“独在”，又规定了“此在”的存在必然是与他人的统一性——“共在”，正是“共同存在”，世界才成为我们可以共同分享的世界，这样，海德格尔引出了“共在”概念。海德格尔的“共在”概念很明显具有以下特征。首先，“共在”是由讨论生存论意义上的“此在”引出来的，因此，“共在”也是建立在独特的生存论基础之上的概念。这样“共在”并不是表达物理学意义上的距离的远近，而是一种生存状态的描述，也就是现实生活中的美好“同在”状态，“并不是说两个人挨在一起，他们就“共在”了，某个人没有和他人挨在一起，他就是“独在”了；在物理距离上相距遥远的两个人未必疏远，在物理距离上十分接近的两个人未必亲近”①。其次，“共在”是“此在”的本质属性。海德格尔在描述此在时，提出此在总是我的存在，这是此在的“向来我属性”，尤其是“畏”将“此在”的个别化展开出来，但世界并不是只有“此在”的个别性展现，还有与“此在”性质相近地与他人的“共在”，“此在的世界是共同世界。‘在之中’就是与他人共同存在。他人的在世界之内的自在存在就是共同此在”②。因此，在这个意义上，海德格尔认为，“此在本质上是共在”“他人的这种共同此在在世界之内为一个此在从而也为诸共同在此的存在者开展出来，只因为本质上此在自己本来就是共同存在”③。这也是为了说明此在的状态应是形成“共存”关系，才能确证其“在场”，“此在”才具有“在世”意义。最后，“共在”的本质是“此在”本真状态的实现。“共在”的实现看似简单，其实存在着困难性，是因为“此在与他人的共在首先和通常表现为残缺、淡漠和陌生的样式：互相怂恿、互相反对、互不需要、形同陌路、互不关己”④，在这些情况下，此在和他人常会表现为不融洽。“共在”要想体现，海德格尔认为需要身处共存中的每个“此在”都达到其“本真”状态，“本真”是在“共在”中体现的原初状态，这种“本真”在亚里士多德描绘“友爱”时有着清晰的表达，那就是“能够在理智方面有了心悦诚服，在利益方面有了共存的信心，再加节制和宽恕等品行，就可能产生共在

---

① 海德格尔．演讲与论文集[M]．孙周兴，译．北京：生活·读书·新知三联书店，2011：172.

② 海德格尔．存在与时间[M]．陈嘉映，王庆节，译．北京：生活·读书·新知三联书店，2006：138.

③ 海德格尔．存在与时间[M]．陈嘉映，王庆节，译．北京：生活·读书·新知三联书店，2006：139－140.

④ 马小虎．海德格尔与亚里士多德的共在论比较[J]．道德与文明，2018(2)：51－58.

的友爱,缓和权利和法律的压迫"①。"共在"实质就是让"此在"在自由中彼此自行显现自我,实现和谐共存的状态。

养老服务人员在对老年人(他者)的精神关怀过程中,实现"共在",其意思很明显就是在精神世界中对和谐状态的追求,它是以生活世界(照料关系)为优先,在日常生活中寻求满足老年人精神世界需求的最大化,在同情、包容、共享的基础上化解冲突关系,使老年人的精神需求与养老服务人员供给同步、共频,两者"精神共舞",从而实现关怀"关系"最后的搭建。"共在"在狭义上是"关系"搭建的最后一个环节,广义上其实可以看作是弥散于整个关怀"关系"搭建过程中的,启动、发展以及循环不断"关系"的建立,每一个环节都是有"共在"身影的存在。根据前面的分析,老年人与养老服务人员"共在"至少应包含以下意义。其一,生活世界的"共在"。老年人身体的脆弱,心灵的无助,尤其是面对疾病和死亡时,心里会埋藏着难以挥去的无助和恐惧,在养老机构中如得不到慰藉,精神上会郁闷寡欢。养老服务人员这时不应排斥老年"他者",而是给予老年"他者"同情关怀,让老年"他者"得到关怀,感到在日常生活世界中确实有种力量在支撑着他,有人陪伴而行至最后,老年"他者"才能主动接受关怀。其二,精神世界的"共在"。这种"共在"不是说养老服务人员与老年"他者"简单接触的"共在",在老年人面前走动、在"衣食住行"上帮助老年人,这种"在一起"还不能算"共在",它应是指能进入老年"他者"的精神世界,知道老年"他者"的所思所想,能在心里搭建起情感流动之"桥",在立场、观点上能够趋同,由内在的精神交流汇通成精神契合的"场域"。人的思维方式、行为方式虽有差异性,但老年人与服务人员相互之间在照护交往和信息交换中还是可以相互理解和产生共鸣的,这是精神世界"共在"的可能性所在。其三,理想世界的"共在"。在海德格尔看来,"共在"是"此在"的"原初状态""本真状态",那种"原初"和"本真"就是指向一种"和谐"、一种"最优",而实现"共在"就是向那种"理想"状态的"回归"。养老服务人员与老年"他者"的"共在",最终要去实现的就是在照护过程中彼此信任、彼此悦纳、相互配合,思想和行为的"节拍"一致,达到追求的"最优"照护状态的实现。

"共在"在海德格尔看来是"此在"的"原初状态",但更应该是"此在"的现实状态。那么,养老服务人员与老年人(他者)的"共在"在现实意义上如何实现,关怀伦理学没有给出回答。参考现象学对"共在"的理解,"本真的此在并不排斥共在,而仅仅是人与人之间相互管制的努力之结果"②,"共在"就是"此在"的原初规

---

① 亚里士多德. 政治学[M]. 吴寿彭,译. 北京:商务印书馆,2007:7-9.

② 申一青. 海德格尔的"共在"思想探析[J]. 中共郑州市委党校学报,2018(5):74-76.

定性，但“此在”仍然具有达到本真状态的可能性，那就是“此在”要相互作用，不断求同存异，谋而后和，实现“关系间”的平衡。因此，养老服务人员和老年人“共在”实现的进路是在理解、认同的基础上相互作用，化解矛盾冲突，实现精神世界的“共荣发展”。一方面养老服务人员要培养洞察老年人（他者）精神世界需要的能力，这是“共在”实现的前提条件。老年人精神世界状况是其知识背景、生活经验、长期阅历等浓缩的结晶，这是一个极其复杂的内心世界，而且又是变动不居的，养老服务人员要进入这个不同于自我的“世界”，要求有洞悉这个世界的能力才能与之共舞，这需要养老服务人员不断地学习和磨炼。“他者”还要培养保持“共在”的能力。要让老年人理解给予的关怀不是强加的，让其感觉到“我”是为了他而存在的，“我”的存在与“他”的存在是在同一个层次上产生的“同在感”，更为重要的是，这种“同在感”应能在接续下来的“一系列行为”中存在，“同在感”的存续问题反映出关系的延存，也是“他者”保持“共在”能力的体现，一旦“同在感”消逝，双方就可能脱节，“关系”也就不复存在。另一方面，老年人在“共在”中也扮演着重要角色。因为“共在”是相互作用行为，所以老年人要积极回应养老服务人员的关怀，在“回应”中，养老服务人员会收到反馈信息，不断调整“自己”的关怀步伐，尽可能满足老年人的精神需求，这也是保持“同在”持续下去的关键要求。还有，在回应中，老年人一定是自我真实精神世界需求的反映，不能委曲求全而做出违心的回应，这不仅是“共在”本质的要求，也可以更好地指导养老服务人员做出对应的“回应”，使关怀“关系”良好地存续。

（四）作为“他者”关怀的终极目标——“希望”

将“他者”关怀的终极目标理解为“帮助他人成长”，是梅洛夫的高见，并且也得到众多关怀伦理学家如诺丁斯、弗吉尼亚等的赞赏。梅洛夫认为关怀中的“成长”就是“我感受到对方既是我的延伸，也是独立个体而且有成长的需要，对方的发展与我自身的幸福感是绑在一起的，而对方的成长使我有被需要的感觉，我在对方成长的方向指引下做出正面的回应，并且全心付出以满足对方的需求”①。梅洛夫对“成长”的定义既揭示了上文分析的“关怀”关系建立的主要环节，也透露出把“成长”当作“关怀”高尚行动要达到的目标。这里的“成长”其实包括两方面的意思，一是可以理解为帮助“他者”自然的如身体发育、身体护理的“成长”，妈妈养育孩子，帮助他人体育锻炼，疗护他人身体健康等都应属于这类行为；另一方面也是主要的方面，它应指向帮助“他者”精神上完善、思想上成熟的“成长”，如教育孩子学习、思想上解惑、让内心变得强大等行为。那么，关怀老年“他者”的

① 米尔顿·梅洛夫. 关怀的力量[M]. 陈正芬，译. 台北：经济新潮社，2011：36.

终极目标界定为“帮助老年人成长”,很明显,不是帮助老年“他者”身体“成长”,而应是精神上的“成长”,即帮助老年“他者”重建老年自我认知,消释老年期间的消极情感、态度,尤其是对“疾病”“死亡”的恐惧,让老年人在心底对生命充满敬畏,对生活和未来充满希望,从而提升其生存质量,在养老机构中实现快乐幸福的晚年生活。

老年人由于自我身心的特殊性,或者说自我当下存有的“缺憾”,如身体的退化、疾病的折磨、死亡的临近等,致使老年人很难实现精神快乐,有“缺憾”的同时也意味着他们对完美的渴求。养老服务人员给予“关怀”,带给老年“他者”精神快乐,很明显就是满足老年“他者”对完美未来的“渴望”,让老年“他者”对余生生发“希望”。只有在对未来充满“希望”的情况下才能破除当下的困境,如对死亡恐惧的克服,一旦认识到“人是向死存在”,人的生存总是朝向未来展开自身、实现自身,有了这种认识的老年人对生命就会有“希望”,就会自然克服对死亡的恐惧,自然展开生命的“成长”。“正是希望引起了人们的向善行为并使之成为人们所遵循的合适规则,那么希望显然是一种美德”①。“希望”其实应看作是老年精神“成长”的支撑因素,甚至可以称为其内涵体现。“成长”用来形容老年生命周期以外的其他人生阶段,用“成长”来表示关怀老年人,这在思维习惯和语义分析上常会引起“歧义”。在此情况下,为了更好地表达关怀老年“他者”是促使老年“他者”精神“成长”的含义,本课题认为用“帮助老年人树立‘希望’”的说法比“帮助老年人成长”更能反映出此时此境“关怀”的终极目标意义。

“希望”哲学其实也为这种论说提供了依据。谈起“希望”哲学,不得不提及恩斯特·布洛赫,布洛赫被公认为是具有马克思主义倾向的德国思辨哲学的最后一个代表,他的哲学思想也常被称为“希望”哲学。布洛赫对“希望”进行了形而上学的论证,在他那里,“希望”不再是情感状态,而是“存在”的一种本质属性,“是趋向于完善和完美的冲动,它渗透到整个宇宙当中”②。“希望”可以看作是其哲学体系的核心。“希望”何以成为存在的本体属性,布洛赫是从对“世界”的“存在”开始讨论的。一般认为,“世界是一种现实的存在”,但布洛赫认为这是用一种“静止、停滞”的思维模式来看待世界的,从而提出世界应是“尚未存在”的一种状态。对于“尚未存在”这个关键命题,可以从布洛赫“S is not yet P”这句(“S 尚不是 P”)名言来理解,“尚不是”说明还没有实现,但不是“无”,其中已蕴含着未来发展可能性,或者说“希望”。例如,“革命尚未成功”“乌云密布,大雨还没来临”。

---

① AQUINAS T. Summa Theologiae[M]. Oxford:Oxford University Press,1996:89.

② 安希孟. 布洛赫希望哲学述评[J]. 社会科学,1987(8):68.

那么,世界的“尚未存在”,很明显就是说世界是一种指向未来的,具有发展性、开放性和创造性的过程,世界是“希望”的存在状态,是不能否认它的真实性的。“世界是尚未完成的,因为世界还包含着客观现实的可能性;客观现实的可能性是一种存在的方式,因为这种可能性在现有世界中是非常微弱的;充分的和完美的存在具有一种存在方式,因为这种存在处在现实世界的发展之中,由此具有一种客观现实的可能性。”①

既然世界是“尚未存在”的状态,是向着未来展开的“希望”状态,那么,对人来说更是如此。布洛赫认为,人的本质不能简单地理解为是种种属性的集合,人不能被描绘为“思想者”“工具制造者”或者“信条制造者”等,那也是“静止、停滞”的思维。人的本质也应规定为是“尚未存在”,人是一个“尚不是”“还没有”,因为它正行走在实现自我的道路上,还没有真正实现自我。也正如海德格尔认为,人的生存总是朝向未来展开自身、实现自身,“人永远在路上”。布洛赫把人的本质属性认为是“尚未”的存在,人的“尚未”“还不是”属性决定着人不是被动地等待,而是在希望中迎接可能的未来,人是在“希望”中生活的,归根到底,把人看作是“希望”的存在。“期待、盼望,对还没有实现的可能性的意志,这一切不仅是人们意识的标记,而且,如果加以正确的理解和定义,也是整个客观现实的一个根本性的决定因素。”②布洛赫把人当作是“希望”的存在,其积极意义在于把人看作具有一种面向未来的发展趋势,并在对美好未来的追求中展现生命的意义和价值,“希望”哲学体现出的是一种积极能动的乐观主义思维。也正如萨特所说,“人类是不能没有希望的,没有希望就没有梦,没有梦就没有努力,就没有成功,就归于灭亡”③。因此,布洛赫的“人是希望存在”观点也证实了“希望”作为关怀老年人终极目标的合理性。

“希望”哲学从形而上学的层面回答了“希望”何以为“人”的本质属性。回视现实,养老服务人员关怀老年“他者”,帮助老年“他者”实现“希望”,不仅要以“希望”哲学为基础,从认识层面来理解,更要从现实里来探求养老服务人员帮助老年“他者”树立“希望”意愿的可能。也可以说,“希望”问题的探索不仅仅是“关怀”终极目标的理论问题,更是一个贯穿关怀老年人的“精神世界”全过程的现实问题。在现实中,帮助老年人树立“希望”,养老服务人员首先要了解老年“他者”

---

① HUDSON W. The Marxist Philosophy of Ernst Bloch[M]. London:Macmillan Press,1982:92.

② 安希孟. 布洛赫希望哲学述评[J]. 社会科学,1987(8):68.

③ 曹玉娜,施波. 异化与回归:以“希望”之名践行教育的“灵魂转向”[J]. 铜仁学院学报,2018,20(12):78-83.

“希望”的内容,这个问题又回到了课题研究的“原点”——老年人精神赡养的内容。有关此问题,前文是把老年人“精神世界”分为三个部分来研究的,因此老年人“三个世界”里的“需要”其实就是老年人“希望”的内容。从现实层面研究,“希望”问题又属于心理学研究范畴,因此,研究理路应在前文对老年人“三个世界”需要的种类研究基础上,结合心理学关于“希望”最新的研究成果来进行。

积极心理学是心理学科新的思潮,它倡导从单纯关注人的心理问题转向关注深藏在人内心的积极力量,“并旨在通过研究人的积极力量和优秀品质来帮助个体最大限度地挖掘自己的潜力并获得良好生活,而希望正是这些积极力量中的一种”①。近十几年来,积极心理学研究者把“希望”看作是一种积极心理品质,对“希望”的概念、特质、内容和测算量表等问题进行了富有成效的研究。最新的“希望”概念和理论模型是 Snyder 和他的同事们提出的,他们认为“希望”就是“一种基于内在的成功感的积极的动机状态,它包括意愿动力,即一种目标性指向的能量和路径,即用来达到目标的途径和计划”②。具体来说,希望主要包括“目标、路径意念、意愿动力”三个要素,目标就是心中想要实现的愿望,是希望的核心要素;路径意念是达成渴望目标的方法、策略和计划的认知操作;意愿动力是启动行动的动机和信念系统。根据“希望”的这些要素,Snyder 及其团队制定出了测量“希望”的特质量表,试图从目标、路径、意愿等不同方面对“希望”进行评估,以用来指导不同的人群生活实践。很可惜,Snyder 及其团队没有针对老年群体设计出专门的量表,但根据他们研究的成果,为针对老年群体“希望”的研究提供了很好的参考。

从“他者”角度对老年群体“希望”进行研究,很明显就是作为养老服务人员要了解老年“他者”“希望”的“目标”特质,厘清老年群体“希望”的种类,继而帮助老年“他者”树立起“希望”,实现“关怀”的终极目标。当然,“希望”的种类很多,那些养老服务人员可以帮助老年“他者”实现的“希望”的种类是此处研究的重点。“三个世界”划分告诉我们,老年人精神世界会表现出与常人不同的状态——情感世界“去情化”、理智世界“去智化”和意义世界“虚无化”,改变这些状态是精神赡养的要求,其实就是通过满足老年人“三个世界”“需要”的实现,“需要”的满足也就是“希望”的实现。依此可知,能够让老年人情感世界充满“快乐”的“需要”其实就可以看作是情感世界的“希望”,诸如通过身体照护去除疾病痛苦的

① 张晓娜. 希望理论研究述评[J]. 四川教育学院学报,2011,27(6):103-107.

② 张青方,郑日昌. 希望理论:一个新的心理发展视角[J]. 中国心理卫生杂志,2002,16(6):430-433.

“需要”，辅助老年人锻炼来提升身体体质的“需要”，开展娱乐活动使心情舒畅的“需要”等。这些养老服务人员能够给老年人的身心带来愉悦的“关怀”活动，都属于老年人情感世界要实现的“希望”的属类；同样，能够让老年人的理智世界更“智慧”的“需要”则属于老年理智世界的“希望”。生命总是要紧贴当下，对当下要有“理智”的认识，才能更好地生存。养老服务人员帮助老年人更加“睿智”，就是帮助老年人看到当下存在的不足，但更多地要看到当下的“丰盛”，当下是一个充满“可能性”亦即“希望”的当下，而不只有绝望，这就是活在当下的“智慧”。如帮助老年人回忆过去工作上的、子女培养上的成就，帮助老年人接受新事物、新现象，提供老年人释放自我能量的机会等，这些可以让老年人在肯定自我生命价值实现的基础上对当下充满“希望”。“希望”更多是指代未来面向的，那些能够给老年人“意义世界”提供支持的“需要”当属此类。对于老年人来说，死亡会像“恶魔”一样窥视着他们，死亡恐惧是老年人常有的心理，深刻影响着老年人精神世界的完善和自足。死亡是人生最后的“舞蹈”，老年人死亡恐惧的去除，需要一种“希望”的力量来中和它的“杀伤力”。对于养老服人员来说，应该尊重老年人的信仰，或者帮助老年人获取一种终极的信仰，指导老年人与死亡和解、与死亡握手，让老年人感知到在通向未来未知境遇中自己是不孤单的，在生活中有众多人的关照，在精神上有信仰支撑，从而萌发“希望”，直面死亡、疾病，奋力搏一回，透过养老服务人员的关怀而助推“精神世界”幸福快乐。

需要的满足就是“希望”的实现，代表着老年“他者”所谓的“成长”，也代表着养老服务人员与老年“他者”要构建的良好的关怀“关系”的实现。当然，最通俗的表述就是老年人“精神世界”在养老服务人员的关怀下充满“希望”，这是老年生命“本质”的体现，也标示着“成长”在老年群体身上被赋予了特殊的意义。

第六章　老年人口“精神赡养”中国家(政府)关怀样态的构建

现实社会多种养老方式并存,组织、管理以及协调好多元化的养老方式,开创美好的养老格局,应由一个共同的组织,并且也应由一个最高的组织来完成,那就是国家或者政府,国家(政府)担负着养老保障的主责角色,这在现代社会也越来越凸显出来。老年人口“精神赡养”工作开展中,国家(政府)在养老意识导向上积极倡导“精神赡养”、制定政策制度保障“精神赡养”优先体现以及通过立法维护“精神赡养”的实施等方面积极作为,都是努力担负保障主责的体现。

第一节　国家(政府)——保障民众利益实现的伦理实体

“国家、政府”在很多情况下是并列连用的,一般认为,国家是一个主权概念,政府是一个行政概念,政府是国家行使权利、执行国家事务的工具性代表,两者存在着精微的区别。此处无意纠缠两者的区别,本章会把两者等同作为最高治理形式的概念来使用。对于国家、政府的含义有着很多的解释,西塞罗在其名著《论共和国》中指出:“国家乃人民的事业,但人民不是人们某种随意聚合的集合体,而是许多人基于法的一致和利益的共同而结合起来的集合体。”①很明显西塞罗从国家组成上来分析国家实质,主张国家是民众的集合体,这种集合也就是后来卢梭所说的“每个结合者及其自身的一切权利全部都转让给整个集体”而形成的民众集合体,这种集合体“能以全部共同的力量来护卫和保障每个结合者的人身和财富”②。霍布斯更是直白地指出国家的本质:“一大群人相互订立信约,每个人都

① 西塞罗. 论共和国论法律[M]. 王焕生,译. 北京:中国政法大学出版社,1997:39.

② 卢梭. 社会契约论[M]. 何兆武,译. 北京:商务印书馆,2003:19.

对它的行为授权,以便使它能按其认为有利于大家的和平与共同防卫的方式运用全体的力量和手段的一个人格。”①也就是说国家是大家把所有的权利和力量托付给予的对象,国家要承担起维护和保障每个结合者的人身和财富的责任。国家要兑现自己促进和保障大家权利的承诺,相应地,国家需要一个对民众各种事务进行管理和践行义务的承载实体,那就是政府。结合西塞罗、卢梭、霍布斯等人的观点,国家(政府)其实可以理解为是担负着对民众让渡的各项共同权利、利益进行治理的责任主体,国家(政府)是治理者,更是服务者,最终目的是保障民众各项利益得以实现。我们国家新近提出的推进国家治理体系和治理能力现代化,彰显的就是国家努力提升自身能力来保障满足人民日益增长的美好生活需要,勇于担负主责角色的体现。

国家(政府)作为这种责任主体更应该是伦理实体。伦理实体是黑格尔提出的一个重要概念,在他那里,伦理实体是绝对精神在客观精神阶段的真理性存在,它是作为价值合理性的根据而出现的。伦理实体在现实中可以理解为一切具有伦理内涵的精神实体,“从其现实的表现形态上,家庭、市民社会和国家是伦理实体‘运动’的三个不同阶段,在每个阶段都体现着不同的伦理精神”②。而国家是伦理实体的最高形态,是伦理精神的最高产物,“自在自为的国家就是伦理性的整体,是自由的现实化;而自由之成为现实乃是理性的绝对目的”③,国家作为伦理实体就是国家必须体现出具有伦理精神。具体来说,国家作为民众各项权利、利益让渡的集合体,在致力于人的生存、财富分配和对善的追求上,它不但具有组织、协调、治理的作用,更具有使人的生存体现为民主自由状态、利益在社会分配中得到公正体现以及引导社会的善实现的责任,国家应是一个政治治理主体和伦理责任主体的统一。伦理精神是国家价值理性的体现,是国家合理性存在的基础,国家(政府)漠视或放弃这种责任担当都是不符合其伦理实体身份要求的。

事实也表明,在现代社会,国家(政府)只有以伦理实体体现,才可以保障全体民众的各项利益实现,体现为主责的担当。另外,在当下规范全体民众的观念和行为,还是需要以必要的伦理倡导和强制的法律法规形式来实施,这些责任也只有国家(政府)才可以担负起来,正如20世纪著名的德国哲学家汉斯·约纳斯所说,只有民族国家这种政治实体才能承担对人类未来的最重大责任,也只有它才

---

① 霍布斯. 利维坦[M]. 黎思复,黎延弼,译. 北京:商务印书馆,1985:132.
② 高晓红. 政府伦理研究[M]. 北京:中国社会科学出版社,2008:51.
③ 黑格尔. 法哲学原理[M]. 范扬,张企泰,译. 北京:商务印书馆,1961:258.

能有效地担负责任。① 马克斯·韦伯在其著作《社会科学方法论》中对国家可以担负保障民众利益的主责进行了令人信服的解释,“近几十年的发展,尤其是我们亲眼看见的史无前例的事件,极大地提高了国家的威望。今天,在所有的社会共同体中,唯有国家才被赋予支配生、死和自由的‘合法’权力,……它的现代化的、合理化运行形式使许多成就成为可能,毋庸置疑,任何其他方式的社会化合作都不可能以类似的方式取得这些成就,哪怕仅仅是接近这些成就。几乎不可避免地会由此得出结论:它必然也——尤其是对于在‘政策’领域中进行的各种评价来说——是终极的‘价值’,所有社会行为都最终要根据它的存在利益来衡量”②。这对我们的启示是:“精神赡养”不仅是关涉所有老年人生命质量提升的事情,也是关涉社会所有民众的“民生工程”,是所有人、所有家庭切身利益的事情。国家(政府)具有保障民众各项利益实现的职责,其中应该包括保障提升所有老年期生命质量的职责。因此,国家(政府)要在完善老年精神关怀治理体系、协调好各种养老方式之间的关系以及保障供给全体民众公平可及的精神关怀上主动担负起责任,这是国家(政府)作为伦理实体的要求和体现。

第二节 国家(政府)担当老年人口“精神赡养”保障主责的证实

在老年人口“精神赡养”工作开展的过程中,国家(政府)的保障主责角色不仅仅是国家(政府)作为伦理实体自身属性的体现,也是老年人口“精神赡养”工作的社会特性与国家(政府)职责相吻合的要求。老年人口“精神赡养”工作的社会特性是“精神赡养”理念主旨在社会贯彻实施中表征出来的,在当下,可以划分为全民性、公益性和协调性三种表现,这些与国家(政府)应担当的责任范围是吻合的。

一、老年人口“精神赡养”工作的全民性

衰老是自然规律,每个人正常的生命历程都会包含老年阶段,包含着死亡,这是人类的宿命,是现实存在物都无法逃避的,衰老、死亡可以说具有“全民性”。人

① 汉斯·约纳斯. 技术、医学与伦理学[M]. 张荣,译. 上海:上海译文出版社,2008:13.

② 马克斯·韦伯. 社会科学方法论[M]. 李秋零,田薇,译. 北京:中国人民大学出版社,1999:148.

步入老年期,在各个方面都出现退化,尤其是在精神上具有一些属于老年期的特殊消极表现,如“孤独、沉闷、焦虑、恐惧死亡”等,因此需要得到来自社会方方面面的帮扶,倘若消极情绪不能得到纾解,对老年健康会产生重大影响。我们知道,现代健康观不是传统意义上“躯体”的无病状态,更多地是指向心理、精神上的健康以及达到身心和谐的要求。“健康中国”战略更提倡要“坚持关注生命全周期、全过程健康”,也就是要求现代民众不仅关注“某一段生命”的健康,更要关注从“摇篮(出生)”到“坟墓(死亡)”整个生命过程中的健康,全生命周期健康的实现,“精神健康”是主要维度。对于老年人来说,实现老年生命全周期健康,理应包括老年人在各个阶段的“精神”都得到慰藉。

可见,在现代社会,倡导良好的赡养老人方式,在内容上不单是注重老年人的身体健康,更看重老年人的精神健康,顾及两个维度才是对老年生命全部的照护。对于一个国家来说,老年精神健康问题是全体民众都会触及的,正如习近平总书记所说:“健康是促进人的全面发展的必然要求,是经济社会发展的基础条件,是民族昌盛和国家富强的重要标志,也是广大人民群众的共同追求。”①也就是说健康(精神健康)是每个人都追求的事情,是关涉全民利益的事情。全民性事件的理性处理和保障达到理想状态,需要良好的制度设计来保障,党的十九届四中全会就明确提出国家要“强化提高人民健康水平的制度保障”,才能“让广大人民群众享有公平可及、系统连续的健康服务”,很明显,设计制度来保障全民利益只能由国家(政府)承担,这正是马克斯·韦伯所说的“在所有的社会共同体中,唯有国家才被赋予支配生、死和自由的‘合法’权力”②。国家(政府)倡导良好的精神赡养方式以及制定良好的保障制度,都是其在老年人口“精神赡养”工作中担当主责的应然体现。

二、老年人口“精神赡养”工作的公益性

“公益”的基本含义是指社会公众的共同福祉和利益,公共利益很明显是民众让渡出来的利益集合体。“公益”的实现是以社会活动为载体,依据其实现的可能性,“公益”具有社会性、无形性和共享性特征。社会性是指公益性的事业(活动),主要依靠社会主体来开展,资金筹措主要来自国家财政,西方国家慈善机构也是重要的资金提供者,投资目的是带来社会公共效益;公益事业主要是一些服务性活动,如社会援助、社区服务、知识传播、环境保护、慈善社团活动、文化艺术

① 习近平．习近平谈治国理政:第二卷[M].北京:外文出版社,2017:370.

② 马克斯·韦伯．社会科学方法论[M].李秋零,田薇,译．北京:中国人民大学出版社,1999:148.

活动、国际合作等,它提供的大多是无形的服务,所以又具有无形性特征,不能用金钱来衡量,这也是公益事业的崇高性所在;公益事业(活动)所提供的服务是社会福利性质的,服务对象应是社会普遍大众,"共享性"也是公益事业(活动)的基本特征。"公益"的实质应该说是社会财富的再次分配,"公益"性的建设以及开展公益性活动很明显应由国家(政府)来保障。

"精神赡养"是为老年人提供"精神"上的照护活动。我们国家具有"尊老、敬老、爱老"的传统,在传统社会里,古人就把"老吾老以及人之老"的"天下一家"图景作为赡养追求,把赡养老年人(尤其"色养"问题)当作全社会性问题来对待。在养老社会化趋势越来越凸显的当下,"精神赡养"公益性体现更为鲜明。首先,深度老龄化以及人的寿命预期增加带来更多需要照护的老年人,家庭结构的变化使众多老年人的"精神需求"转向以社会为诉求对象,国家(政府)担负起全体民众的"精神赡养"责任是现实要求所致。其次,从社会赡养角度来考察,"精神赡养"是一种对"精神照护"的无形服务项目,如果在赡养机构中以收取服务对象的费用来体现,"精神赡养"服务品质很难提升,"精神赡养"在其内涵上应是公益性服务活动范畴,国家在养老资金投入中应为"精神赡养"服务划切出一块"蛋糕"。最后,"精神赡养"是关涉每一个老年人、每一个家庭的事情,具有"普惠性","精神赡养"基础设施建设做得好坏,服务项目设置得是否合理也是评价赡养品质的基本标准,可以说是"基础性、兜底性"的民生工程建设,"精神赡养"的这些特征与公益事业的"共享性"可以说是吻合的。"精神赡养"当属"公益"服务事业,国家(政府)理应积极倡导和提供关怀服务。

三、老年人口"精神赡养"工作的协调性

关于我国养老事业的发展,习近平总书记强调,"加强养老公共服务,内容上要多样,财力上要倾斜,全社会一起努力,把老年人安顿好、照顾好"①。"以老年人自养为基础、以家庭赡养为支撑、以养老机构为依托"的"精神赡养"格局要想良性发展,需要协调好"三者"的关系,全社会形成"赡养合力"才能实现"精神赡养"品质的提升,这种协调性工作只能由一个高于这些"主体"的组织来完成,很明显,国家(政府)具有管理协调它们的功能,国家(政府)作为主责角色在"精神赡养"中是不能"缺位"的。另外,老年人口"精神赡养"是一项全民"精神"照护的公益事业,在社会开展过程中,它不同于其他公共服务活动,本质上不能以追逐经济利益回报为目的,这就需要体制和制度保障它的公益性体现,国家(政府)在财政上

---

① 习近平. 把老年人照顾好[EB/OL]. 人民网,2013-08-31.

做好养老资金的分配协调,惠及广大民众,才能让全民享有公平可及的、系统连续的赡养服务。再者,由于我国城乡、地域发展存在着差距,老年人口“精神赡养”工作也体现出协调性。相对于农村居民来说,城市居民能够充分享受和参与公共服务活动,老年人口“精神赡养”能够引起重视,相应工作开展得也较为顺利,在当下,农村居民尤其是空巢老人的“精神赡养”方面可以说普遍存在着“真空”地带。地域性发展差距同样也带来“精神赡养”工作成效的差距,我们课题组曾对全国主要区域进行针对性的调查,反映出的问题是,经济发达区域在“精神赡养”工作上普遍比欠发达地区开展得要好,经济欠发达区域老年人“精神”照护问题明显多于发达地区,这些都反映出我国老年人口“精神赡养”工作需要进行协调。因此,以健全的体制和完善的制度来协调“精神赡养”工作,让改革成果共享,让社会关怀与社会正义得以体现是国家(政府)义不容辞的责任。

第三节　国家(政府)担当老年人口“精神赡养”主责中公正理论抑或关怀伦理的遵循

在现代社会,“精神赡养”不仅仅是家庭子辈担负的义务,也是国家(政府)应承担的责任。当把“精神赡养”与社会时代境遇相联系,可以看出它具有社会公共服务领域事项的诸多特征,“生死、意义、爱、虚无既是人最为基本的存在,当我们把个体的生存和其所处的社会时代背景联系起来思考,就从个体关怀走向社会关怀”①,也就是说“精神赡养”应被纳入社会公共关怀来讨论,国家有义务提倡全社会关注老年人口“精神赡养”问题。

社会公共事项的处理在伦理学意义上一般认为应是国家(政府)建构完备的社会理论,织好“公平、兜底”的社会网络,担负起让利益惠及大众的主责。“理性、正义、功利”是西方普遍接受的社会理论建构的理论基础,“关怀”恰巧因其具有的“情感”理论色彩以及不主张对固定“规范、原则”的遵循,而被认为是不宜用来处理社会公共领域的事项。正如关怀伦理学代表人物诺丁斯指出的,“必须回应关怀理论经常受到的一种批评:关怀理论是‘家庭’层面的一种精致理论,但是对社会层面上的政策制定并无裨益”②。

---

① 曲春景. 社会关怀、个体关怀与终极关怀[J]. 文艺理论研究,1997(2):77.
② 内尔·诺丁斯. 始于家庭:关怀与社会政策[M]. 侯晶晶,译. 北京:教育科学出版社,2006:1.

社会公共事务适用"理性、公正、功利"原则是人们的思维定式,"理性的普遍原则总是被授予优先权"①。它们成为"显性"理论,也可以说成为"强势"理论有着悠久的哲学传统。自柏拉图以来,哲学思维就提倡用理性、公正的原则来构建一个理想、最佳的国家。比如,对公正的理解上,亚里士多德继承柏拉图思想,把公正看作是一切德性的全体,"公正常常被看作是德性之首,它'比星辰更让人崇敬'。所以,公正是一切德性的总括"②。在城邦建构中,公正也自然成为最主要的社会德性,是社会共同体遵循的道德基础,"由公正而衍生的礼法,可凭以判断(人间的)是非曲直,公正恰恰是树立社会秩序的基础"③。现代政治伦理巨擘罗尔斯在《正义论》中更是系统阐述了自由平等、公平机会、差别对待等直接反映社会现象、影响社会正义的原则,提出了融合传统正义概念的基本含义并又极大丰富了其内涵的当代社会正义理论,即公平的正义的理论。公正被诠释为社会发展的条件和基本结构,是一个组织良好的社会共同体存续的基本条件,也正如罗尔斯所说,"正义是社会制度的首要价值,正像真理是思想体系的首要价值一样"④。同样,在社会公共领域,把人思考为"理性"的、"单子式"存在,把人类社会发展思考为向着"普遍幸福"趋向的功利论主张,也常被理解为构造社会理论的合理"基础",但却很少提及"关怀"应用于处理公共领域事项的理论。

公正、理性、原则规范在公共领域有它的适用性,也可以说为促进社会发展起到一定的作用,但是我们习惯遵循的这些理论也带来了一些问题,突出表现为以下三点。一是这些理论应用于指导社会公共领域事务的逻辑出发点是把"人"看作是纯粹理性的存在,这样人都是独立、自由、平等的,是"单子式"的存在,至于人的感性特征因素、人的各种需求的差异性都会淹没在对于绝对"公正"追求的制度设计中。二是排斥情感的制度规章,将会使"心肠变硬、同情乏力"的社会不良趋势蔓延,社会冷漠、社会冰冷是遵循所谓"理性"理念体现的制度所导引出来的现实境况。三是僵化、机械地遵循"普遍性"规范原则,即使借助追求"绝对平等""普遍幸福"的字眼,而不根据实际去关注一些弱势群体、特殊群体的处境和需要,这样公正、功利等的现有的道德原则,解决固定普遍性的问题,很可能只是维持了一种僵化的平均主义。也正如诺丁斯所说的,一个伦理原则并不仅仅描述行为,意思是道德行为,当然也包括国家行为,并不能简单还原为是对现存道德原则的

---

① 弗吉尼亚·赫尔德. 关怀伦理学[M]. 苑莉均,译. 北京:商务印书馆,2014:7.

② 亚里士多德. 尼各马可伦理学[M]. 廖申白,译. 北京:商务印书馆,2003:130.

③ 亚里士多德. 政治学[M]. 吴寿彭,译. 北京:商务印书馆,1996:9.

④ 约翰·罗尔斯. 正义论[M]. 何怀宏,何包钢,廖申白,译. 北京:中国社会科学出版社,1988:3.

机械遵循,合宜的做法是"依情况而定",要根据当事人及其所存在的社会背景来决定行为事实。

公正理论等应用于社会公共事务处理方面显示出理论上的不足,其实,关怀伦理恰如其分地可以对其弥合,这是由关怀伦理自身理论品质决定的。

关怀伦理成为一种道德理论,其确实可以说是从关注"女性""家庭""友邻"关系开始的,如吉利根讨论关怀伦理时,是以女性的体验为基础建立起一种关怀伦理学,其代表作《不同的声音——心理学理论与妇女发展》就是很好的例证。诺丁斯亦是如此,其关怀伦理思想集大成之作命名即为"始于家庭——关怀与社会政策",这些可以说是关怀伦理学常被打上适用"私人领域"理论的表象原因。其实,关怀伦理学家始终反对把"关怀伦理"限定为"私人领域",她们很多都是极力把"关怀伦理"推至可适用于社会、国家,乃至世界秩序建构中的。诺丁斯认为,"关怀作为一种道德取向是不限于一个领域或一个性别的"①"始于家庭,并不意味着限于家庭"②,如关怀中的自然关怀起源于家庭环境或者父母之爱,关怀虽是在这样狭小的环境中养成和发展的,但完全有理由认为在家庭中学会关怀,然后顺其自然地把自然关怀带入公共领域,从而培养起社会关怀意识。因此,个人生活中关怀素养的发展过程和国家从关怀出发构建大同社会的过程具有一致性,在家庭中种种养成自然关怀的做法对于更为广阔领域内运作的社会国家政策具有借鉴意义,"最佳家庭的做法可以有助于我们更好地处理社会事务和全球问题"③。在解决社会发展上,关怀伦理学有充分的理论自信帮助构建一个持久、长期、良好的社会支持系统。

首先,关怀伦理学把人看作"关系"性的存在。关怀伦理学从人的依赖性出发,提出人的"关系"性本质。因为人在社会中必然要和其他人勾连,一出生需要得到来自家庭亲人的关爱,成长过程中要与朋友、老师交往,工作后要与社会产生联系,要得到社会各方面的帮助才能发展,"自我的确是一种关系,它是动态的,处于不断的流动中,它汇聚着影响和意义"④。我们在思考问题的时候,也会从所处社会关系网络出发,把自我放在一个"时代、文化和社会具体生活"场域中思考理

① 内尔·诺丁斯. 始于家庭:关怀与社会政策[M]. 侯晶晶,译. 北京:教育科学出版社,2006:1-2.

② 内尔·诺丁斯. 始于家庭:关怀与社会政策[M]. 侯晶晶,译. 北京:教育科学出版社,2006:2.

③ 内尔·诺丁斯. 始于家庭:关怀与社会政策[M]. 侯晶晶,译. 北京:教育科学出版社,2006:222.

④ 内尔·诺丁斯. 始于家庭:关怀与社会政策[M]. 侯晶晶,译. 北京:教育科学出版社,2006:97.

解一系列“相遇”，自我是在这些具体“关系”中得以形塑的，自我独立思考和行动依赖一个社会关系网络，“如果被剥去所有联系，一个人就无从成为自我”①，“关系”是人之为人的本质所在。人既然是“关系”性存在，为了维持这种“关系”，关怀成为人的天然需求和天性所在。关怀伦理学把关怀看作是人的天然需要，认为每一个人从儿时开始就依赖于其他人提供的关怀，人们一生中都以最为根本的方式和其他人相互依赖。同时，关怀也可以看作是人天性中具有的，关怀自然而然产生于家庭领域内，它是“始于家庭”“无须诉诸伦理努力”而形成的。比如，对于孩童来说，具有关怀天性的他们，随着自身的成长和交往范围的扩大，本身具有的“关怀”能力就会拓展，把“自然关怀”带入公共空间，从而引导自身处理社会公共领域的“关系”。因此关怀伦理应用到社会领域，是看到公共空间即为所有民众的集合体，每个个体具有关怀的本质，促使公共空间形成同样的氛围，反过来公共空间又能影响个体的发展方向，两者相互作用以使良好关系氛围形成。关怀伦理注重社会“关系”的搭建，在全体共同努力下做出合理的道德判断，在协调好各种“关系”中搭建起优良的“关系”网络。

与关怀伦理的这一特点相比，西方自由主义、康德道德理论以及传统正义理论都是过分强调人是作为自由、平等、独立自主的个人存在，以“平等、抽象或者普遍的道德原则”来处理社会事宜，剥离了人最关键的“关系性”来考虑问题，它们所带来的结果必然是过于“冷漠”的社会和“机械僵化”作风普遍存在。关怀伦理应用于社会公共关系的处理中，倡导社会每个人都是彼此密切相连的，都必须以活生生的人的方式得以倾听、理解和尊重，可以形成一个处处有关怀、处处洋溢着温馨和谐的社会景象，关怀伦理为构建和融的社会伦理生态提供了一种期待。

同理，国家（政府）在老年人口“精神赡养”工作上倡导关怀伦理比公正、功利等理论等更能起到对和融“关系”的搭建作用。“精神赡养”社会化趋势就是要求国家政府积极调动社会各方力量，在社会中形成一个帮助关爱老年人精神健康的氛围，协调各方力量，就是参与各方要与老年人建立优良的“关系”，参与各方相互之间也要建立优良的“关系”，特别是“关爱”关系，这样才能形成“赡养合力”。“关爱”关系形成是一种无私奉献的崇高的精神体现，很明显，用正义理论来指导，正义虽然被视为社会安排的首要价值，但这种理论的目标是经济活动产品和权利地位的公平分配，“精神赡养”事宜不会产出“经济利益”，也不关涉利益分配，公正理论不适宜处理“精神赡养”工作中的“关系”搭建。功利理论亦是如此，它虽

① 内尔·诺丁斯．始于家庭：关怀与社会政策［M］．侯晶晶，译．北京：教育科学出版社，2006：93.

然宣称最大限度地发挥所有人的功利,但它最终还是要求以理性态度对所有人的利益进行精致的计算,因此国家(政府)在老年人口“精神赡养”工作上应大力倡导以“关系”搭建研究为核心的关怀伦理。

其次,关怀伦理关注人的“需要”。在当今占主体地位的社会伦理中大都是通过倡导保障权利来实现对民众利益的满足,却很少关注和提及民众真正的“需要”满足。国家(政府)在政策制定时,虽然能够从公平、功利理想出发,做到对权利利益的保障,追求所谓的社会公平的正义,但里面的问题是,没有关注人是有各种“需要”的,而“需要”是因人而异的,甚至每个人的“需要”也是动态变化的。这样造成的结果就是,国家(政府)出台的政策制度很难使民众满意,甚至被认为政府是打着“光明正大”的旗号,强势对民众进行欺压、压迫或剥夺,按照关怀伦理学所讲的,是没有关注“需要”的关怀,是“病态的关怀”。例如,城镇化进程中,不考虑一些农民的真实“需要”,随意制定拆迁政策,借推行城镇化之名,“赶农民进城”的行为就成为“病态的关怀”,这也是近年来“强拆”遭到反对的原因。诺丁斯也举过此类的例子,她说不考虑“需求”的政策制定在不同层面上都有发生,甚至在国际事务中也有发生。如若干年前,阿富汗发生了一场严重的地震,有的国家向该国运送了大量的食品和衣服,但实际上,灾区急需的是建筑材料,这是典型的没有了解对方的内在状况——苦楚、愿望和忧惧,从而造成不适宜决策的例证。

关怀伦理倡导关注人的“需要”,致思于识别不同社会群体必须满足的需要,这一基本态度运用于社会政策时,就要求国家(政府)以在意民众“需要”为起点,倾听民众内心的“声音”,并在条件许可的范围内尽可能积极行为,并让民众在接受情况下做出“回应”。按照伦理学家崇托的理解,这就是关怀伦理在公共领域事务中体现出的“注意、责任、能力、回应”四个道德要素,形成“关怀”闭环。① “注意(在意)”是强调对身边他人的需要具有敏锐力,对人内心的苦楚有怜悯心。这在关怀伦理学家看来是关怀的前提,只有“在意”了,才能去了解他人的需要。需要是十分复杂的,关怀伦理学认为主要有“明示的需要(产生于被关怀者的需要)”和“推断的需要(产生于外界的需要)”,而“推断的需要”是要充分考虑他人的所处的“文化、技术和历史环境”,对它们的识别取决于“在意”程度;“责任”侧重于如何看待自己与他人的关系,强调社会成员彼此间命运的连接;“能力”是强调要有去关怀他人的行动力;而“回应”表明被关怀者有“反映”了——接受或者反对,在关怀伦理学家看来,关怀的含义绝不取决于关怀者一方的动机与目的,而必须

---

① TRONTO J C. Moral boundaries: apolitical argument for an ethic of care[M]. London: Routledge,1993:127.

考虑被关怀者产生了什么样的反应,对于关怀的"回应"成为关怀伦理的一个核心内容,那么对政策的"回应"表明了民众对政策考虑到自我需求有了积极反应,如此一来"回应"成为评价社会政策制定和推广的基础。也正如关怀伦理学所言,"如果一项政策或规定无法使当事人对其掌管或控制的人做出积极的回应,那么这一政策或规定就不应被制定"①。换言之,政策的制定应致力于体现国家(政府)以对象真实的需要为基础,灵活地做出有益于民众之事,从而更好地解决他们在现实中遇到的种种困难,帮助民众过上一种更好的生活。

老年人口"精神赡养"的实质是满足老年人的"精神需要",老年人的"精神需要"在理论上可以分为"情感世界、理智世界以及意义世界"的多种"需要",厘清它是一个十分棘手的问题,联系现实实际,老年人的"精神需要"更是难以进行区分。因此,国家(政府)担当老年人口"精神赡养"工作主责,在政策制定上就很难以"公正、功利"理论来进行指导。每一个老年人的不同需要都应该被满足,公正原则最多保障的可能是老年人"明示的需要",如养老金、医疗费的保障,但对老年人"推断的需要",尤其是精神上的"需要"更多指向为"推断的需要",公正原则提供的只能是一种抽象的、普遍的公平,很难顾及老年人千差万别的"精神需求"。而关怀伦理倡导关注人的真实"需要",警惕假正义之名导致的伤害,应用于政策制定上,可以建立、维持和增强各种"关系",让每个老年人都被赋予机会来满足合理性"需要"的期待,这样有助于创造一个乐于关怀老年人口"精神世界"的社会图景。

最后,关怀伦理倡导"依情况而定"。道德理论一般是立足并超出现实生活关系而对行为规律性、正当性的总结,正如罗素对"哲学"的认识一样,"一切确切的知识——我是这样主张的——都属于科学;一切涉及超乎确切知识之外的教条都属于神学。但是介乎神学和科学之间还有一片受到双方攻击的无人之域;这片无人之域就是哲学"②。这就是说哲学(包括伦理学)是诉诸理性和普遍性的学问。事实也是如此。在西方,从苏格拉底开始,就是强调道德的理性和可认知性,"那些具有最大稳定性,不受任性影响的活动才具有内在价值"③。至于非理性的情感性、不可普及的规律性等都是道德原理所排斥的,18 世纪法国唯物主义者霍尔巴赫就申明,"道德绝不应该随着人的一时的任性、想象、情欲和利益乱跑。它应

① 内尔·诺丁斯. 始于家庭:关怀与社会政策[M]. 侯晶晶,译. 北京:教育科学出版社,2006:5.

② 罗素. 西方哲学史[M]. 马元德,译. 北京:商务印书馆,1976:绪论 5.

③ 玛莎·纳斯鲍姆. 善的脆弱性[M]. 徐向东,陆萌,译. 北京:译林出版社,2007:439.

该是固定不变,它应该对人类中任何个人都是同样的,它不应该随着地域和时间的变化而变化"①。道德应致力于探索普遍原理、追求真理模型、强调慎思的重要性,而不是把人的情感、不可确定性、偶然性的因素置于重要地位来研究,这在近现代更为凸显。在以高扬人的理性精神、推崇人的主体性的康德那里可以找到例证,康德认为伦理世界的建构是以理性为基础,一些影响我们的"自然属性""偶然情况"等都应被忽略,在他那里,"不管偶然产生的东西是幸运还是不幸,它们都被认为不是道德评价的恰当对象,也不是决定道德评价的恰当因素"②。总之,现代道德趋向是用基本理性规范来面对复杂的日常生活,强调用理性来寻求一种"普遍性"和"确定性"。套用麦金泰尔的话语可以表述为,现代道德成为一种理性的"谋划"。

应该指出的是,人的伦理生活并不是完全按照理性确定的步骤来展开的,它会受到偶然性、不确定性等因素的影响。这在现代社会更是如此,无论是"高风险社会"也好,抑或是贴上"技术工具性"标签的现代社会也好,表达的都是现代社会是一个多样化、复杂化社会,也是一个具有显著偶然性、不确定性的社会。在这样的社会中,人生并不是按照"公式化"来生活,而是充满各种不确定性的生活,任何理性的计划都可能碰到意外,人生就是在生活的冲突中进行选择的进程。而占据伦理学主导地位的道德原理,"它在形式上强调普遍性和确定性,在内涵上聚焦于行为者的能动性和自主性,在功能上以责备或赞扬的评价为主旨,它可以说是一种特定体制(peculiar institution)"③,不是对人整个生活的考虑,用这些"公式般"的原理很难解决当下"多样性、复杂性和不确定性"的社会领域事件或活动。

而关怀伦理学看到,人的需求是变动不居的,它是受个人情况、社会文化经济背景等多种因素影响的,施予关怀行为时,施予者的"声音"更是难以表达出"他者"的内心世界,以至于"关系"不再为探索一个人的内在生活与他人世界之间的联系提供通道,这正是一般道德理论在处理社会公共领域事宜难以奏效的原因。因此,关怀伦理主张道德行为的实施一定要依靠具体情境来做出相对的决策,而不是简单套用道德理论,这也是关怀伦理学始终反对把"自己"称为是可提供"具体原则和规范"的原因所在。

在老年人口"精神赡养"中,同样应该看到,老年人的"精神需要"是多样化的,也是变动不居的。党的十九届四中全会明确提出注重民众全生命周期健康,

---

① 周辅成. 西方伦理学名著选辑:下卷[M]. 北京:商务印书馆,1987:82.

② 伯纳德·威廉斯. 道德运气[M]. 徐向东,译. 上海:上海译文出版社,2007:29-30.

③ WILLIAMS B. Ethics and the limits of Philosophy[M]. London:Fontana Press,1985:174-177.

对于老年人来说,就是注重老年阶段全生命周期健康。老年阶段的生命其实主要分为三个阶段:老年健康期、老年带病期和老年生命末端期。在“健康期”,老年人的精神需要多是体现自我价值,想积极参与社会交往。一旦进入“带病期”,处于失能半失能状态,更多的是依靠他人生存,这时的“需要”是来自家庭、社区养老机构人员的在意和关怀。进入“生命末端期”,老年人需要的是维护最后生命尊严和幸福的实现。总之,提供给老年人不同阶段的需要应该根据老年人不同的生命周期状态来决定。关怀伦理提出“依情况而定”,主张国家(政府)提供适合每一阶段的合理措施和政策,而不是像传统道德理论那样采用公式化的决策来对待,这无疑将为提升老年人口“精神赡养”的品质提供了一套优良的指导理论。

探求关怀伦理应用于社会公共事务的处理,不是否定正义等“显性”理论的作用,也并非舍弃正义伦理等,而是指它应用于社会公共事务领域,调适关怀与正义、功利等伦理理论的关系,弥合这些理论的不足,共同“携手”构建一个为善的世界而行动。同理,在老年人口“精神赡养”工作中,关怀伦理的应用也不是否认强势或显性理论在其中的作用,而是看到它们在其中的缺陷,对其更好地调试,以适应当下老年人口“精神赡养”工作的开展。

第四节　国家(政府)担当老年人口“精神赡养”保障主责的关怀实践

伦理学视域下,老年人口“精神赡养”中国家(政府)关怀伦理样态的构建属于公共关怀伦理研究范畴。国家(政府)对于公共事务责任的担当,不仅体现在坚持以民为本的治理理念,还要做好公共服务工作,构建惠及大众、公平可及、系统连续的社会制度、法律体系等。这种实践保障不是指关怀技术层面,而应是在“意识倡导、政策设计、法律制定”等方面体现出关怀,为开展老年人口“精神赡养”提供切实的保障,以此展现出的也就是国家(政府)关怀老年人口“精神赡养”的伦理样态。

一、老年人口“精神赡养”社会关怀氛围的营造

在2019年春节团拜会上,习近平总书记指出,“我们要在全社会大力提倡尊敬老人、关爱老人、赡养老人,大力发展老龄事业,让所有老年人都能有一个幸福美满的晚年”①。社会上形成良好的关怀老年人氛围,对保障每个老年人幸福安

① 习近平. 在2019年春节团拜会上的讲话[EB/OL]. 新华网,2019-02-03.

康至关重要。学界共识认为经由关怀的社会政策实践可以构建更为和谐的社会。以国家(政府)为主导在公共服务行为中体现的关怀特性,可以称之为社会关怀。按照辩证唯物主义观点来考察,社会关怀是人类改造客观世界的实践活动。人类的实践活动是通过意识来指导的。我们知道,意识的功能结构是由三部分组成的,它们分别是意识世界中的“知识性结构、价值性结构以及实践性结构”,对应着主体对客体的“认知、评价以及实践”。因此,人的行为首先是在认知结构、价值结构形成的基础上产生的,也就是说,有“知”才能指导“行”。那么,很明显,社会关怀行为付出首先也应是以社会关怀“认知”意识的形成为基础。在老年人口“精神赡养”问题上,也应是全社会对“精神赡养”形成社会认知意识,认识到社会关怀在其中的重要意义,形成价值观念,然后才能具体实践。也可以说,关怀老年人“精神世界”在社会中“蔚然成风”,需要在社会中达成一种共识,这种共识应是了解社会关怀老年人“精神世界”的道德要素,围绕这些要素才能展开行为的付出,老年人“精神赡养”工作才能开展起来。

(一)老年人口“精神赡养”中社会关怀的道德要素

关怀伦理学提出关怀实现的关键在于“关系”的搭建,而这种“关系”通道顺畅的环节主要包括“相遇、在意、动机转移、接受、回应”等“要素”①。因此,在“精神赡养”事宜中,可围绕这些环节来探讨社会关怀老年人“精神世界”的道德要素,达成社会认知共识。

一般认为,关怀伦理学提出的“关系”搭建的环节多是指向“家庭、友邻”等领域,在“精神赡养”作为社会公共事项上进行认知的维度上,探求社会关怀老年人“精神世界”的道德要素,是一种把个体关怀推向社会公共关怀的路向研究。依据关怀“关系”搭建的环节和“精神赡养”的社会化特征,社会关怀的道德要素可以归纳为“在意、尊重、理解和回应”。

“在意”是指社会上把“赡养”目光聚焦于关怀老年人的“精神世界”,形成人人都来关注老年人的“精神世界”的氛围。有了“在意”意识,当它在全社会中流淌,老年人口“精神赡养”才能实现,其中国家的倡导具有重要作用。关怀老年人可以说是当今社会的主流,但还应看到,有很多不和谐的声音和现象依然存在。社会新闻常有这样的报道,老年人在菜市场、大街上、公交车上摔倒,没有人去扶起来;“空巢”老人在家里去世多日才被发现;“寂寞死”“孤独死”等报道频见报端,反映出的是社会在对待老年人时出现的“畸形”状态。在对待老年人的“精

① 内尔·诺丁斯. 始于家庭:关怀与社会政策[M]. 侯晶晶,译. 北京:教育科学出版社,2006:17.

神"关怀上,社会道德冷漠还存在,关怀还没有"充满苍穹",原因之一是还没有完全形成"在意"老年人及关注老年人"精神赡养"的社会意识。根据关怀伦理对"在意"的理解,"在意"是面对被关怀者时关怀者引发关怀的情感"发动机",只有"在意"了,才能同情他人所受的痛苦,才能引发积极地对所处不幸中的他人的关怀付出。"在意"扩大进入公共领域,是国家(政府)引导社会对弱势群体、需要帮助群体进行关注,继而制定政策帮扶的前提性条件,"置若罔闻"或依赖抽象的思维来制定政策都会带来危险的关怀倾向,"在意(或曰一种正义感)必须视为构建鼓励关怀的环境的工具性手段"①,国家(政府)引导"在意"意识是打破冷漠的前提,可以很好地引导社会意识指向对老年人口"精神赡养"问题的关注。

"尊重"是社会关怀老年人"精神赡养"中最"核心"的道德要素。社会关怀老年人"精神赡养"在其本质意义上是在社会中形成一种"尊重"老人的风气,"尊重"老人成为社会遵守的基本公共道德规范。"尊重"在中外伦理思想中占据着重要价值地位,一般它是评价个体品德的词语,"尊重"常被作为德性看待。如孔子有"己所不欲,勿施于人"②"夫仁者,己欲立而立人,己欲达而达人"③的论述,孟子也主张:"仁者爱人,有礼者敬人。爱人者,人恒爱之;敬人者,人恒敬之。"④这些话语其实都表达了一个重要思想,就是人们在社会交往中求取自我的生存和发展,也要考虑到其他人生存和发展的空间,不要把自己不希望的东西强加于他人,这些是人们具有一种"尊重"他人品德的体现。西方传统社会生活遵守的"黄金规则"强调你希望别人怎么样对待你,那你就怎么样对待别人,其实表达的也是生活秩序的维系需要人具有一种尊重他人的义务和德性。在现实中,我们常说的"尊重老人""尊重你"等,表达的都是人应具有的品质德性。"尊重"成为社会规范的可能性在于"尊重"本身内含着"德性与规范"的双重意义,"德性的形成过程包含着规范的内化;德性在形成之后又构成了规范的现实作用所以可能的前提之一。"⑤"规则深嵌或包含于德性生活,如同语言规则之深嵌或包含于书面语或口语之中。德性的典范就是遵循这些规则,就好比流利地说一种语言就是遵循这种语言的语法规则"⑥。以此而论,其实"尊重"德性开始只是一种习惯表达,当人们

① 内尔·诺丁斯. 始于家庭:关怀与社会政策[M]. 侯晶晶,译. 北京:教育科学出版社,2006:21.

② 孔子. 论语[M]. 北京:中华书局,2006:146.

③ 孔子. 论语[M]. 北京:中华书局,2006:50.

④ 孟子. 孟子[M]. 方勇,译注. 北京:中华书局,2010:163.

⑤ 杨国荣. 伦理与存在[M]. 上海:上海人民出版社,2002:46.

⑥ 周治华. 伦理学视域中的尊重[M]. 上海:上海人民出版社,2009:112-113.

普遍接受了它,按照它来去做,德性就成了社会规范规则。在对老年人口"精神赡养"的问题上也是一样,"尊重"老年人社会规范形成应从培养个体的"尊重"意识开始,即个人要认识到"人人都会老,家家有老人,老人都需要精神关怀",使"尊重"成为一项内化于个人德性的普遍性活动。当社会成员达成意识共识,认识到"精神赡养"之于老年人的重要性,"尊重"规范就会被践行。

"理解"是社会关怀老年人"精神赡养"的重要条件和支点。没有"理解",也就无所谓"关怀",尤其在老年人"精神赡养"问题上,即使"在意"老年人"精神赡养"存在的问题,并且试图去"尊重"老年人,但这些只是"善良意志"的表现,社会关怀老年人需要建立在"理解"老年人的社会氛围形成的基础上,才能把关怀"输送"过去。何谓"理解"? 哲学视域下,"理解是人类的一种基本的认知活动,是以人、人类社会和整个自然界理解本文的,其形式是主体间的理解与主客体间的理解,而理解主体则以一定的前理解结构为前提,理解就是在这样的条件下由理解主体对本文赋予的过程"①。可见,"理解"是主体对客体不断深入认知,进入对他人、他物所需、所思感同身受的境界。"理解"其实是一种站在对方角度包容对方差异性的态度。因为我们的习惯、性格、思想观念都有独特于其他人的地方,恰是这些不同指导着我们的行为方式表现出差异性,尤其是反映在老年人身上,由于他们自身"精神世界"的一些特殊性,在行为举止、思想价值观念等方面都会表现出不同于年轻人的特点,有时甚至表现出一些"怪异"或不可理喻的状况,这就需要整个社会对其"理解",表现出宽容和接纳,而不是过分苛刻的要求。只有在"理解"的基础上,让老年人认为自己的心理状态和行为举止是被社会接纳的,老年人不是社会的"另类",他们才能主动接受来自不同对象的关怀,建立起和睦的关系。另外,"理解"更是实现活动目的的一种能力。"理解"需要主体能够从尊重他人、关心他人的角度出发,通过积极有效的沟通悦纳对方,实现和谐共处。哈贝马斯指出:"我把以达到理解为目的的活动看作是最根本的东西,其他形式的社会活动——冲突、竞争,通常意义上的战略活动统统是以达到理解为目标的活动的衍生物。"②对于社会关怀老年人"精神赡养"的活动来说,"理解"的能力体现就是要在社会中培养一种能够促进不同观念的融合、保证个体间的畅通交往以及利于发挥各自的创造才能的氛围。社会对这些方面的重视,可以有效培养人们"理解"老年人"精神世界"的能力,这可以说是社会关怀老年人"精神赡养"的基础支点。

---

① 刘丽萍. 论理解的概念规定性——兼论苏联学者对理解问题的研究[J]. 现代哲学,1998(2):70-75.

② 哈贝马斯. 交往与社会进化[M]. 张博树,译. 重庆:重庆出版社,1989:3.

关怀伦理学认为，对于关怀的“回应”是关怀的核心内容。没有“回应”的关怀不能称为关怀，甚至可以称为是在做无用功。关怀行为在相遇中都可能发生，真正宝贵的是“他者”的具体的回应。“他者”回应之所以可贵，在于凭借“他者”的回应，我们才能评价自己的行为及其效果。还在于“舍此我们根本无从宣称自己行为的合理性。没有他人的倾听，我们对谁言说？我们如何修正抽象概念之弊？没有他人的凝视、触摸和微笑，我们的生活会是什么光景？”①因此，社会关怀在实施于照护老年人不便的身体和脆弱的精神世界时，关心的不是成就社会美德，而是发现和倾听老年人是否有“回应”，即发现社会提供的是不是老年人身体和精神世界所需求的。老年人与能理解自己的人保持联系并对社会关怀产生“回应”，就有了相对的安全感，而不至于陷入无助的绝望。当然老年人“精神世界”的需求“回应”是很难认知和判断的，按照关怀伦理学家薇依认为，“回应”可以分为两个层面：一是“表层”的回应，涉及个人的权利和需要；二是深层的回应，与此紧密相关的是个人的善。因此，对“精神世界”需求的属于深层的回应，这种回应就需要社会有“敏感性”，能够把握老年人内心真正的具体的需要，并在道德和条件许可的范围内尽可能积极地付出行动。

（二）老年人口“精神赡养”社会关怀氛围营造的路径

老年人口“精神赡养”社会关怀氛围营造是在认识达成共识的基础上，进行探寻实践路径的过程。历史经验和社会现实发展都告诉我们，社会氛围（或称为社会风尚）的形成，作为一种状态，它需要在一种主流价值观念引导下进行。正如传统社会中，“尊老、敬老”社会氛围的形成，是在优良传统美德“老吾老以及人之老”的熏陶下的结果，是以家庭“孝道”为核心价值观念引领社会形成的特质，“孝”在营造传统社会关怀老年人氛围中起到动力作用。社会氛围也是长期发展的过程，它包括生发、改变、积淀等基本过程，在这个过程中，社会氛围不是一成不变的，它是根据具体社会情况来沉积特质，也就是说需要针对现实具体的“问题”来营造氛围。关怀伦理学所讲的“依境而为”即是表达这一层含义。另外，社会风尚的形成需要从个体行为开始推至社会群体意识的认同，引导、诱发、推动个体积极性需要采取合宜的手段，这是社会形成良好氛围的“便捷之门”。依据以上的分析，营造关怀老年人口“精神赡养”的社会氛围可以尝试从以下几点来进行。

首先，倡导新“孝道”，形成推动“精神赡养”社会氛围营造的动力。传统“孝道”作为家庭赡养老人的动力机制，在文化学意义上，主要是指向规范家庭子辈养

---

① 内尔·诺丁斯．始于家庭：关怀与社会政策[M]．侯晶晶，译．北京：教育科学出版社，2006：129.

老行为的准则,但在其发展过程中,作为政治伦理功能的“孝道”无论在理论上还是实践上都表现得非常明显。作为“孝”文化集大成的《孝经》,论证“孝治天下”可以说渗透始终,体系化了以“孝”的精神为指导建立新型社会秩序的政治伦理思想,并且也为后来社会的发展提供了较为成功的指导。不可否认的是,传统“孝道”的政治伦理思想存在着众多糟粕,但挖掘其中的积极因子,凝练新时代特征“孝道”的价值内涵,尤其是“孝道”的社会伦理规范作用,放大“孝道”在指导社会发展中的积极意义,继而加强以“精神赡养”为核心的新“孝道”的宣传和教育,可以为现代社会开展“精神赡养”实践工作提供服务。社会倡导新“孝道”,因传统“孝道”内核与“关怀”有着契合性,所以也显示为社会的“关怀”旨趣。

其一,做好推行以“精神赡养”为核心的“孝道”的启蒙工作。如何让以“精神赡养”为核心的“孝道”的内容、实践体系、实践模式等在民众观念中“生根”(认识)、“发芽”(积极实践),这是一项艰巨的任务。首先应发挥教育的教化功能。家长作为家庭教育的主体要以身作则,潜移默化地培养孩子的尊亲、孝亲观念;还应辅以学校教育,在小学、中学、高校逐层普及,深入开展老年人口“精神赡养”主题知识教育,积极传承传统孝文化中的精华部分。另外,还要全面创新宣传形式。以个人道德、家庭孝道为宣传着力点,广泛开展社会孝老事亲的实践活动,通过赡养人与被赡养人的多种形式的深入交流,让赡养人在实践中意识到“精神赡养”对被赡养人的重要性,也要借助网络时代新媒体、自媒体的传播效应,将宣传视角更多地定位于关注老年人的精神需求上。如在电视媒体开设与少儿频道相对应的老人精神照护频道,微信推广里更多地关注“精神赡养”类的公益宣传等。

其二,做好推行以“精神赡养”为核心的“孝道”的激励工作。当前,传统道德观念受到市场经济理性腐蚀较深,民众行为易与利益回报挂钩,在这一维度上,国家政府应完善老年人“精神赡养”的激励机制。参照国外的一些做法,如韩国《住房认购改革方案》,对于能够很好尽到精神赡养义务的民众,可以在购房、税收等方面给予一定优惠,将老年人的“精神赡养”与赡养人的利益密切结合,在制度设计上激励子辈更好地关注父母的精神需求,使得“精神赡养”观念深入人心;还可以由政府出面,在社会上设立“孝子奖”,用于表彰在“精神赡养”方面做出贡献的人,定期评选,在社会中树立榜样激励大家;还可以在重大纪念日,如父亲节、母亲节、重阳节等传统节日举办社会公益性主题演出活动,邀请和睦家庭的子女、父母同台表演,加深被赡养人与赡养人之间的理解与交流,形成一种关爱老人的社会氛围。

其三,选好推行以“精神赡养”为核心的“孝道”的“抓手”。传统“孝道”在宣传推行上,有个很好的做法,就是从不同角度、不同环境、不同境遇把历代行孝的故事汇集成为“二十四孝”。清代吴正修作《二十四孝鼓词》,唱词里就有“论起这二十四孝,谁人不知,谁人不晓”的论述。“二十四孝”可以说在宣传推广“孝”的内涵上成为很好的“抓手”。虽然“孝道”是古代封建帝王社会宗法礼仪的一个重要组成,其中虽不乏过时的、落后的乃至不合情理的东西,《二十四孝》的最初目的也是维护礼教,但传统“二十四孝”作为行为规范,发挥了很强的规范赡养行为的作用。“二十四孝”里也有很多关于“精神赡养”的典故,如“戏彩娱亲”“亲尝汤药”“扇枕温衾”“弃官寻母”等,这些典故中的人物都是“色养”父母的代表,他们也成为在社会中树立起从“精神”上孝养父母的榜样,被后人效仿。当前,在营造以“精神赡养”为核心的“孝道”的社会氛围过程中,可以仿照传统“二十四孝”形式,把现实生活中的典型事件、行为和人物以“新二十四孝”展示出来。2012 年,全国老龄办等单位曾发布过“新二十四孝”的行动标准,在这方面做出了尝试。此做法的目的很明确,号召全社会“敬老、爱老、助老、孝老”,更多关注老年人的“精神世界”,使老年人得实惠、普受惠、长受惠。与传统的“二十四孝”相比,“新二十四孝”行动标准更简洁易懂,也能抓住时代发展特点。但主要问题是,作为具有丰富内涵的“孝”,用这些标准来体现略显随意简单,也没有理论支撑其存在的合理性。还有就是,没有注意到我们国家情况的复杂性,城乡情况差异巨大,老年人“精神世界”需求差异也较大,因此这些标准操作性较差。2012 年至今,“新二十四孝”宣传已有数年,知晓度仍然很低即是例证。所以,接下去可以做的工作是,根据实际调查和典型个案追踪,进一步凝练“新二十四孝”内容,把最具有代表性的行孝的人物和事件纳入进来,根据老年人“物质需求”“生活照料需求”,尤其是“精神需求”来排列“二十四孝”顺序,以朗朗上口的形式展现,让民众易于接受、易于实践。

其次,实施精准关怀,营造真切关注老年人“精神世界”的社会氛围。社会关怀老年人“精神世界”氛围营造的最终目的是使人们在公共空间里,打破利益算计的“藩篱”,在内心建立起相互信任与积极付出关怀的连接。社会关怀实践和个人关怀不同,因为它更多指向社会关系的描述而不是个人的道德倾向。正常情况下,必须有老年人的“回应”来维持这种关系。比如,老年人在社会帮助下精神状态良好且积极向上,说明老年人对社会提供的关怀认同,产生了获得感。当然,这也要求社会提供的关怀不是流于形式,如口头宣传、文件表述,而要做到“精准”关怀,深入老年人“精神世界”里面去。所以社会关怀氛围的形成评判标准应指向是否精准提供了老年人内心的所思所求,并被老年人真心接受。现代社会“精准”关怀老年人的“精神世界”可以从让老年人“走出去”和“走进去”两个维度来探求。

老龄化是挑战,也是机遇。老年人数量的激增所带给社会的不能看作是负担,而应积极看待老龄社会,积极看待老年人和老年生活。积极老龄化,就是鼓励老年人积极“走出去”,接触社会、贡献社会,消除“老化”“退化”和“无用”等消极的老年形象,从而实现老年价值。其实,老年是生命过程的重要阶段,虽然被安排在最后一个阶段,但仍然是可以“有作为、有进步、有快乐”的阶段。营造关怀老年人“走出去”的氛围,不仅可以提高老年人的生命质量、维护老年人的尊严和权利,而且能促进家庭团结和社会和谐。具体措施可以是社会要给老年人提供更多的参与社会事务的机会,帮助老年人接触社会,参加社会实践,“走出去”心情才能快乐,同时也使他们扩大社会交往空间,排解子女力不能及的精神诉求;社会还要提供很多让老年人学习提升的机会和场所,让老年人不满足现状要求上进的心理得到实现,如可以多举办一些老年大学机构、老年娱乐活动园等,让老年人的“理智世界”完满充实;还有社会提供老年自我实现的机会,消除“衰老”“退化”和“无用”等老年形象,如让老年人通过互助养老减少社会担负,贡献社会、实现自我,这样可以使老年人的“意义世界”充满希望和快乐。

除了营造社会关怀氛围让老年人能主动“走出去”,还要营造施加精准关怀让关怀能走进老年人“精神世界”的氛围。“走进去”就是要打开老年人封闭的心扉,让关怀走进老年人的心底。在内容上,社会关怀要关注老年人“精神世界”缺失的真实状况,根据调查,老年人内心需要从社会获得的帮助主要有“社会的包纳、内心的孤独、存在的价值”等。针对这些内容,社会关怀采取精准措施可以是在全社会开展人口老龄化国情教育,引导全社会增强尊重、接纳、帮助老年人的关爱意识;针对老年人孤独寂寞的心理,可以在社区建立高龄老人档案,了解每位老人的具体情况,有针对性地开展社区活动,让老人融入进去,不至于与社会脱节。也可以利用各种社会资源,比如,组织志愿者团体推动“老年关怀的活动”,给老年人营造一个乐享晚年的社会环境。建立社区精神赡养义工团体,人员是自愿申报,尤其可以在大学生中进行挑选,参照国外做法,把关怀老人实践纳入大学生社会实践中,对他们进行培训,为有需要的老人提供精神需求方面的咨询、照护服务。

最后,开展榜样教育,形成关怀老年人口“精神世界”的社会氛围。社会关爱行为一般是指在社会公共空间里,人们在一定的关爱意识支配下所表现出的关爱他人与兼爱自己需要的合理行为。这样,可以理解为社会关怀是集认知、情感、信念和意志等观念活动的外在表现,是为改善社会人文环境而进行的主观见于客观的活动。这表明,社会关怀氛围的形成,需要从教育民众的认知开始。在一个多元化和个体性凸显的现代社会,开展“精神赡养”工作,形成社会关怀氛围,在教育民众的多种方式中,榜样文化教育仍不失为切实可行的“便捷”方式。

榜样文化教育是指施教者以先进人物的思想观念、行为事迹、道德实践为示范,引导受教育者向先进人物看齐,以形成符合教育者所期望的思想状态的一种教育方法。“榜样”作为道德教育的典范,它带给人情感的激发,给人以情感的吸引力、感召力,因而榜样体现了道德之美,是审美的体验,触动心灵深处。“榜样”也可以为培育社会价值观铺就“营养”温床,把道德模范的榜样力量转化为广大民众的生动实践,在全社会形成“见贤思齐”“崇德向善”“德行天下”的氛围,为创设良好的社会环境提供精准抓手。因此,榜样教育法具有示范性、生动性和激励性等特点。

《诗经·大雅·既醉》云:“孝不匮,永不尔类。”意思是孝子敬老的孝意无穷无尽,孝子的行为势必会感化、影响整个家庭,乃至整个社会。古代社会已经看到了以榜样感召社会的作用。通过“二十四孝”人物故事的宣教,营造“孝”的社会氛围,传统社会提供了以榜样示教的成功典范。流传六百多年的“二十四孝”故事是中国“孝道”文化的生动诠释和集中体现,学界认为它是成书于元朝的一本宣扬传统儒家“孝道”的读物,其中选辑了为封建王朝所称颂的自上古至宋代的 24 个孝男孝女的感人事迹,叙之以文,咏之以诗,绘之以图,用于培养孝道美德。《二十四孝》宣传的都是典型人物感人的孝行故事,儒家选取行孝典型树为楷模,反复宣教让人感受到道德楷模的精神力量,积淀为社会文化心理的根本要素,在社会上形成了良好的敬老、爱老风尚。虽然传统《二十四孝》中的人物可能是虚构的,但榜样在影响行孝中的作用可见一斑。

这对现代社会的启示是,在推行“精神赡养”工作中,营造社会氛围可以选取一些典型行孝人物,凝练为精神楷模,在社会上大力宣传,让他们成为带动社会关怀老年人“精神世界”的“火车头”,发挥他们在社会敬老、爱老方面的示范作用。具体措施可以在社会上定期评选“精神赡养”做得较好的孝老模范、模范家庭、社会公益组织和社会企业等,然后通过媒体广泛宣传,形成“人人效仿”榜样的社会氛围。

二、老年人口“精神赡养”保障制度的完善

“意识倡导”来关注老年人口“精神赡养”固然重要,但这只是一种理念上的期许,老年人口“精神赡养”事业的顺利开展,还需一种“工具”上的配备——制度安排,完善有利于老年人口“精神赡养”开展的制度是有效保障其实施的重要维度。

制度的存在是人类社会存在的现实必然,制度是“一个社会基于权利和义务分配的公共理性而建立的对社会关系、各种社会行为和各种社会力量进行调整、

规范和整合的约束体系”①。制度在人类历史发展过程中,是作为一种公共“工具”调整、规范着人们的行为,对人们在社会经济生活、政治生活和文化生活等公共领域进行安排,来达到行为上的合理预期。制度也是人们在社会生活实践中赖以存在的重要保障,人类“生存境遇、自由、平等和幸福”发展的状态都要在制度约束和调和下得以实现。梳理历史可见,传统社会老年人口“精神赡养”的开展与相关的制度关怀存在着密切关系。

(一)传统社会“精神赡养”制度关怀梳理

养老是每个时代都关心的问题,伴随着文明的进步,养老制度从古至今在不断地演变着。古代政府对养老的关注与投入,有一种近乎天然的自觉。而这种自觉,无疑是与中国“孝”文化紧密联系在一起的。“孝”文化是中国传统文化,而“孝”的核心是“敬老、尊老、爱老”。如何在具体行动上“敬老、尊老、爱老”,历代封建王朝都做了许多规定,可以看作是在国家层面上对“养老”创制的努力。

我国周代开始出现了初具规模的养老制度。《礼记·王制》就详细记载要关心不同阶段老年人的生活起居,“五十异粻,六十宿肉,七十贰膳,八十常珍,九十饮食不离寝,膳引从于游可也”。意思是从老年人50岁起,赡养人就要供给其精细粮;到了60岁,要准备熟烂的肉食;到了70岁,要增加餐数;到了80岁,要经常供奉美食;而90岁的老人,行动不便,饮食没有规律,就要在床前伺候,随时满足其吃喝,当老人出游时还要带着食物跟着。为鼓励子辈更好地尽到赡养义务,周代对有老人的家庭实行了减免徭役的政策。《礼记·王制》有“八十者,一子不从政;九十者,其家不从政”的论述,即如果家中有80岁以上的老人,则子孙中可以有一人免徭役;如果有90岁老人,则全家都可以免徭役。周代还针对老人提出给予“国家养老”的待遇,如“三老五更”制度、“致仕之老”制度以及“养疾之政”的“免费医疗”制度等,足见当时社会对老人的敬重。其中有很多制度对后来的社会影响极大,如“三老五更”制度一直延续到宋代,明清时期才被废止。

汉代推行“以孝治天下”制度,对养老提出了强制性规定,出现了中国最早的“老年人保护法”,规定了70岁以上老人应该享受的生活待遇和政治待遇。而对于不赡养老人者,提出要被处“弃市”之刑。对父母长辈不敬也是重罪,子女杀父母或祖父母,即使没有成功,伤害长辈者同样要受“弃市”之刑。此外,还专设“赐鸠杖”制度,对于70岁以上的老人,由朝廷授予一种叫“鸠杖”的实用物,执杖者会受到社会的敬重,持杖老人即使触犯刑律,只要不是首犯就可以免予起诉,“虽有罪,不加刑焉”,这体现出对年长者的特别优待。

① 李仁武.制度伦理研究[M].北京:人民出版社,2009:139.

唐代养老制度更趋完善,颁布了许多关于养老、尊老的规定。首先是继承了汉代为老人“赐杖”“免税”等做法。《唐大诏令集》载有“八十以上各赐米二石,绵帛五段;百岁以上各赐米四石,绵帛十段;仍加版授,以旌尚齿”的论述。“尚齿”就是“尊老”的意思。其次,唐代还实行了“补给侍丁”制度,即官府免费给高龄老人安排护理人员,“凡庶人年八十及笃疾,给侍丁一人,九十给二人,百岁三人”。这样做可以免除家人照顾老人之忧。最后,唐代还注重“精神养老”,社会上普遍形成一种让父母“笑着”的养老风气,即不仅要在生活起居上照护父母,更要在精神上保证父母快乐。一代名相房玄龄就是这方面的楷模,《贞观政要·孝友》称,房玄龄“事继娘,能以色养,恭谨过人”。而对不能“色养”公婆的媳妇,甚至规定可以作为休妻的理由。总之,这些规定都强调要给予老年人物质上的赏赐和精神上慰藉。“精神赡养”虽然早在孔子时代就已被提出,即所谓的“色养”,但上升为制度应是从唐代开始。

宋明时期是中国历史上官办养老机构做得最佳的时期。《明太祖实录》(卷34)记载:“鳏寡孤独废疾不能自养者,官为存恤。”其中所谓“鳏寡孤独废疾不能自养者”,就包含了不能自养的老人,所谓“官为存恤”,就是由官府举办的救助机构来照护,这一机构当时被称为“孤老院”,明初改称“养济院”。明代朱元璋是最重视百姓养老的皇帝,他曾先后两次颁发诏令,实行终身养老对孤贫老人。一次是明洪武十九年(1386),一次是明洪武二十年(1387)。

清代作为古代养老礼仪的集大成者,把我国古代国家养老制度推向新的高度。除了部分继承古代的养老制度,还重视古老的“赐食”制度,多次大摆“千叟宴”,“千叟宴”就是把老人集中在首都,与皇帝一起吃饭饮酒。尤以乾隆年间为盛,请全国各地的老人到皇宫里聚会,以此显示皇帝治国有方,太平盛世,并表示对老人的关怀与尊敬。

通过简单梳理传统社会赡养老人的实践发展,可见传统社会并没有明显提出“精神赡养”制度化问题,“精神赡养”制度思想是蕴含于养老制度之中的,但从中可以窥见传统社会对“精神赡养”勾勒的制度关怀“图景”。

其一,家庭孝养提升为国家制度。赡养老人其中包括对老人的“精神赡养”,一般认为是家庭义务,通过“孝”方式来约束,在家庭里行孝是对子辈的天然伦理要求。而在社会发展过程中,家庭孝养文化逐渐从观念到行为,然后由统治阶层把其提升为服务于国家发展的制度。《礼记·乡饮酒义》就有“民知尊长养老,而后乃能入孝弟,民入孝弟,出尊长养老,而后成教,成教而后国可安也”的论述。把尊老养老上升为安邦定国的高度,大致也就是相当于常说的“以孝治天下”之意。还有国家兴办“养老院”,让老年人进入“官养”等是国家重视养老的直接表现。

一旦上升为国家制度,说明在国家意识层面重视“尊老、敬老、爱老”,这样很容易在全国范围内形成良好的“尊老”氛围,老年人生活在这样的环境中,就会健康快乐。

其二,制定了较为苛刻的保障制度。“精神赡养(色养)”的核心要素就是要“尊老、敬老”。传统社会为了实现形成“尊老、敬老”的社会局面,经验就是制定了较为苛刻的保障制度,以制度来约束人们的行为。翻开史书,从汉代的严重不孝行为者可能要被“弃市”,到北魏由孝文帝创制一直延续到清代的“存留养亲”制,再到唐代的《唐律·户婚》记载的“诸祖父母、父母在,而子孙别籍异财者,徒三年”论述,虽然相关制度规定看起来都较为苛刻,但应看到,其目的都是让老年人得到子辈的陪伴、家庭的关怀和社会的尊重。有了相关的制度规定,一方面警醒人们不能轻易违背,同时也体现出国家通过制定制度来关怀老年人的意志表现。

其三,探索具体“尊老”方式来实现“乐老”。古人很早就意识到使老年人快乐,需要通过具体的“尊老”方式来实现。《礼记》中就有“孝子之养老也,乐其心,不违其志。乐其耳目,安其寝处,以其饮食忠养之,孝子之身终”①的记载。传统“二十四孝”中“彩衣娱亲”就是很好的例证。“乐老”需要通过具体方式来满足老年人精神层面的需求,传统社会在其发展过程中,逐渐把这种意识融入国家层面的探求上,探索出了众多具体“尊老”的方式让老年人快乐。前文中提及的众多措施就是历代社会在这方面的表现,从“三老五更”制——给老年人授予荣誉职位,到授“鸠杖”——表明老年人受尊重身份象征,再到“千叟宴”——给予老年人特殊待遇等,这些方式的采用,使社会成员能够认同老年人较高的社会地位,营造良好的尊老氛围,无形中促进老年人精神的快乐。

(二)现代老年人口“精神赡养”制度政策制定的“聚焦”维度

养老越来越成为全社会关注的问题,我国业已建立了养老保险政策制度,试图为养老筑起保障“堤坝”,这被看作是现代社会养老发展的标志。然而,“它自建立之日起就陷入了‘制度刚性’困境:保险水平刚性提高乃至越高越好,必然带来缴费负担越来越重;相应地,保险缺口也就越来越大。”②这说明,我国养老保障制度还需根据实际情况进一步完善。当然,作为代表养老品质体现的“精神赡养”更需要制度关照。

对于老年人口“精神赡养”工作,国家(政府)需要行使“守门人”的职责,这个职能应是从重视“经济、生活照料”供给转向重视提供“精神关怀”的保障,这种提

① 戴德,戴圣.礼记[M].南昌:江西美术出版社,2012:412.

② 景天魁.传统孝文化的古今贯通[J].学习与探索,2018(3):40-46.

供不是国家(政府)作为直接提供者,而是国家(政府)转变为服务的购买者和监管者,从而保障"精神关怀"服务目标的实现,并覆盖需要服务的群体,也就是国家(政府)要探索适合国情并且能够保障实施的政策框架。对于政策的制定,遵循"借古鉴今、外为中用"等基本原则,使制定的政策体现出关怀要求,依据关怀伦理的要素,老年人口"精神赡养"政策制定应关注以下重要维度指向。

首先,敏锐洞悉现代老年人的"精神需要"实际。时代的变化,国情的不同,我国老年人的"精神需要"出现了差异,老年人"精神需求"呈现出复杂多样的状况。因此,传统社会以及国外"精神养老"制度只能是参考,而不能机械照搬。依据实际制定政策就是国家(政府)要在宏观层面敏锐地洞悉现代老年人的需求变换,制定适合老年人"精神需求"实际的保障政策。现代老年人"精神需求"也应根据老年期的变化来认知,老年生命是一个过程,"生命全周期健康"理论说明认知老年人精神健康需求应分阶段来进行,老年生命"健康期、失能半失能期、临终期"对"精神照护"的要求是不同的,国家(政府)要根据每个阶段老年人不同的具体的"精神需求"来制定政策,而不是试图提供一套适用于所有老年人的僵化、机械的政策,这才是符合关怀伦理内涵要求的。因为,关怀伦理是"依境而行"的,并不强调制定行为的最终准则,它要求政策制定者有"敏锐性",尽可能触及被关怀者的具体需求并能引发对方的"回应"而显示出"关怀",也正如关怀伦理学者所说:没能关注被关怀者"需要"并引起"回应"的政策是没必要制定的。

其次,保障全面、公平可及的"精神关怀"服务实现。现代养老保障制度的制定,除了关注保障老年经济需求的满足之外,更主要的是过渡到关注保障老年人"精神需求"的满足,通过协调家庭与养老机构以及与国家(政府)等主体之间的相互关系,形成"关怀"合力,建立覆盖全体老年人口精神关怀的多维支持系统。对于我们国家来说,城乡之间养老服务水平存在着巨大差距。与城市地区相比,我国农村地区老年人口的收入保障、养老金、医疗卫生服务、社会支持服务水平普遍较低,农村地区的养老问题更为突出,尤其是农村老年人"精神世界"问题亟待解决。这需要国家(政府)出台政策保障满足农村养老需求与服务供给。民意调查显示,中国公民期待政府尽快缩小这种差距,2016 年世界银行一项关于中国养老公益调查数据反映,"有 60% 的被调查者期待政府提供退休收入,80% 以上的被调查者期待政府改善养老服务"①。面对实际,还应关注一个严峻事实,第四次中国城乡老年人生活状况抽样调查显示,目前我国失能、半失能老年人 4000 多万人,占老年人口的 18.3%。失能、半失能老人的长期照护任务艰巨,这些人很多在

① 葛蔼灵,冯占联. 中国养老服务的政策选择[M]. 北京:中国财政经济出版社,2019:2.

承受躯体痛苦之外,接受到的“精神慰藉”服务严重不足。因此,国家(政府)在制定老年人“精神关怀”保障政策时,要关注城乡区域基本养老服务均等化,重点关注老年人这一特殊群体的“精神关怀”问题,保障全体老年人受益机会均等。

最后,保障具体“养老场域”中“精神关怀”服务的实现。党的十九届四中全会在强化提高人民健康水平的制度保障问题上提出,“积极应对人口老龄化,加快建设居家社区机构相协调、医养康养相结合的养老服务体系”①。这一表述提出了我国养老方式发展的趋势,即注重居家养老、社区机构养老形式,同时也适时提出医养与康养的服务形式,把多元养老方式参与养老作为制度固定下来。居家养老、社区机构养老、医养、康养可以看作是在不同“场域”下养老方式的表现形式。在一定意义上,“医养、康养”是适应现代老龄化快速发展的养老服务方式,更是养老需求发展的趋势,“医养、康养”可以看作是把国家(政府)作为主责来推行的养老方式。“医养、康养”是目前养老的“急需品”,但“医养”自身存在着“医”与“养”结合的“缝隙”,“康养”也存在着重视“消费”而轻视“健康”的趋势。更为重要的是,两者都很少关注老年人“精神照护”在“养”中的重要性,这样“医养、康养”的品质很难提升。我国近期出台了多种关于推进“医养、康养”的重要政策,在一定程度上为“医养、康养”推展起到保驾护航的作用。但这些政策都略显宏观,对一些实质性问题关注不够,如“医养”服务费用报销、“医养、康养”推展资金投入等问题,当然也很少触及这些“具体场域”下“精神关怀”的实现。因此,政策的制定和完善需要关注这些“具体场域”下如何保障老年人口“精神关怀”的实现。

(三)制度“接入”保障“精神赡养”的实现

制度的宏观规范意义是指制度应关照现实重大问题的理性解决,在保障老年人口“精神赡养”实现时,制度的“接入”也应是从全面、整体角度来考察“精神赡养”中关键问题的规范化,体现出制度关怀。依据前文分析,“精神赡养”制度设计可从以下几个方面“切入”。

1.“全生命周期健康”视野下老年人口“精神赡养”的制度设计

《“健康中国2030”规划纲要》中提出,“立足全人群和全生命周期两个着力点,提供公平可及、系统连续的健康服务,实现更高水平的全民健康”②。党的十九届四中全会报告中也强调强化提高人民健康水平的制度保障,要“坚持关注生命全周期、健康全过程,完善国民健康政策,让广大人民群众享有公平可及、系统

① 《党的十九届四中全会〈决定〉学习辅导百问》编写组．党的十九届四中全会《决定》学习辅导百问[M].北京:学习出版社,2019:21.

② “健康中国2030”规划纲要[M].北京:人民出版社,2016:5.

连续的健康服务"①。推动"全生命周期健康"服务体系成为社会治理必须考量的新视野,同时也是"健康中国"应有之义。在老龄化社会快速发展的背景下,老年人"全生命周期健康"相应被纳入养老制度考量的重点。

"全生命周期健康"是指把生命过程看作是由"健康、亚健康、疾病、衰老、死亡"五个基本状态过程组成的,转变传统以治疗疾病为中心的服务模式,针对五个过程采取"健康维护、未病先防、疾病治疗、医养服务、临终关怀"的全新闭环式服务模式,对生命全过程实施关照,使生命每一个历程都达到"应然"的状态。"全生命周期健康"的提出是社会对生命健康从"摇篮"到"坟墓"的关注,超越了之前把健康限于去除疾病的概念,把健康的关口前移,不仅要治疗已经生病的人,还要关心未有症状的人,将预防、康复、临终关怀的重要性突出出来。

"全生命周期健康"提出,保障国民健康政策的制定随之要发生三个转变。在目标上,由过去对生命笼统照护转向对生命分阶段全面照护。以前政策很多是把健康目标定位在对生命整体状态"统而话之"的维护上,"全生命周期健康"的提出促使政策目标定位在要全面细化生命的不同阶段,对不同阶段提供针对性的服务,保障从"健康、亚健康、疾病、衰老、死亡"等多阶段的健康服务得以有"区别"对待。在方式上,由单一主体碎片化行动转向多部门协同联动。传统健康维护方式往往落实在单一主体身上,如把疾病预防交给防疫部门,把疾病治疗交给医院,把养老交给民政部门等,传统单部门、碎片化的政策不足以应对老龄化背景下健康事业的发展要求,"全生命周期健康"提出迫切需要现有政策以整合视角进行自我完善,即"重构当前大健康公共政策,推动跨部门协同共治格局形成"②。而在理念上,主要是由关注"疾病"治疗转向多层面整合型健康维护。传统医疗模式主要是以"去除疾病"为中心,健康概念等同于躯体没有疾病,"全生命周期健康"概念是对生命和健康认识的突破,把生命健康提升到"综合、全面"考虑的高度。因此,健康维护政策的制定也要从关注"去除疾病"转向"健康预防、疾病疗护、临终关怀"整合型健康服务体系的重构上。

如果把生命照护聚焦到老年期这一特殊阶段,我们可以提出"老年生命全周期健康"概念。老年生命是一个特殊阶段,也是一个发展过程,根据老年人群生命状态表现,可以把老年期生命划分为"健康期、带病期(或失能半失能期)以及临终

---

① 《党的十九届四中全会〈决定〉学习辅导百问》编写组. 党的十九届四中全会《决定》学习辅导百问[M]. 北京:学习出版社,2019:21.

② 陆杰华,汪斌. 老龄化社会背景下全生命周期健康服务体系的再建构[N]. 中国社会科学报,2019-08-09(4).

期”三个时期,那么,“老年生命全周期健康”即可理解为对老年“健康期、带病期(或失能半失能期)以及临终期”进行照护,力图使老年人有尊严、有品质地度过老年阶段。因此,保障老年人“精神赡养”品质提升的制度“接入”可以围绕这三个过程来展开。

进入老年期,老年人的健康状态较为良好,或者称为“不带病”期。这一阶段老年人生理上虽然产生退化,但在精神上追求健康的愿望会更强烈,健康老龄化是针对老年人特征而提出来的概念。1987 年 5 月召开的世界卫生组织大会上提出“健康老龄化”概念,把老年看作是生命的重要阶段,是仍然可以“有作为、有进步、有快乐”的人生阶段。健康老龄化将核心目标聚焦于提高老年人的生命质量,把老年健康理解为包括生理健康、心理健康、适应社会良好等方面的“整体健康”,其中“精神健康”是重点。健康老龄化更把老年健康看作是进入老年前的婴幼儿、青少年和成年后各阶段所有制约健康因素的最综合、最集中和最终的表现,这与生命历程理论内涵也是吻合的,“生命历程理论认为个体的生活轨迹与社会历史事件及地域空间、社会结构和社会文化是相互嵌入的,个体生活镶嵌于具体的社会关系,并不断地形塑社会关系结构”①。因此,社会政治制度、经济文化等都会对健康老龄化的实现产生重大影响。

目前老年健康期的“精神赡养”在制度设计上还是“空白”。在我国新近出台的相关老年健康制度规定中,无论是《“健康中国 2030”规划纲要》,还是《“十三五”国家老龄事业发展和养老体系建设规划》,抑或是《关于建立完善老年健康服务体系的指导意见》等,虽然都提及老年健康保障问题,但针对老年不同阶段的精神健康需求均未有制度设计。一些相关研究学者也持有类似观点,如周绍武认为,“我国老年保障主要着眼于经济保障,主要关心老年人的物质供给,往往忽略其精神方面的需求,现有制度设计存在缺陷,更是严重影响老年人生活质量和全面发展”②。申曙光也认为,“老年人的养老问题是一个多方面的问题,在关注物质需求的同时也应重视精神保障,只有从多个方面来解决这些潜在的矛盾,才能有效完善我国养老保障体系”③。这都是看到了目前养老制度的缺陷,呼吁构建完善的老年精神健康保障制度体系。根据老年健康期老年人的精神特征,保障老年健康期“精神赡养”的实现,制度设计的“接口”可以做以下考虑:

---

① 江立华,袁校卫. 生命历程理论的知识传统与话语体系[J]. 科学社会主义,2014(3):46-50.

② 周绍武. 老年人的精神需求及其社会政策意义[J]. 市场人口与分析,2005,11(6):68-72.

③ 申曙光,谢林. 构建和谐社会与发展社会保障事业[J]. 社会保障研究,2005(1):7-16.

首先,做好老年精神健康教育制度设计。精神健康在老年健康中居于核心地位,国家(政府)要把老年精神健康理念通过教育活动让全社会、全体老年人知晓并积极践行,促进老年人形成健康的生活方式,提高老年人的精神健康素养。这种教育的制度化体现为以下几方面。一是教育内容贴合性。注重倡导通过开展以老年健心、老年精神保健、老年精神疾病防治与康复、心理健康等为内容的教育活动,让老年人了解精神健康的重要意义。二是教育形式多样化。提倡根据实际情况,以社区讲座、社区文艺会演、体育比赛、读书心得交流、学习共同体构建等为载体,把精神健康理念、积极健康的生活方式融入其中。还可以制作适合微博、微信等新媒体传播的优秀精神健康宣传作品,用多样化且老年人又喜闻乐见的方式开展教育;三是教育导向正向性。老年人在健康期基本是有着积极向上的心理诉求,精神健康教育制度设计上应引导老年人树立终身发展的理念,始终保持自尊、自爱、自信、自强的精神状态,培育健康积极的老龄观。要保障老年人能够有机会参与力所能及的社会实践,发挥自身的正能量,并且被社会积极接纳,这样老年人才能获得精神上的快乐。

其次,做好老年精神健康预防、干预、评价制度设计。“以治疗为中心转变为以健康管理为中心,变被动治疗为主动预防”已成为医学领域的共识,“预防”“治未病”理念也已经深入人心。老年期精神健康管理也应看重预防的重要性,“预防”为主在制度设计上就是要做到对老年精神疾病早发现、早诊断、早治疗,促进老年人的精神健康。老年人精神上的问题一般很难发现,这就需要进行干预。干预的除了进行早期筛选,还可以通过推行健康文明的老年生活方式,减少精神疾病的发生。医学上列举健康的四大基石是戒烟限酒、适度运动、合理饮食、心理平衡,因此在制度上可以围绕这些倡导做好老年人精神关爱、心理疏导、危机干预服务网络。老年精神健康评价是个难题,因为精神健康是主观评价反映个体在情感层次上对生活幸福的感受,感受性是很难“量化”的。但没有评价环节,很难保障精神健康品质的提升。我们知道,现代老年健康提倡不仅是关注老年人“活得久”,还要关注老年人“活得好,活得开心”,也就是精神上的愉快。老年精神健康评价可以根据健康内涵来制定标准,并以制度化形式固定下来,其中主要指标是“身心是否和谐,社会适应度是否合宜”,细化来说就是老年人心理状态现实反映以及人际关系、社会参与度以及与子女关系等,可以根据老年人这些日常生活功能反映对老年精神健康状态的评价。

最后,制度设计中体现对关注老年精神健康的倾斜。养老保障制度设计的目的是使老年人各项权益得以实现。在老年健康维护管理上,制度安排即是保障老年群体身心健康诉求、生活机会、权利、特权和薪酬的实现。老年精神健康制度安排袭承很多传统社会保障“敬养”老人的制度措施,如“三老五更”制、授“鸠杖”、“千叟宴”等,在现有相关养老保障制度中体现出扶持和倾斜。我们国家在财政投入、服务评价、检查监督、奖励表彰上出台了多种政策,形成相对完善的保障老年人权益的制度体系。但还需要继续做的工作是,要在这些制度中把老年“精神健康”维护和管理专门厘划出来,重点提及并给予具体的保障实现的措施。例如,在养老保险制度上要探索长期健康护理保险制度,做好长期健康护理保险与精神健康护理补贴制度制定工作,提高资源配置效率和效益,满足老年人多样化、多层次的长期精神护理保障需要;在社会福利制度上,制定实施老年人照护服务项目,着力解决保障困难老年人的精神养老服务需求,确保人人能够享有基本的精神养老服务;而在社会救助制度上,对符合条件的老年人,把精神照护费用按照规定纳入最低生活保障、特困人员救助供养等社会救助制度保障范围内。总之,在各种相关养老保障制度中要体现出对老年精神健康帮扶的倾斜,这是制度关怀的体现。

2018 年,我国人均期望寿命已经达到 77 岁。在欢呼预期寿命增加的同时,也要看到一些问题,其中就包括老年人整体健康状况不容乐观的现象。调查数据显示,我国老年群体中近 1.8 亿人患有慢性病,心脑血管疾病、癌症、慢性呼吸系统疾病、糖尿病等慢性病导致的负担,占总疾病负担的 70% 以上,成为制约健康期望提高的重要因素。带病生存期的老年人会丧失或部分丧失生活能力,目前我国这类失能、部分失能老年人约 4000 万。① 躯体产生疾病尤其是半丧失或者全部丧失行动能力的老年人,精神上除了具有健康老年人常有的负面精神情绪外,还往往有多种特殊情况的叠加,导致带病期老年人幸福感较弱。童兰芬等人对社区、敬老院、住院患者三组老年人心理健康问题进行比较,调查显示,“住院患者心理健康最差,需要加强心理护理”②。做好这部分老年人群“精神赡养”工作,照护制度需要考虑“精神关怀”优先的原则。

带病期老年人照护周期长,目前提倡的社会照护方式是“长期照护服务”制度。老年长期照护服务是指向各种原因,如身体孱弱、残疾、身体受伤、慢性疾病、精神问题等,产生完全或部分失能、失智的老年人提供的医疗和非医疗服务,包括普通的日常生活照顾和专业的医疗护理服务。长期照护服务的目的是“寻求能够更好地维持目前的状况(身体状况不佳),减缓身体功能的衰退,帮助老年人保持

---

① 中国超 4000 万失能老人如何照料? 解决方案来了[EB/OL]. 新华网,2019 - 08 - 28.

② 余运英. 老年心理护理[M]. 北京:机械工业出版社,2017:3.

最佳的身体、精神以及社会心理状态”①。随着老龄化加剧，老年长期照护服务已经成为衡量国家老年保障制度建设水平的重要指标。

当前，老年长期照护服务在内容上虽然关注到了日间照料、生活护理、家政服务、医疗照护身体健康等方面，但对带病期老年人的照料还是偏向物质需求，而较少关注他们精神上的需求，尤其是缺少针对他们精神照护的制度设计，这种制度“短板”是制约带病期老年人生命质量提升的重要原因。依据我国实际情况，保障带病期老年人“精神赡养”的实现，制度设计可依托“长期照护服务”来展开。

首先，长期照护制度要体现老年人“精神照护”关涉的具体内容。厘清带病期老年人精神需求包纳内容是进行长期照护服务的逻辑起点和最终目标，制度设计也是围绕保障这些精神需求来展开的。但由于老年群体的复杂性以及带病期老年人精神需求的特殊性，往往带病期老年人精神需求的内容很难具体确定。学者目前研究理路主要有两条线，一是通过实际调查，总结出带病期老年人主要的精神健康问题，以此探寻带病期老年人精神需求。如徐慧蓉等通过访谈调查失能老人，得出带病期老年人精神存在着“悲观自弃倾向、孤独自卑倾向、暴躁易怒倾向、焦虑恐惧倾向、‘回归心理’普遍”等问题，②认为解决了这些问题也就解决了带病期老年人的精神需求；张晓光在对医院失能老人的问卷调查中发现他们普遍存在“自卑和无价值感、感情脆弱、敏感多疑、孤独寂寞、恐惧心理、刻板固执”心理，得出了失能老人普遍存在“被尊重、安全与舒适、爱与归属感”方面的精神需求；③张瑜等通过对社区老年人的调查，得出半失能、失能老人因身体长期欠佳会出现“恐惧、抑郁、悲观、孤独”等心理问题。④ 这些结论反映出这类群体具有相似的负面精神状况，为了解带病期老年人的精神需求可做参考。二是依据相关理论，结合普通老年人精神需求，抽象概括出带病期老年人的精神需求。如石金群认为老年人的精神需求探索“应结合经济、文化和制度背景，从福利服务提供者、社会政策制定者、社会调查研究者、社会福利接受者几个方面提供的信息来进行综合评估”⑤。穆光宗研究认为老年人精神需求是一个多因素的系统，包括自尊、期待、

---

① 葛蔼灵，冯占联．中国养老服务的政策选择[M]．北京：中国财政经济出版社，2019：5.

② 徐慧蓉，马冬梅，梁勇．家庭养老模式下失能老年人心理健康问题及其影响因素探究——基于河北省张家口市的访谈调查[J]．老龄科学研究，2017，5(4)：55 - 62.

③ 张晓光．失能老人心理特征与情感需求分析及护理体会[J]．基层医学论坛，2015，19(S1)：2.

④ 张瑜，张琼，蔡艳翠．失能、半失能老人心理状况及护理措施[J]．世界最新医学信息文摘，2017，17(26)：209 + 214.

⑤ 石金群，王延中．试论老年精神保障系统的构建[J]．社会保障研究，2013(2)：3 - 15.

情感三个维度,与此对应的精神赡养包括人格尊重、成就安心和情感慰藉等。①针对带病期老年人精神需求研究国外也有很大进展,美国麦格罗希尔出版社出版的《临床老年医学的本质》研究专著提出了较为概括性的观点。此书从医学角度提出老年人容易出现的病状分类,首先是“意识混乱”,其次是“忧郁状态”,最后是“失禁、瘫痪、心脏病”……由上述症状可知,老年人的精神症状被排在第一及第二位。书中进一步提及,带病期老人引起“意识混乱”的原因是“失智症(dementia)”和“谵妄(delirium)”,接着是“忧郁症(depression)”,这里要注意的重点就是“三个症状”的英文都是以“D”开头,所以这些老人又被称为“3D”老人,由此可见“失智、谵妄、忧郁”是带病期老年人典型的精神问题表现。当然,根据上面的研究成果,虽然不能涵盖全部内容,我们可以把带病期老年人精神世界的基本问题勾勒出来,如“恐惧、忧郁、悲观、孤独、隔离感、回归感”等普遍存在。基于这些问题的探索,长期照护服务制度设计时就可以把带病期老年人精神问题着重提及,提高瞄准率,从而构建科学合理的带病期老年人的精神保障机制。

其次,长期照护制度要保障精神照护“持久”性的实现。长期照护服务无论在国外还是在国内都实施使用者付费机制,由于带病期老年人照护周期长,所以花费较大,而且目前照护费用多是应用于物质照料上,对于“精神照护”投入较少。比如,一些养老机构,在服务项目上,虽然把“精神慰藉”纳入其中,但很多是贴在墙上的标语,表现在口头上的言说。长期照护服务中“精神慰藉”的特殊性需要专门人员来从事,通晓这方面技能的人才也是缺少的。另外,“精神慰藉”成效很难直观体现,养老服务中“精神赡养”服务的主动性呈现较差,造成带病期老年人的情感支持很难持续。因此,长期精神照护服务“持续”进行需要制度来规范和保障。对于“精神赡养”资金的保障,可以改变单一的使用者购买支付形式,变商业服务为多元福利供给服务。使用者购买是一种商业服务形式,对于“精神赡养”服务,带病期老年人服务购买意识和能力都是较弱的,在目前纯粹靠国家(政府)支付也是不现实的。我们可以参照国外混合福利形式,构建适合我国的带病期老年人“精神赡养”资金支付体系。国外福利多元主义理论的代表人物罗斯(Rose R.)提出福利应由市场、家庭和国家来提供,即福利多元主义“三分法”②,给我们的启示是可以构建以“政府、企业、社区、家庭或个人”为主体的多元服务供给形式,将老年人的精神照护费用纳入“社会工程”建设,加大供给投入力度,为老年人精神慰藉方面所需资金提供相应的支持。对于现阶段精神养老服务人才队伍素质较

---

① 穆光宗. 老龄人口的精神赡养问题[J]. 中国人民大学学报,2004(4):124-129.

② 张瑾. 我国养老服务体系建设重点问题研究[M]. 北京:中国经济出版社,2018:77.

低,数量严重不足的情况,国家(政府)可以出台专门的技术人才培养支持政策,加快专业人才培养速度,以适应当前需要。如在医学院校专门开设老年精神护理专业,通过给予助学补贴、就业补贴等支持政策,吸引学生加入精神养老行业中来。还可以出台加大专业技能培训力度的制度,在养老护理人员中开展中短期老年护工培训班、精神技能培训班等,让他们掌握关怀带病期老年人的精神护理技能,尤其是树立关怀老年人的素养。对于激励机制设计,国家(政府)在把握好福利和市场的边界的前提下,可以着手制定精神服务标准,规范精神服务行业的发展,更要为关涉精神养老服务机构的建设、运行提供良好的激励政策,如在融资上提供方便,税收上予以减免,资金上进行倾斜等,营造关注精神养老服务事业持续发展的社会氛围。

最后,长期照护制度中精神照护的体现要以多元主体参与的居家照护体系为依托。在我们国家目前家庭养老功能在弱化、社区机构养老服务体系还没有很好建立的情况下,居家养老成为主要的养老方式。带病老人的生活区域主要还是在家庭,由于疾病,他们生活上不能自理,且更加渴求情感寄托和来自各方面的精神支持。子辈的陪护当然重要,但由于工业化和城镇化的浪潮,子辈外出务工情况较多,加之隔代观念的差异,代际交流不能很好实现,因此,消除带病期老年人精神上的抑郁、悲观、恐惧、隔离感等消极情绪,就需要调动"老年个人、家庭、社区机构、政府"在内的多元主体参与到居家照护中来,这是对带病期老年人的精神照护进行场所选择的问题,主要基于既发挥"社区机构"养老优势,又体现老年人不愿离开家庭养老的期望,从而建立起良好的精神支持网络。良好的支持网络对老年人的健康尤其是心理健康产生积极影响,"社会支持网络的提高有利于老年人保持较高的主观幸福观,有利于健康信息的传播且约束引导偏离健康的行为规范"①。在制度政策促进上,做好多元主体参与的长期居家精神照护工作,需要建立一套完善的保障制度。制度设计上关注带病期老年人精神赡养,应调动社会多元主体的参与,建立起包括"文化娱乐、心理健康、社会控导"在内的精神关怀体系,丰富老年人的精神生活内容,为老年人提供精神需求满足的条件、机会与平台,提高全社会人员的参与度,开创"全民参与"老年居家精神照护的新格局。

老龄生命终将面临"临终期",对于生命这一特殊时刻,老年生命全周期健康的要求不是追求生命长度和普通意义上的健康指标,而是转向接受"临终"事实,同时国家(政府)需要倡导一种理念,对老人的终端生命进行"临终关怀"。

① GRAY A. The Social Capital of Older People[J]. Ageing & Society,2009,29(1):5-31.

医学面对死亡现象,目前的常态是采用过度救治方式,“垂死病人往往被迫在医院病床上度过最后一段日子,身上插满了管子,并与家人隔绝。他们亦很少得到医务人员的关心和照顾。”①这种逆生死的自然规律不能带给生命快乐,因此,现代死亡“图景”被美国生命伦理学家丹尼尔·卡拉汉形象描述为“野性的死亡”②。

面对过度医治濒死者的现象,人类在忍受着死亡必会光临的“恐惧”和医学干预死亡周期带来的生命折磨的同时,也在积极思索改换方式来提高死亡品质的问题。“死亡品质”的提出,是一种追求死亡也要达到像生存一样具有“尊严、幸福”的观念,通俗地讲就是“死”也要“死得像个样子,无苦无乐,心平气和”③。临终关怀(Hospice Care)便是以医学科学为基础发展而来的提高濒死者死亡品质的处置方式。1967 年 7 月,西西里·桑德斯在英国建立起一个特殊医院,针对濒死患者它强调的不是传统医学以治愈为目的的做法,而是提倡以控制症状、姑息对症和支持疗法为主,对患者身体、心理和精神进行慰藉,让患者有尊严、幸福地辞别人生。这就是现在我们知晓的圣克里斯多弗临终关怀医院,后人比喻它为“点燃了世界临终关怀运动的灯塔”。临终关怀是人类洞察到现代医学仅关心生命的长度而不注重生死品质的行为缺陷,从而倡导一种追求“善终”结果的方式,我们传统文化思想的“生死俱善,人道毕矣”是对现代临终关怀理念最好的诠释。可以这样说,临终关怀是人类探求生死处置方式过程中而结出的最美丽的“智慧之果”。临终关怀主要的理念是面对生命不可逆转的人群,主张不以延长患者生命长度、治愈患者为目的,而是对其采取生活照顾、心理疏导、人性关爱等方式减除他们“身、心、灵”上的痛苦,使患者有尊严和幸福地走完人生。临终关怀主要是注意到了临终患者面临的关键问题,在实践中注重患者生命临界点上“身、心、灵”要去除的各种痛苦问题,选择全方位地关照患者,尤其注重“灵性”或者称为“精神”照护,使患者在有限的时间内无躯体和“精神”上的痛苦。可见临终关怀追求的不是对简单生命存在的守护,而是更高层次上的对患者有意义的生命看护,目的是把患者最后阶段的生命升华到最高点。

国外临终关怀事业开展得轰轰烈烈,“到 20 世纪 80 年代中期,英国已经建立起各种各样的临终关怀服务机构达 600 多个,其中独立的临终关怀机构 160 多

---

① 崔以泰,黄天中. 临终关怀学——理论与实践[M]. 北京:中国医药科技出版社,1992:114.

② 丹尼尔·卡拉汉. 麻烦的生命之梦——与道德共存[M]. 纽约:纽约西蒙与舒斯特公司,1993:64.

③ 傅伟勋. 死亡的尊严与生命的尊严[M]. 北京:北京大学出版社,2006:23.

家,拥有住院床位2700多张"①"现在,单单美国就有3200间安宁院,服务于90万名病人;而全球100多个国家有着8000间安宁院"②。美国是目前开设临终关怀医院和科室数目最多的国家。2001年,日本也已经有86个政府授权的临终关怀机构,共1586张床位。20世纪80年代后期,临终关怀开始被我国民众关注,很多有识之士积极响应支持这种方式的开展,一些临终关怀研究机构、医院和科室相继建立,但在现实推行中,却表现出"叫好不叫座""冰火两重天"的窘况,我国临终关怀的开展可以用"举步维艰"来形容。究其原因,除了主要是受传统"伦理文化"观念影响的因素外,关键还在于目前我们开展临终关怀缺少相应的"制度"保障,或者说,临终关怀缺少"制度关怀"。临终关怀开展较好的国家和地区也都是在较为完善的制度保障下进行的。如美国早在1982年就颁布法令,保障临终关怀的实施,2009年医改法案中重要部分更是要求政府向临终关怀病人提供临终关怀方面的咨询,提供给需要的病人以选择姑息治疗的权利,从而使临终病人不再拘泥于采用过度治疗的方式来延缓生命。英国也为积极推广临终关怀制定政策,比如,政府提出一项新指南,要求重视公民的"死亡质量",英国也首倡世界临终关怀及舒缓治疗日等,这些都是为推行临终关怀起到作用。国外经验对我们的启示有以下几点。

首先,以制度形式规定"死亡"对待的问题。临终关怀是对人们最为慎重的死亡事件进行选择对待的方式,"死亡权"能否作为一项权利需要法律制度的规定。可以这样说,在没有相关制度规约,即在"无章可循"的状况下,面对几乎所有即将走向生命终点的患者(更包括临终老人),我们可以选择的方式就是拼命积极治疗,让他们在痛苦不堪中走向毫无尊严的死亡。因此,我们国家可以出台相关法律制度,把死亡权、死亡方式选择权等纳入人权范围内,彰显制度对以追求幸福为目的的"死亡权"的保护,保障临终关怀的实施。

其次,以制度形式保障临终关怀公益性的实现。临终关怀无论从它的原初产生还是现实实践都要求以公益性体现出来,它要求以一种亲情、宗教情感或者伦理情感而不是通过购买获得的服务为临终患者提供关怀,使人人在走向的生命终点阶段体悟到生命的本色,获得生命最后的尊严和幸福。临终关怀完全是公益性服务行为,这种公益性体现的是人类对他者无私付出关怀的高尚行为,而不是以经济利益回报为目的。临终关怀是为提高大众死亡质量服务的无私行为,这是和公益理念诉求相符合的,公益就是公共利益,社会人群的共同利益。公共利益的

① 史宝欣. 生命的尊严与临终护理[M]. 重庆:重庆出版社,2007:20.

② 巴巴拉·菲尔德. 英雄科学家西西里·桑德斯女士[J]. 癌症康复,2011(2):100-104.

合理分配和满足是需要公共理性化身的国家(政府)通过制度来调节保障的,这种公共利益的实现是大众利益公平分配的实现,是大众利益的满足,正如临终关怀研究专家施永兴所言:“提供临终关怀基本医疗服务主要靠政府,从政府的社会职责而言,政府必须承担起提供价格低廉、质量可靠、病家满意的临终关怀基本医疗服务。”①

最后,也是最为重要的一点,以制度保障临终关怀中“精神照护”的实现。临终关怀最关键的问题是实现末端生命“精神照护”品质的提升,临终群体由于处于一个人生的特殊阶段——面临死亡,只有知晓这类群体精神(心理)状况究竟如何,才能做好照护。对临终群体精神(心理)变化规律的研究,西方学者提出了很多有价值的理论,其中以美国著名心理学专家罗斯博士提出的临终患者心理变化“五阶段论”最具代表性。她通过对四百多位临终患者进行贴近访谈和观察,在其一部拓荒性著作《论死亡和濒临死亡》中认为临终患者一般都要经过“否认与隔绝、愤怒、交涉、抑郁和接受”五个心理变化过程,从而为临终患者心理关怀提供了最有力的指导理论。对于这五个阶段,罗斯认为每个阶段临终群体的心理都会有不同的表现,照护人员根据这些表现,遵从规律来照护才能收到良好的效果,如在“否认与隔绝”期,患者一般的反应会是否认。患者在这时是不情愿去面对现实,企图逃避现实,患者此时会伴随一些急躁、坐卧不安、要求复查等行为。面对此种状态,医护人员应该认识到这是患者在面临死亡时表现出的正常行为,在心理学上,这是自我防御机制的反应,对患者是有利的。医护人员要积极配合患者家属,对患者进行观察,得出患者的需要,对患者的优缺点进行分析,尽快度过否认期。而在“愤怒”期,患者会表现出极端的生气、愤怒,认为是命运不公,怨天尤人,常常以谩骂或破坏性行为向医护人员或亲属等照顾者发泄内心之不满。此时医护人员应该尽量迁就患者,让患者发泄出内心的愤恨来缓解患者内心的痛苦。“接受”是这类群体最后阶段的心理表现,此阶段他们会进入相当平静期,认为自己已经尽力,已经完成了人生的路程,愿意接纳到来的一切,对死亡不再恐惧和悲伤,情绪变得平静和安详。医护人员这时要尽量提供安静、整洁、舒适的环境和气氛,不要轻易打扰患者,除非得到患者的允许,让患者家属多陪伴患者和参与护理,使患者得到最后的慰藉,以彰显终极生命的肃穆和庄严。因此,我们在对临终群体进行精神关怀的时候,可以借鉴罗斯理论,因为人的心理尤其是面对死亡时心理变化在总的规律上,东西方还是有很大的相通之处,这样对照临终群体精神发展的

---

① 施永兴,王光荣.中国城市临终关怀服务现状与政策研究[M].上海:上海科技教育出版社,2010:13.

一般过程,来制定具体实践规定,可以很好地实施相应的伦理关怀,做好对临终群体精神的关怀,真正实现临终关怀要达到的对“精神关怀”的目的。

2. 公平可及的老年人口“精神赡养”服务体系的制度设计

老年人口“精神赡养”是关涉全民利益的公益事情,全民性事情惠及所有大众,让所有民众都能享受到权利和福利,需要良好的制度设计来保障。党的十九届四中全会明确提出,我们国家要“完善国民健康政策,让广大人民群众享有公平可及、系统连续的健康服务”①。老年人都能享有公平可及的“精神赡养”服务,制度保障意义在于社会政策的制定能保障社会健康服务资源在输送、分配和享用过程中体现出“公正合理”,让每一个需要照护的老年人都能得到良好的“精神照护”。

所谓制度保障公平实现,学界认为“公平的评判大体上基于三个方面,即起点、过程和结果的公平”②(以下文中出现的起点过程和结果的“公平”也可称“公正”)。“起点公平”是基于人权平等而提出的机会公平,主要强调任何人都是平等的,不管是身份、地位还是其他因素导致的差异和不同,都应在制度的保障下享受同等的生存和发展机会,而不应该被忽略对待。“过程公平”是指制度保障分配过程的“合宜性”,可以理解为在分配中通过具体制度设计来保障人们有机会主动参与,“得其所缺”。“结果公平”是对分配结果的公平的考量,至于结果公平的讨论,学派之间是存在着差异性的,平均主义认为是“所有人都享受到了绝对的平等机会”,功利主义看来是“最大多数人的最大幸福实现”,而罗尔斯更是认为,“境况最糟糕的弱势群体的状况是否得以改善”,因此“结果公平”可以用“保障了相对完美状态的实现”来表达。审视“公正”内涵,无论是“起点公平”“过程公平”还是“结果公平”在细分中应关注一点,“公平”提出的目的是看到“差异性”存在可能导致不公平的出现,试图在行为环节中保障“差异性”都能得到“平等性”对待。罗尔斯把“公正作为社会首要价值”提出来,也是从看到社会群体“差异性”存在为理论逻辑起点,或者说看到弱势群体的存在,推绎出社会公正是使“最少受惠者(弱势群体)最大利益得以满足”。在老年人“精神赡养”问题上,“公平可及”的制度设计也应从关注老年“特殊群体”开始,聚焦“特殊群体”的“精神赡养”保障问题,才能解决老年人“精神赡养”“公平可及”的实现。

老年“特殊群体”分类可以从两个维度来界定。一是从对象上考察,老年全生

---

① 《党的十九届四中全会〈决定〉学习辅导百问》编写组. 党的十九届四中全会《决定》学习辅导百问[M]. 北京:学习出版社,2019:21.

② 施巍巍. 发达国家老年人长期照护制度研究[M]. 北京:知识产权出版社,2012:138.

命周期健康视野下的带病期和临终期老人可以称为是"特殊群体","失能、失智"可以说是这些老年人的典型特征。失能、失智老人生活自理能力丧失,认知功能退化。数据显示,我国已有失能、失智老人超过4000万,高龄老人群体中失能、失智率在50%以上。失能、失智症发病率不断上升,成为威胁老年人健康的严重隐患。还有一类家庭老人也应是"特殊群体",那就是"失独"家庭老人。中国致公党发布的调查报告显示,中国每年新增"失独家庭"大约7.6万个,这样可能造成至少有200万老年人在养老方面面临巨大的困难。独生子女的离去会让整个家庭面临崩溃,家庭抚养、赡养功能将逐渐弱化甚至消失。"失独家庭面临的投资损失、情感损失和效用损失大于多子女家庭,独生子女伤、病、残、亡是一个严重的问题。"①因此,"失能、失智、失独"——"三失"老人这一特殊群体的"精神赡养"应是制度设计"公平"体现应关注的重点。二是根据地域来考察,我国农村老年人基数大,加之长期受城乡"二元"结构的影响,农村老人的"精神赡养"与城市相比,赡养品质低下,因此,制度公正体现在关注城市老人"精神赡养"的同时,更要保障农村"特殊群体"老人的"精神赡养"品质的实现。

制度保障"起点公正"反映在"精神赡养"上就是强调每个老年人都平等享有"精神赡养"的机会和权利,不会因为自身或者外在因素的差异而不能享有平等的被照护的机会。"起点公正"是公正过程和结果的开端,没有"起点公正",也就无所谓"过程和结果的"公正。"起点公正"体现在老年群体"精神赡养"的制度制定上,首先,反映在制度设计理念上,或者说制度设计理念要从考虑老年"特殊群体"出发,把特殊人群的"精神赡养"纳入制度的重点考虑之中。如"失能与失智"已被列为全球公共卫生优先考虑的病症,因为它给老年人及其家人的生活质量和精神状态带来严重影响,同时也给社会带来巨大的照护责任。因此,国家(政府)在出台的一些养老服务保障制度中可以专门增加一条,把"三失"老人的"精神赡养"问题。而现有的一些制度往往是从顾及和保障老年整个群体利益满足出发,对特殊群体的利益尤其是"精神赡养"服务少有关照,这在"起点公正"上来说就很难体现保障"公正"。其次,要从关注老年"特殊群体"的特殊精神需求出发设计制度保障,做到精准供给保障。老年"特殊群体"的精神需求与一般老年人不同,这就需要制度设计者洞悉具体情况,从供给起点保障老年人特殊精神需要的满足,做到"起点公正"。对于"三失"老年群体,他们长期处于疾病增长和自理能力弱化相互交叉的状态,加之得不到外在良好的支持,精神上"失落"感增大是这类群体的普遍现象,无可奈何感较为强烈,表现为"三怕"——"怕人嫌弃,怕添麻

① 穆光宗.独生子女家庭的权益保障与风险规避问题[J].南方论丛,2009(3):8.

烦,怕生病浪费钱”,这就给他们造成很强的心理负担,身心受损严重者可能会导致自杀,“三失”老人的生活照料和精神照护服务的需求日渐成为照顾困局。同样,“失落”感也是农村老年群体精神世界的重要特殊表现。对于以家庭观念为重的农村老人来说,从子女那寻求安慰是满足自身情感需求的最好方式,如希望“儿孙绕膝、子孙满堂”等。但由于养老环境的变化,尤其是大量农村青壮年劳力外出务工,老人从家庭子女那里获得的精神支持正在呈弱化趋势,过去那种子女满堂、儿孙绕膝、其乐融融的情况对很多农村老人来说已成了一种奢望,晚年生活的孤寂失落感成为农村老年人的精神困扰。因此,国家(政府)在面对“三失”老人和农村老年人这些特殊群体的“精神赡养”问题时,要认识到这些特殊群体增载了比其他老年人特殊的精神困顿,这样要从解决他们“失落”感出发,强调家庭亲人陪护、调动社会关怀力量,多方面给予他们精神支持,以此去除他们凝重的“失落”感,让这些特殊群体老人重新站在享有平等的“精神照护”的起跑线上。

制度保障“精神赡养”“过程公正”关键在于所采取的具体措施和方式,也可以理解为在“精神赡养”推展中,通过何种制度措施来保障“特殊群体”的“精神赡养”实施。根据老年特殊群体“精神赡养”的实施要求,可以从三个层面进行思考。一是,建立国家照顾机制。目前“三失”老人养老保障的困境主要是保障家庭养老能力和资金供给的各类制度设计尚待进一步完善。现阶段,我国失能和失智老人的照顾主要依靠家庭照顾者照料,照顾压力随社会发展在不断变大,在“内与外”的双重压力作用下降低了照顾者的因应能力,导致照顾者身心疲惫,家庭照护失能、失智老人的效果得不到保障,“失独”老人更是难以获得家庭供给的“精神赡养”。“三失”老人获得的社会生活保障资金也较少,糟糕的生活境况常使他们受到同伴的歧视。因此,应尽快建立和出台合理的国家照顾机制,完善养老保障体系建设,提高“三失”老人生活照料和精神照护的给付标准,让“三失”老人从日常生活到精神照护都有一个完善可靠的保障,降低“三失”老人的生存风险。二是,建立国家补偿机制。目前“三失”老人的养老大都依靠养老机构进行,机构养老大多还是营利性目的,“三失”老人支付能力较弱,很难吸引养老机构主动接收他们。国家(政府)应尽快建立养老机构补偿制度,把“三失”老人列为特殊群体,在养老机构中设立特殊的服务,在以床位为单位补偿的基础上增加疾病和精神照护为导向的补偿,规范精神照护补偿政策的落实、补偿资金到位及使用情况及检查反馈等。还可以出台优惠补偿政策,引导养老机构差异化发展,吸引社会各方力量积极参与到“三失”老人精神照护的过程中来。三是,建立长期精神照护制度。老有所养是社会的公共责任,“三失”老人更需要获得长期的关怀以及尊严幸福的实现。“三失”老人的精神照护不仅是家庭问题,同时也是社会问题。当前,全社会防范老年期“三失”的风险意识淡薄,长期精神照顾的服务发展滞后,“三失”老人的精神照护对社会经济发展带来重大挑战。建立长期精神照顾制度应成为解决当下问题的选择。长期精神照顾制度是指从“三失”老人的精神健康需求出发,设计提供连续性和弹性化照顾服务保障。长期精神照顾实践指包括综合生活护理、家政服务、精神慰藉等一系列服务在内,长时间性针对“三失老人”出现的精神健康问题提供系列性支持的服务。在服务中,“三失”老人的精神照顾并非某一方的义务,而是家庭、医疗单位和社会形成“合力”,需要多方努力维持老年人精神生活状况,但它也强调老年人自身应在照顾服务中积极配合,并非单纯地听从被动安排。推行长期精神照护制度,追求的目标是做到对“三失”老人既“养”又“医”,使他们的生命尊严得以保障。

“结果公正”是人们追求的目标,它是在起点公正和过程公正的基础上实现的“合意性”,这种“合意性”可以理解为人们获得的最为满意的利益需求的实现,用实质公正论的观点来说,就是在社会成员的基本权利保证、机会平等、按照贡献进行分配及社会调剂(社会再分配)的基本规则作用下达到了公正的目的的评判。而对于这种评估,一般来说也是很难量化的,例如,对老年人照护制度的评估中,如果没有对老年人的实际情况是失能、半失能、失智还是失独等进行评估,而只是给予所有老年人平等的补助则被认为是不公正的,这也体现了“公正”概念的复杂性和主观性。但也要看到,结果的公正主要是对利益分配的考虑,在政策制度中,是对于政策制度保障利益分配结果的公平评估,一般可以从“资源的分配、覆盖的范围、顾及对象的满意度”来评估,这也可以称为评判制度是否实现保障“精神赡养”结果公正的标准。制度规范的主要目的就是保障社会资源的合理分配,老年特殊群体在享有精神服务资源的分配中是处于劣势的,他们享有的精神服务资源的来源情况无疑是照护制度公正性评估的核心要点,“制度模式的分类是由筹措的特点决定。因而,在老年人长期照护制度公平性的探讨中,财源的筹措是评估各种制度模式公平性的考量内容”①。也就是说制度设计中要对老人特殊群体精神照护资金的筹措与使用情况给予规范。在评估老年人口“精神赡养”覆盖范围上,考察老年特殊群体在资源分配中是否被作为优先群体来关照,这成为考量制度保障“覆盖范围”公正的关键标准。当然,评估结果公正最终还是要看被服务者的满意度。特殊群体老人的“精神赡养”不是制度本身供给的,制度是“一种中介的输出”,它主要保障“在分配过程中通常会给予被照护者一些中介输出照护的资源,如服务或者购物券,使得消费者可以在指定的或者非指定的不同供给者之间

① 施巍巍. 发达国家老年人长期照护制度研究[M]. 北京:知识产权出版社,2012:141.

进行选择”①。“精神赡养”结果公正很明显可以理解为在制度保障下，尤其是老年特殊群体能优先选择和享有“精神赡养”服务。简单来说，每一个老年人都能够在制度的关怀下实现“温柔以待”，这是结果公正的形象表达。

3.“医养结合”中“精神赡养”服务体系的制度设计

关怀伦理强调“依境而为”，反映在老年人口“精神赡养”的制度设计中，就是要根据不同养老方式来制定相应的制度规范。党的十九大报告明确指出：“积极应对人口老龄化，构建养老、孝老、敬老政策体系和社会环境，推进“医养结合”，加快老龄事业和产业发展。”②“医养结合”被重点提及。党的十九届四中全会对养老服务体系构建提出了重大部署，“积极应对老龄化，加快建设居家社区机构相协调、医养康养相结合的养老服务体系”③。同样，也把“医养结合”纳入养老服务体系中，“医养结合”是养老发展的趋势要求。目前对“居家养老、机构养老”等养老形式已出台了相对完备的制度，但对“医养结合”制度尤其是“医养结合”中“精神赡养”实现的制度保障研究有待深入。

中华人民共和国国家卫生和计划生育委员会统计数据显示，中国 60 岁以上老年人慢性病患病率是全部人口患病率的 3.2 倍，老年人伤残率是全部人口伤残率的 3.6 倍，老年人口人均消耗的卫生资源是全部人口人均消耗卫生资源的 1.9 倍。④ 也就是说，随着年龄的增长，受身体机能逐渐下降的影响，老年人的患病率明显高于年轻人，且极易遭受健康风险。老年人作为特殊群体，他们不仅患病率高，而且具有病种多、病程长、并发症多以及治疗难度大等特点，失能、半失能、失智老年人口比例增长，他们对持续性和专业化的医疗护理服务需求不断增加。在应对老龄化过程中，健康是核心问题，老年人在被赡养的过程中对健康服务的需求明显高于普通人群，更加迫切需要综合的、连续的、适宜的医疗健康护理服务，专业医护服务成为养老服务的核心内容，“医”与“养”结合是目前养老的“急需品”。

“医养结合”是一种有病治病、无病保健、医疗和养老相结合的新型养老模式。其优势在于将医疗资源融入养老服务之中，整合医疗和养老两方面的资源，提供

---

① 施巍巍．发达国家老年人长期照护制度研究[M]．北京：知识产权出版社，2012：141.

② 习近平．决胜全面建成小康社会　夺取新时代中国特色社会主义伟大胜利——在中国共产党第十九次全国代表大会上的报告[M]．北京：人民出版社，2017：48.

③ 《党的十九届四中全会〈决定〉学习辅导百问》编写组．党的十九届四中全会《决定》学习辅导百问[M]．北京：学习出版社，2019：21.

④ 刘昌平，汪连杰．社会经济地位对老年人健康状况的影响研究[J]．中国人口科学，2017(5)：40－50.

持续性的老年照顾服务,能够满足高龄、失能、空巢、患病老人的医疗与养老多重需求,实现社会资源利用的最大化,降低社会化养老成本。"医养结合"中"医"是基础,"养"是核心,即既要有对老年人躯体疾病的照护,更要有对老年人精神需求的照护,让老年人有尊严、幸福地度过晚年,"医养结合"中养老品质体现的应是"精神赡养"情况,"精神赡养"的实现是"医养结合"养老服务品质提升的核心和重点。

目前在"医养结合"实践中,国家主要从"医养结合"的服务主体、客体、内容和形式几个方面进行了顶层设计,解决了"谁提供服务""服务谁""服务什么""如何服务"四个问题。一是服务主体,它包括政府、社区、家庭和社会组织多方参与,尤其鼓励社会力量参与养老服务。二是服务客体,包括所有需要提供医疗养老服务的老年人,主要涉及患有慢性疾病、失能、半失能等不能完全自理的老年人。三是服务内容,主要涉及保健、预防、疾病急性期治疗、疾病慢性期康复与护理、长期生活照护以及临终关怀服务等。四是服务形式,主要包括以下几点。(1)养老机构内设医疗机构。国务院《关于加快发展养老服务业的若干意见》(国发[2013]35号)要求"各地促进医疗卫生资源进入养老机构、社区和居民家庭。卫生管理部门要支持有条件的养老机构设置医疗机构"。(2)在医疗机构开展养老服务。这里具体分为两种。一是在有资质的医院中开办养老服务。国发[2013]35号文件要求:"医疗机构也要积极支持和发展养老服务,在有条件的二级以上综合医院要设老年病科,增加老年病床位数量,做好老年慢性病防治与康复护理。"另一种是将医疗卫生机构设置转型为老年护理医院或老年康复医院,为老年人提供疗养、康复、保健、养老等连续性服务。(3)养老机构与医疗机构"并联"。养老机构根据具体的医疗需求与医疗机构达成协议,实现联动。养老机构主要负责为老年人提供日常生活照料,一旦老人患病,通过达成的协定,老年人可以在最短时间内转至医疗机构中进行治疗,治疗后再回到养老机构中进行疗养,形成良性互动的"双向照料模式"。(4)探索居家上门服务平台。其中包括为老年人提供日常生活照料和居家医疗服务,由于两方面的服务分属于民政和卫生两个不同的部门管理,因此需要民政和卫生通力协作,在服务设施、信息平台、服务队伍、运行机制方面实现日常护理与居家医疗服务的有机统一。

"医养结合"是一项复杂的民生工程,医疗和养老在目前是两种体制身份、两种服务观念和价值体系,在养老实践领域中是很难自行融合的,造成的现状是"医"与"养"之间缝隙巨大,尤其是老年人口的精神照护很难实现,"医养结合"服务"品质"不理想。深究可见,造成"裂缝"存在的主要原因有以下几点。其一,老年人需求认知"单面化"。在一定意义上,养老问题就是满足老年人需求问题,老年人需求应是多方面的,不同年龄段、不同身体情况的老年人需求也会不一样。“医养结合”是一种新型的养老模式,它要实现的目标也应是满足老年人的多种照护需求问题,尤其是“精神赡养”。但当下在推行“医养结合”中,不能对老年人真正的需求做出全面认知,往往仅关注满足老年人医疗照护需求这一单一问题,呈现出“单面化”状态。其二,“医养结合”服务“去情化”。“医养结合”中“医”是基础,“养”是核心,两者结合的目的是使老年人得到有温度、有情感的康养服务。在当下医疗实践服务中,“技术至上”理念促使医疗的人文关怀性“褪色”,“冷漠”的医学照护是常态。反映在老年护理中是温情护理的缺乏、“精神赡养”的缺失,使老年人尊严、幸福需求难以实现,“去情化”服务是“医养结合”实践的显著特征。其三,也是最为关键的一点是“医养结合”保障制度“脆弱化”。我国近期虽出台了多种关于推进“医养结合”的重要政策,在一定程度上为“医养结合”的推展起到保驾护航的作用。但这些政策都略显宏观,对一些实质性问题关注不够,如“医养结合”服务费用报销、“医养结合”推展资金投入、精神慰藉服务等问题,更为主要的是“医养结合”关节点在“链接”,不只是把医院和养老机构简单连接,而应是在服务内容上无缝“并联”,这体现出“医养结合”在养老功能上的优势,但现有政策制度均难以从实质上来解决整合“医”与“养”的功能,“医养结合”保障制度呈现“脆弱化”状态。

“医养结合”很好地推展,尤其是“医养结合”中“精神赡养”的实现,在制度层面上考虑,首先需要通过制度解决“医养结合”的“结合”难,这是前提,然后在此基础上探求保障“精神赡养”服务功能体现,提升“医养结合”服务品质。

现阶段我国医疗机构和养老机构服务功能结构单一,医院主要提供医疗服务,不能提供养老服务,而大多数养老机构自身不具备医疗条件,只能提供基本的生活照料等低层次养老需求,条件较好的养老机构也只能提供健康讲座、老年养生、疾病预防等简单的医疗保健服务,在护理、医疗,尤其是临终关怀方面非常欠缺。这造成养老机构“养老不医护”,而医疗机构则“治病不养老”的局面。医疗机构和养老机构几乎是互相独立、自成系统的,医疗和养老处于长期分离状态。为解决“结合难”,我们国家(政府)对养老事业进行了制度政策设计,目前推行的“医养结合”的模式主要有“养中设医、医中设养、医养协作”三种形式,都是试图从形式上提供弥合“分离”的指导,不能否认的是推行实效都是差强人意的。关键原因是没有根据我国老年人的实际情况来进行设计,要看到我国绝大多数老年人生活在农村以及社区,生活空间布局是典型的“金字塔”结构,因而在“医养结合”的布局上应着眼于农村、社区,延伸至家庭,形成医与养结合的纵贯体系,真正落实“以家庭为基础,以社区为依托,机构为补充,医养康养相结合”的养老政策。具体来说,一是建立融入式纵贯体系。将医药养老资源融入到省、市、县、乡镇乃至村医疗服务中,在各级养老机构中提供医、护、养、健服务;建立培训和远程会诊方式,通过传帮带、医联体等方式,提高乡村卫生机构的诊疗水平;依托省、市、县各级医院的资源优势办好“医养结合”。通过把乡镇敬老院移交给卫生院管理,整合医疗资源与养老资源,打破部门壁垒,走医、护、养、健一体化之路,实现社会资源利用最大化,为老人及时提供医疗卫生服务和健康养老服务。二是充分发挥基层医院自身的潜力。使分散在基层的医疗诊所、医药服务机构与乡村、社区开设的护理院、疗养院等建立合作,为当地老人提供便捷、低廉的养老服务。三是建立医养联盟行动。在政府统筹规划下,调动各方力量参与,整合医疗、养老资源,组成专业人员的联盟团队,对有需求的老年人提供医疗、生活照料、心理疏导、临终关怀等一体化的服务,打通养老机构与医院之间资源割裂的状态。

“医养结合”中“精神赡养”服务是评判品质的核心,在做好医与养很好结合的基础上,更要做好“精神赡养”服务。根据目前“医养结合”中存在的“单面化、去情化和脆弱化”的“三化”表现,制度设计保障“医养结合”中“精神赡养”服务的实现,可以考虑从解决“三侧”问题着手,提升“医养结合”的养老服务品质。所谓“三侧”,即是“需求侧”“供给侧”和“保障侧”,“三侧”是对应着“三化”而提出的。“单面化”是针对老年人需求而言的,老年人需求是多样化的,精神需求更是多样化的,因此可以在“医养结合”实践中从“需求侧”方面来研究可以改变“单面化”认知;“供给侧”是针对供给老年人“精神赡养”时“去情化”表现而提出的,即研究供给内容等问题;“保障侧”很明显是针对老年人口“精神赡养”保障制度“脆弱化”的现实,研究“保障有力”实现的制度设计问题。

“需求侧”是相对于“供给侧”而言的,“需求侧”简而言之就是关于“需求”那一方面的诸多问题。在“医养结合”品质提升过程中,“需求侧”方面就是关注老年人口“精神需求”种类的问题。“医养结合”中“医”是基础,“养”是核心,因此,“医养结合”还应看作是最新的一种诉求方式。既然“医养结合”是一种“养老方式”,那么在“医养结合”实施过程中,老年人的需求问题还是应该指向“赡养”的基本内容——生活照料、经济供给和精神慰藉,只不过在“医养结合”中多增添了“医”的内容,即“日常医护、健康保健、临终关怀”等,这些也可以说是“医养结合”中“需求侧”要关注的内容。很明显,“精神慰藉”是“养老”的主要“需求”指向,这样看来,“精神慰藉”仍然是“医养结合”要达到的最高要求。制度的基本作用是“规范”,从“需求侧”维度思考,“医养结合”中制度政策的作用就是引导老年人“精神需求”合理发展,调控好“需求”供给,满足老年人“精神需求”要求。做法可以是完善出台的“医养结合”制度政策,在服务条目中把“精神慰藉”重点并清晰地列举出来。

"供给侧"主要关注"供给什么",合理的"供给"也需要"制度设计"。"精神赡养"实现很明显是要求供给有"情感"的疗护和养老服务的。"医养结合"服务中"医"不仅提供疗护,而且更看重有"情感"的关怀疗护,以此改变医学过去"冷漠"的"面容"。人类疾病谱系的改变,健康问题从急性传染性疾病转变为慢性疾病(不能治愈但又不是处于晚期),尤其是老年人,带病生存的周期在逐渐延长,需要疗护的时期也在延长,老年疗护更需要有"温情"关怀倾注其中,而不是仅仅靠技术运用,这样才能达到疗护效果,如老年末端生命疗护,其品质体现主要是对老年人的精神照护,而不是精端医疗技术的使用。"医养结合"中"养"是核心,这个核心也应指向"精神关怀"。"精神照护"是"医养结合"服务供给的主要内容,从而也是"医养结合"区别于其他养老方式的显著特点。

良好制度设计是"医养结合"品质提升的保障。"保障侧"关注老年人在"医养结合"中对精神照护需求在资源上的可获得性,也就是保障"精神慰藉"能在"医养结合"模式中顺利实现。制度设计首先是关注专门人才的培养,要保障培养的人才既有医疗、护理、养老服务技能,又有关怀情怀素养,满足老年人"医、养、爱"的多重需求。其次是关注给付方式问题。"医养结合"一般还是属于非福利形式的"机构养老",所以在服务支付上主要由使用者承担,加之"精神照护"费用难以量化,造成"精神照护"流于形式。因此,在制度设计中可以把"医养结合"中"精神照护"服务费用按情况部分转移为医保支付或政府买单。最后,通过制度设计,充分保障中医药与养老结合。中医药注重从整体把握健康状态,突出治未病,临床疗效确切,养生保健作用突出,且具有简、便、验、廉的特点。中医药的相关理念与"有病治病、无病疗养""预防在前、治疗在后"的现代养老服务理念非常契合,如果能将中医药诊断、治疗、康复、护理、预防、保健等理念和方法引入到"医养结合"当中,一定可以更大程度地节约医疗成本,提高老年人的精神健康水平,助力我国养老事业高质量发展。

三、老年人口"精神赡养"立法维护的考量

老年人口"精神赡养"的开展,国家(政府)关怀主责的担当不仅仅表现在意识的积极倡导、制度的完善保障上,还应表现在法律制定的维护上。2012 年修订的《中华人民共和国老年人权益保障法》(以下简称《老年人权益保障法》)就规定了要"关心老年人的精神需求",要"经常看望或者问候老年人",赡养人要承担对被赡养人"精神上慰藉的义务",这些规定被解读为"精神赡养"由道德义务转化为法律义务,实现了"入律"。"精神赡养""入律",体现了法亦有情,也彰显了社

会变迁带来的“精神赡养”问题日益凸显而急需给予规制的因应。

随着家庭结构、社会境况的变化,现代家庭子女在履行赡养义务时,往往身心交瘁,根本无暇顾及老人的情感需求。有的家庭子女在遇到困难和问题时,可能自觉或不自觉地放弃担负的照护义务,造成“精神赡养”危机。《中国青年报》社会调查中心通过题客调查网和民意中国网对 14608 人进行调查,受访者来自全国 31 个省(自治区、直辖市),90 后占 12.9%,80 后占 51.8%,70 后占 24.9%。其中有 87.6% 的人希望父母住进养老机构。这一数据折射出,在不少子女的心目中,老人可能是“累赘”。① 因此,促进子女承担“精神赡养”责任,需要以法律法规的形式加以约束。

“精神赡养”虽已入法,但在实践中却“步履艰难”。理论界一般把原因归于立法技术“粗糙”、可诉性不强等方面。“该法对于权利承担的主体、权利的具体实现方式或保障条件以及权利的救济手段等规定存在巨大争议,权利内容过于笼统而缺乏可操作性,是否能够真正保障老年人精神赡养权的实现,依然疑虑重重。”②还有学者认为是社会文化原因导致的,“物质层面的‘孝’,涉及父母的生活,看得见、摸得着,可以通过法律手段来执行。但是精神层面的‘孝’,则很难强制执行,即便法院强制儿女回家,也不能达到应有效果,老人仍得不到慰藉”③。也就是说“精神赡养”在习惯认知中是作为“道德责任”来看待的,是靠家庭子辈的“道德自觉”来践行的,“精神赡养”不应该“入律”。我们课题组的调查数据也反映出民众基本上都持有这种心态。问卷设计的问题“您认为子女做不到‘常回家看看’应该怎么解决”,在 2169 位被调查的年轻人中,48.5% 的人认为通过“孝”约束,12.8% 的人认为可通过法律制裁。在 1067 位老年受访对象中,只有 8.8% 的老人认为可通过法律途径解决。这反映出我国大多数民众不主张“精神赡养”问题通过法律来解决。

总之,对“精神赡养”的立法问题,不论是理论界的“争论”,还是现实民众心态的“迥异”,都反映出立法在维护我国老年人口“精神赡养”中存在着需要解决的问题。深究来看,争论的“焦点”其实就是“精神赡养”义务究竟属于道德责任还是属于法律义务。因此,在立法维护“精神赡养”上,需要对关键问题——“精神赡养”应属“法律义务”进行证成,它不但可以佐证“精神赡养”入法的“合理性”,也为进一步完善、细化“精神赡养”法律提供逻辑前提,更为以“法”导引民众的

① 87.6%受访者希望父母住进养老地产[N].中国青年报,2013-01-09(7).

② 蒋悟真.精神赡养权法治保障的困境及其出路[J].现代法学,2014,36(4):164-175.

③ 肖继耘.人伦入法:警惕立法 GDP 化[EB/OL].中国社会科学网,2014-04-16.

“精神赡养”行为服务。

（一）“精神赡养”比附于单一“道德义务”的习惯认识

将“精神赡养”作为单一“道德义务”对待源于历史文化影响和现实社会法学者“寻章摘句”的狭隘。

在中国的传统文化中，“精神赡养”一直被认为是纯粹道德范畴予以端视，因而将“精神赡养”义务作为道德义务来倡导实现。我国古代的“精神赡养”对象主要限于父母：“父兮生我，母兮鞠我。拊我畜我，长我育我，顾我复我，出入腹我。欲报之德，昊天罔极！”①“精神赡养”作为道德义务表现为“孝”或“礼”的传统道德要求，将“精神赡养”包含于“孝”中，“精神赡养古已有之，只是其一直蕴含在孝当中，并且是孝的重要表现方面”②。或将“孝”作为“精神赡养”义务实施的前提：“精神赡养的前提是孝，只有‘孝养’，才可能真正保障养老质量和老年人的精神健康，而孝很难在现有法律框架内实现。”③或将“精神赡养”寓于“礼”：“对父母尊敬的标准是礼，它要求子女奉事父母，一一按礼而行，无违于礼。”④我国古代的“孝”“礼”等道德范畴虽与现代“精神赡养”表达的内涵有所区别，但是由于文化的历史继承性形成了将“精神赡养”义务归属于道德义务强大的认识惯性。

社会法学者力图从整体性对法学研究对象做出考量，因而对囿于法律考查的法律本身提出了强烈的批判：“法律心智从总体上看一直在耗尽心力地思考法律本身，但却满足于对法律与之相关且与之区分的那个东西（道德）不闻不问。”⑤这种基于普遍联系的方法论所形成的整体性研究，无论对于法学理论的科学性亦或是执法司法的实践性都是不无裨益的，但却不能因此将二者的界限混淆。“法律反映或符合一定道德要求，尽管事实上往往如此，然而不是一个必然真理。”⑥除了有将“精神赡养”归结于单一道德义务的普遍观点外，当面对“精神赡养”入律时，学者能寻找普遍使用的真理，简单地以结论的形式把“精神赡养”归结于道德义务与法律义务的综合，即作为“愿望的道德与义务的道德”的综合属性。这种观点从法律所具有的道德性基础获得了确证，因而并不为过，但却存在必要性赘述之嫌。法律中尤其良法是最基础意义上的道德，在厘清“精神赡养”义务的属性

① 诗经[M]. 王秀梅，译注. 北京：中华书局，2015：474－475.

② 司丹. 精神赡养：在道德与法律之间[J]. 学术交流，2012(6)：52－55.

③ 粟丹. “孝道”视角下我国养老立法的要求及完善路径——以“精神赡养”条款为中心[J]. 浙江学刊，2017(2)：216－224.

④ 张锡勤. 中国传统道德举要[M]. 哈尔滨：黑龙江大学出版社，2009：90.

⑤ 泰勒. 法律的道德性[M]. 郑戈，译. 北京：商务印书馆，2005：5.

⑥ 哈特. 法律的概念[M]. 张文显，译. 北京：中国大百科全书出版社，1996：82.

时,直接定义其具有道德性与法律性的双重性质是没有价值的。从道德与法律调整对象的关联性以及良法所应具有的社会道德性基础的视角,任何法律义务实际上都是道德的义务,因而对“精神赡养”作为法律义务设置的必要性和可能性缺乏理论的考察,实质上都是认为“精神赡养”作为一种道德义务存在的反映,进而会限制甚至否定其作为法律义务的价值。

(二)“精神赡养”作为法律义务的证成

“精神赡养”入律引发了学界的关注,也带来了显著的认识分歧。反对者提出的理由是出于将“精神赡养”由道德义务转化为法律义务的道德法律化的忧虑,任何道德法律化的推进都面临“泛法律化”的担忧;其次是“精神赡养”强烈的道德色彩使其陷入实施上的困境。

道德法律化反映了法律的生成机理,法律规范的内容汲取了道德的内容,更能取得“自然正义”的品格,法律的实施因获得了道德力量的支持而更能实现法的目的。但法律道德化却不可以恣意妄为,学界提出了道德法律化的适用条件:“合理不合法”与“不合理却合法”两种类型。① 这种概括是恰当的却不是全面的,其忽视了“合理无法”情形下的法律化问题。“道德法律化的学理基础是道德和法律的内在共性及其道德功能的局限性。”②将道德法律化归结于道德与法律冲突解决机制,这显然是十分狭隘的,不遵守道德法律化适用条件以及违背道德法律的适用基础而实施的道德法律化就是“泛法律化”。“布莱克称美国社会患了一种‘吉诺维斯’症,吉诺维斯恰恰是过度依赖法律的牺牲品。”③从人性伦理的视域来说,对“精神赡养”法律义务的设置符合赡养的本意以及对全面赡养所具有的物质与精神“两位一体”的要求;从道德调整作用的局限性来说,对“精神赡养”法律义务的设置是对通过单一性道德手段实现“精神赡养”义务缺陷的补足:作为价值判断的道德具有对“精神赡养”内涵认识的天然模糊性,道德实现手段的弱强制性会导致精神赡养目的难以完全实现。因而将“精神赡养”道德义务转化为法律义务不存在“泛法律化”之嫌。

“精神赡养”作为一项法律义务自“入律”以来,基于其具有强烈的道德情感色彩以及实现机制的缺失,致使“精神赡养”义务难以实现,也引发了对其“入律”的巨大争议:“一是‘精神赡养’义务入律是否有必要;二是该义务入律是否合理正

① 姚俊廷.道德诉求法律化的理论思考[J].理论月刊,2013(6).

② 程明.试论道德的法律化及其限度[J].北京师范大学学报(社会科学版),2007(2).

③ 沈宗灵.法理学[M].北京:高等教育出版社,1994:217.

当;三是入律后是否切实可行。"①这反映了关于"精神赡养"从道德义务转化为法律义务的合法性、正当性与可行性的争议,当下急需对这三个方面进行证成。

"精神赡养"属赡养的外延,因赡养法定义务的设置而取得了合法性基础。现有法律缺少对"精神赡养"法律义务的明文规定,却不乏对赡养的要求。如《中华人民共和国宪法》(以下简称《宪法》)第49条:"成年子女有赡养扶助父母的义务。"《中华人民共和国婚姻法》(以下简称《婚姻法》)第21条:"子女对父母有赡养扶助的义务。"《中华人民共和国刑法》(以下简称《刑法》)第26条:"对未成年人、老年人、患病的人、残疾人等负有监护、看护职责的人虐待被监护、看护的人,情节恶劣的,处三年以下有期徒刑或者拘役。""对于年老、年幼、患病或者其他没有独立生活能力的人,负有扶养义务而拒绝扶养,情节恶劣的,处五年以下有期徒刑、拘役或者管制。"学界对赡养早已有认识一致的物质赡养、"精神赡养"的二分,对赡养法律义务的要求因"精神赡养"归属于赡养的外延而取得了合法性基础和法律义务的要求,这是一个十分简单的形式上的逻辑推理。

通过对《老年人权益保障法》的文本分析,其具有了"精神赡养"法律义务的要求。《老年人权益保障法》第14条规定:"赡养人应当履行对老年人经济上供养、生活上照料和精神上慰藉的义务,照顾老年人的特殊需要。"由此可以得出对赡养可以形成得更为精细化的法定划分:经济上供养义务、生活上照顾义务、精神上慰藉义务和特殊需要的照顾义务。对赡养义务进行细化和类型化不仅有助于从学理上研究其内容,也有助于从实践上促进赡养义务的实现。而《老年人权益保障法》对赡养义务的四分,就包含了"精神慰藉"的要求,它是"精神赡养"义务的重要内容。学界的"二分法"(物质与精神赡养)与法律设定的"四分法"并不矛盾,其从不同的角度切入赡养的内容。究其相互联系而言,物质赡养包括了经济上供养、生活上照顾及部分特殊需要的照顾的义务,"精神赡养"义务包括精神慰藉、部分特殊需要的照顾及其他与精神慰藉相关的义务。"精神赡养"义务因《老年人权益保障法》的规定而取得了合法性基础,这又是一个十分简单的实质性逻辑推理。

"精神赡养"法律义务符合价值理性而取得了正当性证成。学界对正当性与合法性的关系有着较为焦灼的论证和迥异不同的观点,无论是将正当性与合法性等同,或是将合法性归于正当性的范围的认识都存在对其差异性的熟视无睹,都不利于建立符合正当性的规范与制度。只有具备了正当性的法律才是法律,不具备正当性的法律根本不是法律,称不上有效,谈不到服从与违反。"精神赡养"法

---

① 王家国."精神赡养"与中国法制的亲情伦理回归[J].法学,2015(1).

律义务的确立并不能“想当然”形成其正当性,法律形式主义的标示意义并不能过于沉醉。“只有目的正当,才能产生正当的行为;如果作为起点的目的不正当,由此目的而产生的行为也就自然不正当。”①程序正当性范式奠定了正当程序原则的基础,而正当程序原则历经了由程序性正当程序向实质性正当程序的嬗变。实质性正当程序要求立法机关设定“精神赡养”应符合正义的要求,出于正当的动机与目的,考虑到对被赡养人的权利的限制而实施的剥夺条款设置是否具有必要性。法律设定“精神赡养”法律义务,既不是出于立法机关自以为是的法律形式主义的国家非理性,也不是立法机关因应学说理论的哗众取宠,而是出于满足老年人“精神赡养”的合理需求的正当动机。

合价值理性是“精神赡养”法律义务设定的根本依据。显然,规范主义的正当性将法律义务设定与实施的正当性归结于来自自然或是神意,这无疑是错误和愚昧的狭隘,但是其却对正当性的基础进行了探索,一种基于其背后的真正基础:正义的原则。同时,规范主义的正当性提供了一种评判正当性的合理性标准,“有时它是一种特定的伦理——道德观念,有时它是一种特定的善的观念,有时它是一种特定的正义的观念,有时它是一种特定的福利观念”②。“精神赡养”义务符合正义、福利与善的纯真价值理性已经是不争的事实。

但是,应看到对于“精神赡养”义务的实现困难,有学者认为,“源自精神赡养权所保护的社会利益的不确定性,使得精神赡养权难以概念化、确定化”③。对于“精神”的界定差异、对精神需求的合理性界限认识不清都需要用明确性的法律语言来进行刚化。目前“精神赡养”义务作为法定义务是一种推论,“精神赡养”义务相对于其他法律义务缺乏明确内容的规定,仅仅是概括性规定的缺陷以及“精神赡养”责任机制的缺失都反映了立法语言表达不准确与立法能力不足的缺陷,而不是“精神赡养”义务本身的设置错误。

(三)“精神赡养”法律义务的“虚制”表现

“精神赡养”法律义务与“精神慰藉”“精神需要”“经常看望或者问候老年人”等条款直接相关,但这些条款的规定却十分概要,具有模糊性。虽然模糊性以及因模糊性产生的不确定性,是立法的基本特征,并能实现个体履行精神赡养义务正义的调控空间,但是由于法律调整方式的特殊性,提供刚性的规范才能为行为

① 刘权. 目的正当性与比例原则的重构[J]. 中国法学,2014(4):133-150.

② 哈贝马斯. 重建历史唯物主义[M]. 郭官义,译. 北京:社会科学文献出版社,2013:220-222.

③ 蒋悟真. 精神赡养权法治保障的困境及其出路[J]. 现代法学,2014,36(4):164-175.

提供确定性指引,法的作用才能发挥。“清晰性要求是合法性的一项最基本的要求”①,因而法的语言清晰性是法律表达的首要,立法者应尽量避免使用模糊性词汇,特别是有关权利义务的法律规定。而大多数蕴含某种精神的未经体察的伦理性规范天生具有这种模糊性。有关“精神赡养”法律义务的法律规定具有这种模糊性,其并不是适格的法律义务表达,因为其无法为义务的履行提供确定性指引,是义务的“虚制”。

首先,缺少“精神赡养”义务范畴的法律确认。法律并没有“精神赡养”的范畴,“精神赡养”范畴是对“精神慰藉”“精神需要”“经常看望或者问候老年人”条款的提炼,是对物质赡养、赡养的推理。显然,将一项不是法定范畴的义务当作法律义务来保障履行从逻辑上来看是非常荒谬的。“精神赡养”不是法定范畴,但是无论在学界或司法实践中都将“精神赡养”一致认定为一项对被赡养人肩负的法定义务,“精神赡养”不是法定范畴,却是法定义务的矛盾,成为精神赡养法律义务陷入实施困境的起源。这个矛盾反映了我国法学研究与法学实践的非协同性,拷问着我国立法机关的立法能力。这个矛盾呈现了我国立法对法治精神践行不足的问题,实际上解决这个问题却是一项十分简单的形式工作。

其次,作为“精神赡养”义务的履行方式单一且内容不清。对于“精神赡养”法律义务履行方式,不仅缺少规范性法律文件规定,学界也缺少探讨。通过《老年人权益保障法》等相关文本规范,“经常看望或者问候老年人”也就是被学界概括为“常回家看看”,被认为是履行“精神赡养”法律义务的单一方式。

将“精神赡养”义务的实现方式简单概括为“常回家看看”,并不是法律义务实现方式的规范化与可行性表达。“精神赡养”义务建立的前提应针对“满足老年人的精神需求”目的,需要对老年人可以通过法律手段实现的合理的精神需求范围进行界定,这是一个远超过“常回家看看”方式实现的较为宽泛的精神需求。有学者认为“精神赡养”包括对老年人的情感支持和心理慰藉,也即孝心的具体表达。并以传统家庭美德“孝”所应具有的合理内涵,将“精神赡养”义务表达为“尊重人格、情感慰藉和成就安心”三项义务内容。② 显然,这也将“精神赡养”做了限制性解释,忽略了“孝”所应具有的物质与精神综合要求的宽泛外延。

“经常看望或者问候老年人”因表达随意而显得内容不清。法律本身就是为社会生活而生,这是价值层面的观点,但绝不意味着法律规范可以因生活化而随意化。“经常看望或者问候老年人”的表达充满了生活气息而贴近百姓生活,却带

---

① 富勒. 法律的道德性[M]. 郑戈,译. 北京:商务印书馆,2005:75.

② 穆光宗. 老龄人口的精神赡养问题[J]. 中国人民大学学报,2004(4):124-129.

来实施上的歧义。首先是对“看望与问候老年人”中“看望与问候”的理解。和老年人生活在一起的子女是否实现了“看望与问候老年人”,而尽到了对老年人的精神赡养义务;不和老年人居住在一起的子女去父母住所算看望,那父母到子女住所是否算子女看望;和老年人见面又是否能算看望。其次,对经常看望或问候老年人之“经常”的辩解不清。“经常”是一个十分模糊且属于相对性的一个范畴,但是它却显示了对看望或问候老年人频次的描述。由于没有期限内次数的描述,根本无法识别何为“经常”。

最后,“精神赡养”法律义务内容与实现方式的模糊导致对不履行“精神赡养”义务判定的困难。虽然以物质赡养的法律责任机制来认定违反“精神赡养”义务的责任,因忽略了二者的区别,导致对违反“精神赡养”法律义务的责任认定针对性略显不足。“精神赡养”法律义务的实现困境在于对是否构成违反“精神赡养”义务的界别不清,这是由法律对于“精神赡养”法律义务内容与实现方式的模糊性规定造成的。由“精神赡养”法律义务的内容与实现方式共同构成了义务履行的标准,由于认定义务标准的模糊导致不能履行“精神赡养”义务就在所难免了。

(四)完善“精神赡养”法律义务实施的建议

“精神赡养”法律义务只有从“虚化”走向“实化”,且具有可操作性,才能实现法律制定对老年人口“精神赡养”实现关怀的目的,这关键取决于法律的因应。

首先,设置“精神赡养”法定范畴。《老年人权益保障法》及其他规范性法律文件并没有“精神赡养”范畴,将“精神上慰藉的义务”提炼为“精神赡养”义务是一种扩张性的外延界定,显然“精神赡养”义务比精神慰藉义务的外延要宽泛许多。对“精神赡养”义务的提炼是基于两方面的推论:一是通过与赡养、物质赡养的比对,推导出“精神赡养”,实际上物质赡养也是一个学理概念;二是基于对“精神慰藉义务”的拓展,“精神慰藉”义务为法定范畴和义务,但是精神慰藉义务内容归于单一,难以涵盖别除物质赡养以外的有关精神方面赡养的全部内容。

学界早已有“物质赡养”与“精神赡养”的二分,从学理范畴走向法律范畴并不能通过合理性的推论来实现,否则认定“精神赡养”作为法律义务将面临实现的困难。现有的“精神赡养”义务的履行不能与责任追究不清实际上就反映了作为推论性法律范畴的制度缺陷。其实可以修改《老年人权益保障法》,将“精神赡养”义务列为法定范畴。

其次,厘清“精神赡养”法律义务主体。现有规范性法律文件缺少对“精神赡养”法律义务主体范围的厘定,对义务主体范围的核定依据“精神赡养”归属于赡养的认识,参照物质赡养义务人的认定。在我国以家庭养老主导的养老模式之下,履行赡养法律义务的义务人被限定为家庭成员,主要指子女。“精神赡养”法律义务主体除了包含晚辈亲属以外,还应包括配偶和社区养老服务人员。

增设配偶作为“精神赡养”法律义务的承担主体,是因婚姻关系的财产性与人身性双重属性,建立夫妻间相互扶养义务是各国婚姻立法的通例。我国《婚姻法》第20条第一款设定了“夫妻有互相扶养的义务”的规定。目前学界对扶养义务的理解虽有差异,但是一种主流的观点就是“扶养”指“特定亲属之间根据法律的明确规定而存在的经济上相互供养、生活上相互扶助照顾的权利义务关系”①。可见夫妻间的扶养被认为是一种单纯的生活供养义务,这在《婚姻法》第20条第二款有关违反夫妻扶养义务的法律责任的规定中得到了验证:“一方不履行扶养义务时,需要扶养的一方,有要求对方付给扶养费的权利。”将夫妻间的扶养义务总结为单一的生活供养义务无疑是十分狭隘的,它无视了婚姻的本质和供养的全面内涵。建立在情感基础之上的夫妻关系,具有人身与财产的双重属性,因而夫妻间的扶养义务包含了情感的慰藉是婚姻本质的体现的内容。同时,扶养是一个内涵较为丰富的范畴,内在包含了经济上供养、生活上扶助和精神上安慰的合理内涵。“夫妻间的扶养方式可规定为包括给养、迎养和精神扶养。”②需要强调的是以“扶养”与“赡养”的形式差别来否定作为配偶应尽的精神慰藉义务是无趣的。

增加社区与社会养老服务人员作为“精神赡养”义务主体的责任。“美国一直在探索着社会养老的发展模式,目前已经形成了居家养老(Home Care)、专业机构护理(Nursing Care)以及退休社区照顾(Retirement Community Care)等多元模式共存的养老格局。”③赡养义务本身就包含家庭赡养与社会赡养之分,属于赡养范畴的“精神赡养”其义务主体理应包含社会养老服务人员。从养老承担主体来看,我国养老主要是家庭养老,而社会养老主要由机构养老与社区养老构成。目前社会养老满足老年人精神需求的功能还是较为有限的,但不能因此放弃其在“精神赡养”中所起的作用,应看到社会养老形式具有的一些优势,如在社区机构养老形式中,一方面基于社区与家庭的天然联系,老年人在社区机构中可以不脱离家庭亲情环境,同时又有邻里、居委会等熟人环境;另一方面社区由于有公共投入、官方组织,增强了“精神赡养”的条件与能力,通过社区可以为老年人提供活动的场所,可以组织能满足老年人精神需求的各种活动。既不脱离家庭的“精神赡养”,又能

① 刘宏渭. 我国扶养制度的法律文化解读[J]. 齐鲁学刊,2009(5):97-101.

② 官玉琴. 解读夫妻扶养义务[J]. 福建工程学院学报,2006,4(5):566-570.

③ 张强,张伟琪. 多中心治理框架下的社区养老服务:美国经验及启示[J]. 国家行政学院学报,2014(4):122-127.

弥补家庭“精神赡养”的局限性和单一性,把社会养老纳入赡养主体是有一定理由支撑的。

再次,合理确定“精神赡养”义务的内容。“精神赡养”具有原初的道德性,这为作为法律义务的“精神赡养”义务内容的确定带来困难。“法律能禁止那些最严重的违规行为,却无法使人主动行善。”①相较于其他法律义务,“精神赡养”义务具有原则性特点,很难通过法律规范来实现确定化,这本身虽不符合法律规范的设定要求,却是一个客观存在。

方法一:将“精神赡养”义务作为事实上的法律原则对待。通过司法裁判,结合个案对“精神赡养”方式进行类型化确定是厘清“精神赡养”义务内容和范围的有效方式。我国司法机关对此进行了探索,但因囿于“精神赡养”义务的道德性及模糊性,使得秉承“依法审判”理念的司法机关心存戒惧,因而对此采取了较为审慎的态度,对“精神赡养”法律义务的类型主要总结为探视或看望义务的形态,如“翟某丙、王某与翟某甲、翟某乙赡养纠纷案”,原告翟某甲、翟某乙诉翟某丙、王某赡养纠纷一案由巢湖市人民法律一审,合肥市人民法院二审。一审判决除了要求被告翟某甲、翟某乙每人每月支付原告翟某丙、王某赡养费300元以外,还要求被告翟某甲、翟某乙每人每月至少探视两原告一次。本案中并没有见其他有关“精神赡养”义务履行方式的类型化总结。

“精神赡养”义务作为义务形态本属纯粹的法的规范的范畴,法院对“精神赡养”义务内容的认识仅从看望与问候的单一性义务维度出发的局限性,极大削弱了“精神赡养”法律义务的调整作用,然而“精神赡养”法律义务在司法实践中调整作用的弱化与有限性却强化了其作为“精神赡养”指导原则,以及作为司法实践中对“精神赡养”义务进行认定与界定的论证基础,即作为法的原则的性质得到了彰显,这在司法审判中也得到印证。在2017“沈宝凤等赡养费纠纷”案中,一审法院不仅提出了对“精神赡养”义务设置的认可,而且认为其具有内容上的“不确定性”,给“精神赡养”义务的实现带来困难,但却提出了适用的方法:“由于精神赡养义务标准难以界定,子女除了需要遵守法理规范,还需以伦理、情理、道义等传统美德来衡量要求自己。”②

方法二:通过对不履行“精神赡养”义务的列举,来增强对“精神赡养”义务内

---

① 霍尔姆斯·罗尔斯顿. 环境伦理学——大自然的价值以及人对大自然的义务[M]. 杨通进,译. 北京:中国社会科学出版社,2000:69.

② 《沈宝凤等赡养费纠纷二审民事裁定书》,南京市中级人民法院民事判决书,(2017)苏01民终10548号。

容清晰性的认识。

(1)不履行看望、问候被赡养人义务。在《老年人权益保障法》以及各个地方实施《老年人权益保障法》的细则中都毫无例外地将看望、问候老年人作为"精神赡养"法律义务的主要内容,在法院的司法判例中也对此进行了确认。被赡养人有自主选择生活方式的自由,对不与子女共同居住的被赡养人,赡养人有看望与问候的义务。实践中一个重要的问题是没有任何规范性文件对赡养人看望与问候老年人的频次做出规定,是一年一次,或是一月一次或几次,司法实践中也完全取决于法官的自由裁量。如2015年"黄某与吴某甲、吴某乙等赡养纠纷二审民事判决书"二审法院维持原判,判定不与原告黄某共同居住的子女"吴某甲、吴某丙、吴某丁每年至少探望母亲黄某一次"。2014年北京市一中院就"关某与司某赡养纠纷二审民事纠纷"案维持原判,"判令关某(司某女儿)每月探望司某一次"。从统一性与规范性的要求来看,规范性法律文件不仅要对赡养人看望、问候被赡养人作出履行"精神赡养"义务的要求,也要对看望、问候的频次做出规定,以回应司法实践的需要。

(2)不履行物质赡养义务。物质与"精神赡养"的两分界定了两者对被赡养人具有同等重要的作用,然而这并没有否定作为基础地位的物质赡养。物质赡养与"精神赡养"具有内在的关联性,又具有非协同性的特点,这表现为违反两种义务的牵连性不同。赡养人违反对被赡养人"精神赡养"义务却不是必然导致对物质赡养义务的违反;然而赡养人对物质赡养义务的违反则必然导致对"精神赡养"义务的背离。物质赡养义务是"精神赡养"义务的基础,因而赡养人不履行对被赡养人的物质赡养义务必然损害被赡养人与赡养人的情感基础,必然导致对"精神赡养"义务的履行中止。

(3)干涉和侵害被赡养人的自由权。各种对被赡养人自由权的干涉与侵害行为应当被视为是对"精神赡养"法律义务的违反,这在地方性实施《老年人权益保障法》的实施细则中得到确认。如海南省规定"赡养人应当在精神上慰藉老年人,尊重老年人的宗教信仰和生活方式"①;厦门经济特区规定"赡养人或其他亲属不得干涉老年人离婚、再婚及婚后的家庭生活"②;青岛市规定不得干涉老年人选择养老方式的自由权,"老年人有自主选择养老方式的权利"③。《老年人权益保障

① 海南省实施《中华人民共和国老年人权益保障法》若干规定的决定(2017年修订)第11条第3款。

② 参见厦门经济特区实施《中华人民共和国老年人权益保障法》若干规定(2018年修订)第12条。

③ 参见青岛实施《中华人民共和国老年人权益保障法》若干规定(2005年)第15条。

法》及各地的实施细则都涉及对老年人某项或某些自由权保障的规定,并将其作为"精神赡养"义务的重要内容,然而这并不全面。赡养人对老年人的权利特别是对老年人的自由权等基本权利的尊重和保护是其履行"精神赡养"义务的重要方式。

(4)不履行对被赡养人的注意义务。民法学理论与实践都将注意义务的关注旨趣局限于直接的人身或财产利益,认为违反注意义务构成过失进而需补偿他人的人身及财产损失,然而这种损失多数情形下被认为是直接损失,不包含精神损失或者对精神损失的适用给予了严格的限制。《解放日报》在 2017 年 2 月 7 日第 5 版报道,四川省内江市威远县新场镇上游村有村民反映,春节期间,当地一名 80 多岁的老人被家人用铁链拴在屋外的树下,十分可怜。媒体实地调查,老人在最近几个月的白天里,确实被家人拴在树下。但子女声称,老人患有精神痴呆症,此前未拴时经常走失。此案中,儿女对母亲可以说尽到了物质赡养义务,为防止母亲因病而出现人身安全危险而将其用铁链拴上可谓尽"注意义务"。然而其母亲因老年痴呆而失去了自我尊严的判断,社会却没有因其自我判断能力的丧失而认可其损害老人人格与尊严的做法。

(5)阻碍与限制赡养人子女与被赡养人的见面与情感交流。在传统文化的影响下,被赡养人对赡养人子女的精神需求十分强烈,甚至远远超出对赡养人的精神需求。赡养人子女看望与问候被赡养人更能满足被赡养人的精神需求,虽赡养人子女并不负有直接对被赡养人的法定"精神赡养"义务。但基于亲情与伦理的基础,"精神赡养"义务人对被赡养人"精神赡养"义务的实现可以通过"第三人"——赡养人子女去实现。赡养人及其配偶不得拒绝或者阻碍赡养人子女对被赡养人的看望与探视。在司法实践中已有个案对此种情形进行了支持,如 2013 年"丁洪、王建华与白珈绮的赡养纠纷"案,原告丁洪、王建华起诉被告白珈绮(原告儿媳)并请求判定其孙丁通文在年满十八周岁之前向其承担看望与问候的义务。2013 年原告丁洪、王建华起诉被告白珈绮(原告儿媳)至重庆市渝北区人民法院,要求原告之孙丁通文"在年满十八周岁之前,每年暑假回重庆探亲不少于 35 天,并由白珈绮承担丁通文从法兰克福到北京的往返费用;丁通文每周五下午 2 时至 3 时与丁洪、王建华电话视频不少于 15 分钟",要求承担"精神赡养"的义务,应向对其负有赡养义务的相对人提起。而丁通文对丁洪、王建华不负有赡养义务。该案在一审、二审被判定为义务人主体不合格后不予以受理,再审法院以适用法律错误撤销重庆市第一中级人民法院(2013)渝一中法民终字第 05487 号、重庆市渝北区人民法院(2013)渝北法民初字第 16374 号民事裁定书,并指令重庆市渝北区人民法院立案受理本案。

(6)违背被赡养人意愿将其与配偶分开生活。老年人的精神需求不仅有来自子女方面的,也有来自与其长期共同生活的配偶之间相濡以沫的精神需求。婚姻的本质在于夫妻双方的情感相互需求,这是以共同生活为前提,故而被赡养人强制性的、单方面地要求被赡养人与其配偶分开生活不仅是对被赡养人合法权益的侵害,也是对"精神赡养"法律义务的违反。地方在颁布《老年人权益保障法》的实施细则中,对尊重老年夫妻生活的意愿做出了规定,如山西省规定"赡养人应当尊重老年夫妻共同生活的意愿,不得强行将老年夫妻分开赡养"①。对确需分开赡养的老年夫妇也需征得老年夫妇的同意,如广西规定:"对共同生活的老年人夫妇,需要分开赡养的,赡养人应当征得老年人夫妇的同意。"②然而遗憾的是《老年人权益保障法》却对此没有做出任何规定。

最后,建立区别于物质赡养义务的"精神赡养"义务的责任机制。责任是履行义务的担保。透视《老年人权益保障法》的文本规范,有"精神赡养"义务的推论,却无"精神赡养"法律责任的规定。对于本身就较为虚制的精神赡养义务而言,法律责任条款的缺失无疑加剧了责任不能实现的后果。

由于没有法律明文规定,对违反"精神赡养"法律义务,法院依据民事责任的一般原则进行处理,同时对照"精神赡养"的特性,多数做出了继续履行、赔偿损失、停止侵害的审理结果。"精神赡养"法律义务作为一种民事义务形态,对其义务的违反必然首先适用于普通民事责任可能形成的责任承担方式,然而这并没有体现"精神赡养"义务因其独特的品格及法律规制特色所应具有的特殊性。基于"精神赡养"法律义务所具有的"精神性"特点,不适宜过分强化通过财产性方式承担,通过申诫性、人身性的方式更能切合"精神赡养"的要求,应着重加强以下六种责任实现方式。

(1)停止侵害。包括积极作为与消极不作为致被赡养人遭受精神侵害,应停止不履行"精神赡养"义务的侵害行为的发生。

(2)训诫并责令具结悔过。通过行政处理或法院处理,对不履行或怠于履行"精神赡养"法律义务的赡养人提出批评,使其发自内心认识到自己的错误并责令具结悔过。

(3)道歉。对不履行"精神赡养"义务的赡养人要求其向被赡养人道歉。

(4)消除影响、恢复名誉。单纯地不履行"精神赡养"义务并不必然导致需要

① 参见山西省实施《中华人民共和国老年人权益保障法》办法(2016)第8条。

② 参见广西壮族自治区实施《中华人民共和国老年人权益保障法》办法(2017)第121条第2款。

消除影响、恢复名誉责任方式的适用。但一些不履行“精神赡养”义务的赡养人往往以与被赡养人有关的特定的事实存在为理由(包括捏造的),来证明其不履行“精神赡养”义务的合理性。如果该“事实”被认为是虚假的并对被赡养人造成了名誉的影响,则被赡养人有权要求赡养人以适当的方式消除影响、恢复名誉。

(5)继续履行。合同法上继续履行是指违约方不履行合同义务或不全面履行合同义务时,有履行的可能,由法院强制违约方履行。有履行的可能同样对“精神赡养”义务的履行具有前提价值,“精神赡养”义务的履行可能是基于被赡养人与赡养人情感基础的存在或者基于被赡养人的要求或同意。如若感情已破裂或者受到严重伤害,继续履行对被赡养人就没有了情感与精神意义。

(6)支付精神抚慰金。在国家赔偿与其他侵权案件中可以见到有关精神抚慰金的判例,对于“精神赡养”而言,抚慰金不是与“精神赡养”义务属性相对应的有效责任方式,也不完全符合“精神赡养”义务设定的立法目的。但是支付抚慰金作为一种可选择性责任承担方式,既是对被赡养人受到精神伤害的一种补偿方式,是对赡养人不履行“精神赡养”法律义务的惩罚方式,也是对难以继续履行“精神赡养”义务情形下的一种替代责任方式。司法机关应当依据被赡养人受到的精神伤害的程度,并参照国家赔偿标准判定支付精神抚慰金的原则、标准与核算数额。

探讨“精神赡养”作为一种法律义务“入法”,通过立法形式强化尊老、敬老的道德传统,赋予“精神赡养”义务以强制力,不仅体现法律关照老年人“精神赡养”的权利,也反映出在法律和道德互动中寻求平衡,为现阶段我国老年人精神需求的满足提供了一条可行的进路。然而对“精神赡养”的维护不仅限于法律制定,重要的还应是让法律所宣示的关怀“精神”落实到社会共同体的“道德认同”中,这种认同不仅依靠整个社会形成关注“精神赡养”的氛围,更需要每个个体在内心形塑关怀老年人精神世界的伦理操守。可以预见的是,这将还有一段很长的路要走……

附:3200份老年人口“精神赡养”调查问卷及统计分析

A 卷

尊敬的先生/女士,您好!

我们是国家社科基金《关怀伦理视野下我国老年人口“精神赡养”支持系统构建研究》课题组调研员,我们需要调研目前民众对“精神赡养”问题的认知,为真正实现“老有所养、老有所乐”而服务。烦扰您对此问题发表下意见,在认为符合您看法的选项上划“√”。我们是无记名随机调查,有关您及您回答的一切信息将会被严格保密,感谢您的参与!

1. 您的性别(　　)

A. 男　　　　B. 女

性别分析表

		人数	有效百分比
有效	男	883	40.8
	女	1281	59.2
	总计	2164	100.0
缺失	系统	5	
总计		2169	

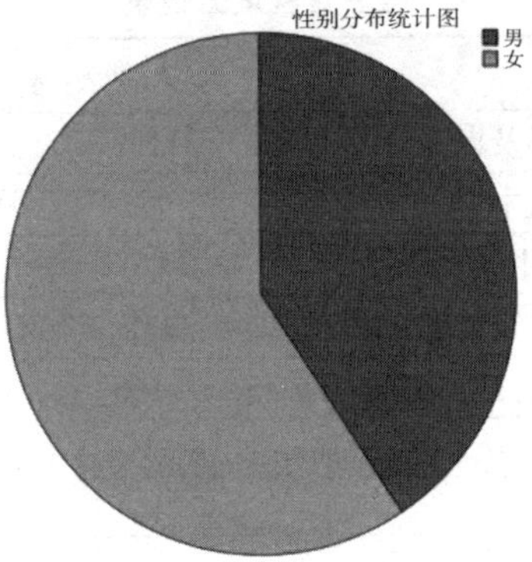

2. 您的年龄段(岁)(　　)

A. 10～30岁　　B. 30～40岁　　C. 40～50岁　　D. 50～60岁

年龄段分析图

		人数	有效百分比
有效	10～30岁	1352	62.4
	30～40岁	316	14.6
	40～50岁	240	11.1
	50～60岁	258	11.9
	总计	2166	100.0
缺失	系统	3	
总计		2169	

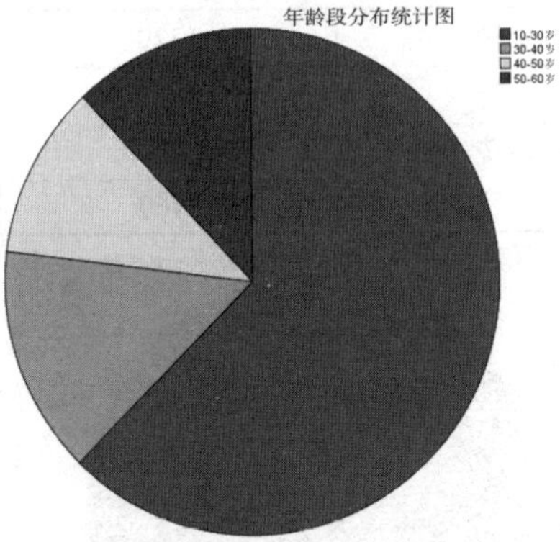

3. 您的受教育程度(　　)

A. 本科及以上　　B. 大中专

C. 中学　　D. 小学及以下

受教育程度分析表

		人数	有效百分比
有效	本科及以上	1198	55.3
	大中专	446	20.6
	中学	410	18.9
	小学及以下	112	5.2
	总计	2166	100.0
缺失	系统	3	
总计		2169	

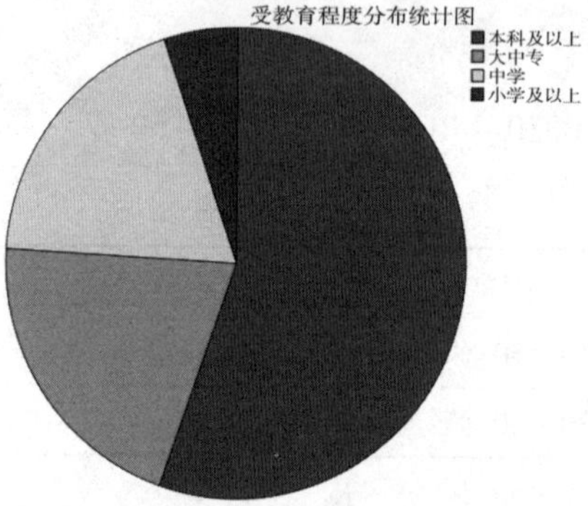

4. 您居住的地点(　　)

A. 农村　　　　B. 城镇

居住地点分析表

		人数	有效百分比
有效	农村	823	38.2
	城镇	1329	61.8
	总计	2152	100.0
缺失	系统	17	0.8
总计		2169	100.0

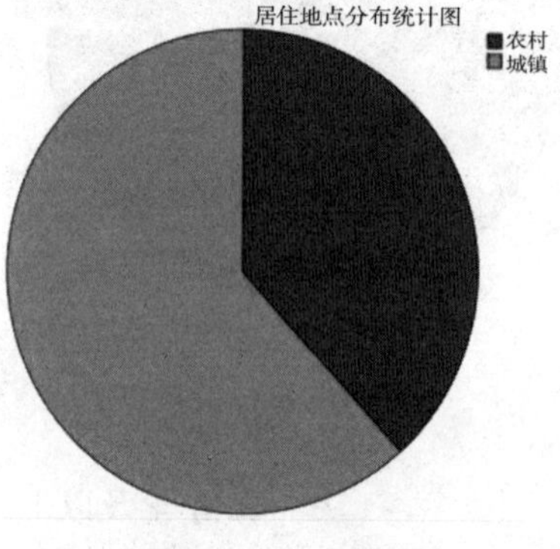

5. 您是否为独生子女(　　)

A. 是　　　　B. 否

独生子女情况分析表

		人数	有效百分比
有效	是	639	29.8
	否	1503	70.2
	总计	2142	100.0
缺失	系统	27	
总计		2169	

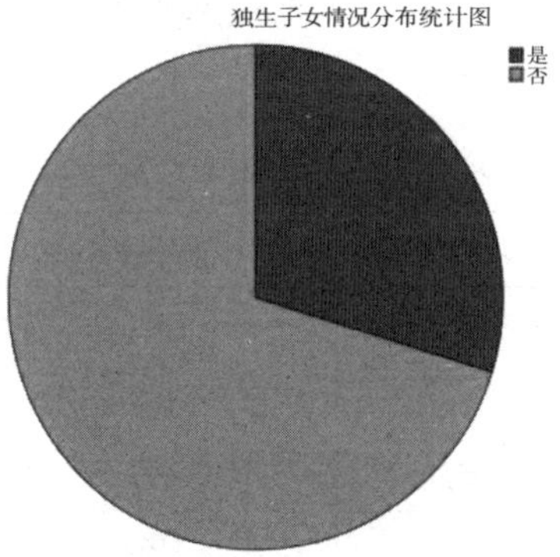

6. 您家庭里需要赡养的老人是(　　)

A. 1位　　B. 2位　　C. 3位　　D. 4位及以上

赡养老人数量分析表

		人数	有效百分比
有效	1位	535	24.8
	2位	1020	47.2
	3位	253	11.7
	4位及以上	351	16.3
	总计	2159	100.0
缺失	系统	10	.5
总计		2169	100.0

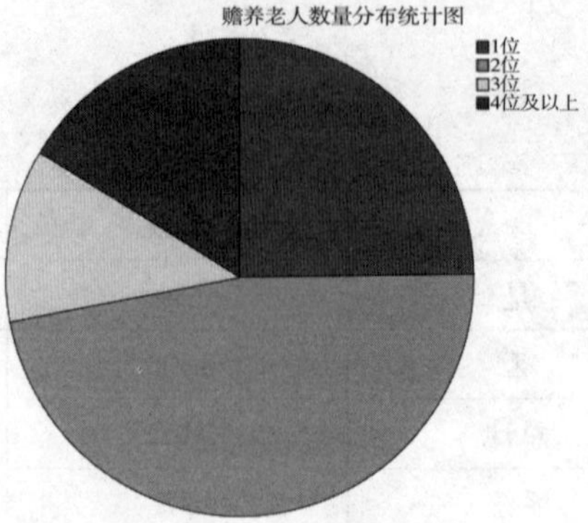

7. 您与父母居住地属于(　　)

A. 同一城市或乡村　　B. 较近的不同城市或乡村

C. 较远的不同城市或乡村

父母子女居住地情况分析表

		人数	有效百分比
有效	同城市或乡村	1375	63.6
	较近不同地方	388	17.9
	较远不同地方	399	18.5
	总计	2162	100.0
缺失	系统	7	
总计		2169	

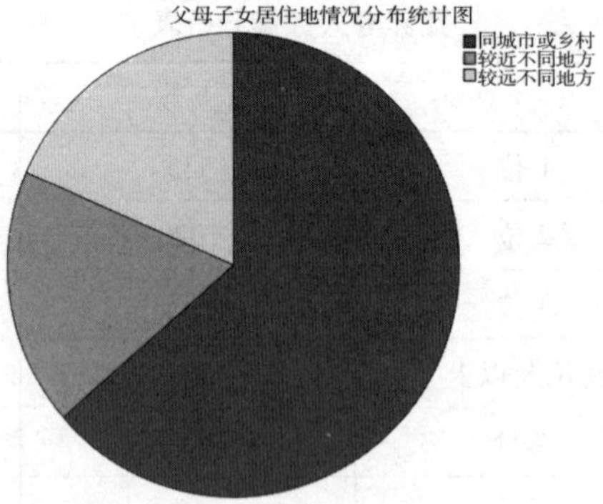

8. 您是否听说过老年人精神赡养问题(　　)

A. 是　　B. 否

是否听说精神赡养问题情况分析表

		人数	有效百分比
有效	是	1280	59.6
	否	869	40.4
	总计	2149	100.0
缺失	系统	20	.9
总计		2169	100.0

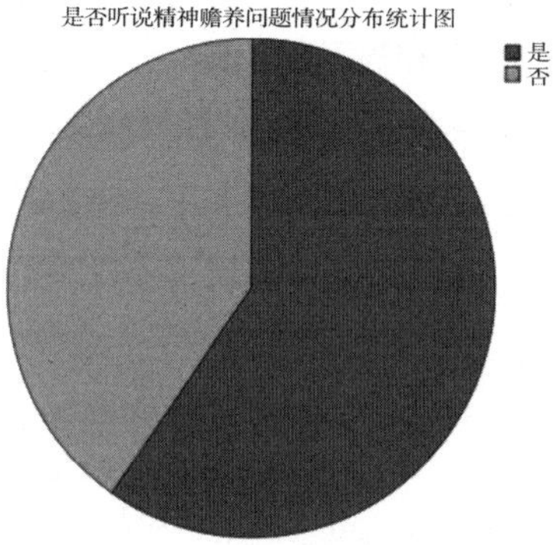

9. 您认为赡养老年人时最重要的应是(　　)

A. 给予物质金钱　　B. 照料平常生活

C. 看护身体健康　　D. 给予精神慰藉

赡养老年人重要因素分析表

		人数	有效百分比
有效	给予物质金钱	169	7.8
	照料平常生活	902	41.7
	看护身体健康	471	21.8
	给予精神慰藉	621	28.7
	总计	2163	100.0
缺失	系统	6	
总计		2169	

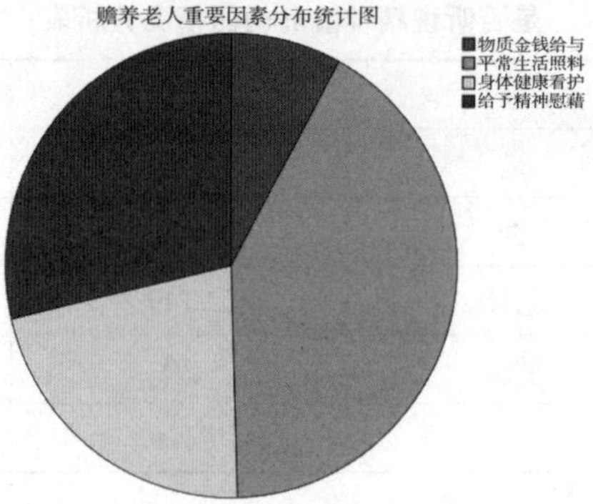

10. 您是否记得父母的生日和当下的年龄(　　)

A. 是　　　　B. 否

是否记得父母和年龄情况分析表

		人数	有效百分比
有效	是	1590	73.9
	否	563	26.1
	总计	2153	100.0
缺失	系统	16	0.7
总计		2169	100.0

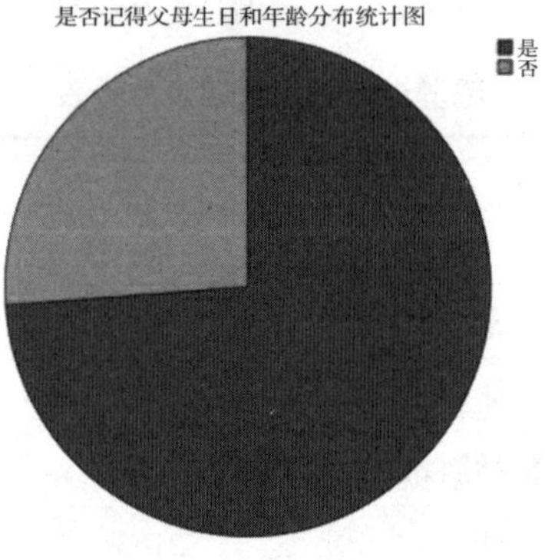

11. 您每次看望父母的间隔时间(　　)

A. 每天　　　　B. 一周或几周

C. 一月或几月　　　　D. 一年及以上

看望间隔时间分析表

		人数	有效百分比
有效	每天	455	21.0
	一周或几周	641	29.6
	一月或几月	972	44.9
	一年及以上	99	4.6
	总计	2167	100.0
缺失	系统	2	
总计		2169	

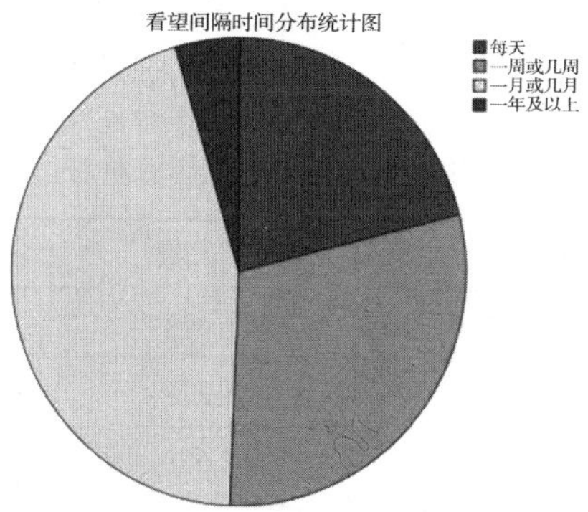

12. 您与父母情感沟通的频率(　　)

A. 经常　　B. 有时　　C. 偶尔　　D. 从不

情感沟通频率分析表

		人数	有效百分比
有效	经常	1144	52.8
	有时	673	31.1
	偶尔	317	14.6
	从不	32	1.5
	总计	2166	100.0
缺失	系统	3	
总计		2169	

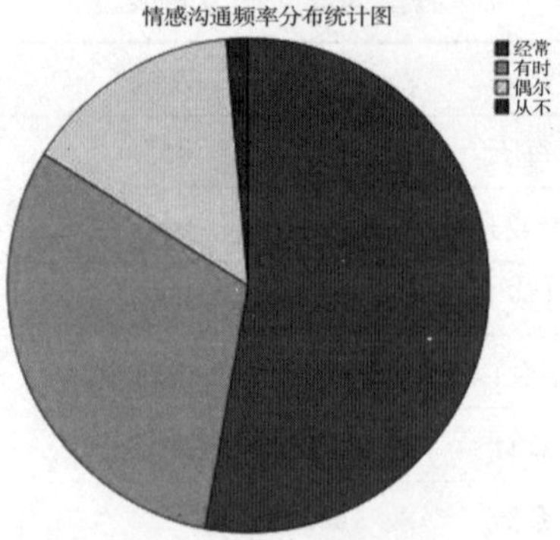

13. 您觉得有时您不愿意和父母进行情感交流的原因是(　　)

A. 没有时间　　B. 没有必要

C. 父母不理解　　D. 不知道交流方式

不愿进行情感交流的原因分析表

		人数	有效百分比
有效	没有时间	644	29.8
	没有必要	374	17.3
	父母不理解	658	30.4
	不知道交流方式	486	22.5
	总计	2162	100.0
缺失	系统	7	
总计		2169	

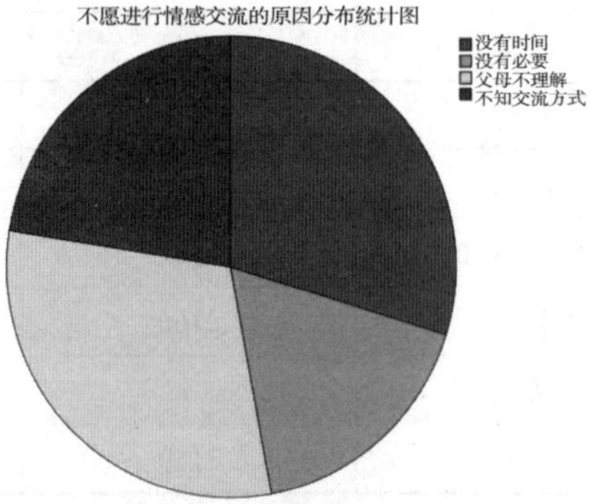

14. 您与父母发生矛盾时常采取的处理方式是(　　)

A. 据理力争　　B. 从不让步　　C. 主动让步　　D. 和蔼解说

矛盾处理方式情况分析表

		人数	有效百分比
有效	据理力争	346	16.0
	从不让步	118	5.4
	主动让步	926	42.7
	和蔼解说	779	35.9
	总计	2169	100.0
缺失	系统	0	
总计		2169	

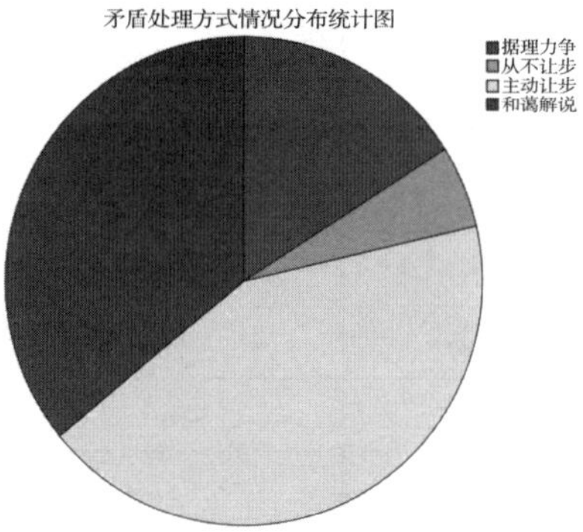

15. 您是否对父母的爱好进行限制(　　)

A. 经常限制　　B. 偶尔限制　　C. 从不限制　　D. 视情况而定

爱好限制情况分析表

		人数	有效百分比
有效	经常限制	92	4.2
	偶尔限制	474	21.9
	从不限制	1130	52.1
	视情况而定	472	21.8
	总计	2168	100.0
缺失	系统	1	
总计		2169	

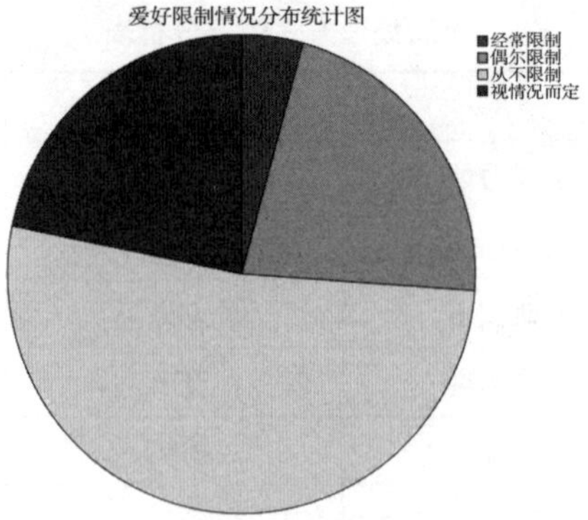

16. 您认为对父母精神赡养上最需要做的是(　　)

A. 子女的经常陪伴　　B. 子女的沟通交流　　C. 子女的工作事业成功

D. 子女的家庭后代延续　　E. 其他

精神赡养需要情况分析表

		人数	有效百分比
有效	经常陪伴	1052	48.6
	沟通交流	792	36.6
	事业成功	186	8.6
	后代延续	57	2.6
	其他	78	3.6
	总计	2165	100.0
缺失	系统	4	
总计		2169	

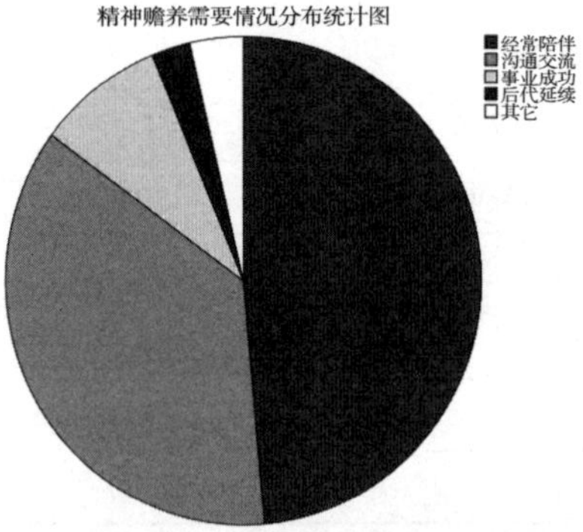

17. 在条件允许情况下,您最想让父母精神快乐的做法是(　　)

A. 每年陪伴一次外出旅游　　B. 教会一种网络聊天工具

C. 培养一种长期爱好　　　　D. 报名参加老年大学等机构终生学习
E. 其他

父母精神快乐做法情况分析表

		人数	有效百分比
有效	外出旅游	908	41.9
	教会聊天工具	251	11.6
	培养爱好	652	30.1
	参加老年大学	68	3.1
	其他	289	13.3
	总计	2168	100.0
缺失	系统	1	
总计		2169	

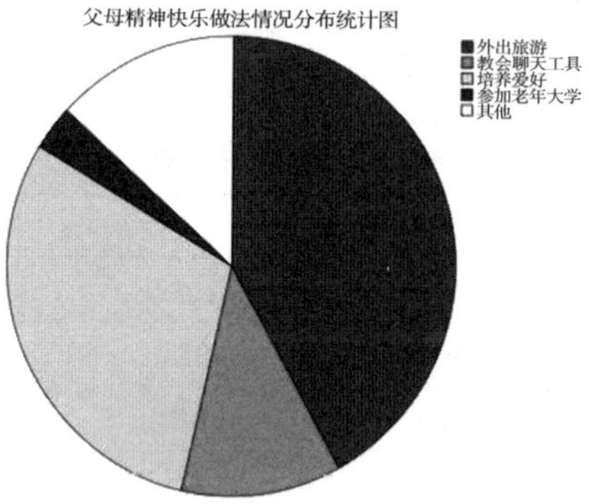

18. 您认为关怀父母精神需求主要体现在(　　)
A. 关心父母衣食住行　　B. 关心父母身心健康　C. 关心父母内心快乐
D. 关心父母心底愿望　　E. 其他

精神需求体现情况分析表

		人数	有效百分比
有效	父母衣食住行	312	14.4
	身体健康	827	38.2
	内心快乐	880	40.6
	心底愿望	106	4.9
	其他	42	1.9
	总计	2167	100.0

续表

		人数	有效百分比
缺失	系统	2	
总计		2169	

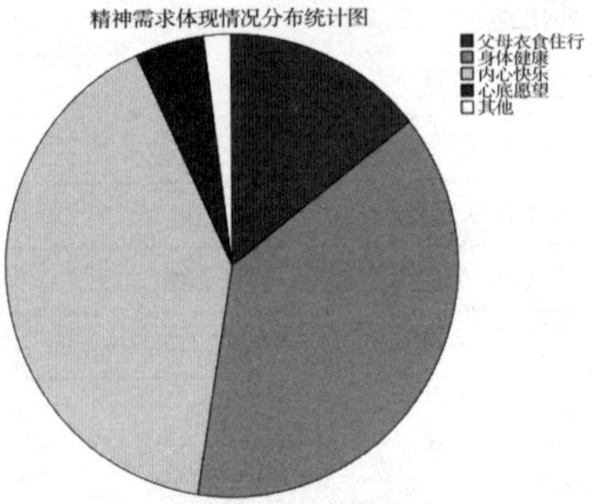

19. 您认为子女做不到"常回家看看"应通过哪种途径来解决(　　)

A. 孝道的约束　　B. 舆论的谴责　　C. 父母的叮嘱　　D. 法律的制裁

解决途径情况分析表

		人数	有效百分比
有效	孝道的约束	1052	49.2
	舆论的谴责	288	13.5
	父母的叮嘱	520	24.3
	法律的制裁	277	13.0
	总计	2137	100.0
缺失	系统	32	
总计		2169	

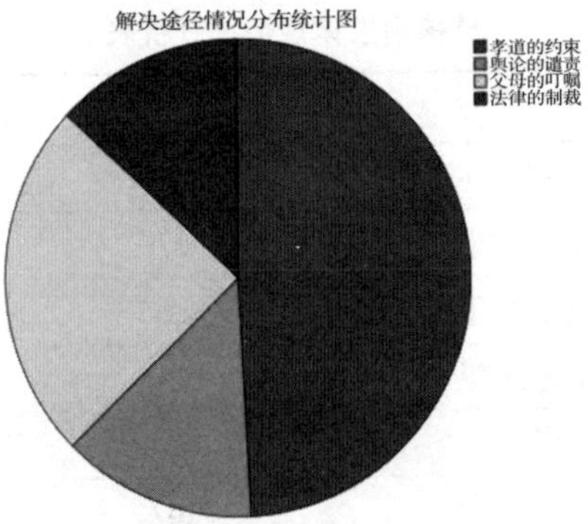

20. 您的工作与精神赡养父母发生冲突,您是否会放弃工作(　　)

A. 是　　　　B. 否

是否放弃工作情况分析表

		人数	有效百分比
有效	是	1041	49.1
	否	1078	50.9
	总计	2119	100.0
缺失	系统	50	
总计		2169	

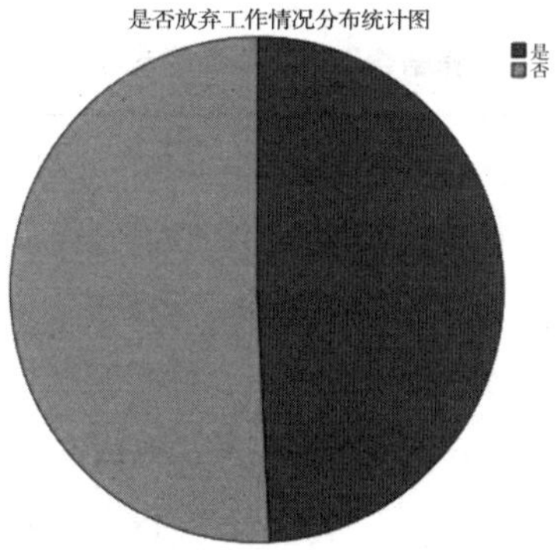

21. 您认为目前养老院能否实现对老年人的精神赡养(　　)

A. 可以　　　　B. 不可以　　　　C. 没思考过

养老院能否实现精神赡养情况分析表

		人数	有效百分比
有效	可以	348	16.2
	不可以	1292	60.1
	没思考过	510	23.7
	总计	2150	100.0
缺失	系统	19	
总计		2169	

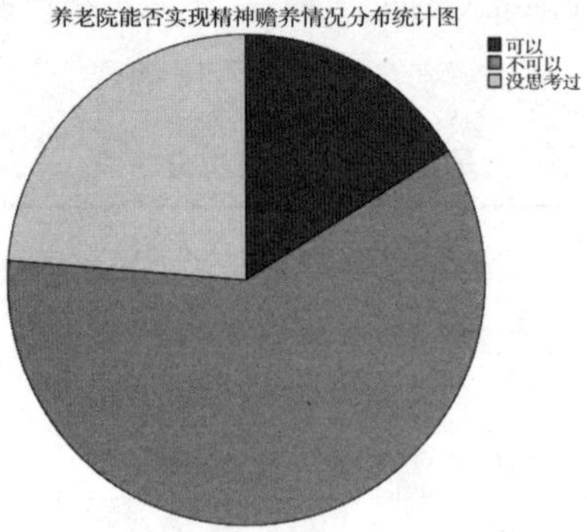

22. 您对"医养结合"形式帮助老年人精神赡养是否了解（　　）

A. 了解　　B. 不太了解　　C. 不了解

了解"医养结合"帮助精神赡养情况分析表

		人数	有效百分比
有效	了解	273	12.7
	不太了解	1431	66.5
	不了解	447	20.8
	总计	2151	100.0
缺失	系统	18	
总计		2169	

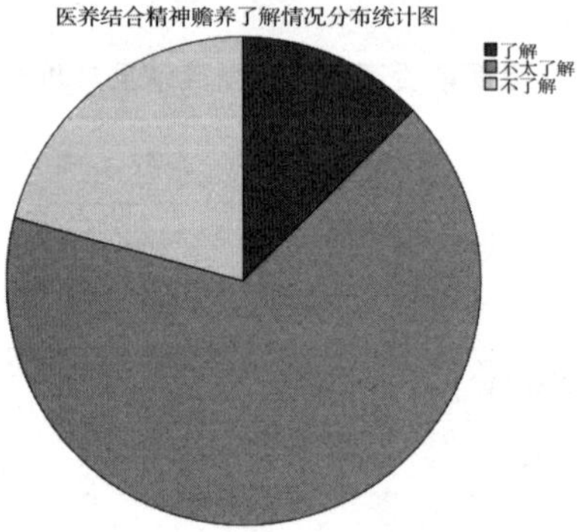

23. 您认为目前我国老年人的精神赡养主要靠（　　）

A. 老人自我　　B. 子女

C. 社区养老院　　D. 国家和社会

E. 老人自我、子女、社区养老机构、国家社会的合力

老年人精神赡养主要依靠对象分析表

		人数	有效百分比
有效	老年自我	380	17.5
	子女	680	31.4
	社区养老院	88	4.1
	国家和社会	61	2.8
	老年、子女、社区、国家合力	957	44.2
	总计	2166	100.0
缺失	系统	3	
总计		2169	

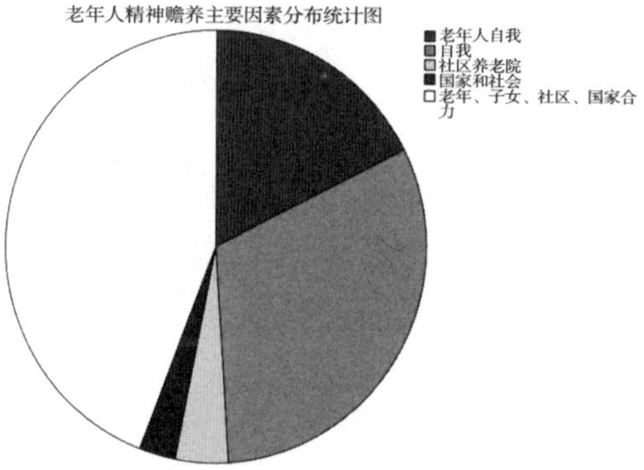

24. 您对老年人口“精神赡养”问题的建议或意见:____________________

____

B 卷

尊敬的先生/女士,您好!

我们是国家社科基金《关怀伦理视野下我国老年人口“精神赡养”支持系统构建研究》课题组调研员,我们需要调研目前民众对“精神赡养”问题的认知,为真正实现“老有所养、老有所乐”而服务。烦扰您对此问题发表下意见,在认为符合您看法的选项上画“√”。我们是无记名随机调查,有关您及您回答的一切信息将会被严格保密,感谢您的参与!

1. 您的性别(　　)

A. 男　　　　B. 女

性别分析表

		人数	有效百分比
有效	男	496	46.6
	女	568	53.4
	总计	1064	100.0
缺失	系统	3	
总计		1067	

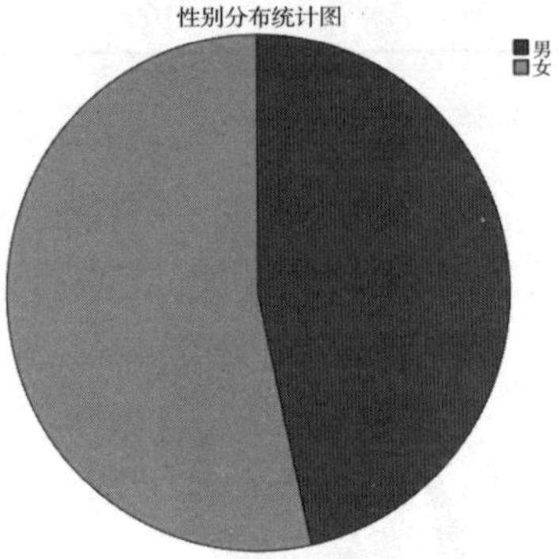

2. 您的年龄段(岁)(　　)

A. 60～65 岁　　B. 65～75 岁　　C. 75～80 岁　　D. 80 岁以上

年龄段分析表

		人数	有效百分比
有效	60～65 岁	515	48.3
	65～75 岁	362	33.9
	75～80 岁	127	11.9
	80 岁以上	63	5.9
	总计	1067	100.0

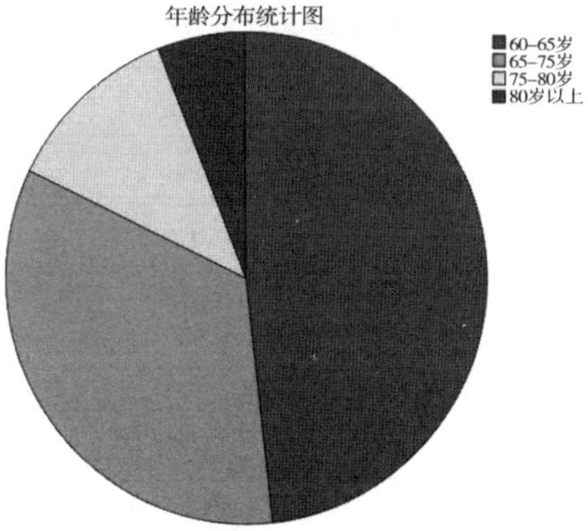

3. 您的受教育程度(　　)

A. 本科及以上　　B. 大中专

C. 中学　　D. 小学及以下

受教育程度分析表

		人数	有效百分比
有效	本科及以上	95	8.9
	大中专	232	21.7
	中学	362	34.0
	小学及以下	378	35.4
	总计	1067	100.0

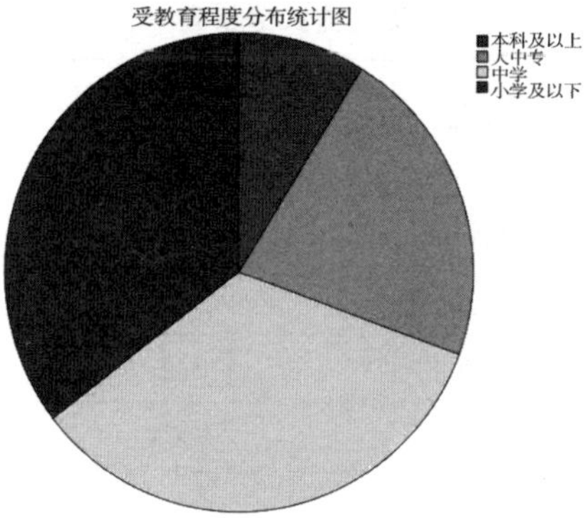

4. 您居住的地点(　　)

A. 农村　　B. 城镇

居住地点分析表

		人数	有效百分比
有效	农村	144	13.6
	城镇	911	86.4
	总计	1055	100.0
缺失	系统	12	1.1
总计		1067	100.0

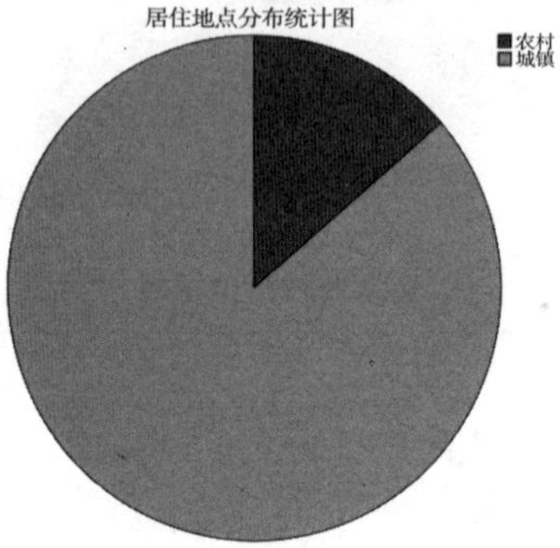

5. 您的居住方式(　　)

A. 单身居住　　B. 夫妇俩居住

C. 单身与子女同住　　D. 夫妇俩与子女同住

居住方式分析表

		人数	有效百分比
有效	单身居住	80	7.5
	夫妇俩居住	471	44.3
	单身与子女同住	142	13.3
	夫妇俩与子女同住	371	34.9
	总计	1064	100.0
缺失	系统	3	
总计		1067	

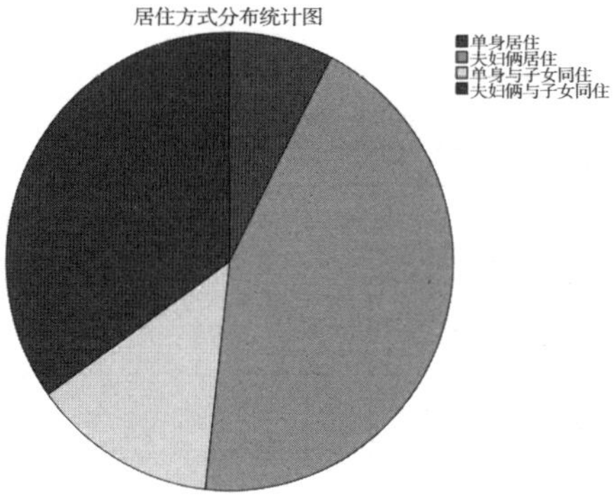

6. 您的生活来源主要依靠(　　)

A. 退休金　　B. 劳动报酬　　C. 政府救济　　D. 子女供给

E. 其他

生活来源分析表

		人数	有效百分比
有效	退休金	641	60.2
	劳动报酬	172	16.2
	政府救济	66	6.2
	子女供给	176	16.5
	其他	10	0.9
	总计	1065	100.0
缺失	系统	2	
总计		1067	

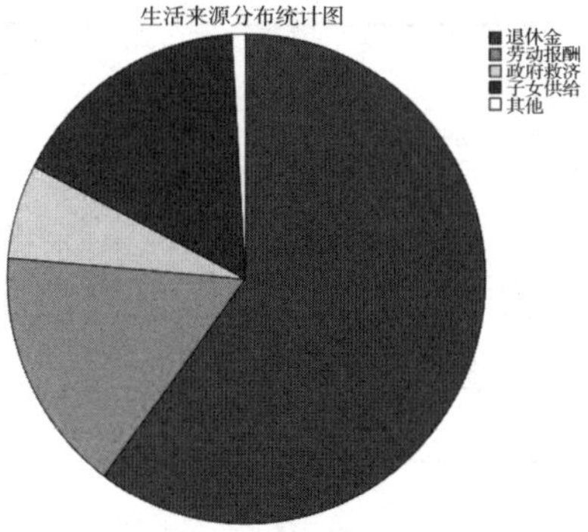

7. 您与子女居住地属于(　　)

A. 同一城市或乡村　　B. 较近的不同城市或乡村

C. 较远的不同城市或乡村

居住地分析表

		人数	有效百分比
有效	同城市或乡村	895	84.0
	较近不同地方	98	9.2
	较远不同地方	72	6.8
	总计	1065	100.0
缺失	系统	2	
总计		1067	

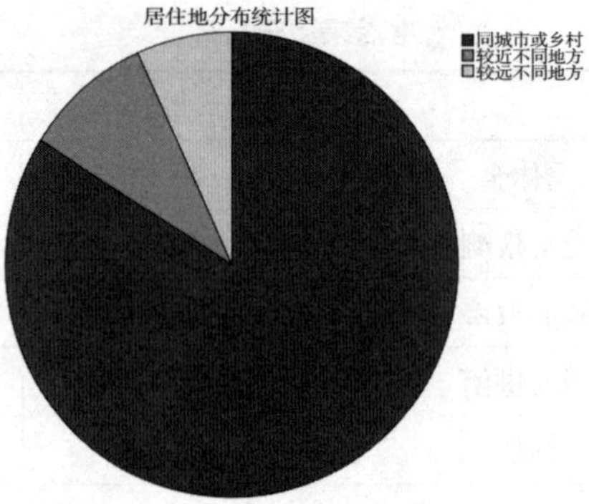

8. 您是否听说过老年人精神赡养问题(　　)

A. 是　　B. 否

是否听说过老年人精神赡养问题分析表

		人数	有效百分比
有效	是	464	44.1
	否	587	55.9
	总计	1051	100.0
缺失	系统	16	
总计		1067	

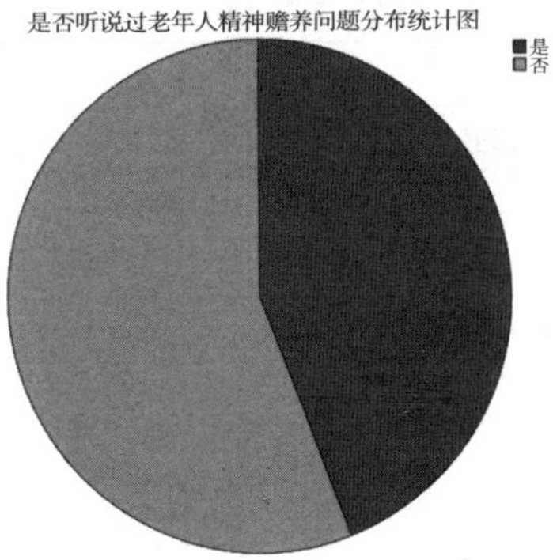

9. 您认为子女赡养老年人时最需要关注的应是(   )

A. 给予物质金钱　　B. 照料平常生活

C. 看护身体健康　　D. 给予精神慰藉

子女赡养老年人最需要关注因素分析表

		人数	有效百分比
有效	给予物质金钱	134	12.6
	照料平常生活	271	25.4
	看护身体健康	225	21.1
	给予精神慰藉	436	40.9
	总计	1066	100.0
缺失	系统	1	
总计		1067	

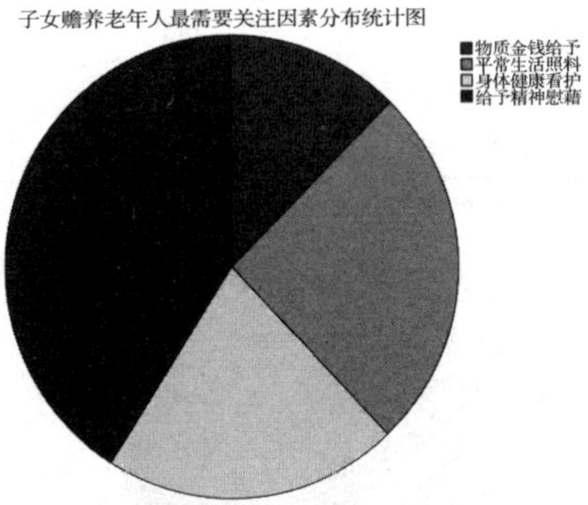

10. 您觉得您家庭成员之间的感情(   )

A. 非常和睦　　B. 比较和睦　　C. 不太好　　D. 非常不好

家庭成员感情情况分析表

		人数	有效百分比
有效	非常和睦	511	48.0
	比较和睦	495	46.5
	不太好	43	4.0
	非常不好	16	1.5
	总计	1065	100.0
缺失	系统	2	
总计		1067	

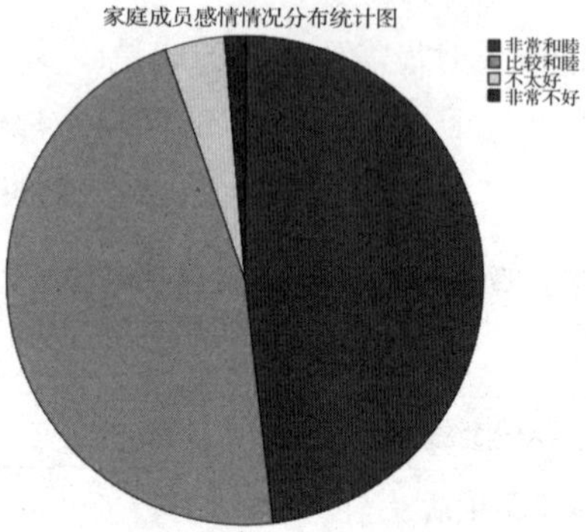

11. 子女每次看望您的间隔时间(　　)

A. 每天　　B. 一周或几周　　C. 一月或几月　　D. 一年及以上

子女看望父母间隔时间分析表

		人数	有效百分比
有效	每天	563	52.8
	一周或几周	353	33.1
	一月或几月	111	10.4
	一年或以上	40	3.7
	总计	1067	100.0

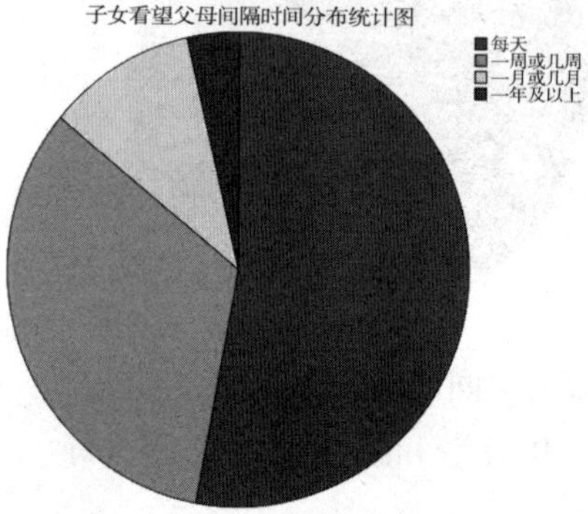

12. 子女与您情感沟通的频率(　　)

A. 经常　　B. 有时　　C. 偶尔　　D. 从不

子女与父母情感沟通频率分析表

		人数	有效百分比
有效	经常	641	60.1
	有时	300	28.1
	偶尔	94	8.8
	从不	32	3.0
	总计	1067	100.0

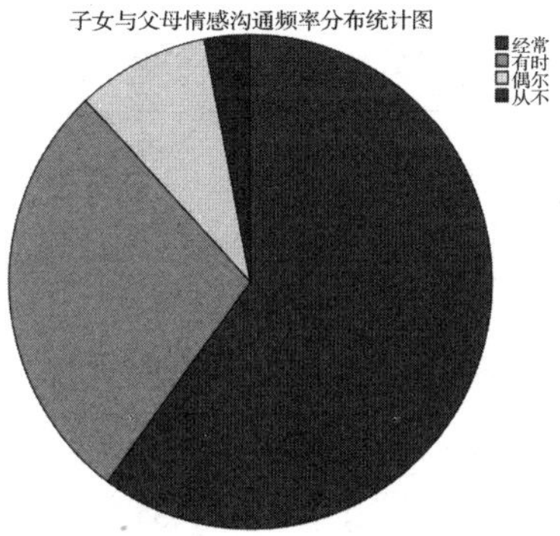

13. 您觉得有时子女不愿意和您进行情感交流的原因是(　　)

A. 没有时间　　B. 没有必要

C. 父母不理解　　D. 不知道交流方式

子女不愿与父母情感交流原因分析表

		人数	有效百分比
有效	没有时间	561	54.2
	没有必要	185	17.9
	父母不理解	159	15.3
	不知道交流方式	131	12.6
	总计	1036	100.0
缺失	系统	31	
总计		1067	

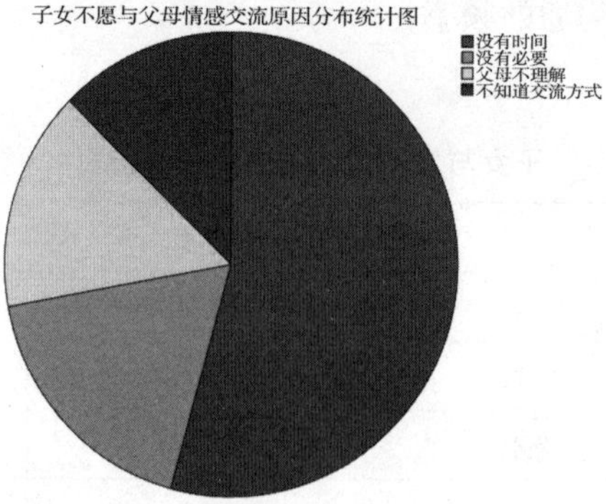

14. 子女与您发生矛盾时,您常采取的处理方式是(　　)

A. 据理力争　　B. 从不让步　　C. 主动让步　　D. 和蔼解说

矛盾处理方式分析表

		人数	有效百分比
有效	据理力争	89	8.4
	从不让步	80	7.6
	主动让步	484	45.9
	和蔼解说	402	38.1
	总计	1055	100.0
缺失	系统	12	
总计		1067	

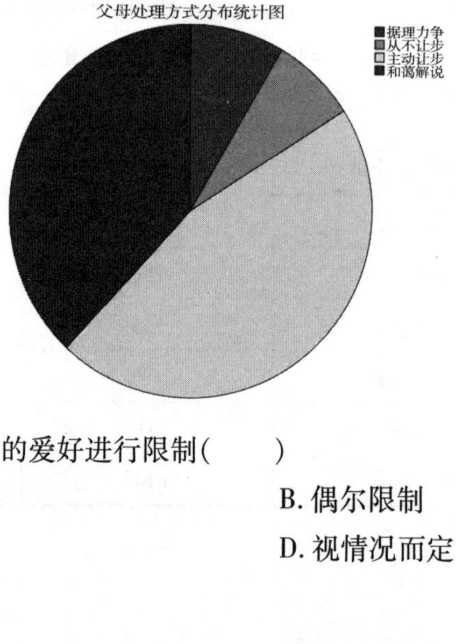

15. 子女是否对您的爱好进行限制(　　)

A. 经常限制　　B. 偶尔限制

C. 从不限制　　D. 视情况而定

子女是否对父母爱好限制情况分析表

		人数	有效百分比
有效	经常限制	47	4.4
	偶尔限制	136	12.8
	从不限制	806	75.6
	视情况而定	77	7.2
	总计	1066	100.0
缺失	系统	1	
总计		1067	

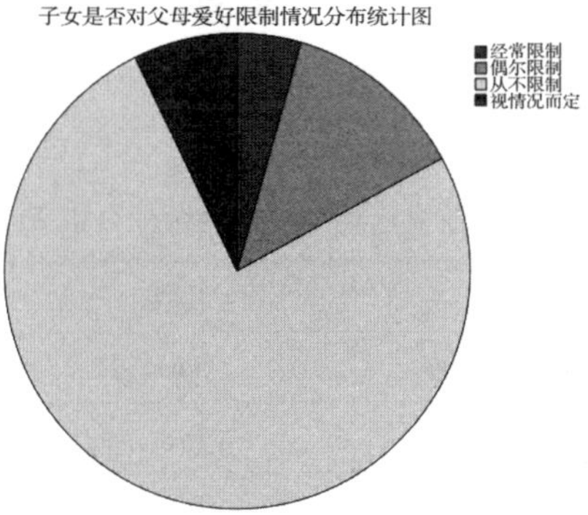

16. 您认为子女对父母精神赡养上最需要做的是(　　)

A. 子女的经常陪伴　　B. 子女的沟通交流

C. 子女的工作事业成功　　D. 子女的家庭后代延续

E. 其他

子女对父母精神赡养最需要做的事情分析表

		人数	有效百分比
有效	经常陪伴	255	23.9
	沟通交流	338	31.7
	工作事业成功	321	30.1
	家庭后代延续	102	9.6
	其他	50	4.7
	总计	1066	100.0
缺失	系统	1	
总计		1067	

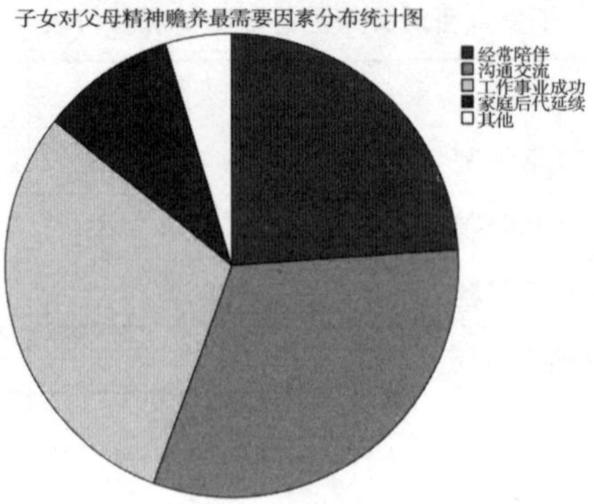

17. 在条件允许情况下，您最想让子女使自己精神快乐的做法是(　　)

A. 每年陪伴一次外出旅游　　B. 教会一种网络聊天工具

C. 培养一种长期爱好　　D. 报名参加老年大学等机构终生学习

E. 其他

让子女使自己精神快乐的做法分析表

		人数	有效百分比
有效	陪伴外出旅游	540	50.7
	教会聊天工具	148	13.9
	培养长期爱好	146	13.7
	参加老年大学	64	6.0
	其他	167	15.7
	总计	1065	100.0
缺失	系统	2	
总计		1067	

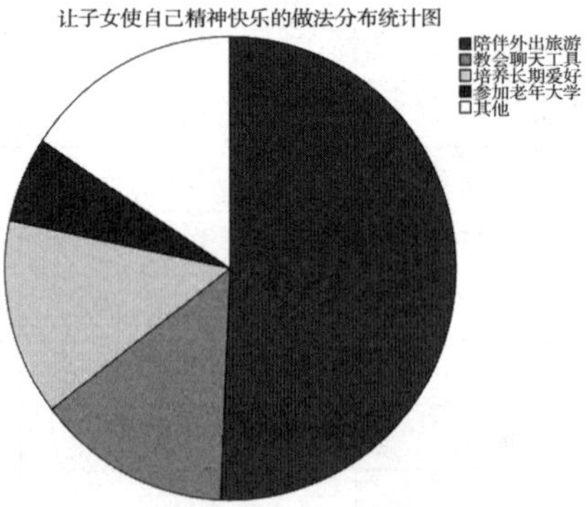

18. 您认为子女做不到"常回家看看"应通过哪种途径来解决(　　)

A. 孝道的约束　　B. 舆论的谴责　　C. 父母的叮嘱　　D. 法律的制裁

解决途径分析表

		人数	有效百分比
有效	孝道的约束	380	36.0
	舆论的谴责	109	10.3
	父母的叮嘱	474	44.8
	法律的制裁	94	8.9
	总计	1057	100.0
缺失	系统	10	
总计		1067	

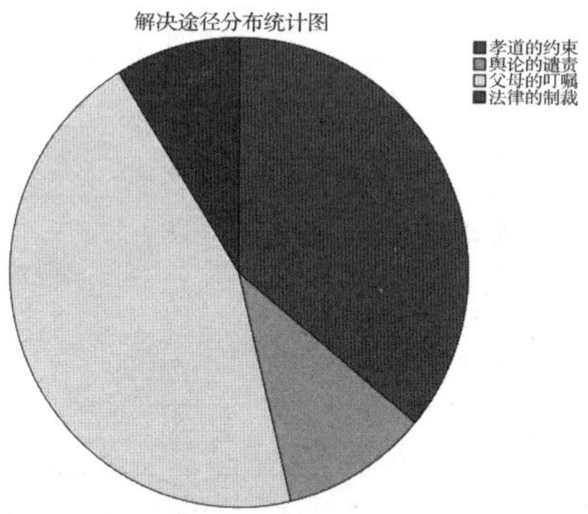

19. 您目前最常从事的文化娱乐活动是(　　)

A. 电视　　B. 广场舞　　C. 种花养草　　D. 下棋打牌　　E. 其他

从事文化娱乐活动分析表

		人数	有效百分比
有效	电视	383	35.9
	广场舞	213	20.0
	种花养草	105	9.8
	下棋打牌	144	13.5
	其他	222	20.8
	总计	1067	100.0
缺失	系统	0	
总计		1067	

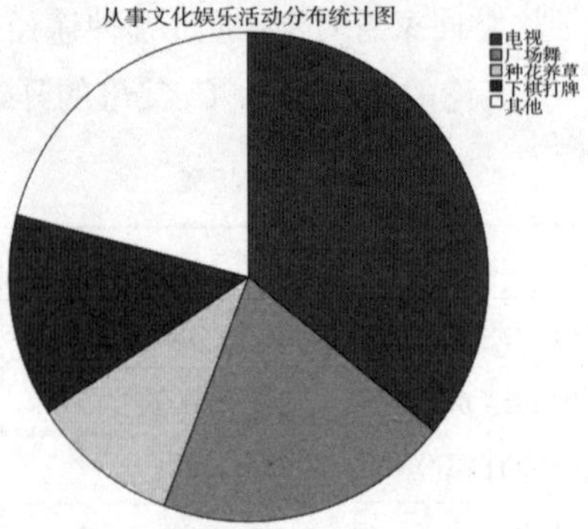

20. 您对当前生活总体满意程度是(　　)

A. 非常满意　　B. 比较满意　　C. 不太满意　　D. 非常不满意

当前生活总体满意程度分析表

		人数	有效百分比
有效	非常满意	507	48.3
	比较满意	469	44.7
	不太满意	57	5.4
	非常不满意	17	1.6
	总计	1050	100.0
缺失	系统	17	
总计		1067	

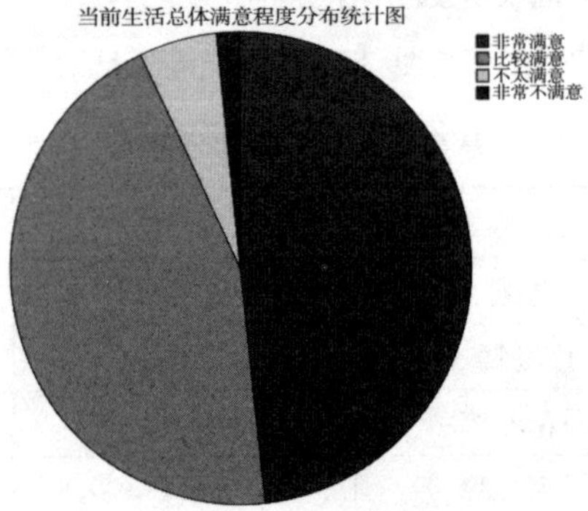

21. 您当下最关心又放不下的是(　　)

A. 身体保持健康问题　　B. 生病卧床照护问题

C. 家庭生活状况　　D. 子女后代的发展

E. 其他

老年人关心问题分析表

		人数	有效百分比
有效	身体保持健康	550	51.6
	生病卧床照护	141	13.2
	家庭生活情况	65	6.1
	子女后代发展	218	20.5
	其他	92	8.6
	总计	1066	100.0
缺失	系统	1	
总计		1067	

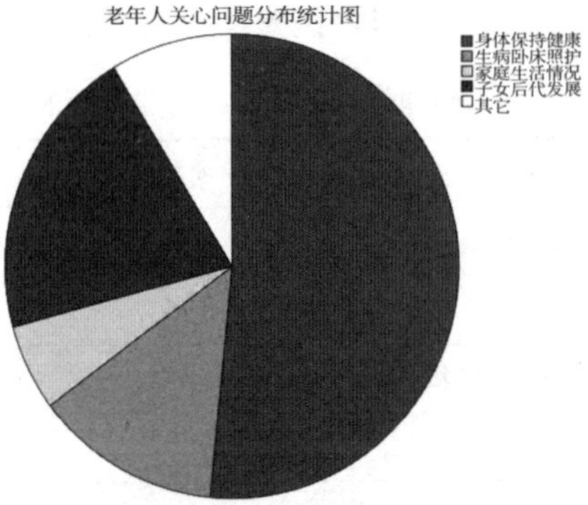

22. 您对老年生活的意义和价值的看法是(　　)

A. 一直认为很有意义和价值　　B. 有时认为有意义和价值

C. 很少认为有意义和价值　　D. 没多大意义

对老年生活的意义和价值的看法分析表

		人数	有效百分比
有效	一直认为有	671	63.3
	有时认为有	289	27.3
	很少认为有	56	5.3
	没多大意义	43	4.1
	总计	1059	100.0
缺失	系统	8	
总计		1067	

对老年生活的意义和价值的看法分布统计图

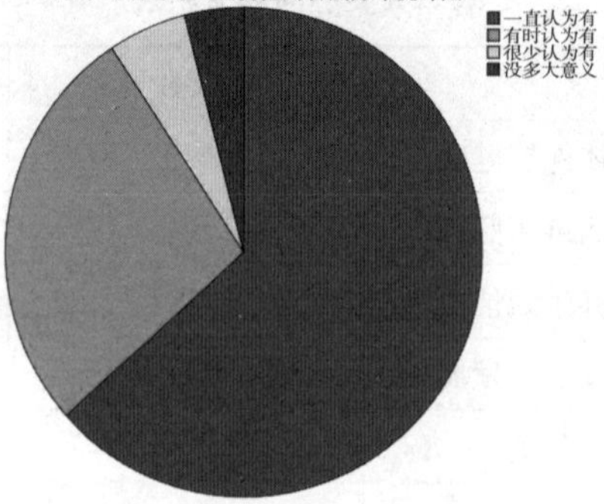

23. 您认为老年人的精神赡养主要靠(　　)

A. 老人自我　　　　　　　　　　B. 子女

C. 社区养老机构　　　　　　　　D. 国家和社会

E. 老人自我、子女、社区养老机构、国家社会的合力

老年人精神赡养主要依靠对象分析表

		人数	有效百分比
有效	老人自我	468	43.9
	子女	175	16.4
	社区养老机构	48	4.5
	国家和社会	124	11.6
	老人、子女、社区、国家合力	252	23.6
	总计	1067	100.0

老年人精神赡养主要依靠对象分布统计图

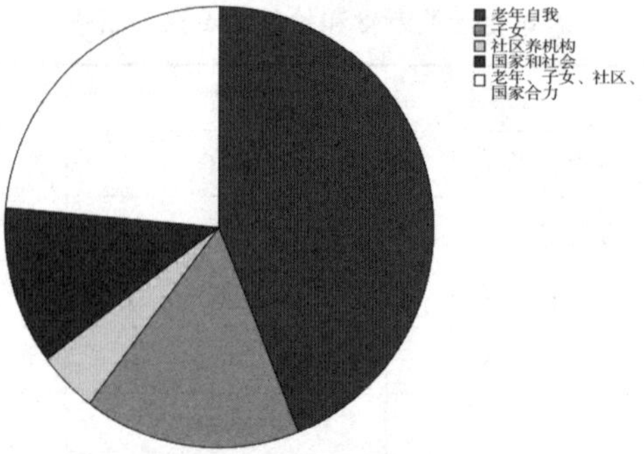

24. 您对老年人口“精神赡养”问题的建议或意见:________________

____

主要参考文献

著作部分：

[1]马克思恩格斯文集：第一卷[M]. 北京：人民出版社,2009.

[2]孔子. 论语[M]. 杨伯峻,译注. 北京：中华书局,2006.

[3]孟子. 孟子[M]. 方勇,译注. 北京：中华书局,2010.

[4]孔子. 孝经[M]. 吴茹芝,编译. 西安：三秦出版社,2008.

[5]戴德,戴圣. 礼记[M]. 南昌：江西美术出版社,2013.

[6]朱熹. 四书集注[M]. 上海：上海古籍出版社,2006.

[7]肖巍. 女性主义关怀伦理学[M]. 北京：北京出版社,1999.

[8]邬沧萍. 社会老年学[M]. 北京：中国人民大学出版社,1999.

[9]肖群忠. 孝与中国文化[M]. 北京：人民出版社,2001.

[10]钱广荣. 中国道德国情论纲[M]. 合肥：安徽人民出版社,2002.

[11]郑功成. 社会保障学[M]. 北京：商务印书馆,2003.

[12]韦政通. 伦理思想的突破[M]. 北京：中国人民大学出版社,2005.

[13]沈晓阳. 关怀伦理研究[M]. 北京：北京大学出版社,2006.

[14]杜鹏. 人口老龄化与老龄问题[M]. 北京：中国人口出版社,2006.

[15]潘剑锋. 传统孝道与中国农村养老的价值研究[M]. 长沙：湖南大学出版社,2007.

[16]张恺悌. 老年社会工作实务[M]. 北京：中国社会科学出版社,2009.

[17]刘喜珍. 老龄伦理研究[M]. 北京：中国社会科学出版社,2009.

[18]费孝通. 乡土中国[M]. 北京：人民出版社,2010.

[19]杨明. 宗教与伦理[M]. 北京：译林出版社,2010.

[20]徐荣周. 老年人精神生活健康指南[M]. 北京：中国医药科技出版社,2013.

[21]高云鹏.老年心理学[M].北京:北京大学出版社,2013.

[22]梁德友.关怀的伦理之维——转型期中国弱势群体伦理关怀研究[M].南京:南京大学出版社,2013.

[23]蒲新微.走进老年群体——从关怀到关照[M].北京:中国社会科学出版社,2014.

[24]陈昫.中国老年残疾人精神养老问题研究[M].北京:中国劳动社会保障出版社,2014.

[25]杨大春.20世纪法国哲学的现象学之旅[M].北京:社会科学文献出版社,2014.

[26]尤吾兵.中国本土化临终关怀伦理体系的构建[M].合肥:安徽科学技术出版社,2014.

[27]寇东亮,张永超,张晓芳.人文关怀论[M].北京:中国社会科学出版社,2015.

[28]王露璐.新乡土伦理——社会转型期的中国乡村伦理问题研究[M].北京:人民出版社,2016.

[29]王金元,赵向红.老龄化背景下社区独居老人生存状态与社会支持研究[M].上海:华东理工大学出版社,2016.

[30]李岩.中国古代尊老养老问题研究[M].北京:中国社会科学出版社,2016.

[31]樊浩.樊浩卷[M].南京:江苏人民出版社,2017.

[32]肖存利.解读老年心理[M].北京:知识产权出版社,2017.

[33]蒋玉芝,孙鹃娟.老年人精神文化服务指南[M].北京:高等教育出版社,2017.

[34]葛晨虹,陈延斌.中国社会道德发展研究报告2016——家教与家庭家风建设研究报告[M].北京:中国人民大学出版社,2018.

[35]韩玉胜.儒家关怀伦理研究[M].济南:齐鲁书社,2018.

[36]翟绍果.健康老龄化下老年人精神保障研究[M].北京:中国社会科学出版社,2018.

[37]周玉萍.政府购买社区养老服务研究[M].北京:中国社会科学出版社,2019.

[38]国务院发展研究中心社会部课题组.养老服务体系发展的国际经验与中国实践[M].北京:中国发展出版社,2019.

[39]休谟.人性论[M].关文运,译.北京:商务印书馆,1980.

[40]黑格尔. 精神现象学[M]. 贺麟,王玖兴,译. 北京:商务印书馆,1997.

[41]保罗·巴德汉,琳达·巴德汉. 不朽还是消亡?[M]. 高师宁,林义全,译. 成都:四川人民出版社,1998.

[42]西塞罗. 论老年、论友谊、论责任[M]. 徐奕春,译. 北京:商务印书馆,1998.

[43]卡罗尔·吉利根. 不同的声音——心理学理论与妇女发展[M]. 肖巍,译. 北京:中央编译出版社,1999.

[44]亚里士多德. 灵魂论及其他[M]. 吴寿彭,译. 北京:商务印书馆,1999.

[45]边沁. 道德与立法原理导论[M]. 时殷弘,译. 北京:商务印书馆,2002.

[46]理查德·A. 波斯纳. 衰老与老龄[M]. 周云,译. 北京:中国政法大学出版社,2002.

[47]托马斯·A. 香农. 生命伦理学导论[M]. 肖巍,译. 哈尔滨:黑龙江人民出版社,2005.

[48]内尔·诺丁斯. 始于家庭:关怀与社会政策[M]. 侯晶晶,译. 北京:教育科学出版社,2006.

[49]J. S. 霍尔德,J. A - 克兰顿. 临终精神关怀手册[M]. 吴宇琦,方志燕,译. 上海:上海译文出版社,2006.

[50]马丁·海德格尔. 存在与时间[M]. 陈嘉映,王庆节,译. 北京:生活·读书·新知三联出版社,2006.

[51]凯瑟琳·迪特里克. 老年社会工作:生理、心理及社会方面的评估与干预[M]. 隋玉杰,译. 北京:中国人民大学出版社,2008.

[52]黑格尔. 法哲学原理[M]. 范扬,张企泰,译. 北京:商务印书馆,2009.

[53]米尔顿·梅洛夫. 关怀的力量[M]. 陈正芬,译. 台北:经济新潮社,2011.

[54]查尔斯·泰勒. 自我的根源[M]. 韩震,等译. 北京:译林出版社,2012.

[55]夸梅·安东尼·阿皮亚. 认同伦理学[M]. 张容南,译. 北京:译林出版社,2013.

[56]弗吉尼亚·赫尔德. 关怀伦理学[M]. 苑莉均,译. 北京:商务印书馆,2014.

[57]迈克尔·L. 弗雷泽. 同情的启蒙[M]. 胡靖,译. 北京:译林出版社,2014.

[58]雅克·德里达. 论精神[M]. 朱刚,译. 上海:上海译文出版社,2014.

[59]马丁·布伯. 我与你[M]. 陈维钢,译. 北京:商务印书馆,2015.

[60]安东尼·吉登斯. 现代性与自我认同[M]. 夏璐,译. 北京:中国人民大学出版社,2016.

[61]马克思·舍勒.同情感与他者[M].朱雁冰,林克,等译.北京:北京师范大学出版社,2017.

[62]肯尼思·J.格根.关系性存在:超越自我与共同体[M].杨莉萍,译.上海:上海教育出版社,2017.

[63]斯蒂芬妮·斯塔尔.认同自己[M].陈佳,译.天津:天津人民出版社,2018.

期刊杂志部分:

[1]黄继胜.精神赡养初探[J].法学杂志,1987(4).

[2]许永杰.勿忽视对老年人的"精神赡养"[J].道德与文明,1995(1).

[3]穆光宗.老年人需要精神赡养[J].社会,1995(4).

[4]郭泮溪.孝与我国人口文化传统生育观[J].人口学刊,1999(3).

[5]肖群忠.孝与中国国民性[J].哲学研究,2000(7).

[6]裴传永.《论语》"色难"新解[J].孔子研究,2000(4).

[7]罗国杰."孝"与中国传统文化和传统道德[J].道德与文明,2003(3).

[8]王庆节.伦理道义的存在论基础与子女孝养父母的道德本分[J].哲学研究,2003(10).

[9]穆光宗.老龄人口的精神赡养问题[J].中国人民大学学报,2004(4).

[10]李瑞芬,童春林.中国老年人精神赡养问题[J].中国老年学杂志,2006(12).

[11]杨凤.关怀伦理在构建和谐社会中的价值[J].道德与文明,2007(3).

[12]高晓红.从政府制度伦理化到政府伦理制度化[J].江汉论坛,2007(12).

[13]吕红平,李振纲.孔子孝道观与家庭养老方式[J].人口研究,2008(2).

[14]刘同昌.论老年人精神赡养的社会支持系统[J].中共青岛市委党校(青岛行政学院学报),2008(9).

[15]汤一介."孝"作为家庭伦理的意义[J].北京大学学报(哲学社会科学版),2009(4).

[16]熊汉富.独生子女对父母精神赡养的道德责任探析[J].道德与文明,2009(3).

[17]罗蔚.关怀伦理的理论建构方式与基础[J].华南师范大学学报(社会科学版),2011(3).

[18]焦国成,赵艳霞."孝"的历史命运及其原始意蕴[J].齐鲁学刊,2012

(1).

[19]司丹.精神赡养——在道德与法律之间[J].学术交流,2012(6).

[20]蒋悟真.精神赡养权法治保障的困境及其出路[J].现代法学,2014(4).

[21]宁雯雯,慈勤英.老年人精神慰藉过程中的子女作用[J].重庆社会科学,2015(1).

[22]王家国."精神赡养"与中国法制的亲情伦理回归[J].法学,2015(1).

[23]新里孝一,周琛."依存"的伦理——日本社会的关怀伦理研究[J].东南大学学报(哲学社会科学版),2015(5).

[24]魏艾.传统"慈孝"美德的农村社会治理之维[J].东南大学学报(哲学社会科学版),2016(2).

[25]李俊.赡养福利与我国空巢老人家庭的子女精神赡养[J].人文杂志,2016(5).

[26]刘义,邝良锋.孝的初源载体、衍生及现代转向[J].孔子研究,2017(1).

[27]刘雪明.城市失独家庭精神慰藉关爱体系构建及政策选择[J].甘肃社会科学,2017(1).

[28]尤吾兵.关怀伦理与老年人口精神赡养动力机制构建[J].中州学刊,2017(4).

[29]王珏.现代社会信任问题的伦理回应[J].中国社会科学,2018(3).

[30]崔罡.选择孝的方式——《论语》"色难"说新解[J].孔子研究,2018(3).

[31]马生军,李少军.精神赡养客观构造立法研究[J].河北法学,2018(12).

[32]吴先伍."孝弟"与"仁本"——原始儒学的情感性解读[J].西南民族大学学报(人文社科版),2019(1).

[33]吴国平.我国老年人赡养保障立法问题研究[J].学术探索,2019(3).

[34]张容南.什么是好的关怀——儒家伦理对关怀伦理的启发[J].哲学动态,2019(5).

[35]徐汉辉.论孝养义务的伦理基础[J].伦理学研究,2019(6).

[36]樊浩.中国社会大众伦理道德发展的文化共识——基于改革开放40年持续调查的数据[J].中国社会科学,2019(8).

结　语

黑格尔曾说:“关于精神的知识是最具体的,因而是最高和最难的。”①因此可以说,对老年人口“精神赡养”进行研究无异于一场探求文化“黑洞”的冒险。本课题的研究只能算是提出了一些“粗陋”的见解,也可以说是还没有进入“屋内”的“门缝”式的“探窥”。

概言之,本课题主要是关于我国老年人口“精神赡养”伦理支持系统构建的研究。课题从伦理关怀之于人存在的重要性出发,看到人性的脆弱性、依赖性,人都需要相互关怀来缩小距离和消除孤单,尤其是老年人口的“精神世界”更需要来自各方关怀满足需求的事实,厘定了“关怀伦理”内涵与老年人口“精神赡养”实践要求相契合,鲜明提出“关怀伦理”可以成为构建老年人口“精神赡养”支持系统的理论基石。课题依据“关怀伦理”提出的关怀包纳的情感性向度、情境性向度以及关系性向度等理论要点对“精神赡养”问题进行关怀伦理学审视和跨学科的综合研究,提出从“老年人自身、家庭子辈、社会养老机构、国家(政府)”四个主体维度构建我国老年人口“精神赡养”伦理支持系统。对此支持系统的研究中,着力深入内层来观照各个关怀主体的地位属性和实施关怀的原则、内容、作用机制等,从而建构起关怀伦理在老年人口“精神赡养”应用中的理论体系样态。

研究结论主要包括以下几点。

第一,提出“关怀合力”说。本研究依据我国国情、家庭结构变化以及课题组3200份问卷调查反映的现实问题,提出拓展传统“家庭子辈”单一供给支持“精神赡养”的方式,构建覆盖“老年人自我、家庭子辈、社会养老机构、国家(政府)”等多维主体在内的供给支持模式,“四者”形成“关怀合力”才能完成对老年人口的“精神赡养”工作。

第二,提出“四位一体”精神赡养模式论。适应我国老年人口“精神赡养”伦

① 黑格尔. 精神哲学——哲学全书·第三部分[M]. 杨祖陶,译. 北京:人民出版社,2006:1.

理支持系统应围绕“老年人自我、家庭子辈、社会养老机构、国家(政府)”构建“四位一体”模式。各主体受自身特征影响,居于“四位一体”系统中不同“位置”,“以老年人自我为基础——以家庭子辈为支撑——以社会养老机构为依托——以国家(政府)为保障”体现了各关怀主体所处系统中的恰当“位置”。循此探究各个主体实施关怀的原则、内容、作用机制等,可架构起关怀伦理应用于老年人口“精神赡养”的理论体系样态。

第三,“精神赡养”是多维主体对老年人口“精神世界”中的“三个世界”——“情感世界、理智世界、意义世界”进行关怀的活动。采用“解剖法”,沿循“精神”——“赡养”——“精神赡养”的顺序,层层递进“解剖”概念,创造性地把“精神”内质分为“情感、理智、价值”三部分。拓展赡养主体,“精神赡养”也即是多维主体对老年人“精神世界”中“三个世界”——“情感世界、理智世界、意义世界”进行关怀的活动,这样把“精神赡养”的内涵以“成像”法清晰呈现。

第四,传统文化中有着较为成熟的“色养”理论体系,梳理挖掘其中的积极“因子”可为现代“精神赡养”推展提供丰富的理论“养分”。本研究把传统“孝道”的核心界定为“色养”。从梳理庞杂的“色养”思想可知,传统“色养”是以“婉容——顺颜色、察嗜好——承志”为内容格序,以在赡养父母“生、老、病、死、祭”时要有“敬、乐、忧、哀、严”情感贯注为实践规范,以“孝心”为评价标准的较为完善的思想体系。传统“色养”思想对弥合现代民众“精神赡养”观念缺失、构建现代“精神赡养”内容体系以及实践体系都具有醒鉴价值。

第五,关怀伦理嵌入是解决老年人口“精神赡养”问题的“第三条道路”。我国传统“孝道”的“式微”和西方传统德性论、唯理论等伦理理论的“罅隙”,致使“两者”应用于指导我国老年人口“精神赡养”实践存在诸多困境。课题梳理关怀伦理思想,发现关怀伦理的“情感性、情境性、关系性”理论要素以及其具有的理论品性和“精神赡养”实践要求高度吻合,关怀伦理作为老年人口“精神赡养”新的理论基石具有“合理性”和“优越性”,继而鲜明提出关怀伦理学是解决老年人口“精神赡养”问题的“第三条道路”。

第六,反映老年人自我精神关怀实现的路径在于老年人“自我精神”与“自我身体”、老年人“自我”与外在“他者”、老年人“精神世界”内各要素之间“关系”的调适。老年人自我关怀在“精神赡养”支持系统中居于“基础”地位。老年人“自我关怀”是对存在着“神役于巳”“神役于境”“神役于己”三大“关系性”矛盾的调适。老年人“精神与身体的共振”和“自我”是对社会关系的重新“定位”,“精神世界”里各要素“各自安好”是解决矛盾的途径。

第七,“社会关系论”死亡观是老年人自我终极关怀实现的指导理论。哲学视域中"灵魂论"死亡观、"道德生命论"死亡观以及"存在论"死亡观等均没能从社会关系群体角度辩证地揭示生命与死亡的本质,对超越生命有限性是有局限的。马克思主义思想从"关系生命体"认知出发,蕴含着的"社会关系论"死亡观,这对老年人自我实现终极关怀具有理论指导意义。

第八,家庭子辈关怀老年人"精神世界"仍要以激活传统"孝道"中的"色养"思想为基础来进行。家庭子辈关怀在"精神赡养"支持系统中起到"支撑"作用。老年人口"精神赡养"中家庭子辈关怀体系的构建需要激活传统"孝道"中"色养"思想,即以"婉容——顺颜色、察嗜好——养志"为内容,以"以敬关怀生、以顺关怀老、以忧关怀病、以哀关怀死、以严关怀祭"为实践规范,以"关怀心"为保障机制,从而搭建现代家庭子辈关怀老年人口"精神世界"的思想体系。

第九,提出"孝结构"说。传统"孝"的结构分为"内质"和"形式"两部分,现代社会继承的应是"孝"的"内质",而转化的是"孝"的传统形式。用道德"结构论"分析传统"孝"的结构,"孝"分为"内质"和"形式"两部分。"孝"的"内质"就是"敬、顺、忧、哀、严",它们规约着子辈要对亲人"生、老、病、死、祭"进行全方位关照的行为,这些可以说是"孝"的精髓,是应该被继承的。而在表现"孝"的"内质"上,传统社会提出了很多践行形式,随着时代的变化,一些形式已经不能表现出与现代社会相符合的迹象,这是应该转化的,例如,"厚葬亲人""三年之孝"等形式。

第十,在老年人口"精神赡养"中,社会养老机构关怀体系构建是研究养老服务人员与老年人在"精神赡养"过程中搭建关怀"关系",其实质是"他者"关怀伦理体系构建研究。社会养老机构关怀在老年人口"精神赡养"中居于"依托"地位。老年人口"精神赡养"中社会养老机构的关怀,主要回答养老服务人员在关怀老年"他者"的可能性以及"他者"关怀样态呈现的问题。基于"他者"关怀伦理取得的成就,老年人口"精神赡养"中"他者"关怀的环节及实践内容可以归纳为"同情、包容、共在、希望",对各环节内涵及实践"图景"的描述,勾勒出的即是老年人口"精神赡养"中"他者"关怀伦理的样态。

第十一,"关怀病理学"现象——"他者"关怀伦理实践中存在着"病态"的关怀,规避之可以使关怀中的"善意"放大并熠熠生辉。"他者"关怀中存在着"过度(或不及)式关怀""压榨式关怀""强迫式关怀""伪善式关怀"等"病理性"关怀,造成"不尽如人意"的关怀结果。社会养老机构关怀中需要规避"病态"的关怀行为,方可实现关怀的目的和要求。

第十二,关怀伦理应用于指导社会公共事务的发展,其有充分的理论自信帮助构建一个持久、长期、良好的社会支持系统。"理性、正义、功利"是西方普遍接受的建构社会理论的理论基础,但应用中有使"心肠变硬、同情乏力"的社会不良现象蔓延的趋势。关怀伦理应用于社会公共关系处理中,倡导社会每个人都是密切相连的,都必须以活生生的人的方式得以倾听、理解和尊重,可以形成一个处处有关怀、处处洋溢着温馨和谐的社会景象。关怀伦理嵌入为指导国家(政府)构建和融的社会伦理生态提供了一种期待。

第十三,老年人口"精神赡养"中国家(政府)保障主责的担当主要体现在"意识倡导、政策设计、法律制定"等宏观方面的关怀举措。"精神赡养"的"社会化"趋势要求国家(政府)承担起保障实施的伦理义务,彰显"社会关怀"伦理的宏旨。营造关怀老年人口"精神赡养"的社会氛围、探求制度"接入"保障"精神赡养"的实现以及制定精细的"精神赡养"法律法规等举措,这些都可看作是国家(政府)关怀老年人口"精神赡养"实现的体现。

提出政策建议主要包括以下几点。

第一,优化导引民众重视"精神赡养"的方式。我们课题组调查结果和相关研究成果均说明,目前我国开展"精神赡养"工作已有较为良好的现实基础。但存在民众对"精神赡养"的"漠视"现象,这就还需要国家(政府)继续优化导引方式,形成全社会关怀老年人"精神世界"的氛围。一是,以倡导新"孝道"为"抓手",营造关注"精神赡养"的社会氛围。通过凝练"新二十四孝"内容,把最具有代表性的行孝的人物和事件纳入进来,根据老年人"物质需求""生活照料需求",尤其是"精神需求"来排列"二十四孝"顺序,以朗朗上口的形式展现出来,让民众易于接受、易于实践。二是,以实施精准关怀为"动力",营造真切关注老年人"精神世界"的社会氛围。倡导"精准"关怀,深入老年人"精神世界"里面,提供老年人内心所思、所欲、所求的东西。三是,以榜样示范为"捷径",涵化关怀老年人口"精神世界"的社会氛围。榜样具有示范性、生动性和激励性等特点,可以在社会上定期评选"精神赡养"做得较好的孝老模范、模范家庭、社会公益组织和社会企业等,通过媒体广泛宣传,形成"人人效仿"榜样的社会氛围。

第二,做好推行"精神赡养"的激励工作。当前,道德观念受到市场经济理性腐蚀较深,民众行为易与利益回报挂钩,在这一维度上,国家(政府)应完善老年人"精神赡养"的激励机制。参照国外一些做法,如韩国的《住房认购改革方案》,对于能够很好尽到精神赡养义务的民众,可以在购房、税收等方面给予一定优惠,将老年人的"精神赡养"与赡养人的利益密切结合,在制度设计上激励子辈更好关注父母的精神需求,使得"精神赡养"观念深入人心;还可以由政府出面,在社会上设立"孝子奖",用于表彰在"精神赡养"方面做出贡献的人,定期评选,在社会中树立榜样,激励大家人人有"孝心";还可以在重大纪念日,如父亲节、母亲节、重阳节等传统节日举办社会公益性主题演出活动,邀请和睦家庭的子女、父母同台表演,加深被赡养人与赡养人之间的理解与交流,形成一种关爱老人的社会氛围。

第三,"实化"现行的"精神赡养"法律制度。"精神赡养"虽然作为一项法律义务"入律",但对"精神赡养"义务的主体资格、"精神赡养"量化评价标准以及违法后果的惩罚等都还欠缺规定,致使"精神赡养"义务呈现"虚化"态势而难以实施。因此,以证成"精神赡养"义务具有法律义务属性的正当性为逻辑,采取"设置精神赡养法定范畴,厘清精神赡养法律义务主体,确定精神赡养义务内容,建立精神赡养义务的责任机制"等措施,可以"实化"现行的"精神赡养"法律制度。

第四,做好"精神赡养"关涉的重点社会问题的制度设计。我国老年人口"精神赡养"工作负载于"老年生命全周期健康照护""终期生命关怀""失能、失智、失独"老人照护以及城乡、地区差异化养老服务等社会问题之中,也即是"精神赡养"与这些社会"养老问题"是交织在一起的。国家(政府)担负着处置这些公共事务的伦理义务,需要通过良好的顶层制度设计体现,如制定和完善"老年长期照护制度""临终关怀制度""医养结合制度""特殊老年群体养老保障制度"等,并在制度中凸显保障"精神赡养"的实现,从而彰显社会"公共关怀"伦理的宏旨。

第五,构建"四位一体""精神赡养"的关怀支持系统,使"精神赡养"工作切实"落地"。积极构建由"老年人自我关怀、家庭子辈关怀、社会养老机构关怀、国家(政府)公共关怀"四个层面集合"一体"的老年人"精神赡养"服务支持系统。对能够自我照护的老人,充分发挥老人的能动性,尤其是在"精神世界"中需要通过自我调适实现的方面,使老年人的自我关怀起到"基础"作用;家庭子辈精神关怀起到其他主体不能完成的作用,激活传统"孝道"文化,使家庭子辈关怀的"支撑"地位充分体现;社会养老是发展趋势所向,未来大部分老人都要迈入社会养老的行列,发挥社会养老机构人员关怀的"依托"作用势在必行;国家(政府)是社会公共事务的管理者,统筹各个赡养主体来做好赡养工作是国家担负"保障"主责的体现,国家(政府)应扮演好保障"精神赡养"工作切实"落地"的角色。

"老吾老以及人之老"的"美好"的赡养图景一直是人类的期许。"养老"问题是一个永远在路上的课题,老年人口"精神赡养"问题包纳复杂的内涵和宽广的外延,本课题研究主要是在关怀伦理理论层面上的探求,试图为全面深入研究这一"艰涩"问题做些抛砖引玉的工作。关怀伦理是一种价值伦理,更是一种实践伦理,本课题在对有效运用关怀伦理指导"精神赡养"实践的探求上,即提供一套指导实践的体系研究还有待深入,这就要求本课题在后续的研究中转向理论指导现实问题的研究,在实践中发现新的问题,为进一步完善已构建的理论体系服务。